Klaus Emmerich
Ein Hauch von Habsburg

Klaus Emmerich

# Ein Hauch von Habsburg

## Fünf Staaten zwischen Ost und West

ECON Verlag
Düsseldorf · Wien · New York · Moskau

Die Deutsche Bibliothek – CIP-Einheitsaufnahme
**Emmerich, Klaus:**
Ein Hauch von Habsburg: Fünf Staaten zwischen Ost und West/Klaus Emmerich. –
Düsseldorf; Wien; New York; Moskau: ECON Verl., 1994
ISBN 3-430-12517-0


Lektorat: H. Dieter Wirtz, Mönchengladbach
Gesetzt aus der Bembo, Linotype
Satz: Formsatz GmbH, Diepholz
Papier: Papierfabrik Schleipen GmbH, Bad Dürkheim
Druck und Bindearbeiten: Mohndruck, Gütersloh
Printed in Germany
ISBN 3-430-12517-0

# Inhalt

Einleitung

# Der Umbruch hat gerade erst begonnen

Sie machen Geschichte, und sie wissen es. Sie durchschneiden den Eisernen Vorhang, die Außenminister von Österreich und Ungarn, Alois Mock und Gyula Horn. Sie können und wollen sich der historischen Symbolik nicht entziehen, als sie an jenem strahlenden 2. Mai 1989 die sogenannten Sicherungsanlagen eigenhändig durchtrennen, die Europa und die Europäer jahrzehntelang getrennt gehalten haben. Das Bild gemeinsamer Aktion am Rande der pannonischen Tiefebene geht um die Welt. Öffnung, Freizügigkeit, Partnerschaft und Hoffnung statt Kalten Krieges mit Todesschüssen, Kontrollen, Mißtrauen und Unfreiheit. Kaum ein halbes Jahr später reißt der mächtig geratene Strom auch mitten in Deutschland ein erstarrtes kommunistisches Regime hinweg. Ostberlin öffnet die Grenzübergänge zu Westberlin und Westdeutschland. Die Mauer, das Symbol der Teilung, fällt, das Brandenburger Tor wird geöffnet, Deutsche kommen zu Deutschen. Eine neue, eine bessere Zeit soll anbrechen.

Die veränderungsfähige Macht eines Vorganges, der mit Recht geschichtlich genannt wird, begreift die Welt nur allmählich. Fast aus Verlegenheit gegenüber derartig ungewohntem Veränderungsdrang der Europäer überwiegt zunächst die Routine. Das Ende des Kalten Krieges wird – verlegen – »begrüßt«, Freiheit, die man schon immer gewollt habe, beklatscht, die Selbstauflösung des Ostblocks – schon lange morsch, oder? – gelassen quittiert, die Rolle der Bevölkerung »drüben« bewundert wie Artistik im Zirkus, der Beitrag des Westens selbstgefällig überschätzt, der politisch-ideologische Wandel samt Rückschlaggefahren kaum erkannt. Das Umfeld braucht geraume Zeit, um zu realisieren, daß im Herzen Europas eine neue Zeitrechnung begonnen hat. Man war mit sich selbst beschäftigt, weltweit. Anderes erschien wichtiger, interessanter, exotischer.

Der 124. Kaiser von Japan verstirbt 87jährig nach 62 Jahren Regentschaft; die letzten sowjetischen Truppen verlassen nach neun Jahren erfolgloser Intervention die Bürgerkriegsarena von Afghanistan; Sowjetbürger können zum erstenmal seit siebzig Jahren bei der Wahl des – reformierten – Volksdeputiertenkongresses durch eine neue Verfassung zwischen mehreren Kandidaten wählen und verschaffen den Reformfreunden einen spektakulären Sieg über die offiziellen Kandidaten der altvorderen Kommunistischen Partei; in Polen vereinbaren Opposition und Regierung politische und wirtschaftliche Reformen; der bulgarische Staats- und Parteichef Todor Schiwkow, seit 45 Jahren in der KP-Spitze, wird von Reformkommunisten abgelöst; Massendemonstrationen gegen das KP-Regime beendet chinesisches Militär auf dem Platz des Himmlischen Friedens mit ungebremster Brutalität; wie andere Ostblockstaaten auch läßt die Tschechoslowakei Tausende Ostdeutsche in den Westen ausreisen; nach Glasnost und Perestroijka in der Sowjetunion formieren sich Hunderttausende in Leipzig (»Wir sind das Volk«) zur gewaltlosen Selbstbefreiung; der rumänische Staats- und Parteichef Nicolae Ceauşescu wird von einem Militärgericht zum Tode verurteilt und hingerichtet; der tschechische Dramatiker Václav Havel wird als Nachfolger von Gustav Husák Staatspräsident der Tschechoslowakei; der iranische Revolutionsführer Ajatollah Chomaini verurteilt den indisch-britischen Schriftsteller Salman Rushdie wegen seines Buches *Satanische Verse* zum Tod. Beispiele gleichen Ranges? Jedenfalls eine innere Dramatik, die es in sich hat. Nach Jahrzehnten muß umgedacht werden.

## Die sanfte Revolution frei Haus

All das gelangt via Bildschirm in die Wohnstuben. Und der Bürger verfolgt mit, wie Kartenhäuser zusammenstürzen, wie sich menschliche Schicksale vollenden. Die Tore zu neuen Wegen werden aufgestoßen, weit und überzeugend. Die Welt hält den Atem an, als Unmögliches möglich wird, Kräfte zunächst zaghaft, dann unbändig verändern und bewegen, was jahrzehntelang als unverrückbar, gefestigt, vorgegeben oder einfach hingenommen worden war. Neues Denken für eine andere Zeit ist zwar geboten, aber nicht gegeben. Schon bald wird erkennbar, daß die Szene Akteure und Zuschauer überfordert. Das Spiel jedoch ist ernst, die Szene kein Theater, sondern das Schicksal unserer Zeit. Wie von magnetischen Kräften geleitet, fügen sich die Ereignisse ineinander, für die einen unkontrolliert, fast zufällig, für die anderen nach den Gesetzen der Logik, auf die man geraume Zeit in der ärgsten Bedrängnis gebaut und ihrer Kraft vertraut hat.

Was 1989 die Menschheitsgeschichte erfaßt und verändert hat, hält indes den Vergleich mit einen Ereignis, das nahezu auf den Monat genau 200 Jahre zuvor stattfand, mit der Französischen Revolution, ohne Zweifel aus. Bei aller Unvergleichlichkeit von Ursache und Wirkung ist beiden Vorgängen eines gemeinsam: Die Wucht der Ereignisse überfordert Zeitgenossen und läßt ihnen weder Raum noch Zeit, fürs erste die wahren Dimensionen zu erkennen und angemessen zu reagieren. Nicht einmal sie beim Namen zu nennen ist die Umwelt fähig. »Freiheit, Gleichheit, Brüderlichkeit« blieben seinerzeit in der Stunde der Bewährung ebenso gutgemeinte Vorgaben wie Perestroijka und Glasnost. Was den einzelnen betrifft und wie sich die Gemeinschaft im Sog der Veränderungen verhält, benötigt mehr als Vordenkereien der Intellektuellen, Schlagworte der Medien, Staunen der Massen.

Im Jahre 5 danach fehlen begriffliche Definitionen, die unbestritten und gängig sind. Was geschah 1989? Handelte es sich hier um Revolution? Sanfte Revolution? Militärische Gegenrevolution? Abendländischer Wechsel? Routinemäßiger Wandel? Eine Elitenablöse unter vielen? Erleben wir seitdem Überlebenskünste der sogenannten Seilschaften? Die Rückkehr alter Garden? Ein Defizit an neuen Führungskräften? Erlahmendes Durchhaltevermögen der Reformen? Blasiertes Abseitsstehen der westlichen Gesellschaft? Blockiert das – unglückliche – Zusammentreffen zentraleuropäischen Reformbedarfs mit den hausgemachten Krisen des Westens vorausschauendes Handeln? Wird gar nur ein neuer Akt von Oswald Spenglers prophezeitem »Untergang des Abendlandes« inszeniert, während anderswo Selbstheilungskräfte, etwa in Nordamerika, walten, vielleicht auch die Asiaten zum nächsten großen Sprung ansetzen? Werden globale Fragen künftiger Legitimität europäisch zerredet, amerikanisch angegangen und asiatisch durchdacht? Fragen haben Inflation, Antworten Seltenheitswert.

Kaum ein halbes Jahrzehnt nachdem im Herzen Europas Wesentliches von dem umgekrempelt wird, was seit Ende des Zweiten Weltkrieges unverrückbar schien, stellt sich für die Alte Welt die Frage, ob sie Gefangener der eigenen Denkweise geworden ist – was war der Eiserne Vorhang doch so bequem! Bezeichnend ist, daß die Spaltung Europas im Denken und Fühlen fortdauert, auch wenn die äußeren Merkmale zum Erstaunen aller wie in einem Spuk verschwunden sind. Es herrscht Wirrwarr der Begriffe. Und es ist nur redlich, sich einzugestehen, daß wir nicht zuletzt in einer Konfusion der Inhalte stecken.

## Auf der Suche nach einem Begriff

Handelt es sich bei Ungarn und Polen, bei der Tschechischen und Slowakischen Republik, bei Slowenien um postkommunistische Staaten im Übergang? Um Reformstaaten? Um neue oder junge Demokratien? Um osteuropäische Zentralstaaten, OEZs (um der Abkürzungsmanie unserer Zeit gerecht zu werden)? Um Zwischeneuropa? Um Mitteleuropa? Um Zentraleuropa? In jedem Begriff steckt eine Mischung aus Geschichte, Politik, Selbsterkenntnis, Fremdbestimmung, Interessen und ideologisch inhaltlicher Differenzierung. Ein eingefleischter Kommunist jedenfalls, ideologisch als Veränderer der Gesellschaft unterwegs, wird sich mit »Reformstaaten« weniger anfreunden als mit den blassen Begriffen der Geographie, die bewußt offen lassen, ob der 89er Jahrgang wirklich die letzte Ernte des Kommunismus bedeutet oder ob nicht das nachwächst, was – wie einst vor Jahrzehnten – zusammengehört.

»Neue Demokratien« mag den Reformern eher behagen als »postkommunistische Staaten« – ein Begriff, der vielen in diesem Teil Europas signalisiert, eigentlich habe bisher »nur« ein Elitenwechsel stattgefunden, vergleichbar jenen Regierungswechseln, wie sie in parlamentarischen Mehrparteiendemokratien gang und gäbe sind. »Reformstaaten« wiederum signalisiert westliche Verständnisübung, ohne jedoch Inhalte in Substanz und Perspektive, sondern vielmehr onkelhafte Besserwisserei anzudeuten. Selbst in der Geographieübung, ob die genannten Staaten in Zwischen-, Mittel- oder Zentraleuropa anzusiedeln sind, stecken gewichtige Inhalte. Wer oder was zwischen andere oder anderes gerät, läuft Gefahr, passiv, zweitrangig oder nebensächlich eingestuft zu sein. »Mitteleuropa« ist für viele begrifflich besetzt mit einem Hauch von Habsburg. Und »Zentraleuropa« setzt voraus, daß andere, bisher Mächtigere, anerkennen: Das Koordinatenkreuz der Alten Welt ist durch die Ostöffnung wieder in die historische Dimension zurückgekehrt, politisch auf die Historie bezogen, irgendwo zwischen Wien und Prag gelegen.

Wer sich unvoreingenommen umsieht und ohne Scheuklappen aufzunehmen versucht, was geschieht, dabei anderen und sich immer wieder die Frage nach dem berühmt-berüchtigten Warum stellt, der lernt eines recht bald: Schon im Begrifflichen ist Vorsicht geboten, da jeder Terminus technicus bei Gesprächspartnern bestimmte Assoziationen auszulösen pflegt. In Prag andere als in Budapest, in Bratislava bzw. Preßburg andere als in Warschau oder in Ljubljana bzw. Laibach. Alles andere als ein harmloses gesellschaftliches Vorspiel gepflegter Unterhaltung führt die nötige Einengung des Themas »Ostöffnung« und seiner Reflexion auf die einzelnen Staaten zu bemerkenswerten Weichenstellungen für den Sprechfluß. Wie tief der Einschnitt von 1989 gerät, läßt sich zunächst nur ahnen.

## Um Antworten verlegen

Immerhin kann man sich schnell darüber verständigen, daß sich mit dem Blick auf die dramatische Vorgeschichte des Jahres 1989 pauschalierende, gleichmachende oder gleichschaltende Einheitsantworten bieten. Zuviel nationale Eigenart und eigenstaatliche Anstrengungen sind zu bedenken, wenn es darum geht, das Joch stalinistisch-kommunistischer Ideologie sowie die ungeliebten und später verhaßten Bindungen und Verpflichtungen des Ostblocks loszuwerden, und wenn versucht wird, Allrussisches in die Schranken zu verweisen – ideologisch, politisch, militärisch, gesellschaftlich und nicht zuletzt rechtlich.

Ein Sonderkapitel bildet das Streben nach Legitimität in West und Ost, wo geschickte oder auch konzeptionslose Schönfärberei aus dem Westen in der Mitte und im Osten Europas mehr als einmal irreale Vorstellungen vom Machbaren auslöst – etwa 1956 in Ungarn, 1968 in der Tschechoslowakei und seit 1971 in Polen. Jenseits des Eisernen Vorhangs wurde jahrelang das Maß der Bequemlichkeit unterschätzt, das die Teilung Europas mit dem Eisernen Vorhang für die freien Europäer auf der westlichen Seite mit sich gebracht hat. Lediglich in Moskau und teilweise in Ostberlin mögen dies eingeschworene und informierte Strategen vorsätzlich bedacht und in der politischen Praxis – etwa bei Kreditoperationen des Westens – ausgespielt haben.

Den Ewigkeitswert der Teilung Europas und die Einsetzbarkeit des Kalten Krieges als Wandlungshemmer auf der östlichen Seite des Eisernen Vorhangs vermochten weder die Strategen in Moskau noch die tausendmal schlauen Kreml-Astrologen und die Geheimdienstler im Westen richtig einzuschätzen. Sie alle haben nämlich ihre Strategien ohne den Faktor »Volk« entwickelt. In der Tat haben sie im Westen wie im Osten jahrzehntelang mit nicht zu unterschätzendem Erfolg auf die europäische Teilung gesetzt. Wer trennt, braucht kein Verständnis für den anderen. Die Profiteure der Spaltung Europas haben dabei übersehen oder verkannt, daß der Wettkampf der Systeme selbst eherne Positionen verschleißt. Vor allem aber wurden die Oststrategen in jenem Maße Gefangene der eigenen Propaganda von der Überlegenheit des realen Sozialismus, wie saturierte Gegenstrategen im Westen beliebten, gründlicher über Bruchlinien ihrer eigenen Demokratie als über die Schwächezeichen kommunistischer Zentralverwaltungswirtschaft und Polizeistaatlichkeit zu räsonieren. Die große Teilungsrechnung von Jalta zwischen den Siegermächten von 1945 entsprach schon jahrzehntelang nicht mehr den wahren Faktoren der Machtbilanz innerhalb Europas.

## Bewertungsfehler rächen sich

Wie fahrlässige Kaufleute unterlagen die Strategen beidseits des Eisernen Vorhangs Bewertungsfehlern. Im Westen wurde unterbilanziert, im Osten überbilanziert. Der Zusammenbruch wurde unvermeidlich, das Licht in der Mitte historisch vorgegeben. Schließlich vertrocknete die Saat der Ideologien. Eine Welt im Wandel war stärker als alles Blockdenken. Der Überraschungseffekt von 1989 gelang der Geschichte total. Noch einige Jahre später läßt sich das ganze Ausmaß jahrzehntelanger Mißwirtschaft, Korruption und Rüstungswahn, das den großrussischen Imperialismus »auszeichnete«, nur ahnen. Und die Folgen? Sie entziehen sich erst recht normaler Kalkulation.

Als dann der Kollaps eintrat, war der Westen überfordert. In narzißtischer Manier ist er seither fast ebenso stark mit der plötzlich zutage tretenden Überlegenheit seines Systems befaßt wie mit der Ursachenanalyse des Zusammenbruchs des Kommunismus alter Ordnung. Nur so ist zu erklären, daß es jahrelang beim guten Zureden und oberflächlicher, in der Substanz problemreicher Hilfsbeteuerung geblieben ist. Niemand war auf den totalen Wandel vorbereitet. Man entwickelte bestenfalls Denkansätze, jedoch nicht die Dauervision einer systematischen Rückkehr Zentraleuropas in die alte, freilich ebenfalls veränderte Welt. So entstand ein Vakuum, das nur mühsam mit politischen Begrenzungsmethoden angegangen werden konnte. Dabei zeigt sich, daß man allerorten überfordert ist – gedanklich, planerisch, politisch und nicht zuletzt gesellschaftlich.

Wege aus dem Vakuum sind dringender denn je zu bahnen. Ohne sie drohen Gefahren für Ost und West. Jenseits der Worthascherei von amtlichen Kommuniqués, internationalen Konferenzen und plakativer Leitartikelsprache kann das Wunder der Selbstfindung Zentraleuropas nur gelingen, wenn die Instabilitäten überwunden sind und der Point of no return endgültig erreicht und überschritten ist. Es wird darzustellen sein, wie die Vorgeschichten im einzelnen und in der Summe der Staaten wirken, was es mit den Individualitäten und auch den Nationalismen auf sich hat, wie sich die Probleme in den einzelnen Lebensbereichen bis hin zur Militärpolitik stellen und wie groß der Bedarf an Visionen ist, der in ganz Europa entsteht.

Dennoch ist es nicht zu spät, in Diagnose und Therapie an jene guten Traditionen in der Habsburgerzeit anzuknüpfen, einer Zeit, die bei allen Unzulänglichkeiten mehr als sechs Jahrhunderte lang diesem Teil der Welt Stabilität und Kalkulierbarkeit verschafft hat. Noch ist es nicht zu spät, jene Voraussetzungen zu schaffen, die notwendig sind, um auch vor der Geschichte den Beweis anzutreten, daß das 20. Jahrhundert kein verlorenes Jahrhundert war.

Kapitel 1

# Stalins langer Arm

Stalin wollte wissen, ob Roosevelt schlau sei. Andrej Gromyko, damals des roten Zaren Mann in Washington, antwortet schön gehorsam gesellschaftspolitisch. Auch dieser amerikanische Präsident sei ein Produkt seiner Klasse, der Bourgeoisie. Roosevelts Geschick, so Gromyko, sei kapitalistisch begrenzt. Ein kühler, klarer Tag Mitte Februar 1945. Im Jussupow-Palais nahe dem Krimdorf Koreis denkt der Herrscher aus Moskau darüber nach, wie er die sowjetrussische Einflußsphäre in Mitteleuropa sichern kann, nicht zuletzt mit Hilfe der USA und Großbritanniens.

Zug um Zug plant der geniale Diktator, den Westen matt zu setzten. Stalin hat eine Vision: Allrußland auf ewig in Europas Mitte, im sozialistischen Fortschritt und an der Kandare des Kreml. Die großen Drei – Stalin, Roosevelt und Churchill – auf Aufteilungstrip. Der Westen dachte kurzfristig und nur an den Sieg über Hitler, der Osten unter Stalin an die Herrschaft über Europas Mitte als Teil der Weltrevolution. Ihre Konferenz, unter »Jalta« in den Büchern der Geschichte, sollte die Alte Welt für Jahrzehnte bestimmen.

Nebenan, im Liwadia-Palais, wo die echten Zaren einst ausladende Feste feierten, tut sich die Nummer eins der westlichen, der bürgerlichen Welt schwer. Roosevelt ist krank und schwach. Stalin fühlt sich durch eine Siegesserie über die deutsche Wehrmacht stark und derart überlegen, daß er den angeschlagenen Gesundheitszustand des amerikanischen Präsidenten – er sollte nur noch kaum mehr als zwei Monate leben – in einer seiner seltenen menschlichen Regungen bedauert. In Wahrheit geht es ihm darum, den Rechtsanspruch über eigene Westgrenzen und eine Sicherheitszone in Mitteleuropa von den Alliierten garantiert zu erhalten. Mit solchen Vorsätzen schlendert der Kremlherr von dem einen Krimpalais zum anderen, gestrafft in der maßgeschneiderten Uniform eines Marschalls der Roten Armee, die ihm gut steht und die er, nicht frei von Eitelkeit, meistens trägt. Dagegen kann der sieche US-Präsident, neuerlich erkrankt, mit dem roten Diktator lediglich über das Wetter und die schöne Aussicht parlieren, die schon die Romanows genossen hatten. Zumindest für Polen und die Tschechoslowakei glaubte sich die sowjetrussische Diplomatie ihrer Sache sicher. Jalta sollte Europa teilen, den Einfluß der Sowjetunion in der Mitte des Kontinents auf Dauer festschreiben. Was im Jahr des totalen Sieges über Hitler-Deutschland auf der Kriminsel zwischen den großen Drei paktiert wurde, entsprach sozusagen einem Langzeitverhältnis: Moskau plant, und der Westen stolpert hinterher.

Selbst ein Winston Churchill konnte sich der Langzeitplanung herrschender Kommunisten nur mühsam entziehen. Was Stalin in Jalta politisch einbetonieren wollte – die Herrschaft über Europas Mitte –, hatte er gut ein Jahr zuvor schon lanciert. Mitten im Krieg, als Hitler-Deutschland noch in den russischen Weiten stand, hatte Stalin in Teheran Roosevelt und Churchill strategisch auszutricksen versucht, stellte Stalin doch den Sieg über Deutschland und die Errichtung einer zweiten Front in den gleichen Rang wie das künftige Schicksal Polens. »Unsere Verbündeten«, schreibt Gromyko in seinen Erinnerungen, »wußten natürlich, daß sich die sowjetisch-deutsche Front polnischem Gebiet näherte und die Befreiung Polens vor der Tür stand. Der Westen befürchtete, danach könnten die demokratischen Kräfte in Polen, die einen mächtigen antifaschistischen Widerstand aufgebaut hatten, Regierungsorgane bilden, die dem Sozialismus treu und der Sowjetunion freundschaftlich gesinnt wären.« Für den Mr. Njet unter den sowjetrussischen Diplomaten, für Gromyko, war es ausgemachte Sache der Regierungskreise in den USA und vor allem in England, »daß das Nachkriegspolen auf dem alten Weg des Bürgertums und des Großgrundbesitzes weitermachen« müsse. Was russischer Einfluß in kommunistischem Gewande damals schon bedeutete, läßt sich an der Moskauer Forderung ablesen, der polnischen Exilregierung in London keinerlei Mitwirkung zu gewähren, sondern »verläßlichen demokratischen Kräften«. Gemeint waren kommunistische Funktionäre und ihr Anhang, die später in dem sogenannten Lublin-Komitee organisiert wurden. Auf den Konferenzen von Teheran und Jalta mußten Stalin und Gromyko in der Polenfrage übrigens auch jene Massengräber ins Kalkül ziehen, die mit 4443 Leichen polnischer Offiziere und Intellektueller gefüllt waren. Sie waren Mitte April 1943 von Deutschen bei Katyn in der Nähe von Smolensk entdeckt worden. Öffentlich beschuldigten sich Deutschland und die Sowjetunion gegenseitig, diesen Massenmord verantwortet zu haben. Als die polnische Exilregierung von London aus eine objektive Untersuchung durch eine internationale Kommission fordert, bricht die Sowjetunion die diplomatischen Beziehungen zu ihr ab. Erst viereinhalb Jahrzehnte später wird von sowjetrussischer Seite förmlich zugegeben, daß es die sowjetische Geheimpolizei war, die 1940 die Morde von Katyn begangen hatte.

## Wettkampf der Systeme

Die ganze Triebkraft der ideologischen Auseinandersetzung zwischen »Kommunismus« und »Kapitalismus« machte sich wieder einmal bei Stalin bemerkbar. Als der Diktator nach der Konferenz von Jalta am 7. Februar 1945 zu Polen Stellung nahm, konnte nur Eingeweihten erkenntlich sein, daß es dem Herrscher aus dem Kreml wieder einmal um einen Beitrag zum Wettkampf der Systeme ging und daß der Westen, vertreten durch Roosevelt und Churchill, geraume Zeit benötigte, um das raffinierte Spiel mit der Macht und Weltanschauung zu begreifen. »Uns geht es nicht nur darum, daß Polen an unser Land grenzt«, hob Stalin in seiner – wie immer sorgfältig vorbereiteten – Erklärung im Liwadia-Palais in Jalta an, »so wichtig das auch ist. In der Geschichte hat Polen immer wieder unfreundlichen Armeen als Durchgang zum Angriff auf Rußland gedient. Warum war es für unsere Feinde bisher immer so leicht, durch Polen zu marschieren? Vor allem, weil Polen schwach war. Russische Streitkräfte können den Korridor Polen nicht physisch von außen verriegeln, sondern er kann nur von innen durch Polens eigene Streitkräfte verriegelt werden. Und dazu muß Polen stark sein. Deswegen liegt der Sowjetunion an der Schaffung eines starken, freien, unabhängigen Polen.«

Marxistische Dialektik in Reinkultur: »Stark« heißt – nicht nur in der Betrachtungsweise eines Stalin – »weltanschaulich verläßlich« im Sinne des Marxismus-Leninismus; »frei und unabhängig« meint »Diktatur des Proletariers«, losgelöst von den Bindungen an den Westen; »Stärke« schließlich ist als integraler Bestandteil der Botmäßigkeit gegenüber Großrußland gedacht.

Über die Jahrzehnte stammen nicht nur die Auffassungen eines Stalin aus dem Denkghetto marxistischer Geschichtsauffassung. Vernunft, wie man sie sich wünscht, führe unausweichlich dazu, den Lauf der Geschichte vorauszubestimmen, mit gleichsam wissenschaftlichen Methoden dafür zu sorgen, daß die politischen wie die ökonomischen Vorgänge nach einem vorgegebenen Schema verbindlich geplant werden. Eine brisante Vorgabe, der sich »der Westen« in der Anfangsphase unterlegen gab. Nicht nur in Jalta, wo ein Stalin den Erzfeind, die Deutschen, mehrfach lobte, zeigt sich das Gerüst von Querverbindungen zwischen politischer Ambition, die Macht zu erringen und zu erhalten, und der Arroganz der Heilslehrer, das Glück der Menschen liege in einer gleichmacherischen Weltrevolution, wie etwa der von Marx und Engels erdachten. Nicht nur Stalins trickreiches, undurchsichtiges Vorgehen zeigt jenen Anspruch, offenbart jene ideologische Kampfbereitschaft. Bis zum Zusammenbruch des Kommunismus alter Schule lassen sich übrigens jene eigenartigen Querverbindungen zwischen Deutschen und Russen erkennen, die Außenstehenden immer wieder Rätsel aufgeben. Eine Mischung aus Gefühl und Interesse zweier kontinentaleuropäischer Größenordnungen ergibt über alle Fährnisse von Krieg und Frieden, von Partner- und Feindschaft eine sonderbare Dialektik: deutsch fühlen, russisch denken, kommunistisch handeln.

Derlei Raffinesse waren selbst begabte Querdenker wie Roosevelt und Churchill zunächst gar nicht und bestenfalls im nachhinein gewachsen. »Wir haben das falsche Schwein abgestochen«, meinte Sir Winston Churchill, 1945 als Kriegspremier abgewählt, als sich sein Verdacht zu bestätigen begann, Hitler zwar besiegt, aber in der ideologischen Auseinandersetzung mit dem Kommunismus vor einem andersartigen Waffengang zu stehen.

Militärisch hatte der rote Zar den Traum seiner monarchischen Vorgänger Wirklichkeit werden lassen. Rußland, zur Weltmacht durchgekämpft, beherrschte die Mitte Europas. Was in Jalta an Einflußsphären parlierend abgesteckt worden war, wurde Wirklichkeit. Realisten im Westen, die die Züge der jungen Supermacht des Ostens durchschauten, mußten sich zunächst geschlagen geben. Im Siegesrausch über Hitler und in der Freude über das Ende des Krieges – zunächst in Europa, dann in Japan – konnten einfache Gemüter zeitweise an einen anderen Traum glauben, an das Ideal einer einzigen Weltordnung mit gleichen Rechten und Pflichten und so etwas wie ewigem Frieden. Kundigen freilich war nicht entgangen, daß die nächste große Auseinandersetzung auf dem Feld der Ideologien und damit auch der Machtaufteilung gleichsam vorprogrammiert war. Kollektivismus gegen Individualismus. Was Philosophen seit Generationen bewegte – und streiten ließ –, wuchs sich spätestens seit dem Sieg des kommunistischen Rußland zu einer politischen Größenordnung aus, die zumindest den Rest des Jahrhunderts bestimmte und bestimmt. Demnach hatten Millionen Tote, zwei Weltkriege, eine Weltwirtschaftskrise, wirtschaftliche Zusammenbrüche und soziale Katastrophen sowie revolutionäre Veränderungen der Landkarte – nicht nur Europas, sondern auch der sogenannten Dritten Welt – die Konfrontation zwischen links und rechts bestenfalls vertagt, schlechtestenfalls angeheizt. Nach wie vor ging und geht es bis zum Ende des 20. Jahrhunderts um die hergebrachten Gegensätze zwischen Kollektivismus und Individualismus, zwischen gesellschaftlicher Gesamtheit und Einzelinteressen, zwischen Sozialismus und Bourgeoisie, zwischen Staatswirtschaft und Privatwirtschaft, zwischen kollektivem und privatem Eigentum und um die Frage, was sich in der Gegenwart an diesem oder jenem Anspruch verwirklichen läßt und was der Zukunft obliegt.

## Ein Etappensieg des roten Zaren

Nicht nur in Teheran bezeichnete das amtliche Moskau Grenzwünsche der Polen als unsinnig. Polen von US-Seite unterstützt zu sehen – das versteht die sowjetische Propaganda lediglich als Rücksichtnahme auf sieben Millionen amerikanischer Wähler polnischer Abstammung. An der Grenzziehung Polens, der sogenannten Curzon-Linie, die russischen Landerwerb absichert, und an der Oder-Neiße-Linie, die zu Lasten Deutschlands geht, hat sich Moskau seit den frühen fünfziger Jahren festgebissen. Der Westen dagegen hantiert mit polnischen Grenzen naiv. In Teheran etwa benutzte Churchill gar drei Streichhölzer, um die Westverschiebung Polens und den Schutz der Westgrenzen Rußlands zu markieren. Ganz einfach, oder?

Stalin siegte völkerrechtlich, bevor das rote Imperium seine Interessen in Europa militärisch sichern konnte. Gromyko: »Auf diese Weise brachte die Sowjetunion in Teheran die Lösung der Polenfrage und seiner Grenzen auf einen Weg, der den Belangen des polnischen Volkes ebenso Rechnung trug wie den Erfordernissen der europäischen und internationalen Sicherheit. Wir konnten nicht zulassen, daß Polen nach dem Kriege zu einem nützlichen Brückenkopf für irgendwelche sowjetfeindlichen Abenteuer wurde.« Dieser langfristigen Strategie stand und steht der Westen immer wieder ideen- und hilflos gegenüber, auch wenn Recht, Gerechtigkeit und Vernunft sich auf seiner Seite befinden.

Russische Machtinteressen sind oft stärker als jedes ideologisch bedingte Selbstverständnis. Das Beispiel Reparationen belegt dies im Vergleich der Jahrzehnte. Auf allen drei sonst so schicksalsträchtigen Konferenzen der Anti-Hitler-Koalition insistierte Moskau auf »angemessenen Reparationen durch Deutschland«. Weder in Teheran (28.11.–1.12.1943) noch in Jalta (4.–11.2.1945) und auch nicht in Potsdam (17.7.–2.8.1945) vermochte die sowjetrussische Diplomatie den Reparationsanspruch durchzusetzen. Die USA und Großbritannien verwehrten ungezügelte Rachejustiz und willkürliche Selbstbedienung. Statt dessen sollte aus den Fehlern der Zeit nach dem Ersten Weltkrieg finanzpolitisch eine Lehre gezogen werden: keine Überforderung des Besiegten, keine Kollektivschuld, vielmehr Fairneß beim Wiederaufbau, wenn sich auch bis heute die These hält, daß die Westmächte vor und nach dem Kriegsende von 1945 versucht haben, durch Konzessionen im mittleren und östlichen Europa russischen Reparationswünschen entgegenzuwirken. Wie Großrussisches über die Zeitläufe fortwirkt, zeigt sich am Beispiel jenes Siebenundvierzigjährigen, der im ersten Anlauf bei freien Wahlen in Rußland mehr als sieben Millionen Wähler auf seine Seite brachte: Wladimir Schirinowski, Orientalist jüdischer Herkunft, wegen seiner zügellosen Rhetorik das Schreckgespenst Mitte der neunziger Jahre. Er, der nie Mitglied der Kommunistischen Partei war, jedoch in einem Nahverhältnis zum Geheimdienst KGB vermutet wird, verspricht »ein Rußland in den Grenzen zu Beginn des Jahrhunderts«. Großsprecherisch will er also Finnland und die baltischen Staaten wieder einverleiben, fordert er von Amerika Alaska zurück, begehrt er für Rußland einen Zugang zum Indischen Ozean – und verlangt von Deutschland milliardenfach Reparationen, »denn russische Soldaten haben Hitler besiegt, nicht jüdische«. Rußland hat laut Schirinowski »genug gelitten; nun sollen andere leiden«. Einmal buhlt er um Sympathien in Polen, ein anderes Mal wünscht er sich mit Deutschland eine gemeinsame Grenze, will also Polen (zum vierten Mal) teilen.

Russische Präsenz in Mitteleuropa hängt seit Menschengedenken nicht am Regime, nicht an der politischen Ordnung. Mit Polen hat dies auch die Tschechoslowakei erfahren. Im Stil des Stalinismus arbeitete Moskau mit seinem großrussischen Denken auch 1943 auf unverrückbare Tatsachen in Europas Mitte hin. Mit Stalingrad begann bekanntlich der Verfall der militärischen Macht Hitlers. Nachdem eine Viertelmillion deutsche Soldaten eingekesselt worden waren, gingen 91 000 in Gefangenschaft (von denen 6000 zurückkehrten). Stalin erneuerte daraufhin seine imperialen Ideen von der Weltrevolution, die er durch militärische Erfolge in der Mitte Europas vorwärtstreiben will. Im Sinne eines Cordon sanitaire einer erstarrten Sowjetunion gibt Stalin Pläne für eine europäische Nachkriegsordnung vor.

## Der Pakt mit dem Teufel

Weiterhin soll nach dem Willen Stalins Österreich als »befreites Land« in seinen Grenzen von 1937 wiederhergestellt werden, wobei die Nachfolgestaaten des Kaiserreichs Österreich-Ungarn – Polen, die Tschechoslowakei. Ungarn, Jugoslawien – als Satelliten eingeplant werden. Wenige Tage nach der Konferenz von Teheran kommt es dann zu einem Sondervertrag zwischen der Sowjetunion und der Tschechoslowakei. Edvard Beneš, Chef der tschechoslowakischen Exilregierung in London, läßt sich von britischen Vorbehalten nicht abbringen und schlägt seinerseits einen Pakt mit Moskau vor. Am 12. Dezember 1943 verhilft der Tätigkeitsdrang von Beneš dem Fuchs Stalin, ein weiteres europäisches Kernland einzufangen. Kaum daß es den Tiefpunkt des Krieges einigermaßen überstanden hat, nutzt Rußland Schwäche und Gutgläubigkeit eines Partners, um eine neue Vorherrschaft zu etablieren. Kernpunkt des Pakts: Die Tschechoslowakei darf nur im Einklang und im Einvernehmen mit der Sowjetunion handeln.

Obwohl der Vertrag jenen sogenannten Hilfsmechanismus einschloß (der dann 1968 völkerrechtlich rechtfertigte, daß sowjetische Panzer gegen die Protagonisten des Prager Frühlings vorgingen), glaubte Beneš – von den Westmächten seit ihrer Preisgabe seines Landes im Jahre 1938 enttäuscht –, ausgerechnet von Stalin freie Hand erhalten zu haben. Der eigenwillige Tscheche, noch in der engen Tradition des Kaiserreichs der Habsburger aufgewachsen und erzogen, war ernsthaft der Meinung, kommunistische Zeitgenossen seiner Heimat, die sich im Moskauer Exil befanden, ausgeschaltet zu haben. Anders als bei polnischen und jugoslawischen Emigranten wagte Beneš also den »Pakt mit dem Teufel« – und ermöglichte der Sowjetunion somit einen weiteren Einbruch in die Mitte Europas. Moskau konnte nun nach Warschau auch Prag zu einem (ideologisch verläßlichen) Zentrum allrussischer Macht einrichten.

Jahre später, als sich Kommunisten die Macht in der Tschechoslowakei gesichert hatten, griff dann die Stalinsche Taktik: Der unstete Beneš, der sein Land aus ungestilltem Ehrgeiz, das Wesen des Stalinismus und Kommunismus unterschätzend, aus freien Stücken Sowjetrußland ausgeliefert hatte, war bald nicht mehr Herr über dieses Land. Die Vertreibung der Sudetendeutschen – eine weitere Folge der Konferenzen von Teheran und Jalta –, auch das Moskauer Veto gegen eine Beteiligung der Tschechoslowakei am Marshall-Plan (von Prag 1948 bereits beschlossen) erscheinen bei aller unmenschlichen und selbstzerstörerischen Konsequenz nur als logische Folge des Paktes zwischen Stalin und Beneš aus dem Mai 1943.

## Angst vor den Russen

Vorgeschichte und Raffinesse des machtpolitischen Anspruchs, wie er über Jahrzehnte von Ideologen und Politstrategen mit geradezu bewundernswerter Konsequenz durchgehalten wurde, erhellt neue Verhaltensnormen der achtziger und neunziger Jahre. Angst vor den Russen ist mehr als eine Schlagzeile. Sie entwickelt sich zu einem Trauma der Europäer in der Mitte des Kontinents, weil der Westen der Systematik und dem Sog nicht gewachsen scheint. Zielstrebigkeit, Taktik und eisernes Durchhaltevermögen auf der Ostseite stehen Naivität, Ziellosigkeit, Improvisation und Gutgläubigkeit im Westen gegenüber. Freilich nicht immer: Der Westen erwacht unter Hammerschlägen der Geschichte, als am 25. Februar 1948 die Kommunistische Partei der Tschechoslowakei nach einen Staatsstreich die Macht übernimmt und die »Volksdemokratie« ausruft. Kaum einen Monat später tagen die Militärgouverneure der deutschen Besatzungsmächte zum letzten Mal gemeinsam in Berlin. Mit der Währungsreform vom 18. Juni (der zwei Tage darauf die Berlin-Blockade folgen soll) beginnt die Teilung Deutschlands. Im selben Jahr wird der Staat Israel proklamiert, ebenso die Volksrepublik Nordkorea. In diese neue, diese andere Welt paßt die imperiale Gestik Stalins scheinbar perfekt.

Harry S. Truman jedoch, der US-Präsident, als »Krawattenhändler von Missouri« weithin unterschätzt, erkennt die Zeichen der Zeit. Mit der Spaltung Europas und neuen Abgrenzungen rings um die Welt beginnt ein Wettkampf der Systeme. Mit noch nie gekannter Härte, Dauer und Konsequenz werden westliche Werte zu einem Kampfinstrument gegen Kommunismus, Kollektivismus und Imperialismus. Nach langem Zögern tritt ideologischer Gleichstand ein, freilich um den Preis der Auseinandersetzung, die als »Kalter Krieg« in die Geschichte eingeht. Hatte Iossif W. Stalin ein richtiges Gefühl, als er auf der Konferenz von Potsdam Präsident Truman nicht über den Weg traute?

## In der Mechanik der Ideologien

Taktik und Strategie ideologischer Auseinandersetzungen mischen sich zu einem dramatischen Kolossalgemälde. Nur wer Abstand zuläßt, der vermag sein ganzes Ausmaß, die Zwischentöne wie den Gesamtzusammenhang, zu erkennen. Oft mangelt es an der rechten Beleuchtung. So auch im Wettkampf der Systeme. Wäre die Wucht des Ganzen früh- und rechtzeitig erfaßt worden, dann wäre es eventuell möglich gewesen, Fehlurteilen und Fehlverhalten vorzubeugen. Umkehrschluß: Fast ein Jahrhundert lang schuf die Ideologie jene Wechselfälle und ihre Systematik, die bis in unsere Tage Katastrophen bewirkten und die bei realistischer Einschätzung – vielleicht – hätten verhindert werden können. Erst recht gilt dies für eine Weltanschauung mit Unfehlbarkeitsanspruch wie die kommunistische, die sich in Wahrheit von einer ideologischen Fehlentwicklung zur anderen bewegt hat.

Wirtschaft und Versorgung als Exerzierfeld: Kriegskommunismus spannt Landwirtschaft und Industrie total ein. Schweigen die Waffen, versagt das System, wächst die Unzufriedenheit. Die Industrie wird durch Streiks gelähmt, in der Landwirtschaft entziehen sich enttäuschte Bauern dem staatlichen Druck. Die Versorgung bricht zusammen. Kehrtwendung zu einer neuen, einer ökonomischen Politik: Bauern wird gestattet, einen Teil ihrer Produktion auf dem freien Markt zu freien Preisen zu verkaufen; die Industrie darf sich nach den Verbraucherwünschen richten, vor allem bei Konsumgütern; ein freier Binnenmarkt wird proklamiert, die Gründung von Privatunternehmen ausdrücklich erwünscht und ausländisches Kapital begrüßt. Man schreibt nicht 1994, sondern 1922. Zwei Jahre später. Die Reformen in der Krise: Die Preise für Industriewaren explodieren, die Agrarpreise rutschen ab, das Geld wird immer weniger wert, der Absatz stockt, wer kann, flieht in Sachwerte. Betrieben und öffentlichen Auftraggebern fehlt das Geld, um ihre Rechnungen zu bezahlen, die Industrieproduktion verfällt. Unternehmen müssen schließen, die Arbeitslosigkeit nimmt zu. So geschehen nicht etwa in den Jahren 1989 bis 1993, sondern 1924, nach Lenins Tod – Folge einer langen Geschichte ökonomischer Wechselbäder, deren Aufgüsse von weitreichender Liberalität und totalem Durchgriff seitens Partei und Staat reichen.

In der Rückschau freilich wird unübersehbar, daß das Versagen des Marxismus-Leninismus und seiner sowjetrussischen Paraphrasierungen am System als solchem liegt und nicht an seiner mehr oder weniger geglückten Nutzanwendung. Jahrzehntelang wurde zwischen dem Anspruch der Weltrevolution und dem »Sozialismus in einem Land« laboriert. Fast ebenso lang experimentierte die kommunistische Ideologie an einer inneren Koexistenz mit dem Staat und versuchte sich mit dem Aufbau der Organisation des sogenannten Ostblocks. Stalin und seinen Nachfolgern muß spätestens seit den Säuberungen der dreißiger Jahre klargeworden sein, nur durch staatliche Macht, einschließlich eines verläßlichen Militärapparates, mit dem Kapitalismus fertig werden zu können. Da der »Große Vaterländische Krieg« unausweichlich nahezu alle Kräfte beanspruchte, trat beim »Sowjetpatriotismus« ideologisch eine Verschnaufpause ein. Nach dem Sieg über Hitler beanspruchte Moskau im »kommunistischen Weltlager« dann verstärkt die absolute, nicht zuletzt geistige Führung.

## Krieg mit anderen Mitteln

Nach dem militärischen Sieg über Hitler machte sich Stalin an die Forderung des Krieges, jedoch mit anderen, mit ideologischen Mitteln. Nun sollte es gegen den Westen, gegen die parlamentarischen Demokratien gehen. In der alten Tradition der »revolutionären Sozialisten« ließ er über den Apparat der KPdSU, der Geheimdienste und nahestehender westlicher Organisationen eine Dreifachstrategie entwickeln. Erstens: Westliche Demokratien – jene Gebilde des ausbeuterischen Kapitalismus mit ihren geheimen Machtstrukturen, die von der Industrie, besonders von den multinationalen Unternehmen geschaffen worden sind, jene Horte verweigerter Sozialrechte – sind in einen ständigen Anklagezustand zu versetzen. Zweitens: Ideen und Ideale der neuen Linken sind zu fördern und nicht zuletzt materiell zu unterstützen. Dazu gehört: Vorwurf der Entfremdung des Menschen von der Natur; Aufzeigen dekadenter Erscheinungsformen der parlamentarischen Demokratien durch außerparlamentarische Aktivitäten; Denunziation des Privateigentums und Idealisierung der einen oder anderen Form von Gemeinwirtschaft; Mitbestimmung zu Lasten der Oberschichten. Drittens: »Humaner Sozialismus« ist als ideologisches Gerüst für die kommunistische Machtübernahme in Europa und in Übersee zu proklamieren.

Im Triumphgefühl, eine Weltmacht geworden zu sein, legten die Moskauer Strategen, im ideologischen Schachspiel geübt, selbstbewußt jene dynamische Gangart vor, die – getreu marxistischer Geschichtstheorie – wenige Jahre später zum Kalten Krieg führte. Der Westen gab sich mehrheitlich schwerhörig, desinteressiert und dachte nicht im Traum daran, die Sowjetunion könnte ihre militärische Präsenz in der Mitte Europas zu einem ideologischen Waffengang benutzen. Vor allem in Europa traute man »Väterchen Stalin« raffiniertes Langzeitdenken nicht zu. Tatsächlich gab sich jedoch der rote Zar im Kreml nicht mit seinem erweiterten Reich zufrieden, er wollte mehr, wollte die Revolution rund um die Welt. Um so wichtiger war es für Stalin, die Vorfeldverhältnisse in Polen, der Tschechoslowakei, in Ungarn, Rumänien und Jugoslawien ideologisch zu klären und politisch zu verfestigen.

Nationale Regungen in der europäischen Einflußsphäre der Sowjetunion hatten weder weltanschaulich noch militärisch eine reelle Chance – siehe Ostberlin 1953, Ungarn 1956, Prag 1968, Polen 1981 –, und nachdem die Sowjetunion seit 1949 über eigene Atomwaffen verfügte, also das Monopol der USA waffenrechtlich gebrochen hatte, verstärkte das »Gleichgewicht des Schreckens« den Führungsanspruch der bolschewistischen Weltmacht.

## Der verunglimpfte Klassenfeind

In der Folgezeit wurde die Propaganda behende umgepolt. Im Vaterländischen Krieg, definitorisch eine historisierende Anleihe bei der Verteidigung Rußlands gegen die Armee Napoleon Bonapartes im Jahre 1812, konzentrierten sich die Moskauer Informationsstrategen auf Hitler-Deutschland. In der Zeit der Anti-Hitler-Koalition wurden die »Kapitalisten« in den USA, Großbritannien und anderswo ausgespart, ja geschont. Mit dem politischen Szenario eines heraufziehenden, von der Sowjetunion schließlich gewollten Kalten Krieges konnte dann die Ganzheitsmethode propagandistischer Rundumschläge gegen alles Westliche wieder bedenkenlos angewandt werden.

Auf Jahrzehnte geplant und bis zum Zusammenbruch des kommunistischen Ostblocks mit bemerkenswerter Routine durchgehalten, setzte die Suada fort, was ideologisch geplant war: den Klassenfeind zu denunzieren, zu verunsichern, in seinen Schwächen zu packen und getreu den Regeln der Public Relations so lange darüber zu reden, bis die gesellschaftspolitische Anklage Wurzeln schlug, nicht zuletzt im allezeit zur Selbstkritik neigenden Westen. In bewußter Drehung der Begriffe wurde dabei »Kapitalismus« als der Inbegriff des Bösen verwandt, »Kommunismus« oder – in immer wieder erneuerter Vereinfachung und Vermischung – »Sozialismus« jedoch für Fortschritt, Friedfertigkeit und Seriosität begrifflich eingesetzt. Die Sprache als Beherrschungselement – es schien mehr als ein halbes Jahrhundert hervorragend zu funktionieren.

Erst Ende der achtziger und in den neunziger Jahren stellte sich dann heraus, daß das ideologisch eingesetzte Wortgeklingel weder im Bewußtsein der eigenen Ostblockklientel hängengeblieben war noch im Westen jene Spuren für die Veränderung aufgezeigt hatte, auf die das ganze Moskauer Gedankengebäude jahrzehntelang aufgebaut war. Der böse Klassenfeind war es, der in fortdauernder Verschwörung die Arbeiterklasse ausbeutet und der mit seinem Kapitalismus die Güter dieser Welt – als sozialer Störenfried im Sinne von Imperialismus und Faschismus – verteilt. Ein friedvoller Internationalismus wurde gepredigt, der die wahre Freiheit gegen Militarismus und internationalistische Rüstungsgewinnler verteidigt und der mit der Entspannung die Werktätigen vor weiteren Opfern und Beherrschungsakten des Faschismus bewahrt – eine Haltet-den-Dieb-Methode, wie sie im Buche steht.

## Agitation und hilflose Demokraten

War die verleumderische Absicht solcher und ähnlicher Wortakrobatik in internationalen Beziehungen früher oder später zu durchschauen, so blieb dennoch immer etwas hängen. Beschuldigungen und Verdächtigungen in Richtung Kapitalismus hatten vielleicht doch einiges für sich. Fehlleistungen des Westens, erkennbar in politischen Unzulänglichkeiten, wirtschaftlichen Rückschlägen und gesellschaftspolitischen Fehlern, lieferten schließlich genügend Ansatzpunkte, gegen ihn Stimmung zu machen. Auch waren und sind gestandene Demokraten gegenüber rücksichtslosen Einseitigkeiten einigermaßen hilflos.

Der Bevölkerung im Ostblock fehlten weithin Vergleichsmaßstäbe – auch wenn ihnen westliche Radio- und Fernsehsendungen und, später, persönliche Beobachtungen zu einem eigenen Urteil verhalfen. Den Wortschwall der Propaganda einer Einheitspartei zu durchschauen, zwischen den Zeilen zu lesen und sich durch Mundpropaganda ein eigenständiges Urteil zu bilden – dies hatten die Europäer schon unter dem Nationalsozialismus gelernt und gepflegt. Nicht anders verhielt es sich im Kommunismus. Zu den gefährlichen Dauerfolgen des verbalen und dann schließlich auch inhaltlichen Umgangs mit Wahrheit und Unwahrheit zählte ein anderes, ein gefährliches Phänomen: eine spezielle Denkweise als intellektuelle Überlebensstrategie, die – je länger, desto mehr – die Mentalität beeinflußte, veränderte und für ein botmäßiges Verhalten schwer zugänglich machte.

## Block gegen Block – Teilung auf ewig

Putzfrauen herrschen im Oberen Belvedere. Frische Luft zieht durch den Landsitz des Prinzen Eugen. Westwind überwiegt, wie so oft im Mai. Beflissene Protokollbeamte agieren wie Bühnenregisseure. Hier eine einzige Reihe von restaurierten Barocktischen. Für jeden Minister einen. Macht fünf. Dahinter Platz für die Delegationen. Zehn Beamte. Nicht mehr. Davor ein großer Teppich aus den kaiserlichen Beständen. Vis-à-vis genügend Raum für die Repräsentanten der Bundesregierung, der Landesregierungen, der Sozialpartner, der obersten Gerichte, des Corps diplomatique. Und: »Bitte ganz hinten einige Plätze für die Presse.« Das amtliche Wien rüstet zur Unterzeichnung des Staatsvertrages durch die USA, die Sowjetunion, Großbritannien und Frankreich.

Ein Regierungsvertreter reist aus Warschau an. Dort unterzeichnet der Außenminister der Sowjetunion, Wjatscheslaw M. Molotow, am 14. Mai 1955 jenen Vertrag, der – getreu den Vereinbarungen der Supermächte vom Februar 1945 – Europa in aller Form spalten sollte (was denn ja auch für mehr als 35 Jahr Status quo war). Erst am 31. März 1991 löst sich jenes Gebilde wie selbsttätig auf, das an den Iden des Mai 1955 als Warschauer Pakt gegründet wurde. Die Volksrepublik Bulgarien, die Ungarische Volksrepublik, die Deutsche Demokratische Republik, die Volksrepublik Polen, die Sozialistische Republik Rumänien, die Union der Sozialistischen Sowjetrepubliken und die Tschechoslowakische Sozialistische Republik bildeten ein militärisches Zwangskartell. Was Stalin an aggressiver Sicherheitspolitik nach dem Sieg über Hitler begonnen hatte, zeigte Wirkung: Zwischen Ost und West herrschte Spannung, Wettrüsten, gegenseitige Verunglimpfung, gegenseitige Verdächtigung und ein hohes Risiko an militärischer Konfrontation.

»Im Falle eines bewaffneten Überfalles in Europa auf einen oder mehrere Teilnehmerstaaten des Vertrages seitens irgendeines Staates oder einer Gruppe von Staaten«, heißt es in Artikel 4 des »Vertrages über Freundschaft, Zusammenarbeit und gegenseitigen Beistand« vom 14. Mai 1955, »wird jeder Teilnehmerstaat des Vertrages in Verwirklichung des Rechtes auf individuelle oder kollektive Selbstverteidigung in Übereinstimmung mit Artikel 51 der Satzung der Vereinten Nationen dem Staat oder den Staaten, die einem solchen Überfall ausgesetzt sind, sofortigen Beistand [...] mit allen Mitteln, die ihnen erforderlich erscheinen, einschließlich der Anwendung von militärischer Gewalt, erweisen.« Was sich wie ein Kooperationsversprechen zwecks Selbstverteidigung nach außen liest, erwies sich schon kaum mehr als ein Jahr später als das, wofür der Warschauer Pakt von vornherein angelegt war: als Beherrschungsinstrument gegen ideologische oder politisch-wirtschaftliche Abweichung oder Verselbständigung im mitteleuropäischen Einflußbereich der Sowjetunion. Für flüchtige Beobachter wirkte der Warschauer Pakt wie ein Gegengewicht zur 1949 entstandenen North Atlantic Treaty Organization, zur NATO.

Die spätstalinistische Propaganda verstand es zunächst hervorragend, den Charakter der Selbstverteidigung beim Warschauer Pakt herauszustellen. Im Krieg der Worte zwischen Ost und West um Verdrehungen und Mißbrauch nicht verlegen, tarnte der nun formalisierte kommunistische Block seine eigenen Offensivabsichten mit anklagendem Wortgeklingel. Der Westen rüste, bedrohe die Sowjetunion, kreise sie ein und wolle die Ergebnisse des Sieges über Hitler revidieren. Die Truman-Doktrin, entwickelt vom späteren Außenminister John F. Dulles, und der Marshall-Plan wurden nach der bekannten Haltet-den-Dieb-Methode der stalinistischen Propaganda als Beweise kapitalistischer Aggression denunziert. Auch wurde die Sage, die westlichen Demokratien seien von Kapitalisten und ihrem Gewinnstreben in der Rüstung beherrscht, geschickt lanciert. Was da in den fünfziger wie schon in den vierziger Jahren propagandistisch eingepflanzt wurde, wucherte als ideologisches Dauergewächs bis in die neunziger Jahre, wozu auch der immer wiederkehrende Verdacht, düstere Hintermänner seien hier am Werk, gehörte. Letzteres ließ sich relativ leicht an die Öffentlichkeit bringen. Man brauche nur jedem, der zu sagen bereit gewesen sei, was die Reaktionäre hören wollten, ein paar Dollars in die Hand zu drücken – so Andrej Gromyko in seinen Erinnerungen.

Gewaltiges hatte sich begeben. Im Westen bedurfte es eines mehrjährigen Lernprozesses, um zu erkennen, daß das Gleichgewicht der Kräfte, wie es 1945 bestand, von östlicher Seite systematisch angebohrt wurde. Stalin, der alte Revolutionär, war von der Schwäche des Kapitalismus und seinen Abhängigkeiten zutiefst überzeugt. Der Diktator im Kreml war davon überzeugt, den militärischen Bodengewinn Allrußlands in der Mitte Europas nur halten zu können, wenn er ideologisch langfristig abgesichert würde. Um in Berlin und Wien dauerhaft verbleiben zu können und um sich des Vorfeldes von der Ostsee bis zum Schwarzen Meer sicher zu sein, verschrieb sich Moskau vertiefter Aggression. Polen, die Tschechoslowakei, Rumänien und der Balkan waren im kommunistischen Sinn politisch-ideologisch gleichzuschalten und als Block zu organisieren. Stalin setzte den Krieg gegen die Bourgeoisie und den Kapitalismus mit allen Mitteln fort. Ziel war die Weltrevolution durch Export der Ideologie, und zwar zunächst nach Europa, dann nach Übersee. Gemessen an dieser weit ausholenden Planung, wirkte die juristische Absicherung sowjetrussischen Einflusses auf die Mitte Europas wie eine begrenzte Konsequenz. Tatsächlich löste der Warschauer Pakt zweiseitige Bindungen vertraglicher und anderer Art ab, wie sie die Sowjetunion in ihrem westlichen Glacis systematisch aufgebaut hatte. Das Recht zur Stationierung der Roten Armee in Ost-, Mittel- und Südeuropa vermochte die Sowjetunion – zwei Jahre nach Stalins Tod in einer schwächenden Übergangsphase – denn auch nur durch eine Verdächtigungskampagne des Westens international zu »verkaufen«.

Die Wiederbewaffnung Deutschlands, von Konrad Adenauer seit Jahren betrieben, erleichterte Moskau das Tarnungsmanöver. Sowjetrussischer Herrschaftsanspruch ließ sich international nicht zuletzt mit antideutschen Gefühlen recht gut tarnen. Im Westen brauchte es nach dem Sieg über Hitler-Deutschland dann eine geraume Zeit, um die Raffinesse zu erkennen, mit der Moskau am Werk war. Unter der Oberfläche eines lautstarken Propagandawirbels und gegenseitiger Verdächtigungen begann sich indes jener

Strukturwandel anzusiedeln, der die Blockbildung zunächst begünstigte und schließlich ad absurdum führte: Im nuklearen Zeitalter erhielt die Macht einen anderen Stellenwert. Übermächtig werden – das war in der vornuklearen Zeit undenkbar. Militärisch konnte ein Land gar nicht stark genug geraten. Stärke war daher erstrebenswert, um sie politisch einzusetzen. Im Zeitalter nuklearen Gleichstands, der zwischen den USA und der Sowjetunion drohte und dann, mit der Wasserstoffbombe, auch tatsächlich eintrat, reichte Stärke dann allein nicht mehr, um sich politisch durchzusetzen – schließlich drohte die Vernichtung durch den Widersacher, wenn er bei Machtanwendung zum Gegner werden sollte.

Zwei hochgerüstete Supermächte, jede mit einer mehrfachen Vernichtungskapazität, veränderten die Spielregeln internationaler Beziehungen. Abschreckung trat an die Stelle von Aggression. Es entstand das Gleichgewicht des Schreckens. Und es entstand daraus eine der Sache nach logische Konsequenz: Es wurden Blöcke gebildet. Sie wirkten wie eine Rückversicherung gegen den politischen Gebrauch der Stärke, der von den beiden Supermächten ausging, war es doch denkbar geworden, daß eine Supermacht waffentechnisch in die Lage versetzt war, die andere Supermacht zu vernichten, freilich um den Preis des eigenen Untergangs. Vor diesem Hintergrund spielte sich die Sicherheitspolitik zwischen West und Ost über Jahrzehnte auf mehreren Ebenen ab. Die NATO und der Warschauer Pakt, letzterer defensiv proklamiert und offensiv ausgerichtet, entwickelten und bewahrten ein europäisches Patt. Allerdings vermochte theoretisch jedenfalls nur die Überlegenheit des Westens, gemessen an dessen Kampfkraft, den Osten davon abzuhalten, seine Offensivpläne in die Tat umzusetzen. Während also die Gefahren weitgehend kontrollierbar geworden waren, pendelten sich neuartige Beherrschungsstrukturen ein. Die Supermächte kooperierten einmal mehr, einmal weniger, brachten schließlich auch den Begriff »Abrüstung« ins Gespräch, ohne die Repräsentanten Europas, um das es ja letztlich ging, ernsthaft zu konsultieren. Letztendlich fanden sich die Europäer in der zweiten Reihe wieder.

Am Ende stand der Westen als Gewinner da, freilich erst nach einem langen und an Rückschlägen reichen Wettkampf der Systeme. Alle ideologische Aggression des Kommunismus stalinistischer Prägung erwies sich in der letzten, der großen ideologischen Auseinandersetzung als zu schwach, um zu obsiegen. Der »Sieg« westlicher Politik entsprach jener geschichtlichen Logik von der Freiheit – wie immer sie sich auch darstellte – und der damit verbundenen Attraktivität für das Individuum. Und gerade diese Freiheit, dieser Unzwang, dieses scheinbar nicht an irgendwelche Pläne, Richtlinien und Vorgaben ausgerichtete Unstete war es, worauf die Theorie vom »Wissenschaftlichen Sozialismus« lange Zeit setzte, um letztlich über jenes System, das wenig System zu offenbaren schien, den Sieg davonzutragen. Daraus resultierte wiederum die Selbsttäuschung über die Funktionsfähigkeit und das Durchsetzvermögen des Ostblocks, der somit auch nicht erkannte, daß längst vor seinem offensichtlichen Verfall im Jahre 1989 das System ausgehöhlt und funktionsuntüchtig geworden war. Seine Liquidationsreife war am Ende nur noch eine Frage der Zeit.

Nach 1989, als der Druck gewichen und die Freiheit nicht nur eine Floskel, sondern ein Lebensangebot geworden war, mußten viele im ehemaligen Ostblock erkennen, wie sehr sie von dem geistigen Gefängnis namens Volksdemokratie beeinflußt waren. Nicht die Abwesenheit von kommunistischen Phrasen ist es, welche die Selbstzweifel nachhaltig bestimmen und welche das Selbstbewußtsein in den Reformstaaten wenig belastbar macht, sondern die Erkenntnis, welchen Schaden mehr als vier Jahrzehnte Kommunismus psychologisch hinterlassen hat. Die Wegstrecke erscheint lang, um denkerisch und damit auch handelnd verläßlich an die guten, die freiheitlichen Traditionen des eigenen Landes und der westlichen Zivilisation anzuknüpfen. Und so verspricht ein Neubeginn der gangbarere Weg zu sein als jener steinige Pfad, der beschritten werden muß, um sich mit der Vergangenheit auseinanderzusetzen und mit ihr fertig zu werden.

Nur allmählich – und in Teilbereichen nur bruchstückhaft – konnte das Geflecht der alten Abhängigkeiten enttarnt werden. Die sogenannten Volksdemokratien erfuhren jahrzehntelang, was es heißt, wenn eine Einheitspartei über eine Einheitsdiktatur den Staat als Geisel nimmt. Ganze Generationen der Intelligenzija wirkten als Gefangene der Ideologie – auch noch in den siebziger und achtziger Jahren, als die überalterten Machtstrukturen von Moskau landauf, landab nur noch Stagnation zu bieten hatten. Das Beherrschungsmonopol der kommunistischen Parteien wurde ausgehöhlt, die Ideologie verlor ihre Konsistenz, das Lagerdenken verflog.

## Panslawismus, Austromarxismus, Kommunismus

Der Befreiungsvorgang rekrutierte seine Kraft aus nationalen Interessen. Dort, wo einst der Panslawismus herrschte, wurde fast unversehens der Austroslawismus zu einem erneuerungsfähigen Denkmodell, hatten sich doch in der Doppelmonarchie bis zum Ende des Ersten Weltkrieges auch jene Kräfte zusammengefunden, die das Habsburgerreich nicht abschaffen, sondern umwandeln wollten. Diese Integrationsform erschien damals den Verfechtern des Austroslawismus als ein gemäßer Rahmen, um Selbstbestimmung im Sinne freier nationaler Entfaltung innerhalb der Monarchie durchzusetzen. Und mehr als ein halbes Jahrhundert später – der kommunistische Ostblock war noch nicht bankrott – blickte man in Budapest und Prag, in Warschau und Preßburg erneut nach Wien. Es war zwar nicht mehr das Wien der Habsburger, nicht mehr die Kapitale eines Vielvölkerreiches, sondern die Hauptstadt eines relativ kleinen Staates, der durch politische Stabilität und wirtschaftlichen Erfolg auffiel. Daran konnte man sich orientieren, um schließlich einiges eventuell zu importieren.

In die romantische Verklärung, zu der Wien jahrzehntelang als attraktives Schaufenster westlicher Lebensform beitrug, mischten sich in den Reformstaaten zuvor reale Betrachtungsweisen, doch erwies und erweist es sich als attraktiv, über Österreich und mit Österreich den Weg nach Westen zu finden, die neue Freiheit gleichsam zu austrifizieren. Dem ersten Schritt nach Westen sollte dann für die Verfechter der neuen Demokratien die Teilnahme an der westeuropäischen Integration folgen.

## Soziale Marktwirtschaft als Gegengift

Im ersten Befreiungsgefühl empfanden viele Vordenker in den Reformstaaten Demokratie und Marktwirtschaft als Koppelprodukte. Das eine hänge nicht nur am anderen, sondern beides bedinge sich gleichsam automatisch. Ein guter Demokrat müsse doch wohl auch ein verläßlicher Marktwirtschaftler sein – und umgekehrt. In der ersten Begeisterung wurden indes jene Nuancen übersehen, die zu beachten sind, wenn der ideologische Umbau im Zentrum Europas Bestand haben soll. Während die kommunistische Propaganda von den vierziger Jahren an die westlichen Demokratien mit dem alten Manchester-Kapitalismus gesellschaftspolitisch in einen Topf zu werfen pflegte, grassierte im Westen (Teilerfolg der Ostpropaganda?) in der nämlichen Zeit der ideologische Selbstzweifel. »Markt« und »Wirtschaft«, »Demokratie« und »Freiheit« glaubte so mancher Wessi als gefällige PR einer kurzsichtigen Wachstumsideologie wegstecken zu können.

Was Soziale Marktwirtschaft substantiell bedeutet, hat sich jedenfalls nicht über Nacht herumgesprochen. Zweifel an der Machbarkeit einer derartigen Gesellschaftspolitik kamen immer wieder hoch. Selbst jene, die von der Sozialen Marktwirtschaft überzeugt und nicht nur ideologisch auf der Gewinnerseite anzutreffen waren, hatten es mit Überzeugungsarbeit gelegentlich schwer. So wird das Professorenwort über die gesellschaftspolitischen Unterschiede nur allzugern kolportiert, Planwirtschaft könne ein Student der Nationalökonomie im zweiten oder dritten Semester begreifen, doch Soziale Marktwirtschaft voll zu erfassen, dazu reiche oft nicht ein doppelter Doktor.

## Die Idee Marktwirtschaft

Das Begriffspaar »Soziale Marktwirtschaft« wird fälschlicherweise immer wieder in die Verteilungsmechanik gesteckt und damit ideologisch unterschätzt. Dabei bietet Soziale Marktwirtschaft einen abgerundeten Gesamtplan demokratischer Selbstkontrolle. Viele, die an westeuropäische Erfolge denken, sprechen von Kapitalismus. Tatsächlich handelt es sich aber in Deutschland oder Österreich, in Frankreich oder Großbritannien um wirtschafts- oder gesellschaftspolitische Annäherungsprozesse an die Ideale der Sozialen Marktwirtschaft. Die Betonung auf »sozial« ist dabei mehr als eine gängige Floskel. Wie die Auseinandersetzungen und auch Entwicklungen seit dem Zweiten Weltkrieg lehren, sind Sozialbindung und Sozialverpflichtung keine leeren Worthülsen.

Mit altvorderem Kapitalismus, rücksichtslosem Einsatz der Produktionsfaktoren Arbeit und Kapital hat das, was sich in der Realität der freien europäischen Länder wirtschafts- und gesellschaftspolitisch seit Jahrzehnten vollzieht, kaum mehr etwas zu tun. So unvollständig die Arbeitsweise der Sozialen Marktwirtschaft auch geraten sein mag, wie wirtschaftspolitische Positionskämpfe immer wieder zeigen – der Point of no return ist längst überschritten, und zwar nicht nur in den Einzelstaaten, sondern, was schwerer wiegt, in der Europäischen Union. Insgesamt. Vom altvorderen Kapitalismus ist die wirtschaftliche und gesellschaftspolitische Realität Europas jedenfalls ebensoweit entfernt wie von einem ungezügelten Liberalismus (bei Vergleichen mit den vielfältigen Verhältnissen in den USA ist ohnedies Vorsicht geboten).

## Eigentum und Wettbewerb oder Warum der Marxismus scheiterte

Seitdem die Soziale Marktwirtschaft gegen Ende der vierziger Jahre erstmals propagiert wurde, wogt die ideologische Auseinandersetzung um ihre Substanz. Sie will nicht absolut genommen werden, nicht statisch, nicht dogmatisch. Ihr Lebenselexier heißt Prozeß. Diese Idee ist also weder Selbstzweck noch Endstadium. In einem demokratischen Kontrollgeflecht bildet die Soziale Marktwirtschaft vielmehr einen Eckpfeiler. Seine Funktion kann er indessen nur erfüllen, wenn die ihn umgebenden Verhältnisse intakt sind, also Moral, Ideale, Recht, und entsprechend greifen. Diese Rahmenbedingungen sind es nämlich, welche die moderne Marktwirtschaft zur sozialen Selbstkorrektur befähigen.

Zwei Elemente sind es, die diese Korrektur gesellschaftspolitisch überhaupt erst möglich machen: Eigentum und Wettbewerb. Ohne sie bliebe Soziale Marktwirtschaft in der Tat ein Kunstprodukt. Mit Eigentum und Wettbewerb trägt diese Idee dazu bei, die Freiheit aus der Ferne der Unverbindlichkeit herunterzuholen und sie dem Bürger dienlich zu machen. Eigentum und Wettbewerb haben dabei eine doppelte Aufgabe. Zunächst einmal bedeutet Eigentum, einen persönlichen Verfügungsbereich zu haben, und es bedeutet, vor staatlicher Gewalt geschützt zu sein. Diese Doppelfunktion reicht weit über das Wirtschaftliche hinaus. Dagegen ist der Kollektivismus, wie ihn Marx und Lenin gepredigt und ihre Epigonen verfochten haben, nicht zuletzt an der Eigentumsfrage gescheitert. Freiheit, die Eigentum vermitteln kann, geht dabei weit über das Materielle hinaus. Eigentum und Besitz verschaffen dem Bürger über das Freiheitsgefühl hinaus eine Selbstbestätigung, die kein anderer gesellschaftspolitischer Wert zu bieten vermag. Freilich bedarf diese Freiheit in der Demokratie der Regeln und der Begrenzungen.

Auch Wettbewerb, jene unentbehrliche Triebkraft der Sozialen Marktwirtschaft, wirkt wie ein doppeltes Getriebe. Vorsichtshalber ist begrifflich geboten, zwischen freiem Wettbewerb und sozialistischem Wettbewerb kommunistischer Prägung eine scharfe Trennlinie zu ziehen. Ein Wort für zwei Welten? Denn Mitte der neunziger Jahre bleibt zu fragen, ob eine »sozialistische« Marktwirtschaft möglich ist, wie etwa von der Volksrepublik China praktiziert, wenn Wettbewerb und Marktelemente zu Teilen eines kollektivistischen Wirtschaftssystems erklärt werden.

## Die doppelte Bedeutung des Wettbewerbs

In der Sozialen Marktwirtschaft fällt dem Wettbewerb doppelte Bedeutung zu. Makroökonomisch dient er, die wirtschaftlichen Prozesse durch Synchronisation zu ordnen und zu steuern. Mikroökonomisch bildet Wettbewerb das eigentliche Antriebsaggregat für die Leistung im Detail – des einzelnen oder des einzelnen Betriebes, einzelner Branchen, einzelner Innovationsmethoden, ja, auch einzelner Länder. Also das glatte Gegenteil von Kollektivismus, wo Wettbewerb geplant, befohlen und reglementiert ist. In der Marktwirtschaft wirkt er hingegen als Erziehungsfaktor und am Markt schließlich als Leistungselement.

Der Preis, in der Theorie Taktschläger des Wettbewerbs, sorgt selbst in einem unvollständigen System der Marktwirtschaft für eine gewisse Ordnung. Daß in ihm auch Gewinn steckt, macht den Kapitalismus immerhin zum Vorfahr der Sozialen Marktwirtschaft. Sie ist auf eine andere als eine staatliche oder gar parteiliche Kontrolle angewiesen. Abgeleitet von einem Gesamtsystem, geht es um jene ideologische Automatik, die verhindert, daß auf dem freien Markt neben fairem Verantwortungsbewußtsein unsaubere Spekulation herrscht. Der Markt braucht also die Demokratie, braucht eine wache Gesellschaft. Was der Nationalökonom und Soziologe Wilhelm Röpke über die moralische Seite der Sozialen Marktwirtschaft Ende der fünfziger Jahre formulierte, das gilt auch noch für die neunziger Jahre: »Individuelle Anstrengung und Verantwortung, unantastbare Normen und Werte, im Eigentum verankerte Unabhängigkeit, Wägen und Wagen, Rechnen und Sparen, selbstverantwortliche Lebensplanung, rechte Einbettung in die Gemeinschaft, Familiensinn, Sinn für Überlieferung und die Verbundenheit der Generationen bei offenem Blick für Gegenwart und Zukunft, rechte Spannung zwischen Individuum und Gemeinschaft, feste moralische Bindung, Respekt vor der Unantastbarkeit des Geldwertes, der Mut, es mit dem Leben und seinen Unsicherheiten [...] auf eigene Faust aufzunehmen, der Sinn für die natürliche Ordnung der Dinge und eine unerschütterliche Rangordnung der Werte.«

Die europäischen Realitäten unserer Tage scheinen andere zu sein. Hohe Arbeitslosigkeit, bedingt durch einen starken Konjunkturverfall, gehört schon fast zur Norm, die einfach nur registriert wird. Zwei Drittel der Gesellschaft im Westen leben gut, ein Drittel schlecht, wenige wollen teilen, und die meisten hoffen auf bessere Zeiten. Im Osten glauben viele, die Hoffnung sei ihnen durch schlechtere Lebensumstände geraubt worden. Demokratie erscheint nur für Spekulanten und Leute mit Verbindungen ertragreich. Was helfe der ganze Kapitalismus, wenn die Schaufenster westlichen Überfluß böten, die meisten ihn sich aber nicht leisten könnten, während umgekehrt früher alle reichlich Geld gehabt hätten, die Regale der Geschäfte jedoch leer gewesen wären.

Auf beiden Seiten herrscht erklärerischer Nachholbedarf. Verwöhnte Wirtschaftswunderbürger glaubten allen Ernstes, es gehe gleichsam mit ihnen automatisch aufwärts – Wohlstand als einklagbarer Rechtsanspruch. Im Osten, wo Ernüchterung und Enttäuschung umgehen, betrachten viele die Westöffnung als Anspruch auf »arbeitsloses Einkommen« – Wiedergutmachung für Jahrzehnte verwehrte Teilnahme am westlichen Wirtschaftswunder schwingt da mit. Überhaupt scheint fälschlicherweise der Eindruck entstanden zu sein, allen sei nun alles erlaubt und über Nacht könne der Osten mit dem

Westen in jeder Beziehung gleichziehen. Keine Rede also von den ordnungspolitischen Rahmenbedingungen, zu denen ja auch, als Zielvorgabe und Meßwert, die sittlichen Voraussetzungen zählen.

Eine Wirtschaft ist nur wirklich frei, wenn nicht alles erlaubt ist. Angebot und Nachfrage, die eigentlichen Lenkungsinstrumente, setzen zwar den Markt voraus, ersetzen aber nicht eine ausgewogene Gesamtordnung. Zu ihr gehört mehr als rasches Geld, gehören vor allem Verantwortungsbewußtsein, Fairneß, Sinn für das Gemeinwohl und die Bereitschaft, Freiheit unter der Bedingung zu konsumieren, daß sie ihre Grenzen hat, nicht zuletzt beim anderen. Individualismus will da gezügelt sein und bedarf nicht nur natürlicher, sondern auch gesellschaftlich und deshalb auch staatlich gewollter Grenzen. Das Mittel, um sie zu erkunden und zu erkennen, setzt Toleranz, Liberalität und Sozialverantwortung voraus. Das jedenfalls lehrt die Erfahrung mit über vier Jahrzehnten Sozialer Marktwirtschaft.

Kapitel 2

# »Sie haben uns belogen und betrogen«

Frage an Radio Eriwan: »Wo befindet sich der Kapitalismus?« Antwort: »Am Rande des Abgrunds.« Zusatzfrage: »Was macht er da?« – »Er blickt auf uns herab.« Dieser doppelsinnige Ostblockwitz macht seit Mitte der siebziger Jahre die Runde. Zunächst wurde er unter der Nomenklatura herumgeflüstert, jener verhältnismäßig dünnen Schicht von oft mißbrauchten oder korrumpierten Bürokraten und meist zynischen Parteimanagern mit ihrem Geflecht aus Abhängigkeiten, Mißtrauen, Kontrolle und Verantwortungsscheu vor der undurchsichtigen Allmacht eines Einparteienregimes. Trotz des ausgeklügelten Beherrschungsapparates, der Wissen und Leistung nur in engem Rahmen vorgegebener Einzelbereiche zuzulassen schien, dauerte es nicht lange, bis der Witz nach Westen drang. Von redelustigen, im Westen etwas selbständiger agierenden Ostblockdiplomaten auf Cocktailpartys lanciert, begann er seine Karriere.

Zwei Jahrzehnte später. Aus dem Eriwan-Scherz ist Wirklichkeit geworden. Alle erschaudern ob der Realität. Die Katastrophe in den Mitgliedsstaaten des ehemaligen Ostblocks erreicht in ihrer Tristesse ungeahnte Dimensionen. Sie stellen alles in den Schatten, was von Pessimisten vorhergesagt worden war. Auch im Fall der deutschen Wiedervereinigung ist selbst nach Jahren das Ausmaß des Verfalls nicht präzis auszumachen. Typisch für den Westen: Er macht hauptsächlich die – hochdotierten – Geheimdienste für das Informationsloch verantwortlich, in das die Politik nach 1989 gestolpert ist. Realitätsferne und Ideenlosigkeit verursachen enorme, einmalig hohe Kosten. West und Ost werden sie zu begleichen haben.

Alle Staatsbesuche, alle Wirtschaftskontakte, alle Zweigniederlassungen, ja selbst die – wenn auch spärlichen – Gemeinschaftsunternehmungen von West und Ost vermochten lediglich ein unzulängliches, lückenhaftes und teilweise irreführendes Bild vom Ostblock zu geben – und das auch noch zu dem Zeitpunkt, als das kommunistisch gewebte Gebilde kurz vor dem Zerreißen stand. Mit dem Block stürzte nämlich auch seine Ideologie in die Tiefe. Stalins Erben scheiterten in unvorstellbarem Ausmaß. Ideologisch mußte sich der alte Kommunismus von der Sozialen Marktwirtschaft geschlagen geben. Politisch konnte ein grandioses, ein diabolisches System der Selbsttäuschung entlarvt werden. Wirtschaftlich, technisch und organisatorisch war zwar »das sozialistische Modell der wissenschaftlichen Erfolgsgarantie des Kommunismus« von vornherein eine Fehlkonstruktion, aber es dauerte Jahrzehnte, bis sich innerhalb der einzelnen Staaten und vor allem im Verhältnis der Ostblockmitglieder untereinander am Beispiel des Rats für gegenseitige Wirtschaftshilfe (RGW) herausstellte: Die meisten Parameter führen unausweichlich zum Fehlschlag. Einzige Ausnahme war der Rüstungsbereich (einschließlich der Weltraumtechnik). Was absoluter, im Bedarfsfall gewaltsamer Vorrang einer krakenhaften Befehlszentrale alles bewirken kann! Der Preis dafür ist hoch. Fehlleitungen, Mißbrauch, Korruption, Verantwortungslosigkeit, getragen von polizeistaatlichen Maßnahmen, dazu eine gigantische Täuschungsapparatur waren erforderlich, um die versäumten und verpaßten Gelegenheiten der Reformen zu verschleiern und den Ehrgeiz der Macht nicht transparent werden zu lassen.

## Manipulation und Geheimniskrämerei

Schon die Wechselbäder von Wirtschaftsplänen, Prioritäten, Programmen und Kontrollen belegten die Schwäche des altkommunistisch-stalinistischen Systems. Die Macht der jeweiligen Parteien und Staaten überdeckten jedoch solche Unzulänglichkeit. So konnte es geschehen, daß sich hinter der Fassade der sozialistischen Arbeitsteilung die nationalen Märkte abschotteten, echte Leistungsvergleiche unterblieben (von Wettbewerb ganz zu schweigen) und statt realer Fortschritte immer neue Rechtfertigungswellen für die lästigen Unzulänglichkeiten und gefährlichen Fehlentwicklungen parteitechnisch ausgelöst wurden. In Wahrheit erwies sich selbst der simple Vorrang der Schwerindustrie gegenüber der Konsumgüterwirtschaft auf die Dauer als undurchführbar.

Generationenlang wurde etwa die Bedeutung der Dienstleistungen verkannt, die eine moderne Industriegesellschaft überhaupt erst funktionsfähig machen. Der Computer diente bestenfalls dem Polizeistaat, nicht dem wirtschaftlichen und sozialen Fortschritt. Kollektive Beherrschungsmethoden drangsalierten die Verbraucher ebenso wie die Wirtschaft. Die schönsten Pläne erwiesen sich somit als undurchführbar, wurden jedoch, systembedingt, trickreich umgangen. Manipulation und Geheimniskrämerei, beispielsweise über vernachlässigte Infrastrukturmaßnahmen und die wahren Ursachen der Versorgungsmängel, begannen beim jeweils nächsten Vorgesetzten und endeten beim entmündigten Bürger.

Der Lebensstandard sank, die Umwelt wurde versaut, die Investitionen fehlgeleitet, das Kapital vergeudet, die Preise verfälscht, die Produktivität vernachlässigt, das Leistungselement verkannt. Der Abstand zum Westen geriet immer größer. Den Aufholprozeß zu bewältigen erschien schon Jahre vor dem Zusammenbruch des RGW unwahrscheinlich – und war am Ende unmöglich. Das System erlag seinen eigenen Fehlern. Der Westen obsiegte dabei durch bloße Anwesenheit. Im Wettkampf der Systeme blieb er ideologisch passiv. Er beschränkte sich auf Vorbildwirkungen und auf den Glauben, den besseren Ideen zu dienen. Bei aller Selbstkritik, welche die westlichen Eliten schubweise erfaßte, vertraute man auf eine Art ideologische Automatik. Der Kommunismus werde schon an seiner eigenen Fäulnis zugrunde gehen, »Demokratie« und »Marktwirtschaft« würden es sozusagen aus dem Stand schaffen. Auf den Tag, an dem der Verfall des Ostblocks offenkundig wurde, war man im Westen jedoch ebensowenig vorbereitet wie im Osten. Kein Wunder also, daß die Entwicklungen nach der 89er Öffnung mehrfach aus dem Ruder liefen – gesellschaftspolitisch, außen- und innenpolitisch, wirtschaftlich und nicht zuletzt sozial.

## Die Scheu vor der Wahrheit

Soll und Haben hat es 1989 und danach nicht gegeben. Warum haben die alten Garnituren im Westen und die neuen Demokraten im Osten auf eine Eröffnungsbilanz verzichtet? Eine flüchtige Antwort besagt, die neuen Eliten seien wie die alten von dem Sturm des Wandels überrascht und politisch davongetragen worden. Tatsächlich jedoch war es die Scheu vor der Wahrheit, welche die Verantwortlichen vor dem Offenbarungseid zurückschrecken ließ. Das Ausmaß des Zusammenbruchs, in der Geschichte ohne Beispiel, hat sie jedenfalls alle überrumpelt. Selbst bei der Wiedervereinigung Deutschlands versagten schon die rechnerischen Angaben – und ließen somit eine verläßliche Bilanz nicht zu. Wiedervereinigungskosten von jährlich 150 Milliarden Mark konnten kaum prognostiziert werden. Erst allmählich gelang in Deutschland eine Kosten-Nutzen-Analyse.

Anderen Ländern fehlten noch nach Jahren verläßliche Angaben über Rechte und Pflichten, Vermögen und Schulden, über Ist-Zustand und Prognose. Bestandsaufnahmen allein hätten in der Stunde Null der neuen Freiheit ohnedies nur einen materiellen Teil abgedeckt. Jenseits des Rechenhaften stellte sich ein Defizit an Ideen, an Programmen, an Visionen, also an jener geistiger Substanz ein, die Menschen erfaßt, leitet und motiviert.

Ein doppeltes, ein verhängnisvolles Versäumnis. Polen und Tschechoslowaken, Ungarn und Slowenen hatten, wie Deutsche Ost, in der Diktatur gelernt, zwischen den Zeilen zu lesen, Propaganda von Realität zu unterscheiden. Selbst aus der Froschperspektive konnten sie mancher heraufziehenden Gefahr gewahr werden. Allzuoft war das Regime mit seinem Latein zu Ende. Doch ebendieses Regime verstand es immer wieder – und sei es mit Hilfe des sowjetrussischen Militärs oder der eigenen Polizei, vornehmlich der Geheimpolizei –, Unmut zu unterdrücken, um irgendwie weiterzumachen. Daß 1989 Block und Ideologie, Staaten und Parteien wie ein Spuk verschwinden würden, entzog sich selbst wachem Bürgersinn. Ehrlicherweise konnte niemand den Verfall voraussehen – auch nicht jene Teilhaber der dünnen Führungselite, die einigermaßen Bescheid wußte. Erst als diese Führungselite den politischen Offenbarungseid ablegte und es in Leipzig hieß: »Wir sind das Volk«, da pochte die Geschichte an das Fundament einer Idee, die keine mehr zu sein schien. Damals und kurz danach wäre es relativ leichtgefallen, Ursachen und Wirkungen zu offenbaren, rückhaltlos und rücksichtslos Ursachen und Wirkungen aufzuzeigen.

In der Folgezeit verließ Verantwortliche der Mut, gingen Kenner auf

Tauchstation, waren Könner Mangelerscheinungen – und keiner war da, der eine ehrliche Bestandsaufnahme ablieferte. Denn erst im Vergleich des totalen Zusammenbruchs wäre es der Bevölkerung in den Staaten, die sich an Reformen wagten, klarzumachen gewesen: Die Mißwirtschaft ist so gigantisch, die Pleite so total, daß redlicherweise nur bei Null angefangen werden kann. Weitermachen verbot sich eigentlich. Auf tiefe Schnitte, etwa währungstechnischer Art wie mit der Einführung der Deutschen Mark im Jahre 1948 (verbunden mit einer Teilenteignung samt Währungsreform, Lastenausgleich, Notopfer usw.) verstand man sich nicht. Es wurde zwar quer durch den ehemaligen Ostblock wortreich von Schocktherapie geredet, tatsächlich jedoch blieb es weitgehend bei einem Elitenaustausch und bei halbherzigen Reformen. Demokratie kam, sah und versagte – fürs erste.

## In die eigene Tasche gelogen

Es wäre verhältnismäßig leicht gewesen, reinen Tisch zu machen und der Vernunft eine Gasse zu hauen. Nachträglich freilich fällt es leicht, mangelnden Mut zu beklagen, festzustellen, man habe sich feigerweise in die eigene Tasche gelogen. Historische Wechsel lassen sich nicht programmieren. In der Aufbruchstimmung der ersten Zeit freilich wäre die Bevölkerung in der Mehrheit belastbarer gewesen. Als es zu spät geworden war, kam das resignierende Wort von der »Leidensfähigkeit« hoch. So häuften sich zu alten Fehlern neue.

Für eine sorgfältige, aussagefähige Eröffnungsbilanz lagen schon unmittelbar nach dem Wandel Bewertungskriterien in großer Zahl vor: Überalterung; verbreitete Armut; lückenhafte medizinische Versorgung; vergiftete Umwelt; verwahrloste Rechtsstaatlichkeit durch Allmacht von Partei und Staat statt durchsichtiger Gewaltenteilung; kleinere und größere Wahlbetrügereien; technischer Rückstand; vernachlässigte öffentliche Dienste; Überbürokratisierung; Kapitalfehlleitungen in die Staatsbetriebe, vor allem im Rüstungsbereich; einseitige Strukturen mit teilweise falschen Standorten und Produktionspaletten; industrielle Organisationslücken; unterentwickeltes Verantwortungsbewußtsein; fehlende Innovationsbereitschaft; einseitige Verstädterung mit Landflucht; vernichteter Mittelstand; ausgelöschte Handwerkerstruktur; Wirtschaft und Gesellschaft als Geiseln der Militärs und der Parteibürokraten. Die Gründe der ständigen Versorgungslücken und des sinkenden Lebensstandards lagen auf der Hand. Offenkundig waren auch die psychologischen Wirkungen eines raffinierten Unterdrückungsapparates in nahezu allen Lebensbereichen und die damit verbundene Flucht des denkenden Bürgers in die Privatsphäre, was den Gemeinsinn verkümmern ließ. Quer durch die Gesellschaft hinterließen jahrzehntelange Rechtlosigkeit, Einparteienhybris und Mißwirtschaft einen Scherbenhaufen.

Alle wußten es, alle empfanden es, aber kaum jemand raffte sich auf, das Ausmaß der Selbstzerstörung europäischer Kulturländer offenzulegen. Der Westen gab sich unbeteiligt, bestenfalls zurückhaltend. In der Mitte und im Osten der Alten Welt traute man sich nicht, nach dem Zauberflötenprinzip zu verfahren, nämlich in Zeiten der Probe die Wahrheit zu sagen, nichts als die Wahrheit.

Ein Iossif W. Stalin hätte dies nicht als Sündenregister betrachtet. Ein Leben lang hatte er, der Zyniker, sich nach außen hin dem Glauben verschrieben, »die fortschrittlichen Kräfte« seien auf seiner Seite anzutreffen.

Weltkommunismus begann für ihn in Europa. In der Mitte der Alten Welt wollte er ihn etablieren, von dort aus die Revolution anderswo hintragen. Der rote Zar tat einen Schwur, als er vor der deutschen Wehrmacht aus dem Kreml hatte fliehen müssen: Hitler besiegen und den alten Traum der Russen verwirklichen, in der Mitte Europas eine entscheidende Rolle zu spielen. Alles, was danach geschah, diente denn auch diesem Fernziel. Dokumente, die fünf Jahrzehnte später aufgefunden und enträtselt wurden, lassen Stalins politische Handschrift erkennen, nach dem »Großen Vaterländischen Krieg« die Einflußsphäre Moskaus wie mit einem umgekehrten Cordon sanitaire gegen den »kapitalistischen« Westen bis in die Mitte Europas zu sichern – ideologisch, politisch, wirtschaftlich.

## Wehner, Djilas, Svoboda und andere

Ort der Handlung: Hotel Lux, Moskau. Zeit: dreißiger und vierziger Jahre. Besetzung: graue Gestalten eines anonymen Apparates, der auf verschiedenen Ebenen auf Beherrschung, Abhängigkeit, Indoktrination und Gehirnwäsche hinarbeitet. Einmal Kommunist der Moskauer Schule – immer Kommunist dieser Art.

Herbert Wehner, später als einer der großen Männer der deutschen Sozialdemokratie in den fünfziger bis siebziger Jahren gefeiert und in den neunziger Jahren, nach seinem Tod, vielfach verdächtigt, gerät seinerzeit in die Mühlen der Stalinschen Personalpolitik. Milovan Djilas, der jugoslawische Parteitheoretiker und spätere Dissident, weiß ein Lied von den Verflechtungen zu singen. Wladyslaw Gomulka, der aufrechte Pole, schwankt zwischen seiner Schulung in Moskau sowie Rechtsabweichung und Rehabilitierung. Ludvík Svoboda, der überzeugte Tscheche, auf Freiheitstrip schon gegen Österreich-Ungarn mit der tschechischen Legion während des Ersten Weltkrieges auf russischer Seite, lernt die Fangfähigkeit des Moskauer Systems als gehorsamer Offizier und später als Staatspräsident mehrfach kennen. Mátyás Rákosi, in der ungarischen Räterepublik gestählt, blieb stalinistischer Altkommunist und bewies seine Gebrauchsfähigkeit im Block als Sekretär der frühen Komintern ebenso wie als terroristischer Diktator Ungarns, der den Aufstand von 1956 herausforderte.

Cliquenähnlich wurden mit diesen Prominenten und ihren Gefolgsleuten die eigentlichen Voraussetzungen für die Bildung des Ostblocks mit all seinen Spätfolgen geschaffen. Ihre Existenz, ihre belastbare Loyalität waren derart ausgeprägt, daß sie die Winkelzüge der stalinistischen Außenpolitik gehorsam mitmachten. So mußten sich sowohl Gomulka als auch Djilas gefallen lassen, während des Hitler-Stalin-Paktes (1939/40) aus dem Verkehr gezogen zu werden, damit sie, zeitweise, nichts gegen Hitler-Deutschland unternehmen konnten. Um so nützlicher waren sie danach für die Vorbereitung und Bildung der allrussischen Einflußsphäre in Mitteleuropa, formalisiert im RGW und im Warschauer Pakt.

## Gleichschaltung bis auf Tito

Stalins Langzeitplanung entsprach nicht zuletzt die Gründung der Kominform im September 1947. Als Nachfolgeorganisation der berüchtigten Komintern (im Mai 1943 der Form halber aufgelöst, um Bürgerliche, Westler, Rechte und andere, die gegen Hitler-Deutschland standen, zu beruhigen und mit Kommunisten zu solidarisieren) wurde sie zum ideologischen Wegbereiter erkoren. Getreu der stalinistischen Strategie bildeten Sowjets, Bulgaren, Franzosen, Italiener, Jugoslawen, Polen, Rumänen, Tschechen und Slowaken ein kommunistisches Informationsbüro. Als Kominform war ihm aufgetragen, den Einflußbereich der Sowjetunion, markiert durch die Rote Armee als Besatzungsmacht, weltanschaulich zu verfestigen. Außerdem betrachtete Moskau die Mitte und vor allem den Westen Europas ideologisch als Hoffnungsgebiete.

Die Saat des Kominform sollte erst später mit dem Eurokommunismus, jener gestatteten Abweichung gutgläubiger Intellektueller, in Westeuropa aufgehen. Ebenfalls im Jahre 1947 verbreitete Moskau die Zwei-Lager-Theorie – hier die Sowjetunion, Hort friedliebender antiimperialistischer Staaten, dort die faschistoiden USA, »Aushängeschild« des »imperialistischen Lagers«.

Spätestens mit der Kominform begann die Sowjetunion »ihre« Mitte ideologisch aufzurüsten. In klassischer Manier der Revolution wurden Intellektuelle, Kultur, Medien, Parteien, Polizei, Militär und andere Nahesteher des »fortschrittlichen Sozialismus« systematisch unterwandert. Sozialdemokraten, die sich der Umarmung und der späteren Fusion zwischen sozialdemokratischen und kommunistischen Parteien entzogen, wie etwa Kurt Schumacher in Deutschland, wurden flugs zu Klassenfeinden gestempelt.

Doch nicht jeder Kommunist folgte Stalin. Dem zentralistischen Führungsanspruch, daß nur von Moskau aus die kommunistische Heilslehre verbindlich zu definieren und zu verbreiten sei, widersetzte sich ein gewisser Josip Broz, genannt Tito. Drohendes Schisma veranlaßte daraufhin Moskau, nicht nur nicht nachzugeben, sondern die Sowjetisierung Mittel- und Osteuropas zu beschleunigen und zu vertiefen. Längst war nämlich die Anti-Hitler-Koalition im Streit auseinandergegangen, als die ideologische Absicherung der militärischen Erfolge der Sowjetunion offenkundig wurde.

## Rollback der Amerikaner

25. Februar 1948. In Washington gehen die Alarmglocken. Das imperiale Vorgehen Moskaus wird in Prag offenkundig. Der tschechoslowakische Präsident Beneš beruft – entgegen der Verfassungslage – eine kommunistische Regierung. Mit Prag weicht die letzte nichtkommunistische Regierung Ostmitteleuropas sowjetischer Routine – und mit der Kälte des wahren Machthabers kommentiert Moskau den Selbstmord des tschechoslowakischen Außenministers Masaryk: er sei »auf die andere Seite getreten«, habe sich gegen das Volk gewandt. Schutz der Bevölkerung vor solchen und ähnlichen Machtergreifungen der Kommunisten lassen die USA ihr Europa-Engagement konkretisieren. »Rollback« heißt nun das Stichwort, gegeben vom späteren Außenminister John F. Dulles, in sowjetrussischer Klassifikation »einer der gefährlichsten Erzreaktionäre«.

Für die Verfestigung des Moskauer Einflusses gab Stalin nun auch institutionell das Startzeichen. Kaum ein Jahr nach dem Prager Sturz und nach gründlicher Gleichschaltung beorderte er die Statthalter von Bulgarien, Polen, Rumänien, der Tschechoslowakei und Ungarn nach Moskau. Es folgte die Gründungskonferenz des Rates als vorläufiger Höhepunkt der Sowjetisierung Osteuropas. Nur formal und oberflächlich wurde der RGW als Gegenstück zum Marshall-Plan und zur Organization for European Economic Cooperation (OEEC), jetzt OECD, dargestellt. In Wahrheit hielt Stalin die Zeit für gekommen, das Geflecht zweiseitiger Handelsverträge zu straffen und Interessen der RGW-Teilnehmerstaaten vorsorglich zusammenzuspannen, jedenfalls solange ausreichende Kontingente der Roten Armee entweder in diesen Ländern stationiert waren oder dort jederzeit kurzfristig eingesetzt werden konnten (eine Politstrategie, die 1953 in Ostberlin, 1956 in Budapest und 1968 in Prag wirkungsvoll – im sowjetrussischen Sinn – zum Tragen kam).

## Im russischen Netz der Abhängigkeiten

Eingeladen wurde zum 5. Januar 1949 nach Moskau. So leicht, wie sich die Blockplaner des Kreml, an ideologische Linientreue gewöhnt, die wirtschaftliche Gleichschaltung vorgestellt hatten, gelang der Coup allerdings nicht. Selbst eingefleischte Kommunisten der Kriegsgeneration, im Moskauer Emigrantenhotel Lux trainiert und auch indoktriniert, wollten auf nationale Rechte nicht ohne weiteres verzichten. Auch blieben die eigentlichen Ziele des RGW im unklaren. Handelsverein Gleichberechtigter? Aufgabe der verbliebenen Souveränitätsrechte? Integration unter wessen Kommando? Oder lediglich wirtschaftlich und planerisch decken, was militärisch im heraufziehenden Kalten Krieg für das »sozialistische Lager« geboten erscheint?

Drei Tage und drei Nächte wurde gestritten. Geheim. Sozialistische Arbeitsteilung ließ sich nicht so leicht kommandieren wie der Geheimdienst, die Parteibürokratien oder das Militär. Schließlich setzt sich Moskau durch. Zu groß waren die Abhängigkeiten, zu unklar die eigentlichen Absichten im Mekka des Sozialismus.

In Propaganda geschult und trainiert und um wortreiche, bewußt ungenau gehaltene Umschreibungen nicht verlegen, brauchten die Öffentlichkeitsarbeiter des neuen Blocks immerhin zwanzig Tage, um schließlich der staunenden Öffentlichkeit die Gründung des RGW zu erklären, vor allem der in den zum Satellitentum verurteilten Staaten. Angriff schien auch den RGW-Architekten die naheliegendste Verteidigung. Der Marshall-Plan sei es, der mit seinem »Diktat« die Souveränitätsrechte und die nationalökonomischen Interessen der RGW-Gründerstaaten verletze. Der in Vorbereitung befindliche Ostblock warf den westeuropäischen Staaten »wirtschaftlichen Boykott« der volksdemokratischen Länder und der Sowjetunion vor. Originalton Moskau: »In Anbetracht dieser Umstände hat die Konferenz über die Frage der Schaffung einer Organisation beraten, welche die weitgehende wirtschaftliche Zusammenarbeit zwischen den volksdemokratischen Ländern und der Sowjetunion zum Ziele hat.« Jahrzehntelang wurde danach laboriert, schließlich mit tödlichem Ausgang.

## Ziele verpaßt, Block ruiniert

Die Welt hält den Atem an. Werden sie die Panzer auf das Weiße Haus schießen lassen? Sie taten es. Machtkampf in Moskau am 3. und 4. Oktober 1993 zwischen Präsident Jelzin und einem ebenso kommunistisch beherrschten wie aufmüpfigen Parlament. Der klotzige Bau steht in Flammen. Wie beiläufig erwähnen die zahlreichen aufmarschierten Reporter ein schlankes Gebäude nebenan, Sitz des RGW, des Rates für gegenseitige Wirtschaftshilfe. Bevor noch beschlossen wurde, diesen schlanken Wolkenkratzer Moskauer Bauart zur vorläufigen Bleibe des ausgebombten russischen Parlaments umzufunktionieren, wurde nicht nur gelernten Moskauern klar – Symbolik wird zur Realität. Geschossen wird auf eine unbotmäßige Volksvertretung auf Befehl eines Präsidenten, der als Demokrat angetreten ist. Und nebenan steht ein verlassener, ein überflüssig gewordener Bürokomplex, jener des RGW.

Der Block hatte sich drei Jahre zuvor selbst liquidiert. Seitdem bevölkern Volksvertreter das RGW-Gebäude, von Fremdenführern früher als Stätte bezeichnet, wo »etwas im verborgenen blüht«. Nach vier Jahrzehnten die Geschichte eines gescheiterten Experiments. Es begann mit bombastischen Zielen und hintergründigen Absichten, von Beginn an PR-mäßig überstrapaziert.

Artikel I des Statuts: »Der Rat für gegenseitige Wirtschaftshilfe hat zum Ziele, durch Vereinigung und Koordinierung der Bemühungen der Mitgliedsländer des Rates zur planmäßigen Entwicklung der Volkswirtschaft, zur Beschleunigung des wirtschaftlichen und technischen Fortschritts in diesen Ländern, zur Hebung des Standes der Industrialisierung in den Ländern mit einer weniger entwickelten Industrie, zur ununterbrochenen Steigerung der Arbeitsproduktivität und ständigen Hebung des Wohlstandes der Völker der Mitgliedsländer des Rates beizutragen.«

## Im Gestrüpp der Parteibürokratie

Nachträglich wirkt diese weit ausholende Absichtserklärung wie die kabarettistische Verhöhnung der Realitäten des Ostblocks. Mit Ausnahme der Rüstung und der Weltraumtechnik blieb alles im Gestrüpp der Parteibürokratien, der nationalen Interessen, vor allem aber der Dominanz kommunistischer Denkfehler und ihrer Vollzugsorgane hängen. Weder die Koordinierung der an sich klassischen Handelsverträge gelang noch jene der Volkswirtschaftspläne. Von wenigen Ausnahmen abgesehen, fand eine »internationale und sozialistische Arbeitsteilung« nicht statt. Es gelang auch nur selten, die Produktion »innerhalb des sozialistischen Lagers« in großem Stil zu spezialisieren und zu koordinieren. Unterentwickelt blieben auch die ökonomischen Nutzeffekte. Historisch vorgegebene Unterschiede im Entwicklungsstand der RGW-Staaten konnten entgegen allen Beteuerungen kaum überwunden werden. Integriert wurde, wenn überhaupt, sektoral – oft von Betrieb zu Betrieb. Statt Einsparung, Rationalisierung, Produktivität und besserer Versorgung herrschte weithin im wahrsten Sinn des Wortes »verantwortungsloses« Gebaren: unrationelle Improvisation samt Tauschhandel im Stil mittelalterlichen Rucksackverkehrs; verfehlte Produktivität mit einem ständig wachsenden technischen Rückstand gegenüber dem Westen; unzuverlässige Versorgung mit Energie, Rohstoffen, Halbwaren und vor allem Ersatzteilen; Korruption und eine Schattenwirtschaft, in der sich jedes RGW-Land selbst am nächsten war (und vor Betrügereien nicht zurückschreckte). Das »I-Tüpfelchen« war schließlich das graue Bild leerer Regale im Einzelhandel.

## Chaos allerorten

Ikarus, eine der größten Busfabriken der Welt mit qualifizierter Arbeiterschaft, will einen technologischen Sprung wagen. Die Budapester Busbauer, sich des technologischen Vorsprungs des Westens auch in ihrer Branche wohl bewußt, verbessern ihre Erzeugnisse: modernere Karosserie und Armaturen, bequemere Innenausstattung, zugkräftigere Motoren, insgesamt ein servicefreudigeres Fahrzeug. Voll Stolz liefern sie – planmäßig übrigens – in die Sowjetunion. Statt Beifall und Zufriedenheit eine unerwartete Retourkutsche. Man möge doch, bitte, bei den alten Modellen bleiben. Mit der neuen Technologie käme man nicht zurecht. Es fehle an Spezialisten, Spezialgerät und an Ersatzteilen, damit umzugehen. Also wird weitere Jahre bei den alten Modellen verharrt. Ikarus blieb nichts anderes übrig, als auf rückständige »Kunden« Rücksicht zu nehmen und damit den Bus zu versäumen, mit dem moderne, rationelle, kostensparende – also westliche – Technologie zu erreichen gewesen wäre.

Inzwischen ist es nicht nur der Rost, der die alten Busse in Rußland zusammenhält. Weil die Stadtverwaltungen von Kiew oder Odessa, von St. Petersburg oder Nowosibirsk finanziell austrocknen, verfügen sie nicht einmal über Rubel – von frei konvertierbaren Währungen gar nicht zu reden –, um Ersatzteile anschaffen zu können. Tausende Busse gammeln dahin – die städtischen Verkehrsbetriebe in der ehemaligen Sowjetunion operieren am Rande des Abgrunds. Versorgungschaos und Planungsbetrug lieferten im RGW-Zeichen unzählige Beispiele. Auch nach der Reform auf russisch sind sie Legende – zum Dauerschaden der ehemaligen Bruderländer.

Polen beispielsweise bemühte sich in den siebziger und achtziger Jahren im Rahmen der vorgegebenen Planungen die Bezahlung von Energielieferungen aus der Sowjetunion, vor allem von Erdöl und Erdgas, ökonomischer zu gestalten. Warschau versuchte, mit hochwertigeren Produkten wie Maschinen, Motoren, Elektrogeräten in Moskau zu bezahlen. Entsprechende Planvorgaben gingen an die polnischen Betriebe. Dort wurde produziert, teilweise durch Zukauf von devisenlastigen Materialien aus dem Westen. Plötzlich winkten die russischen Planer ab. Sie bestanden auf den hergebrachten polnischen Lieferungen von Agrarprodukten. Polen aber hatte inzwischen die Agrarerzeugung in einigen Bereichen zurückgefahren. Verwirrung total. Die Lebensmittel, die die Sowjetunion wünschte, um ihre Versorgungsmängel kurzfristig beheben zu können, waren in Polen gar nicht mehr vorhanden, und die höherwertigen polnischen Erzeugnisse fanden in der Sowjetunion keinen Absatz. Milliardenfache Fehlleistungen und Fehlleitungen.

Parallel dazu hatte sich Moskau angewöhnt, lebenswichtige Energielieferungen an seine Satellitenstaaten nach eigenem Gutdünken zu betreiben. Offiziell sollte das Bukarester Preisschema angewandt werden, nach dem die RGW-internen Preise branchen- und produktweise nach dem Weltmarktdurchschnitt der letzten fünf Jahre berechnet wurden. Alle Beteiligten versuchten jedoch, dieser Schematik zu entrinnen, vor allem weil die Weltmarktpreise in der Regel kurzfristiger schwankten. Im Bewußtsein, daß die Satellitenstaaten von russischen Energielieferungen abhingen, drückte Moskau in den siebziger und achtziger Jahren seine kurzfristigen Vorstellungen über höhere Preise immer wieder durch. Dazu kam die weitverbreitete Übung, statistische Zahlen über den RGW-Innenhandel zu frisieren: Mengen wurden in andere Perioden verschoben, Zahlungen zurückgehalten, verfügbare Devisen verschwiegen, freie Kapazitäten verborgen und Lieferungen nach Qualität, Zeitpunkt und Verrechnung manipuliert.

Zum Sport jedes tüchtigen Managers im RGW zählte es, den Mengenangaben des Planes gerecht zu werden und gleichzeitig für Tausch, Kompensation oder Bezahlung interessante Mengen verfügbar zu halten. Weil sich die Betriebsführungen damit an der Grenze der Legalität bewegten oder gegen Vorschriften verstießen – und damit jederzeit wegen »Wirtschaftssabotage« angeklagt, verhaftet, verurteilt oder einfach aus dem Verkehr gezogen werden konnten –, bildete sich ein undurchschaubares, wirr verflochtenes Verständigungssystem, ein grauer RGW-Markt. Diese doppelte Moral erklärt auch, wie es jahrzehntelang möglich sein konnte, propagandistisch die Planvorgaben als Erfolg darzustellen und gleichzeitig die Unzulänglichkeiten des Systems immer wieder zu tarnen. Dies geschah oft mit Reformansätzen auf der Seite von Preisen, Mengen und Technik. Ein kleiner, verschwiegener Markt, trotz oder wegen der Allmacht des Plans.

Der Zusammenbruch des RGW kündigte sich mit dem Transferrubel an. Mitte der sechziger Jahre in einem der vielen RGW-Reformversuche lautstark angekündigt und angepriesen, wurde er Mitte der achtziger Jahre funktionsuntüchtig – er mußte zugunsten echter westlicher Währungsrelationen aufgegeben werden. Eine echte Austauschbarkeit der Währungen im RGW war nie zustande gekommen. Lediglich bei Direktgeschäften von Betrieb zu Betrieb stellte sich durch gleiche und vergleichbare Berechnung so etwas wie eine interne Konvertierbarkeit ein. Sie konnte freilich nicht durchgängig gestaltet werden. In den Betrieben war es nicht üblich, mit echten Kosten und Preisen sowie variablen Kalkulationselementen wie Kapitalbildung, Rückstellungen, Rücklagen, Vermögensbewertungen, Steuern und Abgaben zu arbeiten. Auf ein Rechnungswesen im westlichen Sinne glaubten die Planer im Anfangsstadium des RGW überhaupt verzichten zu können. Später fehlte es an politischem Mut, um einzugestehen, wie schlecht es um die Arbeitsproduktivität im Ostblock stand. Als der RGW begann, lag sie noch bei 40 Prozent des westlichen Standards. Vierzig Jahre später war sie auf ein Drittel abgerutscht. Im Westen war die Arbeitsproduktivität von 1950 bis 1990 um ein zigfaches Prozent gestiegen.

Rückständigkeit wurde in der Endphase des RGW zu einem politischen Sprengsatz. Von Partnerschaft, normalen Geschäftsbeziehungen und Loyalität entfernte sich das RGW immer weiter. Noch unter Michail Gorbatschow, der den Wirtschaftsblock – trotz aller Schwächen – in eine umfassendere Kooperation mit dem Westen einbringen wollte, traten die Moskauer Planer zum letzten Gefecht an. Sie fühlten sich Mitte der achtziger Jahre stark genug, mehr Blockloyalität zu verlangen. Was gemeint war, überraschte die kundigen Thebaner in den damals noch satellitären Staaten keineswegs: echte Preise, saubere Verrechnung. Hinter einer irreführenden Erfolgsfassade wurden über Jahre gegenseitige Schulden aufgerechnet. Die Sowjetunion verlangte schließlich von ihren Satellitenregierungen, aufgrund preisgünstigerer Lieferungen von Energie und Rohstoffen auf dem Altar der Blockloyalität bis zu fünf Milliarden Dollar jährlich zu opfern. US-Dollar, versteht sich.

Gegenrechnungen aus Warschau, Prag und Budapest ließen nicht lange auf sich warten. Durch Planungsfehler oder willkürliche Eingriffe, etwa bei Lieferungen von Agrar- und Industrieerzeugnissen, durch Verrechnungsmethoden mit dem Transferrubel, durch nicht honorierte Sonderbeschaffungen im Westen und durch nicht berechnete Dienstleistungen ergab sich diese Hochrechnung: über zehn Milliarden Dollar Mehrleistungen der RGW-Partner an die Sowjetunion. In Budapest beispielsweise wurde ausgerechnet, daß allein die Kurs- und Handelsschwankungen in den siebziger und achtziger Jahren Ungarn mehr Schaden zugefügt hatten, als dies durch sämtliche Verluste während des Zweiten Weltkrieges geschehen war.

Innere Reibungsverluste ungeahnten Ausmaßes führten im Osten zu einer gewissen Selbstlähmung. Im Westen hingegen zeigte das Koppelprodukt »Demokratie« und »Marktwirtschaft«, was in ihm steckt: die gesellschaftspolitische Kraft, Freiheit durchzusetzen und diese anschließend zu bändigen. Der Aufstieg Westeuropas zur wirtschaftlichen Großmacht, von Skeptikern geraume Zeit bezweifelt, von Zynikern belächelt und von andersgläubigen Ideologen – mehr oder weniger erfolglos – verunglimpft, wurde zu einem Kraftpaket für die freiheitlich-demokratische Gesellschaftsordnung. Ihre Strahlkraft stellte schließlich alle anderen Ideologien in den Schatten, vor allem den altbackenen Kommunismus.

## Die Fehlkalkulation des Osamu Suzuki

Rotarmisten haben die Kaserne von Esztergom schon in der kommunistischen Zeit verlassen. Wo einst Panzer vor sich hin rosteten, werden nagelneue Werkzeugmaschinen ausgeladen. Statt Rekruten in Feldgrau eilen gepflegte Herren in uniformähnlichen Overalls hin und her. Japaner statt Russen. Sie stampfen eine Automobilfabrik gleichsam aus dem Boden.

Über tausend Suzuki-Kleinwagen des Typs ›Swift‹ sollen schon im nächsten Jahr von den Fließbändern rollen, die es im Frühjahr 1991 noch gar nicht gibt.

15 000 Personenwagen sind für 1993 geplant, 60 000 für 1995. Nur ein Wunder kann diese ehrgeizige Planung retten. Mitten im Aufbau schlittert das Paradeunternehmen der marktwirtschaftlichen Öffnung Ungarns haarscharf am Konkurs vorbei. Nur eine Kapitalspritze von 7,5 Milliarden Forint (ca. 150 Millionen Mark oder fast eine Milliarde Schilling) verhinderte den Absturz der japanischen Hoffnungen.

Was sich als Fehlkalkulation des japanischen Konzerns erweist, begann hoffnungsvoll. Mitte der achtziger Jahre hatte sich Osamu Suzuki, der elastische Konzernherr aus dem fernen Japan, enorme Chancen ausrechnen lassen. Der ungarische Automarkt war verschlossen und bei hohem, unbefriedigtem Bedarf extrem unterentwickelt. Suzuki kalkulierte, mit billiger Arbeitskraft und massiver Staatshilfe der damaligen Volksrepublik dreifach erfolgreich zu sein – auf dem unterversorgten Heimatmarkt Ungarn, auf den autohungrigen Märkten des damaligen Ostblocks und (nach einigen Anlaufjahren mit entsprechender Qualitätssteigerung. und Vertriebsorganisation von Esztergom aus) nach Westeuropa, genauer in die EG, liefern zu können (ohne dies auf die EG-Einfuhrquote für japanische PKWs angerechnet zu erhalten). Noch unter den Reformkommunisten wurde über Investitionsanreize verhandelt, jahrelang.

Dr. Laszio Bekesi, relativ erfolgreicher Finanzminister der reformkommunistischen Regierung Németh, fühlte sich wie im Kampf mit

Samurairittern. Mit der ganzen Zähigkeit, deren Japaner fähig sein können, handelte Suzuki dem ungarischen Finanzminister ein Detail nach dem anderen ab. Aus einer kurzen Steuervergünstigung wurde eine zehnjährige, aus ein paar Dutzend staatlichen Investitionen in die Infrastruktur rund um Esztergom über 100 Millionen Forint; schließlich mußte Bekesi auch noch für millionenfache Devisenausgaben geradestehen, um die Schulung ungarischer Arbeiter in Japan zu finanzieren. Als man sich in dem Budapester Luxushotel ›Intercontinental‹ am 25. April 1991 zusammenraufte – Bekesi saß auf Oppositionsbänken, da neue Demokraten regierten –, schien auch die ungarische Welt für Suzuki noch heil. Die Japaner beteiligten sich mit 40 Prozent am Grundkapital der ungarischen »Autokonzern-AG« (5 Milliarden Forint, 120 Millionen Mark, 800 Millionen Schilling), 11 Prozent kamen von dem japanischen Handelshaus C. Itoh, 9 Prozent von der International Finance Corporation IFC, einer Tochter der Weltbank. Geplant wird großzügig. Es geht um Gesamtinvestitionen von mindestens zehn Milliarden Forint. Suzuki ließ sich als Wegbereiter einer japanischen Investition in den Reformstaaten feiern. Es sollte anders kommen …

## Aus anderer Welt: Zu anspruchsvoll, zu teuer

Kaum mehr als tausend Ungarn waren bei Suzuki-Esztergom beschäftigt, als sich die üblichen Reibereien und Anlaufschwierigkeiten zu Problembergen häuften. Manager und Facharbeiter aus Japan gaben sich kontaktscheu. Nur wenige sprachen ungarisch und noch weniger Ungarn japanisch. Selbst intensive Schulungen vermochten die Mentalitätsunterschiede – »die Japaner nicken und lächeln immer nur« – nicht auszuräumen. Nicht nur zivilisatorische Unterschiede steckten hinter kleinen Kommunikationsschwierigkeiten, wie sie bei ausländischen Gesellschaften überall auftreten können – bei Suzuki gaben Japaner den Ton an und nicht Ungarn –, sondern auch die »Melodie« war unverständlich und darüber hinaus die Produktions- und Absatzstrategie für die Ungarn undurchsichtig.

Zu innerbetrieblichen Problemen kamen außerhäusige. Die Zulieferungen aus Ungarn erreichten nicht die vertraglich vereinbarten 30

Prozent, weder nach Menge und Qualität noch nach Verläßlichkeit. Mancher ungarische Lieferant scheute davor, im erwarteten Ausmaß zu investieren. 40 und mehr Prozent Marktzinsen, 6 bis 8 Prozent Spezialzinsen und eine Inflationsrate von bald 25 Prozent – das erschwerte den Einstieg. Wirtschaftlich hätte er sich angeboten, waren doch die Zulieferungen aus Japan – vertraglich 70 Prozent – durch die Aufwertung des Yen entsprechend teurer geworden. Teurer auch das Endprodukt.

Mit einer Million Forint (kaum 20000 Mark oder 135000 Schilling) ist der ›Swift‹ für normale Ungarn kaum erschwinglich. Im Westen wäre er bei einer solchen Kalkulation wohl ganz gut zu verkaufen. Die EG hat es jedoch inzwischen verstanden, gegen diese »Transplants« Front zu machen.

Ostexporte? Fehlanzeige. In der Tschechischen wie der Slowakischen Republik oder in Polen ist der ›Swift‹ ebenfalls relativ teuer. Den Ukrainern und Weißrussen wiederum fehlen die Devisen – selbst der alte »Trabi« konnte da keinen Fuß mehr fassen, sprich seine Räder auf die mehr oder weniger asphaltierten Straßen setzen. In Ungarn bot Suzuki schließlich beim Neukauf überdurchschnittlich hohe Preise für eingetauschte ›Trabants‹ an. Doch erschwerend kam hinzu, daß für den Normalbürger die Betriebskosten zu hoch liegen, nämlich oft das Monatseinkommen eines Durchschnittsverdieners ausmachen. Als günstiger erwiesen sich da gebrauchte Wagen aus dem Westen, präsentiert vor allem durch rührige Händler und Zwischenhändler in Österreich. Autos, die im Westen beim Schrottwert liegen, gehen im Osten jenseits von TÜV und Umweltstandard allemal.

## Der López-Effekt in Mladá-Boleslav

»Sie haben uns eine Hoffnung geraubt.« Viele Leute der tschechischen Industriestadt Mladá-Boleslav kann man derart resigniert reden hören. Hier, also in Jungbunzlau, wo Industrie seit Kaisers Zeiten zu Hause ist, also lange Zeit bevor der Stadtname tschechisiert wurde, hatten sie schon immer große Stücke auf die Deutschen gesetzt. Nach der Wende sollte der Volkswagenkonzern Technik, Kapital, vor allem aber Weltoffenheit einbringen. Jahrzehntelang hatten sie sich vom kommunistischen Regime als unter ihrem Wert ge- und behandelt gefühlt. Auch bei Skoda, der Autofabrik. Sie konnten die Propaganda nicht mehr hören, mit dem bescheidenen Fahrzeug vorgestriger umweltschädlicher Technik ein »Spitzenprodukt der sozialistischen Arbeitsteilung« hervorgebracht zu haben. Die Leute von Skoda in Jungbunzlau wußten nur zu gut, daß sie und ihre Fabrik mehr und Besseres hätten leisten können – wenn es die Umstände nur zugelassen hätten. Stolz hatte sich bei ihnen eingebürgert, besser zu sein als ein verbrauchtes Regime mit allen seinen Unzulänglichkeiten.

Die sanfte Revolution war noch kein Jahr vorbei, als die Jungbunzlauer begannen, auf ein Wunder aus Wolfsburg zu setzen. Der Vorstandsvorsitzende der Volkswagenwerk AG, Dr. Carl Hahn, hatte ein Gemeinschaftsprojekt Volkswagen-Skoda ins Gespräch gebracht. Nach der politischen Öffnung sollten sich auch die Schleusen des Automobilmarktes öffnen. Bis 1995 ließ sich in den Reformstaaten ein PKW-Bedarf von 1,5 bis 1,8 Millionen Fahrzeugen hochrechnen; das waren fast doppelt soviel wie 1989. Bis zum Jahr 2000 wurde diese hohe Nachfrage in der Größenordnung von 7,5 bis 10 Millionen angenommen. Ein Riesengeschäft winkte.

## Feasibility und die Prager Bürokratie

Der Volkswagenkonzern, damals im Genuß einer Dauerkonjunktur und im Vollbesitz seiner Produktions- und Absatzkraft, sah sich – wie andere westliche Autobauer ebenfalls – außerstande, die eigenen Produktionskapazitäten auszudehnen. Auch stellte sich die Frage, ob das »westliche« Sortiment von Volkswagen, Audi und Seat den Bedürfnissen, Gewohnheiten und Marktbedingungen in den Reformstaaten entspricht. Eine neue, jedenfalls eine andere Marke stand zur Diskussion. Skoda bot sich da an. Der Star der Industrie Osteuropas konnte und sollte zu neuem Glanz gebracht werden. Alle anderen PKW-Erzeugnisse kommunistischer Planwirtschaft kamen mangels Qualität nicht in Frage. Skoda, Wohlklang einer Traditionsmarke, fand im Wolfsburger Konzerngetriebe ein geneigtes Auditorium.

Die Automobilindustrie war in der alten Industrieregion von Böhmen und Mähren relativ gut entwickelt. Skoda produzierte zwar mit geringer Produktivität, weil abhängig von dem Versorgungsschlendrian der Planwirtschaft, aber schon bei den ersten Kontakten mit VW stellten sich auf der anderen Seite die betriebswirtschaftlichen Vorteile niedriger Löhne heraus.

Unbefangen ging man dann in den Arbeitsgruppen zwischen Volkswagen und Skoda davon aus, daß mit den Löhnen auch die anderen Kosten, wie Energie und Transport, noch einige Jahre niedriger gehalten werden könnten als im Westen. Über wortreiche Bekundungen der Industrietradition hinaus ergab sich dann auch noch ein die Wolfsburger erstaunen machender technischer Leistungsstand der Skoda-Ingenieure und -Arbeiter. Was Skoda wie anderen ehemaligen Ostblockfirmen jedoch fehlte, war ein durchgängiges Kostenmanagement, ein modernes Rechnungswesen, ein leistungsbezogenes Controlling und vor allem ein durchsichtiger Entscheidungsprozeß. Also wurden die Skoda-Leute in das aufwendige Seminarprogramm von VW integriert. Schon die erste Teilnehmergeneration begründete auf fachlicher Ebene jene Kontakte gegenseitigen Verständnisses, die eine gute Partnerschaft versprachen. Wie selbstverständlich entstand fürs erste eine Feasibility-Studie gemeinsam.

Weniger harmonisch ging es im Umgang mit den Prager Behörden zu. Ein Vorzeigeprojekt, ein pralles Joint-venture, eine Chance voll von Kapital, Technik und Absatz beeindruckte kaum die mittlere und höhere Ministerialebene des Wirtschaftsministeriums, des Finanzministeriums und des Industrieministeriums. »Da könnte ja jeder kommen ...« In der kommunistischen Zeit großgeworden und seitdem mangels personeller Alternativen – in guter altösterreichischer Verwaltungsmanier – auf dem gleichen Posten belassen, übte sich manches Mitglied der Seilschaften in Verzögerungskünsten. Mit Terminen platzten Chancen. Weil die Zusammenarbeit zwischen zwei so ungleichen Partnern juristisch, unternehmenspolitisch und technisch unvermeidlicherweise voll von Haken und Ösen sein mußte, war guter Rat teuer. Eine Londoner Bank mit Schweizer Rückhalt und eine New Yorker Anwaltsfirma verhalfen zum Vorvertrag zwischen VW und Skoda. Kurz vor Weihnachten 1990 geschlossen, sorgte eine gute Anfangskooperation dafür, bis zu den Iden des April 1991 den Hauptvertrag unter Dach und Fach zu bringen. Ihren Segen gab die Prager Regierung für VW-Skoda, weil die Deutschen mehr Kapital und mehr Technik anboten als die Franzosen, die mit Renault im Rennen lagen.

## Honeymoon mit Skoda

Langfristige Strategien waren ebenso gefragt wie prompter Vollzug der jungen Ehe. Zunächst geriet der Honeymoon der Traditionsfirma Skoda (die schon zu Kaisers Zeiten, seit 1905, Autos baute) mit dem relativ jungen Partner aus Wolfsburg prächtig. Verständigungsschwierigkeiten gab es, anders als bei Suzuki in Esztergom, so gut wie keine. Deutsch und englisch versteht sich. Gleiche Industriementalität, gegenseitiger Respekt, nicht nur auf höchstem Niveau, sondern auch auf der ersten und zweiten Berichtsebene und unter Arbeitern. Dazu manches Erstaunen der Deutschen, wieviel handwerkliche Tradition sich bei den Böhmen trotz Kommunismus erhalten hatte.

Schnell war entschieden, daß die Marke Skoda der vierten Produktlinie des VW-Konzerns zur Grundlage dienen sollte. Auch war vorgesehen, Skoda relativ selbständig zu führen, also der Integration in den Gesamtkonzern die Selbständigkeit der Autobauer von Jungbunzlau nicht zu opfern. Technik, Kapital, Kostenmanagement und Marketing jedoch wollten und sollten die Leute aus Wolfsburg einbringen, darunter ein Investitionsprogramm über 8,2 Milliarden Mark (ca. 58 Milliarden Schilling). Die Chefs setzten auf eine hohe Selbstfinanzierungsquote, relativ niedrige Löhne, gemäßigte Preise und auf einen guten Cash-flow. Bei der Entwicklung war zwar Entwicklungshilfe von Volkswagen vorgesehen, jedoch nicht als Dauerzustand, sondern als Beschleunigungsfaktor. Skoda sollte möglichst zügig auf westeuropäisches Niveau gehievt werden.

Als erstes Produktionsziel waren jährlich 200000 Einheiten der Typen ›Skoda Favorit‹ und ›Skoda Forman‹ vorgesehen. Gegen Ende sollten es mindestens 400000 Einheiten sein. In die Ursprungspläne eingeschlossen war eine neue Modellreihe, Teil des Investitionsprogramms. Schließlich war geplant, daß Skoda mit zwei Modellreihen aufwartet, in höherer Eigenregie entwickelt.

Parallel zu diesen Produktionsplanungen stand ganz obenan eine international leistungsfähige eigene Organisation des Vertriebs und des

Kundendienstes. Von vornherein war im guten Sinn internationaler Unternehmen vorgesehen, Arbeitsteilung grenzüberschreitend zu organisieren. Allerdings: Der Markt ließ wenig Zeit. Die Automobilkonjunktur begann zu kippen. Weltweit. Auch dem VW-Konzern blieben Anpassungsschwierigkeiten nicht erspart. Schwarze Zahlen des Erfolgs wurden konzernweit durch rote Zahlen der Verluste abgelöst. Aus der Krise wurde eine allgemeine Bewährungsprobe.

## Wenn Autobauer sparen (müssen)

So änderten sich auch für die Jungbunzlauer die Rahmenbedingungen. Selbst zu Beginn der neunziger Jahre genügte es nicht mehr, dem beständigen Zwang, Kosten zu senken, zu folgen. Aus Empfindlichkeiten, Mißverständnissen und Sachzwängen wuchsen nun auch im Fall VW Problemberge. Bald wurden sie auch von der Politik entdeckt. Als Wolfsburg ans Sparen ging und die Acht-Milliarden-DM-Zusage wegen der veränderten Gesamtlage einfach nicht mehr zu stemmen war, gab Prag Alarm für Mladá-Boleslav.

Produktion und Absatz ließen sich zwar gut an, doch in den Jahren vier und fünf der Ehe VW-Skoda stellten sich überdurchschnittliche Kriseleien ein.

Mladá-Boleslav wollte umfangreicher und mit mehr Tiefe und Breite forschen und entwickeln, als es Wolfsburg – so die Strategen in Prag – lieb sein konnte.

Der Markenname ›Skoda‹ war zwar unbestritten, umstritten war jedoch, wer die eigenen Modellreihen und das spezifische Vertriebsnetz finanzieren, wie es auf mittlere Frist mit dem Cash-flow und infolgedessen mit der Selbstfinanzierung stehen und was geschehen sollte, wenn der Konzern auch beim Kapital zum Sparen gezwungen sein würde.

Am Beispiel Zulieferungen wiederholt sich in Böhmen, was im übrigen Europa Furore macht: Die Automobilbauer sparen bei Elektronik und Batterien, bei ganzen Systemen wie bei Stoßdämpfern. Was sie selber produzieren, wie etwa Motoren, geschieht am günstigsten Ort. Schon haken die Leute von Mladá-Boleslav ein. Die vertraglich zugesicherte Motorenproduktion habe Skoda größtenteils von Böhmen abgezogen. Nicht nur die alten Leute von Jungbunzlau, sondern auch die Jungen setzen ihren Stolz darein, ein ganzes Auto selber herzustellen – und sie fürchten plötzlich, zum Teilefabrikant degradiert zu werden. Und sie fühlen sich bereits stark genug, die Modernisierung, die auch sie für unausweichlich halten, selber zu finanzieren. In Jungbunzlau möchte man sich von Wolfsburg möglichst wenig dreinreden lassen, auch in jenen Fragen, bei denen die Skoda-Leute die Überlegenheit der VW-Leute keineswegs in Frage stellen.

## Das rigorose Kostenregiment des Spaniers

Die Gesetzmäßigkeit des Marktes, der Kosten, der Preise, der produktivität und der Rationalisierung sind Ex-Planwirtschaftlern noch mühsamer nahezubringen als den Zulieferern der deutschen Automobilindustrie. 3000 Unternehmen mit 120 Milliarden Jahresumsatz und über 700 000 Beschäftigten lernen das Fürchten. Die deutschen Autobauer kürzen sämtliche Rechnungen um fünf bis zehn Prozent, seitdem José Ignacio López de Arriortúa in Wolfsburg einiges zu sagen hat. Der Spanier, der aus Detroit kam und der einen regelrechten Wissenskrieg zwischen General Motors und VW entfacht hat, kümmert sich recht wenig um bestehende Verträge, Gewohnheiten oder Anpassungsprobleme. Im Auftrag des neuen VW-Vorstandsvorsitzenden Ferdinand Piëch, einem energischen Österreicher, sieht er die Sanierung der Autobauer ausschließlich im rigorosen Kostenregiment. Fertigungstechniken sollen ebenso rationalisiert werden wie Einkaufsmethoden.

Technisch erfährt nun auch Skoda, um was es geht. Ganze Systemelemente, wie Bremsen, Lenkungen, Fahrwerke, Armaturenbretter, Frontpartien, sollen von den Zulieferern auf eigene Kosten entwickelt, mit entsprechenden Investitionen auf entsprechende Stückzahlen gebracht und einer rigorosen Qualitätskontrolle unterworfen werden. Nach dem López-System sollen die Preise der Zulieferer jährlich um mindestens 5, möglichst um 10 Prozent sinken, unabhängig von Einzelkalkulationen, Verträgen oder Kostenverhältnissen.

Machen sich Investitionen der Zulieferer – auch im weltweiten Vergleich – bezahlt, so wollen Einkäufer wie López an neu entstehenden

Erträgen automatisch teilhaben. In der Endphase soll schließlich der Teileanteil der Eigenproduktion in deutschen Automobilkonzernen unter 30 Prozent sinken.

Rigorismus der Krisenmanager aus Wolfsburg überfordert die Autobauer von Mladá-Boleslav. Schon nach kurzer Zeit hat er ihre Planungen und Kosten durcheinandergebracht. Vor allem die tschechischen Zulieferer sind dieser Wettbewerbssituation, die auch im Westen als mörderisch empfunden wird, nicht gewachsen. Sie müssen erkennen, daß sie nicht mithalten können – bei der (kostenintensiven) Forschung und Entwicklung; bei der Finanzierung und dem Aufbau von großen Kapazitäten für ganze Systemteile; bei der Lagerhaltung von Rohstoffen, Halbwaren und Endprodukten und im allzeit kundenorientierten Marketing.

Prag denkt um. Der Nachfragemacht der Automobilbauer soll ein konzentriertes Angebot gegenübergestellt werden. Sie, die Industriestrategen um Premier Klaus, wollen nicht nur mit VW-Skoda im Geschäft bleiben, sondern möchten direkt auf dem deutschen Markt mitmischen – und rechnen sich zumindest Preischancen gegenüber einer Branche aus, ebenjener Zuliefererindustrie für den Automobilbau. Aus der überlieferten Erfahrung der Industrialisierungswellen in Österreich-Ungarn wissen die Böhmen: Nur wenn Kapital, Technik und Absatz zusammenpassen, stellt sich Gewinn ein.

Heute fällte es jedoch zunehmend schwerer, alte Erkenntnisse umzusetzen. Wenn in besagter Zuliefererindustrie von Deutschland und Österreich hunderttausend Arbeitsplätze in Gefahr sind, haben es tschechische Angebote nicht leicht. Allzuleicht wird dagegen dichtgemacht, von Betrieb zu Betrieb, von Staat zu Staat.

## Für Polen ist der ›Skoda‹ zu teuer

Skoda liefert Mehrfachbeispiele für die wirtschaftlichen Folgen des europäischen Umbruchs. Steht das Prinzip Hoffnung hinter der Verflechtung mit dem Volkswagenkonzern, so bremst das Prinzip Rückschlag auf dem Balkan und in Polen. Seitdem Krieg herrscht im ehemaligen Jugoslawien, ist den Autobauern von Jungbunzlau einer der interessantesten Märkte abhanden gekommen. Nicht einmal mit Ersatzteilen ist ein Geschäft zu machen. Devisenmangel in Kroatien, Bosnien und Serbien. Verbindungen, wie sie im Ostblock schon vor dem Bruch bestanden, der Moskau und Belgrad entzweite, hatte ›Skoda‹ als Automarke auf dem Balkan einen guten Ruf verschafft. Ebenso in Polen.

In den neunziger Jahren muß auch Skoda am Beispiel Auto erfahren: Märkte leben sich auseinander. Mit 4000 gelieferten PKWs deckt Skoda nicht einmal 6 Prozent der einschlägigen Einfuhren Polens ab. Ein Hoffnungsmarkt weniger. Polen würden gerne ›Skoda‹ kaufen, denn zur alten Wertschätzung als böhmisches Qualitätserzeugnis gesellt sich die Erwartung, das Know-how von VW sei dem PKW aus Mladá-Boleslav gewiß gut bekommen. Mancher Pole hatte sich denn auch einen ›Skoda‹ als Familienfahrzeug anschaffen wollen. Markentreue ließ sich trotz eines Servicenetzes samt Ersatzteilversorgung nicht verwirklichen. ›Skodas‹ sind in Polen einfach zu teuer. Sie kosten umgerechnet mehr als 100 000 Schilling. Für Normalpolen unerschwinglich.

In seiner Absatzstrategie leidet Skoda aber auch unter der Aufspaltung in Zentraleuropa. Zwischen der Tschechischen Republik, Polen, aber auch Ungarn ist an die Stelle des alten Blocks wirtschaftliche Entfremdung getreten. Statt Rubel verrechnen sie fast nur noch in US-Dollar. Noch ein Grund mehr, auch ›Skodas‹ zu verteuern. Konkurrent Fiat dagegen hat es leichter. Er produziert in Polen. Fiat kann aus Turin und aus Ländern der EU die Fahrzeuge, Ersatzteile und Technik ohne Zollschranken nach Polen liefern. Zwischen Polen und der Tschechischen Republik bestehen wie zwischen Ungarn und Polen dagegen nicht nur Devisenprobleme, sondern auch Zölle. Daß der Warenaustausch zwischen den ehemaligen Blockstaaten Tschechische Republik und Polen um mehr als die Hälfte gesunken ist – hier hat er eine seiner Ursachen. Nicht minder bezeichnend ist, daß der Anteil Ungarns am polnischen Außenhandel bei einem Prozent liegt. In diesem Geflecht muß auch eine Marke wie ›Skoda‹ hängenbleiben.

## Zwei Millionen neue Autos

Daß auf dem Automobilmarkt zeitweise extreme Verhältnisse herrschen, ist nicht neu. Neu ist die stoßweise Erneuerung – oder zumindest die Modernisierung – der »Flotten« in den ehemaligen Ostblockstaaten. Bei den Ostdeutschen überwog Neukauf. Nach der Wiedervereinigung benutzten sie in der Größenordnung von weit mehr als einer Million PKWs jede sich bietende Möglichkeit, an westliche, vorwiegend westdeutsche Neuwagen heranzukommen. Eine weitere Million Neuwagen wurde in den Reformstaaten angeschafft. Allerdings in unterschiedlichen Zeitläufen. Ungarn, mit seinem »Gulaschkommunismus« in den achtziger Jahren noch vor der sanften Revolution liberal, erlebte einen frühen Zulassungsboom. Polen und die Tschechoslowakei folgten erst nach 1989. Gleichzeitig vollzog sich eine Marktspaltung.

Das Geschäft mit Gebrauchtwagen boomte allerorten. Es räumte die Halden der Händler in ganz Westeuropa und verlängerte (oder verschob) die Konjunktur mit Neuwagen um schätzungsweise zwei bis drei Jahre.

Gleichzeitig vermochten die Tschechen und Polen, an jahrelange Wartezeiten oder Bestechereien bei Parteifunktionären gewöhnt, erstmals auf normale Weise einen »fahrbaren Untersatz« zu erwerben. Der dritte Markt spielt sich seitdem mit gestohlenen Autos ab. Er schließt die ehemalige Sowjetunion mit ein. Mehr als eine Million gebrauchte Autos jährlich wechseln den Besitzer – unfreiwillig. An die 100 000 gestohlene Autos verschwinden aus Deutschland, je 300 000 aus Frankreich und Italien und rund 500 000 aus Großbritannien. Polizeischätzungen: Die Hälfte dieses Diebesgutes geht in die Dritte Welt, nach Afrika, die andere Hälfte in den ehemaligen Ostblock.

## Vorfahrt für die Mafia

Zwischen Biala Podlaska und Brest, zwischen Polen und Weißrußland.

Kilometerlange Schlangen. Tagelange Wartezeiten. Offene Straße. Schmal, verwahrlost und verschmutzt. In der Schlange glitzernde Busse, dahinter überladene verdreckte Lastwagen, biedere ›Trabis‹, alte ›Wolgas‹, Uraltkäfer, Motorräder aus der Vorkriegszeit. Kein Schutz, dafür Schmutz. Hier ist es immer windig. Ab und zu kommt ein fliegender Händler vorbei mit Tee, Kaffee oder Zigaretten. Davor und danach:

warten, warten, warten. Plötzlich rauscht ein ›Mercedes 500‹ vorbei. Russische Nummer. Am Steuer ein junger Mann. Wie selbstverständlich fährt er an der kilometerlangen Kolonne vorbei. Kurz vor der Grenze wird er hereingewinkt. Man kennt sich. Er passiert. Nur eine flüchtige Kontrolle. Wagenpapiere werden nicht verlangt. Minuten später bleibt von ihm nur noch eine Staubwolke. Der polnische Zollbeamte, der ihn abgefertigt hat, verdient 60 Mark (420 Schilling) im Monat. Er wird schon einer kleinen Zuwendung zugänglich gewesen sein. Die, die warten, reden ganz offen darüber. »Das ist hier so üblich«, meint ein LKW-Fahrer aus Moskau. Er habe schon ein Dutzend ›Mercedes‹, ›BMW‹ oder ›Volvo‹ gezählt, die einfach nach vorn gefahren und durchgeschleust worden sind. Er sagt nur ein Wort: »Mafia.«

Nicht alle kommen durch, nicht alle Zöllner auf der polnischen oder der weißrussischen Seite lassen sich gewogen machen, jedenfalls nicht von den organisierten Banden. Luxuskarossen werden von ihnen wenige Stunden nach dem Diebstahl im Ruhrgebiet oder in Paris, in München oder in Wien »verarbeitet«. Wechseln der Nummernschilder ist das mindeste. Oft werden die Fabriknummern an den Motoren abgeschliffen, Antidiebstahlsymbole durch neue ersetzt ... Hat ein »Auftraggeber« nicht nur einen bestimmten Typ – etwa der Zwei-Liter-Klasse, Sechszylinder, Metalliclackierung, Schiebedach, Klimaanlage, Stereoradio –, sondern auch noch eine bestimmte Farbe bestellt: kein Problem. Auf dem langen Weg von West nach Ost gibt es eingespielte Werkstätten. Sie sind darauf spezialisiert, von einer Stunde zur anderen zu adaptieren. Oft auch erzwungenermaßen.

Statt Schutzgeld an die »ehrenwerte Gesellschaft«, an die Mafia, zu zahlen, Naturalleistung. Biedere Zöllner oder Spezialtrupps machen es den organisierten Verbrecherbanden gelegentlich schwer. Zu Autodiebstählen kommt Drogenhandel, Prostitution, das übliche Sortiment. Brest, einst Grenzstadt der Sowjetunion, heute die westliche Karawanserei Weißrußlands, fürchtet um seinen Ruf. Kriminalität will man nicht einfach geschehen lassen. Polizei und Zoll von Brest arbeiten mit ihren polnischen Kollegen zusammen – im Fall von Autodiebstählen mit Versicherungsgesellschaften aus dem Westen. Versicherer, millionenfach betroffen, bedienen sich eigener, recht kostspieliger Fahndungsmethoden, um den Diebesbanden auf die Spur zu kommen – ihrer Struktur, ihrer Arbeitsweise, ihren Mitarbeitern und vor allem ihren Tranportwegen. Da Diebstahl von teuren oder begehrten Westautos, wozu auch ›Volkswagen‹ zählen, trotz raffinierter Sicherungstechnik nicht zu verhindern ist, widmen sich Beauftragte der Versicherungsgesellschaften dem »Transport«.

Die Kette wird verfolgt, in der Autos gestohlen, präpariert, verfrachtet und schließlich verkauft werden.

## 500 gestohlene PKWs

Ein europaweites Phänomen. Die Banden sind oft besser organisiert und technisiert als die sie verfolgende Polizei. Gegen die Großkriminalität können sich die Ordnungshüter mit zahlungskräftigen Banden – sie verfügen über Mobilfunk und Computer, gepanzerte Luxuskarossen, zahlen millionenfache Bestechungsgelder – nicht messen. Jedenfalls konnten weder Interpol noch die nationalen Sicherheitshüter verhindern, daß Autoschieber ihre Tätigkeit systematisch und international ausweiteten, vor allem in den Drogen- und Menschenhandel zwecks Prostitution. Allein bei Brest werden täglich bis zu einem Dutzend Fahrzeuge als gestohlen herausgefiltert. Werden es mehr, weichen die Banden über Lemberg oder Litauen aus. Auf dem Hof der Polizeikaserne in Brest stehen zeitweilig bis zu 500 gestohlene ›Mercedes‹, ›BMW‹ und ›Volkswagen‹. Nach Anfangsschwierigkeiten wurde die Kooperation zwischen westlichen Versicherungen und östlichen Sicherheitsorganen immerhin fester geknüpft. Neben einem kleinen Handgeld werden Versicherungen zu Sponsoren der Grenztruppen und der Zolleinheiten von Polen und Weißrußland. Um Millionenwerte nach Autodiebstählen zu sichern, fließen einige hunderttausend Mark in die Spezialkassen der Grenzhüter.

Im Kampf um das organisierte Verbrechen sind den Sicherheitshütern freilich nur Teilerfolge beschert. Schließlich operieren die Banden international. Für die polnische Polizei stellt die Kriminalität kein neues Problem dar. Als sie noch Miliz hieß und unter kommunistischem Kommando stand, war es ihr strikt untersagt, Quellen und Ursachen der dunklen Geschäfte zu verfolgen. So entstand rund um die Kasernen sowjetrussischer Einheiten in Polen ein Dunstkreis, in dem Verbrechen, Prostitution und Waffenschmuggel gedeihen konnten.

Manche Kalaschnikow, die heute auf dem Russenmarkt von Warschau, auf der östlichen Seite der Weichsel, angeboten wird, stammt aus alten Beständen der sowjetischen Armee. Ihre Organisation verdanken die Waffenhändler, die sich neben dem Auto- auch dem Drogengeschäft widmen, der Tatsache, daß bis 1989 die polnischen Sicherheitsorgane, wie gesagt, gegen gewisse Querverbindungen nicht vorgehen durften, da sie in sowjetrussische Garnisonen reichten. Über Jahre konnten sich »Geschäftsbeziehungen« einspielen, die am Beispiel des Autodiebstahls nun sozusagen europäisiert worden sind. Die Gesamtumsätze der einschlägigen Branche werden auf mehrere Milliarden Mark im Jahr veranschlagt. Tendenz steigend.

## Im Zeichen des Zaren, im Namen des Kaisers

Geld und Schmuggel spielten in dieser Ecke Europas, wo sich Einflußsphären treffen und überschneiden, schon immer eine erhebliche Rolle. Tarnopol oder Tschernowitz unterscheiden sich insoweit nicht von Brest.

Was sich im Brest der neunziger Jahre als Folge einer motorisierten Gesellschaft abspielt, deckt sich im Kern mit den Erzählungen früherer Generationen, beispielsweise denen aus Galizien. Sie wohnten unter dem Zaren in Rußland, beteten unter dem Kaiser in Österreich. Um die Grenze scherten sie sich nicht. Sie wußten nicht einmal ganz genau, wo sie sich befand. Es waren arme Bauern, Leibeigene, tributpflichtig »dem Herrn«. Seinen Namen kannten sie nur aus Erzählungen. Der Aufseher führte das große Wort. Er bestimmte, wann sie was zu arbeiten hatten, ob sie sich ein Schwein oder eine Ziege halten durften, was wann abzuliefern war. Außerdem bestrafte und lobte er, forderte und schikanierte. Mit dem Popen suchte er aus, welche Kinder in die Schule gehen durften, tat das auch bei den Juden, die das letzte Pogrom überstanden hatten. Selbst als die Eisenbahn kam, blieb ihnen nur, im Dorf zu leben.

Beliebt war, zu Fuß »zu den Österreichern machen«. Die ließen ihnen ihre Sprache, ihre Gewohnheiten, ihre Religion. Die Außenposten der Habsburger zwischen Tarnopol und Tschernowitz betrieben, wenn überhaupt, die Austrofizierung behutsam, langsam, ohne

Druck und ohne Gewalt. Anders die Russen. Die Russifizierung war total. Von der Wiege bis zur Bahre im Zeichen des Zaren. Wer nicht parierte, wurde gezüchtigt. In dieser Trostlosigkeit blieb den Leuten von Ruthenien oft nur übrig auszuwandern.

Ein neues Leben wollten sie beginnen. Die einen glaubten, daß es in Wien, auch wenn es so fern lag, besser werden könnte. Andere wagten die große Reise. Zwischen 1890 und 1914 verließen 3,5 Millionen Menschen aus Ruthenien und auch Galizien ihre Heimat. Ziel Amerika. Sie hatten davon gehört, daß es dort freier, menschlicher, erfolgreicher zugehe als in der Alten Welt.

Der kleine Mann – jahrhundertelang zählte er zu den Analphabeten – hatte zu ertragen, was sich die höchsten Herrschaften untereinander ausgemacht hatten. Bis heute läßt sich hier erkennen, wie die regierenden Häuser Habsburg, Romanow und Hohenzollern Europas Mitte aufteilten. Die drei polnischen Teilungen im 18. Jahrhundert unterscheiden sich weder im Ansatz noch in der Folge von der vierten Teilung Polens durch Stalin und Hitler. In Einflußsphären zu planen und zu handeln entspricht europäischer Gestion bis in unsere Tage. Was helfen die Erfahrungen aus den Teilungen Polens, aus dem Verfall von Österreich-Ungarn, von zwei Weltkriegen? Hat doch die große Politik an den Trampelpfaden der Geschichte nichts zu ändern vermocht. Alte Fußspuren bestimmen dabei das neue Schrittmaß. Mehr als ein Jahrhundert mit untergehenden Kaiserreichen, Diktaturen, Systemwechseln und Elitenaustausch vermochten diesen Pfaden nichts anzuhaben. – Österreich war noch ein Kaiserreich, Europa hatte sich dem Wachstum noch nicht verschrieben, als sich Zentraleuropa auf die Suche nach eigenen Wegen machte. Die Bauernbefreiung war geschehen, die Industrialisierung begann, und die alte Rivalität zwischen den großen Mächten, zwischen Österreich, Rußland und Frankreich, erfuhr – nach der Französischen Revolution – eine entscheidende Wende. Modernere Zielvorgaben der Liberalität, der Toleranz und der Veränderungsfähigkeit traten in den ideologischen Wettbewerb mit Schutz, Systemerhaltung, Autarkie und Isolierung.

Erster Akt im Wettkampf der Systeme. Er sollte Europa und die Welt mehr als zwei Jahrhunderte bestimmen. Adel und fortschrittliches Bürgertum verschrieben sich dem Freihandel und nahmen in Kauf, den österreichischen Vielvölkerstaat entweder umzubauen oder aufgeben zu müssen. Lange Zeit hielt sich das gesellschaftspolitische System der Monarchie einschließlich des Vorbehaltes des Kleinbürgertums gegen Wettbewerb, Individualismus, Weltoffenheit. Erst allmählich drang hierher, nach Lemberg und Umgebung, bis in die äußersten Ecken des Habsburgerreiches, die Erkenntnis, daß befreite Bauern und die heraufziehende Industrialisierung ein neues Schrittmaß erforderten.

Was den Wandel unter Kontrolle hielt, war nicht der Hof in Wien, sondern die österreichische Beamtenschaft draußen. Beständig, verläßlich und frei von Korruption setzte sie Maßstäbe, die noch Generationen später beispielhaft nachwirkten. Das Vorbild eines Beamtenstaates überlagerte alle negativen oder kleinbürgerlichen Begleiterscheinungen. Als die Revolution Anfang des 19. Jahrhundert besiegt und unter Fürst Metternich Europa fast sieben Jahrzehnte Stabilität österreichischer Machart verordnet wurden, bildete die Habsburger Monarchie den drittgrößten Machtfaktor in Europa, nach Rußland und Frankreich. Österreich-Ungarn hielt mehr als ein Siebtel der europäischen Bevölkerung unter seinen Fittichen. Unter der Führung von Wien redeten sich ganze Generationen verwalteter Europäer ein, sich selbst zu genügen. Die, die in der Hauptstadt des Reiches das Sagen hatten, gaben sich bei allem Wechsel gemeinsam davon überzeugt, das Tempo der industriellen und damit der sozialen Veränderungen kontrollieren zu können. Welt und Weltmarkt wurden bewußt draußen gehalten. Diese Philosophie vermochte zwar geraume Zeit die Wirtschaftspolitik von Österreich-Ungarn zu bestimmen, aber sie legte auch den Keim für das Ende des kaiserlichen Österreichs – mußten doch die Verbraucher jahrzehntelang über höhere Preise die Wirkungen einer ausgeprägten Schutzzollpolitik tragen. Industrie und Dienstleistungen wurden einerseits die Unbequemlichkeit des Wettbewerbs erspart; andererseits entfiel jener Druck auf Modernität, wettbewerblichen Ausleseprozeß und wirtschafts- sowie gesellschaftspolitische Fairneß, der anderen europäischen Ländern und Teilen der

Monarchie, wie Böhmen und Mähren, Wachstumsimpulse verschaffte. Innerhalb des geschützten Einflußbereiches Österreich-Ungarns konnte sich schließlich ein gewolltes Gefälle halten: Arbeitsteilung durch Konzentration auf das Finanzzentrum Wien, die Kornkammer Ungarn, die Neuindustrien Böhmen und Mähren und die Zulieferungen aus dem Rest des Reiches. Was wirtschaftspolitisch nach dem Ende des politischen Absolutismus oft dem Zufall und damit schweren Struktur- und Konjunkturkrisen überlassen wurde, ließ das Haus Habsburg, weitab von Wien, an seinen Grenzen relativ liberal erscheinen. Anderswo griffen die Autoritäten schärfer durch, etwa die zaristische oder die preußische Polizei.

## Sprengsatz für das Kaiserreich

Im Kern jedoch überwog Statik, herrschte Veränderungsangst. Sozialer und schließlich politischer Sprengstoff sammelte sich an. Hinter der Fassade eines funktionierenden Beamtenstaates wurden die ungelösten oder aufgeschobenen Probleme – soziales Gefälle, rückständige Industrie, unzulängliches Verkehrswesen, verweigerte Mitwirkung – zum Sprengsatz für das Kaiserreich. Wien war weit und das Bedürfnis nach Selbstverwirklichung groß. An ungelösten Problemen war kein Mangel, das Ritardando einer eingespielten Bürokratie verschleppte notwendige Reformen von Beamtengeneration zu Beamtengeneration. Noch zu Kaisers Zeiten stellte sich jene Spannung zwischen Souveränitätsstreben und Identitätswunsch und Nestwärme eines großen Reiches ein, die noch Jahrzehnte nach seinem Untergang tiefe Spuren in den Mentalitäten Zentraleuropas hinterlassen hat – eine der zahlreichen Gemeinsamkeiten von Ungarn, Polen, Tschechen, Slowaken und Slowenen. Sie mögen eigene Wege gehen, aber sie vermögen sich nicht von diesem Teil gemeinsamer Geschichte zu lösen. Vielmehr findet modernes Geschichtsverständnis zunehmend Gefallen daran, Gemeinsamkeiten von gestern und vorgestern für heute und morgen als Lösungselemente einzusetzen.

## Leser der *Neuen Freien Presse*

Anderswo werden Visitenkarten von akademischen Titeln oder öffentlichen Ämtern geziert, zeigen den beruflichen Status des Überreichenden an oder schlicht die Funktion, die er in einer Firma innehat. In Lemberg oder in Laibach, in Krakau oder in Triest, in Bregenz oder in Klausenburg zählt ein anderer Ausdruck der Selbsteinschätzung. Dort, auf den Außenposten eines Reiches in seiner Spätverfassung, zählt das Bekenntnis zu einer Zeitung liberalen Zuschnitts und selbstbewußter Bürgertugenden, der *Neuen Freien Presse.*

Was »das« Blatt aus Wien selbstsicher und mit selbstgewählter Objektivität – auch gegen den Willen offener oder versteckter Zensur – nach draußen zu berichten verstand, spiegelt nichts anderes als Machtpolitik: einen Kaiser mit erstarrender Autorität; einen Hof mit undurchsichtigen (und deshalb verdächtigen) Herrschaftsallüren; eine Beamtenschaft, welche die einen als altösterreichisch-tugendhaft, die anderen als Organe eines durch Schlamperei gemilderten Absolutismus ansehen; eine Armee, die mit äußerem Glanz monarchischer Präsenz ihre finanziell bedingte Erfolglosigkeit tarnt; und eine Staatsphilosophie, die zwischen ertrotzter Einheit und geduldeter Vielfalt schwankt.

Enkel und Urenkel der Eliten, die sich seinerzeit – weil sich nichts Besseres bot – nach Wien orientiert haben, haben in der Zeit der Pression diktatorischer Einheitsstaaten Parallelen gezogen. Sie setzten an die Stelle von Wien Moskau, an die Stelle des Kaisers den jeweiligen Machthaber im Kreml, an die Stelle des Wiener Hotels die Moskauer Nomenklatura. Sie tauschten gedanklich die altösterreichischen Rechts- und Lebensformen in ihrem Vorbildcharakter mit den aufgepfropften, verhaßten Ideologien des Kommunismus. Und viele von ihnen kamen zu dem Schluß, daß zwar Formen wie Inhalte nicht austauschbar sind, jedoch die Folgen für jene Völker, die heute ihren eigenen Weg nach Europa suchen. Für den Mann auf der Straße und für jene, die Autoritäten damals oder heute bewußt unwissend hielten, bleiben die Rahmenbedingungen zum Verwechseln ähnlich.

Kommunistische Propaganda verstand es gar, aufmüpfigen Bürgersinn von damals als Beweis für die Unbrauchbarkeit einer westlichen Politordnung hinzustellen.

## Der Zukunft den Radetzky-Marsch blasen

Hundert und mehr Jahre später vererbt die politische Melange von Österreich-Ungarn, dieser bewußt verschwommene Lebensstil unter Polen oder Ukrainern, unter Italienern oder Rumänen jenes Depot voll von Mentalitäten, das nicht nur Demokraten und Diktatoren, sondern auch Kommunisten zu schaffen machte. Selbst gelernte Österreichern plagt ihre widerspruchsvolle Vergangenheit noch in der zweiten Generation nach dem Ende des Kaiserreichs. Wie so oft in österreichischen Agenden ist es die Musik, die in ihrer Diplomatie ohne Worte jene begehrte Atmosphäre schafft, in der sich Gefühl mit Verstand, Vergangenheit mit Zukunft treffen.

Wenn die Wiener Philharmoniker bei ihrem Neujahrskonzert vor mehr als einer Milliarde Fernsehzuschauern als – natürlich traditionelle – letzte Zugabe den Radetzky-Marsch aufspielen, ergibt sich mehr als schwarz-gelbe Sentimentalität, mehr als eine Erinnerung an das Haus Habsburg. Vor aller Welt, so läßt sich ohne Übertreibung bemerken, verbindet sich das Amüsement des elektronischen Zeitalters mit einem unverwechselbaren Stück Geschichte.

1848 setzt Feldmarschall Radetzky, ein Haudegen und Produkt der schwarz-gelben Offizierskasinos, mit einer letzten Vermehrung des Reiches in Oberitalien ein siegreiches, freilich letztes Machtzeichen des Hauses Habsburg. Wien wäre nicht Österreich, würde nicht der verblassende Glorienschein der k. u. k. Armee eine Generation später Stefan Zweig – vielleicht in Gedanken an einen Franz Léhar – hämisch bemerken lassen, die österreichisch-ungarische Armee verfüge über bessere Kapellmeister als Generale.

Was haben Leser der *Neuen Freien Presse*, Joseph Roth mit seinem *Radetzky-Marsch*, Stefan Zweig oder Karl Kraus – um nur einige aus dem allezeit nervösen Umfeld der Intellektuellen zu nennen – gemeinsam? Das kritische Vis-à-vis jener Größen zu sein, die in der Mitte Europas mehr als ein Dutzend Nationen jahrhundertelang zusammengehalten und, für ein weiteres Zeitmaß, sie bis in unsere Tage geprägt haben: der Rechtsstaat des Hauses Habsburg, der Adel, die typisch österreichische Beamtenschaft und die österreichisch-ungarische Armee.

## Restbestände Maria-Theresianischer Reformen

Zum Erbe der Doppelmonarchie zählt unbestreitbar das Beamtentum. Bis in unsere Tage hat sich – oft gleichsam einem Erbsprung – jene Mischung aus Recht, Pflicht, Loyalität und Bildung gehalten. Unterhalb und jenseits jeweils herrschender Oberklassen wirkten Restbestände von altösterreichischer Verwaltung fort, die in ihrer Eigenart, aber auch in ihren Extremen den unbefangenen Betrachter immer wieder staunen machen. Der slowenische Zöllner auf dem Loibl-Paß, der unerlaubtem Import von Elektrogeräten auf die Spur kommt, »amtshandelt« mit dem überlieferten Eifer des Beamten, der sich im Recht fühlt. Der Polizist in Prag, der auf Ausfallstraßen Temposünder jagt und sich dabei auch vom charmant angelegten Augenaufschlag jüngerer Raserinnen nicht beeindrucken läßt, weiß zumindest die Pflicht auf seiner Seite. Der Steuerbeamte in Budapest, der sich mit dem Volkssport der Steuerverkürzung nicht abfinden will, pocht auf seine Loyalität gegenüber dem Staat und meint das Gemeinwohl, das Obere verschiedener Systeme der Nach-Habsburg-Zeit nur allzuoft aus den Augen verloren haben. Und der Busfahrer in Krakau weiß über die Mehrfachteilung Polens und den Zivilisationsschub durch Österreich im 18. Jahrhundert präzis wie ein Geschichtslehrer zu erzählen. Sie alle zehren vom Ruf der österreichischen Verwaltung, bewußt oder unbewußt. Selbst Bolschewisierung und Ostblock waren nicht imstande, den Mythos österreichischer Bürokraten vergessen zu machen. Selbstbewußtsein und Sozialprestige vermochten sich im 20. Jahrhundert allen kommunistischen Gleichschaltereien zu widersetzen. Restbestände der Maria-Theresianisch-Josephinischen Reformen wirkten nach, weil sich nichts Beständigeres anbietet …

Im diktatorischen Parteienstaat unserer Zeit wurde zwar ein Grundelement altösterreichischer Beamtenphilosophie ins Gegenteil verkehrt, das da lautete, wer von »unten«, von »niedrigen« Gesellschaftsschichten stamme, könne in der Regel bestenfalls als Staatsdiener Standesschranken durchbrechen, jedoch wären Parteischranken einer bolschewisierten Gesellschaft nicht imstande, das Berufsethos auszulöschen, dem Pflichtbewußtsein den Garaus zu machen und der Würde des Staates ein Ende zu bereiten. Unparteilichkeit, weil systemwidrig, war zwar nicht gefragt, aber es hielten sich auf niedriger und mittlerer

Ebene Pünktlichkeit, Gewissenhaftigkeit und Fleiß. An der Tradition festzuhalten – die mehr als bescheidene Entlohnung. Kaiserliche Zeit, kommunistische Zeit. In der Euroregion zwischen Krakau und Kaschau, zwischen Polen, der Slowakei und der Ukraine, wo die Welt eng und überschaubar gerät, braucht die alte Klage der Geschäftsleute gar nicht aktualisiert zu werden. Seinerzeit hieß es unter Kaufleuten, kundige Thebaner wüßten schon Obrigkeiten einzuordnen. Bei deutsch-preußischen Beamten wisse jedermann, daß er nicht »nimmt«, bei russischen Beamten, daß er »nimmt«, nur bei Österreichern sei es nie klar, ob er nimmt oder ob er nicht nimmt. Sittenverfall im neuen Fünfländereck Polen, Tschechische und Slowakische Republik, Ungarn und Ukraine: Heute nehmen – fast – alle.

## Kommunisten scheitern am Beamtendespotismus

Fernab von den Metropolen geben sich alle als unanfechtbare Autoritäten, versehen mit der geliehenen Würde der Machthaber. Oft scheint es, als verwalteten sie sich heute wie ehedem selbst. Zu Kaisers Zeiten lernte die Beamtenschaft, Parteipolitikern mit dem gebührenden Mißtrauen zu begegnen. Das Kontrollbedürfnis der Politik wurde als Einmischung in die inneren Angelegenheiten der Bürokratie gewertet. Jedenfalls wird von Beamtengeneration zu Beamtengeneration die Fähigkeit weitergegeben, Kritik abrinnen zu lassen, etwa jene der bürokratischen Selbstherrlichkeit oder des Beamtendespotismus. Selbst eingeschworene Parteibonzen der kommunistischen Zeit scheiterten hier häufig.

Vorschrift ist Vorschrift. Für Bürokratien, die ganze Generationen lang als antiquiert, anmaßend und übermächtig empfunden wurden, erhält sich ein gewisses Maß an Gleichförmigkeit. Österreich-Ungarn installierte Verhaltensnormen und Bräuche als Element einer gewissen Einheitlichkeit.

Sie sollte dazu beitragen, den Herrschaftsbereich, damals des Habsburgerreiches, zu ermöglichen und abzusichern. Ein anderes Reich versuchshalber zu installieren, nämlich jenes des kommunistischen Monopolanspruchs unter Moskauer Kommando, verstand es, die Beamtenmentalität gleichsam herüberzuretten. Zivilisatorische Leistungen der altösterreichischen Bürokratie, ihre Toleranz, Liberalität und Rücksichtnahme auf das Lebensgefühl der Schutzbefohlenen blieb freilich bei diesem transitorischen Zustand auf der Strecke. Übrigblieben oft die negativen Auswirkungen einer Verwaltung, die auf totale Herrschaft über die Menschen getrimmt wurde. Als Element puren Fortschritts waren Beamte in den meisten Perioden des 20. Jahrhunderts gewiß nicht gefragt.

Beamte wurden zu Trägheitsfaktoren, im Guten wie im Bösen. Ihre Handlungen hinter einem Schleier der Geheimhaltung zu verbergen paßte kaiserlichem Absolutismus ebenso wie kommunistischer Gewaltherrschaft.

Heute wie damals verbreitet das untere Beamtentum die Losung: »Bitte warten.« Investoren wissen ein Lied davon zu singen. Anfragen bleiben liegen, Anträge werden verschlampt, Entscheidungen vertagt. Liegenlassen als Erledigungselement. Neben Ungerechtigkeiten gehörte dies früher zur – gelegentlich gewollten – Überlebenshilfe einer einsichtigen Beamtenschaft. Was Karl Kraus »Bürokretinismus« nennt, hat sich über die Jahrzehnte als Allmachtsanspruch erhalten, gemildert durch Schlamperei, Bestechung und Faulheit. Ohne Motivation, ohne Aufstiegschance und bei schlechter Bezahlung grenzt es an ein Wunder, daß eine vernunftbezogene Verwaltung die großen und kleinen Wechsel relativ unbeschädigt überstanden hat.

Unentbehrlich im Sinn eines moderner zu gestaltenen Bürgerservice hat sich die Beamtenschaft seit 1989 in allen Reformstaaten der Säuberung weitgehend entzogen. Bei Ausnahmen wirklicher Gewalttaten und bei eindeutigen Verstößen gegen die Menschenrechte hat dies jenen Zugriff erschwert, den eine neue, eine demokratische Führung für erforderlich hielt. Die Enkel der schwarz-gelben Loyalität haben den Beamtengrundsatz, der sie vor der totalen Bolschewisierung bewahrt hat, auch gegenüber schneller Demokratisierung angewandt: Man habe dies und das schon immer so gemacht – und da könne ja jeder kommen.

## Ausländer in der eigenen Heimat

Irgendwo in den weißen Karpaten wiehert der Amtsschimmel bei der Aufteilung der Tschechoslowakei wie weiland in »Kakanien« – so die hämische Bezeichnung Robert Musils für das kaiserlich-königliche (k.u.k.) Österreich-Ungarn. Amtsgehandelt wird durch eine gemischte Beamtenkommission aus Tschechen und Slowaken, deren Auftrag es ist, die neue tschechisch-slowakische Grenze zu fixieren. Sie war manchmal jahrhundertelang zwischen einzelnen Dörfern umstritten, wenn es etwa darum ging, Weidegründe abzugrenzen oder Straßenverläufe einzubeziehen. Nun sollen 37 Häuser der mährischen Gemeinde Javornik laut Beschluß der Innenminister aus Prag und Bratislava dem Jungstaat Slowakei zugeschlagen werden. Einige Bewohner sind dafür, einige dagegen. Nach dem Motto, daß nicht sein kann, was nicht sein darf, glaubte die Beamtenkommission, die Uneinigkeit der Bewohner dieser Häuser bürokratisch überfahren zu können. Vergebens. Es wurde weiter gestritten. Die Grenzhüter beeindruckte auch nicht, daß es in der nächsten Kneipe zu handfesten Auseinandersetzungen darüber kam, ob man lieber tschechisch oder slowakisch werden wollte.

Nachdem die Beamten nicht weiterkamen, entschieden die Minister. In guter demokratischer Manier beriefen sie sich auf eine Unterschriftenaktion der 126 Leute von Javornik. Danach stimmten 61 für die Slowakei, wobei sich genau ein Dutzend von ihnen an dem Referendum beteiligten, ohne dortselbst beheimatet zu sein. Nach einer anderen Befragung wollten überhaupt nur ein Drittel slowakisch werden. Die beamtete Kommission hingegen macht nur vier Familien aus, die sich gegen die Grenzänderung wenden. Sie wollen bei der von ihnen vorgeschlagenen Grenzziehung bleiben. Dies würde bedeuten, daß Tschechen, die ihre Häuser seinerzeit auf tschechischem Gebiet errichtet, finanziert und ihre Steuern nach Mähren, also in die heutige Tschechische Republik abgeliefert haben, zu Ausländern in ihrer eigenen Heimat würden, nämlich zu Slowaken. Auf der anderen Seite fühlen sich slowakische Rentner von Beamten hereingelegt, da sie nun auf der tschechischen Seite leben sollen. Die Erledigung ihrer Rentenanträge benötigt auf dem bürokratischen Weg, der nun von Staat zu Staat führt, bis zu einem dreiviertel Jahr – erst dann können sie, die sich nach Prag zu orientieren haben, mit Geld aus Bratislava rechnen.

Kasarna, ein anderes Beispiel. Beliebtes Feriengebiet in den Bergen zwischen Nordslowakei und Nordmähren. Ursprünglich in der Verwaltungstechnik slowakisch, bringt es Grenzziehungsbeamte nicht nur mit aufgebrachten Ortsansässigen in Konflikt. Einflußreiche Besitzer von Zweitwohnungen und Wochenendhäusern entrüsten sich monatelang über die neue Grenzziehung. Nicht auf dem Scheitel der Berge, sondern einige hundert Meter unterhalb soll die Grenze zwischen den beiden Republiken verlaufen. Die meisten der vierzig Ferienhäuser – im Besitz von Tschechen aus Brünn und Olmütz – würden slowakisch. Alle Logistik jedoch führt seit jeher nach Mähren, die heutige Tschechische Republik. In tausend Metern Höhe gibt es kaum eine Verbindung in die Slowakei. Alles und alle sind Richtung Tschechische Republik orientiert. Also schlagen die Beamten vor, die Grenze auf den Bergscheitel zu legen und die Slowakei mit anderen Gebieten zu entschädigen. Eine Vernunftidee im guten Sinn bürokratischer Tradition, zumal die altösterreichischen Grundbücher ausweisen, daß hier – zwischen dem damaligen Oberungarn und Mähren – über Zugangsrechte seit über 200 Jahren gestritten wird. Weniger Beachtung finden jene Fälle der neuen Grenzziehung, wo die erstaunten Bürger im eigenen Land wohnen und im Ausland arbeiten – oder umgekehrt.

Wie so oft legen sich im kleinen Grenzstreit zwischen Prag und Bratislava die Politiker quer. Geht es doch nicht nur um vierzig Ferienhäuser, sondern um einträgliche touristische Einrichtungen wie Berghotels, Skilifte und die daraus wohl recht reichlich fließenden Steuern. Alle Beamtenkompromisse werden verworfen, und der Grenzstreit landet auf den Schreibtischen der Ministerpräsidenten. Schließlich schalten sich auch die Parlamente ein. Ein Dauerbrenner. Sie streiten noch immer …

## Leben nach der Scheidung

Skiliftbetreiber, Zweitwohnungsbesitzer, Hoteliers und steuersüchtige Bürgermeister fühlen sich in den Weißen Karpaten, wie anderswo in Zentraleuropa, wo nationalstaatlich getrennt wird, als Opfer der Politik. »Hätte man uns gefragt, wir wären dagegen gewesen«, meinen sie zur Aufteilung der gar nicht so alt gewordenen Tschechoslowakei. Mindestens 55 Prozent der Bevölkerung des Einheitsstaates waren eh gegen die Scheidung.

Nicht nur bei der Grenzziehung müssen sie feststellen, daß die Verhältnisse des alten, zuletzt kommunistisch regierten Einheitsstaates auseinanderdriften, und zwar schneller, als der Bevölkerung bewußt und genehm ist. Die neue Grenze wird unversehens zur Scheidelinie von politischen Inhalten. Die Tschechische Republik gibt sich als demokratisch-marktwirtschaftlicher Musterknabe der Reformstaaten. Die Slowakische, der »kleine Bruder«, in wahrer Unabhängigkeit ungeübt, sicherheitspolitisch benachteiligt, kämpft gegen den Ruf, demnächst das Armenhaus Europas zu sein. Prag tritt politisch solide, wirtschaftlich stabil und international erfolgreich auf. Aufbruchstimmung hat sich in tschechischen Landen, vor allem in der weltstädtischen Metropole Prag, unter den neuen Eliten und einem heranwachsenden Mittelstand über die Jahre gehalten. Bratislava, an hauptstädtische Funktionen nicht gewöhnt, von Minderwertigkeitskomplexen bedroht, den Zug der Zeit zu verpassen, quält sich postkommunistisch mit personellen und parteitaktischen Querelen, während die Bevölkerung Selbstzweifel und Politmüdigkeit erfaßt. Den Hintergrund bilden historische Vorgaben.

## Diesseits und jenseits der Leitha

Den Unterschied zwischen Cisleithanien und Transleithanien werden die Erben von Österreich-Ungarn nicht so schnell los, da sich hier zwei politische Kulturen, unterschiedliche Verfassungsverständnisse und sich voneinander abgrenzende Lebensformen einander begegnen. In altösterreichischer Terminologie steckt nun einmal einiges: Leithanien mit den Vorsilben geht begrifflich auf den Fluß Leitha zurück, ein Grenzgewässer zwischen den österreichischen Erblanden und dem Königreich Ungarn. Als sich die beiden ungleichen Teile der Doppelmonarchie 1867 mit dem Ausgleich zusammenrauften, der Ungarn die Gleichberechtigung und Österreich den Führungsanspruch bescheren sollte, stellten sich mit Verfassungs- auch Begriffsprobleme ein. Wie sollten jene Teile der Doppelmonarchie, teils kaiserlich, teils königlich, amtlich bezeichnet werden, die auf der österreichischen Seite zum Ausgleich beitrugen? »Die im Reichsrat vertretenen Länder« bezeichnet im schönsten, jedoch unbrauchbaren Beamtendeutsch die eine Reichshälfte. Cisleithanien wirkte da schon griffiger, so daß Ungarn unter Transleithanien rubriziert wurde. Die Slowakei, ein kulturell und sprachlich homogener Teil der Doppelmonarchie, firmierte als Oberungarn im Abspeckprozeß des ungarischen Feudalismus also unter Transleithanien. Böhmen und Mähren dagegen vermochten sich cisleithanisch (auch industriell) mit mehr Liberalität zu entwickeln. Geister der Vergangenheit, die das Verhalten von Tschechen und Slowaken beeinflussen, mögen modernistische Skeptiker leugnen – die Leute in den Weißen Karpaten tun es nicht. Sie wissen es.

Kapitel 3

# »Sie haben uns den Glauben an das ›Prinzip Hoffnung‹ genommen«

Joze Pucnik entspricht dem Bild eines Gelehrten. Zurückhaltend, jedoch aufgeschlossen, wissend, jedoch nicht angeberisch, erfahren, jedoch nicht routiniert. Prof. Pucnik ist slowenischer Parlamentsabgeordneter. Er mag Fremde mit seinen perfekten Deutschkenntnissen überraschen. Kenner wissen, daß er in der sozialistischen Herrschaftsperiode des jugoslawischen Einheitsstaates sechs Jahre im Gefängnis saß. Danach ließ ihn Belgrad – großzügig, wie es damals hieß – ausreisen. Mittellos, begann er in Deutschland als Arbeiter, konnte sich durchsetzen, studierte und machte seinen Doktor. In seine slowenische Heimat zurückgekehrt, zählt er zu den wenigen der neuen Elite des kleinen Alpenlandes, die ohne Belastung aus der kommunistischen Vergangenheit auftreten können. Prof. Pucnik gehört zu den angesehensten Parlamentariern. Eine moralische Pflicht ist ihm neben anderem aufgetragen: die Vergangenheit seiner Heimat parlamentarisch aufzuarbeiten.

Auf dem Schreibtisch des Abgeordneten liegt der Textentwurf eines Gesetzes, das die rechtlichen Grundlagen für Vergangenheitsbewältigung auf slowenisch abgeben soll. Was seinerzeit geschah oder unterblieb, drängt zumindest nach Klarstellung, wenn nicht nach Wiedergutmachung. In den Wirren des Zweiten Weltkrieges, als Slowenien zwischen Hitler-Deutschland und Mussolini-Italien aufgeteilt, also von der Landkarte eliminiert worden war, bäumte sich eine Mehrheit gegen die ausländischen Diktatoren auf. Partisanen waren es, die den Besatzern schwer zu schaffen machten – und sie 1944/45 vertreiben konnten. Zurück blieben auch jene Slowenen, die mit den Deutschen und mit den Italienern zusammengearbeitet hatten. Für ihre Kollaboration mußten viele mit dem Leben bezahlen. Wie viele, stellt sich erst in den neunziger Jahren heraus. Es sind Zehntausende, die damals von den kommunistischen Partisanen unter dem Befehl von Josip Tito hingerichtet wurden. Ohne reguläres Verfahren. Ohne Gericht. Ohne Urteil.

Von jenen, die damals im Auftrag und im Sinne der bolschewistischen Einheitspartei brutal durchgriffen, leben noch ein Dutzend. Alle sind über die Achtzig. Den Tätern von damals heute den Prozeß machen? Prof. Pucnik braucht die Erinnerung an seine eigene Verfolgung gar nicht wachzurufen. Er möchte Gnade vor Recht ergehen lassen. Ein demokratisch-rechtsstaatliches Gemeinwesen ist für ihn keine Racheorganisation.

## Jahrzehnte der Rechtlosigkeit

Nach dem Sieg über Hitler-Deutschland und beim Aufbau einer kommunistisch beherrschten Föderation Jugoslawien existierten keine verfassungsgemäßen Einrichtungen, um einer Rechtsordnung die demokratische Legitimation zu verschaffen. Im Gegenteil. In Jugoslawien bestand über vier Jahrzehnte lang keine Gewaltenteilung. Gewaltenkonzentration fand vielmehr in Belgrad statt, politische Kapitale wie seinerzeit Budapest, Prag oder Warschau. Alles war auf die kommunistische Partei abgestimmt. Nicht zuletzt die Verfassung. Von Rechtsstaatlichkeit waren sie damals weit entfernt. An die Stelle von Wahrheitssuche im Dienste von Recht und Gerechtigkeit trat in dieser Zeit unumschränkte Parteigewalt. Persönliche Freiheiten wurden von den regierenden Kommunisten fall- und zeitweise wie Gnadenakte gewährt. Von Grundrechten konnte keine Rede sein. Jugoslawien unterschied sich vom totalitären Modell der Sowjetunion weder vor noch nach dem Bruch Titos mit Stalin.

Die juristische Gleichschaltung Jugoslawiens durch Moskau hatte im europäischen Herrschaftsbereich der Sowjets – Jugoslawien zählte zunächst dazu – lückenlos funktioniert. Verfassungen wurden auf die Einparteienherrschaft in der Wortwahl und vor allem in der Anwendung frisiert. Zur Rechtlosigkeit zählte in allen Satellitenstaaten, daß sie über keine funktionierende oder überhaupt keine Verfassungsgerichtsbarkeit verfügten. Rechtlosigkeit der Bürger wurde zum System erhoben, nicht nur juristisch. Jugoslawien unterschied sich in der ideologisierten Verfassungswirklichkeit auch nach dem Bruch mit Moskau in keiner Weise von Ungarn, der Tschechoslowakei oder Polen. Titos dritter Weg, den er in Zeiten und im Zeichen des Kalten Krieges selbstbewußt beschritt, änderte daran überhaupt nichts.

Außenpolitische Blockfreiheit, Selbstverwaltung und Dezentralisierung benutzte die bolschewisierende Staatspartei als Machtgeflecht. Ohne jeden juristischen Skrupel herrschte ein ebenso totalitäres wie autoritäres Regime. Daß und wie es dem Bürger Grundrechte vorenthielt und Rechtsstaatlichkeit durch Parteidiktatur ersetzte, wurde der Bevölkerung im ehemaligen Jugoslawien erst nach 1989 voll bewußt. Behende und konsequent gingen die Slowenen daran, ihre Verfassung, die ihnen mit zwei Änderungen von Belgrad zugestanden worden war, unter demokratischen Gesichtspunkten zu säubern. Dieser Reinigungsprozeß verband sich im Falle Slowenien – anders als in den anderen Reformstaaten – mit der ertrotzten Selbstbestimmung. Slowenien sagte sich mit seiner neuen Verfassung vom jugoslawischen Einheitsstaat los. Die Verfassungsrevision vom September 1989, beherzt und von einer wachgerüttelten Bevölkerung erwünscht, wurde zum Garanten der Unabhängigkeit Sloweniens.

## Belgrad greift ein

Ein Volksentscheid vom 23. Dezember 1990 wurde mit der altkommunistischen Argumentation aus Belgrad vom Tisch gewischt: Die auf Unabhängigkeit, Mehrparteiensystem und freie Marktwirtschaft abgestellte slowenische Verfassung verstoße gegen die alljugoslawische Grundordnung. Das Bundesparlament in Belgrad hatte ein förmliches Verfahren gegen Slowenien angestrengt. Daß die Richter des Bundesverfassungsgerichtes, an eine kommunistische Verfassung gebunden, aus ihrem Schattendasein heraustraten und dem Geist der Zeit ihrerseits Tribut zollten, zeigt ihr – freilich vielfach umstrittenes – Urteil. Die slowenische Sezession wurde zwar wegen fehlender Gesetzgebungskompetenz für verfassungswidrig erklärt, doch wurde gleichzeitig von den Belgrader Verfassungsrichtern festgehalten, daß alle Republiken und Völker Jugoslawiens über das Selbstbestimmungs- und Sezessionsrecht verfügten. Einem Slobodan Milošević, seit 1987 kommunistischer Herrscher in Serbien, konnte selbst diese salomonische Lösung nicht recht sein. Er hatte sich Großserbien im Zeichen eines Nationalbolschewismus verschrieben. Dem Urteil folgte der Krieg.

## Die tiefen Quellen eines Bürgerkrieges

Während die Belgrader Verfassungsrichter die Auseinandersetzung mit Slowenien rechtlich fortsetzen wollten – die Sezession bedürfe eines Bundesgesetzes und des Einvernehmens aller Beteiligten – und vor einem heraufziehenden Bürgerkrieg zurückschreckten, rüstete die jugoslawische Bundesarmee bereits zum Eingreifen. Ende Juni ging sie gegen die staatliche Eigenständigkeit Sloweniens gewaltsam vor. Es kam zu einem Zehntagekrieg. Wie nach einem Spuk zog sich dann die Bundesarmee überraschend zurück.

Das kam einer wiederum überraschenden Anerkennung der Selbständigkeit Sloweniens gleich. Was ein Verfassungsgericht wert ist, erst recht eines unter demokratischen Rechtsnormen, war Slowenien nicht zum erstenmal vor Augen geführt worden.

In der ungewöhnlichen Mischung von Juristerei und Machtbalance hatte Marschall Tito mit einer Verfassungsreform im Jahre 1974 geglaubt, der Föderalisierung einen gewissen Tribut leisten und Aufsässige beruhigen zu müssen. Im Zuge einer allgemeinen Dezentralisierung kam es zur Aufstellung und zur Organisation jener Territorialarmee, die dann fünfzehn Jahre später zur Selbstbefreiung Sloweniens wesentlich beitrug.

Grundrechte des Persönlichkeitsschutzes in den Mittelpunkt einer Verfassungsreform zu stellen nahm sich die neue Alpenrepublik unverzüglich vor. Von der Bolschewisierung und den Belgrader Einheitskommandos befreit, führte Slowenien unter anderem auch den Zivildienst ein. Gewissensentscheidungen zu tolerieren – dazu waren regierende Kommunisten auch in Jugoslawien unter keinen Umständen bereit gewesen. Vier Jahrzehnte lang wurde Wehrdienstverweigerung dem Landesverrat gleichgestellt.

Tito – sein Vater war Kroate, seine Mutter Slowenin – arbeitete mehrfach mit gedrosselter Liberalität. Er setzte sie vor allem als Beruhigungsmittel gegen aufmüpfige Nationalisten ein. Doch selbst eine konsequent gezimmerte und praktizierte Verfassung verhindert das Streben nach Selbstverwirklichung nicht. Die Geschichte gibt Probleme vor, die nur allzuleicht zur Trennung führen können. Slowenien war seit dem 12. Jahrhundert Teil des habsburgischen Einflußbereiches, einige Jahre länger als etwa Tirol. Kroatien zählte nicht ganz so lange zu Ungarn, erfuhr jedoch in der kaiserlichen Schlußzeit eine unterschiedliche Behandlung. Die cisleithanischen Slowenen und die transleithanischen Kroaten verband immerhin die altösterreichische Verwaltungstradition.

Nach 1989 ließen sie den gesamtjugoslawischen Selbstverwaltungs-Sozialismus schnell hinter sich. Um Grundrechte westlicher Rang- und Reihenfolgen festzuschreiben, gingen erfahrene Juristen in Ljubljana und in Zagreb ans Verfassungswerk. Sie installierten Verfassungsgerichte. Nach deutschem Vorbild stellten sie bei Grundrechten auf den Schutz des Einzelbürgers ab. Er sollte sich unter bestimmten Voraussetzungen mit Beschwerden direkt an das Verfassungsgericht wenden können. Die prompte Herstellung von Rechtsstaatlichkeit in den beiden Republiken des ehemaligen Jugoslawien wurde auch politisch zu einem Zeichen an der Wand. Slowenien und Kroatien verpflichteten sich jenen westlichen Werten, welche die Freiheit des Individuums garantieren und schützen. Serbien hingegen blieb mit seiner Verfassungsänderung vom September 1990 bei den kollektivistischen Grundstrukturen eines kommunistischen Einheitsstaates. Großserbische Ambition nimmt seitdem auch verfassungsrechtlich voraus, was dem Bürgerkrieg die Langzeitwirkung verschafft, zentralistisch das durchzusetzen, was Belgrad begehrt. Jedenfalls wurde mit der neuerdings geltenden serbischen Verfassung die Autonomie des Kosovo und der Wojwodina faktisch außer Kraft gesetzt, wobei in letzterer Provinz eine verunsicherte Minderheit von fast einer halben Million Ungarn lebt. Durch den Bürgerkrieg im ehemaligen Jugoslawien werden auch alte Wunden beiderseits der Donau aufgerissen. Feindseligkeiten, Mißtrauen, Flüchtlinge, Wirtschaftsboykott auf der einen Seite, auf der anderen Seite das Streben Ungarns, aus den Kriegswirren herausgehalten zu werden und gleichzeitig den Landsleuten in Serbien das Leben nicht noch schwerer zu machen.

Alte Rechnungen in neuer Münze – vor allem, seitdem Ungarn erkennen muß, daß sich sicherheitspolitisch Mitte der neunziger Jahre im Vergleich zu 1956 wenig geändert hat. Der Westen und seine politisch-militärischen Organisationen belieben mit wortreichen Belehrungen aufzuwarten, nicht aber mit konkreter Hilfe. Von militärisch brauchbaren Sicherheitsgarantien wird vorsichtshalber nicht einmal geredet, geschweige denn gehandelt. So erweist sich auch seine »Partnership for Peace« als farbloses Substitut für die erhoffte Einbindung eines demokratischen Ungarn in das westliche Werte- und Allianzsystem.

Aus der geographischen Mittellage ihrer Heimat heraus flieht die ungarische Elite wieder einmal in Enthaltsamkeit. Nicht nur die Regierung, sondern sämtliche Parteien hoffen, sich durch Abseitsstehen einen gewissen Handlungsspielraum bewahren zu können. Die Versuchung bleibt, durch Neutralität nicht nur die eigene Haut zu retten, sondern auch den bedrohten Landsleuten in der serbischen Wojwodina das Überleben zu erleichtern. Was der Belgrader Entzug von Verfassungsrechten 1990 eingeleitet hat, wurde sowohl in der allgemeinen Aufbruchstimmung als auch im Schock des Bürgerkrieges allgemein unterschätzt. Zehntausende Ungarn, die aus ihrer alten serbischen Heimat aus Angst vor Krieg und Verfolgung geflohen sind, bilden über Jahre ein Menetekel für Dauergefahren auf dem Balkan. Bis zu 100000 Ungarn aus der Wojwodina als Flüchtlinge in Ungarn sind nicht nur finanziell, sondern auch moralisch eine schwere Belastung. In den Flüchtlingslagern von Szeged und Budapest meldet sich jedenfalls erneut die Geschichte. Mit 63000 Quadratkilometern wurden seinerzeit 572000 Ungarn aus der Liquidationsmasse von Österreich-Ungarn an Serbien gleichsam vergeben. Emotion kommt darüber hoch, daß die Nachfahren dieser Zwangszuteilung ein zweites Mal zu bezahlen haben. Ungarn, von den westlichen Siegermächten auserkoren, einer der Hauptschuldigen des Ersten Weltkrieges zu sein, verlor 1919 fast 60 Prozent seiner Bevölkerung und zwei Drittel seines Landes: Siebenbürgen an Rumänien, die Wojwodina an Serbien, Teile der heutigen Slowakischen Republik an die Tschechoslowakei, das Burgenland – um die desolate Nahrungsmittelversorgung Wiens zu verbessern – an Österreich.

## Vom Recht auf Heimat keine Spur

»Zum ehemaligen Ghetto?« Der erste zuckt mit den Achseln. »Wo ein Holocaust begann?« Kopfschütteln. »Judendenkmal?« Erst der dritte begreift, was gesucht wird. »Gleich da vorn, wo die Polizei steht.« Westliche Journalisten an einem ruhigen Herbsttag. Man schreibt den 7. Dezember 1970. Sie hatten von der westdeutschen Delegation den Tip erhalten, daß Bundeskanzler Willy Brandt am Mahnmal für das Warschauer Ghetto einen Kranz niederlegen wollte. Es war nicht leicht, den polnischen Begleitern, die in Wirklichkeit Bewacher waren, zu entkommen. Denn Amtspolen wollte mit dieser Geste des Mannes aus Bonn nichts zu tun haben. Später sollte sich sogar herausstellen, daß die kommunistischen Gastgeber einen seltsamen Begriff von Pressefreiheit hatten. Sie hielten vom Grundrecht auf Information, getreu den Vorbildern aus Moskau, überhaupt nichts.

Zwei Verkehrspolizisten, ein Dutzend unauffällig-auffällige Gestalten in schwarzen Ledermänteln, leicht erkennhbar als Geheimdienstler, eine Gruppe von Journalisten, drei Kamerateams, einige Fotografen – und ein Dutzend neugierige Kinder ringsum. Im üblichen ›Mercedes‹ mit CD-Nummer, begleitet von obligaten Sicherheitsautos, einem polnischen und einem deutschen, fährt der Bonner Kanzler pünktlich vor. Willy Brandt steigt langsam aus. Sinnierend geht er die fünfzig Meter auf das Ghetto-Denkmal zu. Hält inne. Vor ihm der Kranz mit den schwarz-rot-goldenen Schleifen. Der Kranz wird postiert. Brandt tritt heran, zögert – und läßt sich dann wie gedankenverloren auf die Knie sinken. Die Welt ist um einen Fall von Bildersprache reicher.

War es geplant, oder war es eine spontane Geste – ein demonstrativer Beitrag zur sogenannten Vergangenheitsbewältigung auf deutsch? Berichterstatter aus aller Welt rätselten noch, als im Redaktionsgebäude des polnischen Fernsehens Eigenartiges geschah. Die Bilder von dem Kniefall des Willy Brandt waren für die Auslandskorrespondenten einfach nicht vorhanden. Alle Hinweise, das polnische Fernsehen habe schließlich alles gedreht, halfen zunächst nichts. Erst die Drohung, den westlichen Zuschauern das Verständnis des kommunistischen Polen von einem Grundrecht, nämlich der Pressefreiheit, klarzumachen, half. Auch ohne Verfassung gaben die

Propagandisten der polnischen Regierung nach. Medienarbeit an einem Verfassungsrecht.

Ein anderes Verfassungsrecht, nämlich die Anerkennung des Grundrechtes auf Selbstbestimmung, kam am selben Tag ins Spiel. Mit dem Warschauer Vertrag, der zum erstenmal förmlich die Anerkennung der Oder-Neiße-Linie – eines der umstrittenen Ergebnisse der Konferenz von Jalta – durch die Bundesrepublik Deutschland festschrieb. Polen freilich handelte nur in beschränkter Souveränität, denn die Anerkennung dieser Linie, seit Jahr und Tag umstritten, war vier Monate vorher in Moskau abgesegnet worden. Die Sowjetunion hatte sich nicht zum erstenmal bei polnischen Angelegenheiten Befugnisse angemaßt und sich damit über die Souveränität des als unsicher geltenden Nachbarn hinweggesetzt. Es war 1945 gewesen, als Stalin kurzerhand Polen die Verwaltungskompetenz über die ehemaligen deutschen Ostgebiete entlang der Oder-Neiße-Linie übertrug. Dies widersprach den Vereinbarungen von Jalta. Polen blieb gar nichts anderes übrig, als seiner Westverschiebung zuzustimmen.

Als Danzig am 14. Dezember 1970, eine Woche nach dem Brandt-Besuch, brannte, hob der Kampf um ein weiteres Grundrecht an. Das Streikrecht. Preiserhöhungen für Konsumgüter und Nahrungsmittel, von Warschau angeordnet, um den Privatverbrauch zu drosseln, führten in Danzig und anderen polnischen Städten zu Streiks und schließlich unkontrollierten Ausschreitungen. Zwanzig Menschen starben, als Polizei und Militär durchgriffen. Es waren nicht nur höhere Preise und damit sinkender Lebensstandard, worüber sich viele Polen empörten. Wissenden war klargeworden, daß exportfähige Produkte vom polnischen Inlandsmarkt, wo sie dringend benötigt wurden, auf den Export umgelenkt werden sollten. Warschau war durch Moskauer Order aufgetragen worden, durch diese Exporte zur Deckung des RGW-Devisenbedarfs beizutragen.

## Ein Elektromonteur macht Geschichte

1978. Religions- und Meinungsfreiheit steht in Polen auf dem Prüfstand. Im Oktober wird der Erzbischof von Krakau, Karol Wojtyla, zum Papst gewählt. Zufall oder Absicht? Jedenfalls ein Zeichen. Gleichzeitig rumort es in der »Solidarność«, dem unabhängigen, sich selbst verwaltenden Gewerkschaftsverband »Solidarität«. Wieder herrscht Unruhe unter der Arbeiterschaft. Steigende Preise, schikanöse Arbeitsnormen, Druck der Apparatschiks und Verfolgung der Arbeiterführer. *Robotnik Wybrezeza (Der Arbeiter des Küstengebietes)*, die illegale Gewerkschaftszeitung, wird von Hand zu Hand gereicht. Wahrheitsfindung. Lech Walesa, die Symbolfigur des Widerstandes gegen den bolschewisierenden Parteienstaat, der gelernte Elektromonteur, kann und will sich nicht geschlagen geben.

Solidarität des Widerstandes gegen Ausbeutung durch ein diktatorisches Regime wurde von 1978 an zu einer gewichtigen Gefahr für das System des gesamten Blocks. Druck auf Walesa half nichts, auch dann nicht, als er bald arbeitslos gemacht wurde. Ohne Verfahren wurde ihm verwehrt, sein Recht zu finden. Eine geschlossene Gesellschaft verweigerte Gerechtigkeit und lieferte auch dieses Volk dem Gutdünken der herrschenden Klasse und ihrer Beamten aus.

Unzufriedenheit wurde zu einem politischen Faktor. Das kommunistische Regime unter General Wojciech Jaruzelski wußte sich nach einem abgesagten Generalstreik am 13. Dezember 1981 nur mit der Verhängung des Kriegsrechts zu helfen. Als auch dies den Anspruch der Kommunisten auf Alleinherrschaft nicht mehr verfestigen konnte, drängten liberale Kräfte auf rechtsstaatliche Reformen. Die Idee, einen Verfassungsgerichtshof einzurichten, versprach dem Regime einige Entlastung. Anfang der achtziger Jahre geboren, 1982 in die Verfassung aufgenommen, dauerte es noch bis Ende 1985, um das Gericht einzurichten. Nach wie vor wurde mit dem Alleinvertretungsanspruch der Kommunisten regiert. So wurde dem Verfassungsgericht lediglich zugebilligt, die Verfassungswidrigkeit von Gesetzen zu prüfen. Ihre Aufhebung blieb dem Parlament, dem Sejm, überlassen, wo die Staatspartei das Sagen hatte, allerdings nur bis zur ersten freien Wahl im Juni 1989.

Seitdem hat sich die Verfassungswirklichkeit Polens auf demokratische, pluralistische Rechtsnormen eingependelt. Statt Erlassen und Verordnungen, dem Lieblingsinstrument kommunistischer Alleinherrscher, pflegt der Sejm Gesetzgebung nach freiheitlichen Grundnormen. Verfassungsbestimmungen, die in der kommunistischen Zeit auf dem Papier standen, wurden auch in Warschau erst nach der Demokratisierung von oben durch objektive Rechtsnormen mit Leben erfüllt. Polen hat denn auch mit seinen Versuchen, das Recht wiederherzustellen – Versuche, die sich nahezu über zwei Jahrzehnte erstreckten –, eine längere demokratische Durststrecke hinter sich als andere Reformstaaten.

## Reformkommunismus oder Demokratisierung?

Im »ewigen Kampf« um eine gute, eine freiheitliche Gesellschaftsordnung, von der Karl Popper spricht, liefern auch die Verhältnisse von Prag beeindruckende Erkenntnisse. Aus einer geschlossenen eine offene Gesellschaft zu machen und dem Recht als Ordnungsfaktor zum Durchbruch zu verhelfen, das spielte zwar schon 1968 eine Rolle, doch vollzog sich das Reformstreben des »Prager Frühlings« unter kollektivistischen Vorzeichen. Infolgedessen bleibt die Frage kontrovers: War es der Versuch einer Reform innerhalb des kommunistischen Systems? Oder handelte es sich um einen – mißlungenen – demokratischen Befreiungsakt aus den Klauen einer diktatorischen Einparteienherrschaft und eines sie deckenden Blocks unter Moskauer Befehl? In jedem Fall wagte die Tschechoslowakei seinerzeit eine schrittweise Öffnung aus der geschlossenen Gesellschaft in Richtung Freiheit.

Kommunistische Herrschaftsprinzipien wurden mit wachsender Systematik in Frage gestellt. Rechtliches Bewußtsein war längst kein Wahn mehr, sondern die unentbehrliche Grundlage, der Freiheit zum Handeln Vorrang zu verschaffen vor dem Kollektiv. Rechtlich und moralisch hatte sich längst herausgestellt, daß nur ein funktionierendes Rechtsbewußtsein für den Bürger ein lebensnotwendiges Maß von Gerechtigkeit absteckt – ein Wert, der Eigentum in all seinen Formen und Ausmaßen einschließt.

Was ein uneingeschränkter Eigentumsbegriff wirklich bedeutet, hat sich nach der sanften Revolution vielfältig herausgestellt: ohne präzise Rolle des Rechts und seine uneingeschränkte Durchsetzung kein Kapital aus dem Westen. Um die Vergangenheit im Sinne geschriebener und vor allem gelebter Rechtsnormen »zu bewältigen«, bedurfte es einer konstitutionellen Kraftanstrengung. Sie umfaßt auch die Selbstreinigung von Kräften, die sich als Verantwortliche oder Handlanger der Diktatur schuldig gemacht haben.

Es muß schwerfallen, Säuberungen – welcher Art auch immer – in das jeweils gegebene Rechtsempfinden einzuordnen. Die »Kleinen« verlangen eher nach Rache und Sühne als die »Großen«. Ob sich der Nachbar unanständig verhalten, andere ans Messer geliefert oder sich selbst durch Denunziation und Mitläufertum über Wasser gehalten hat – derlei läßt sich eher rekonstruieren und einordnen als das, was Schreibtischtäter zu verantworten haben. Dazu kommen jene Erscheinungen von Karrieremachern, die es sich in jedem Fall und in jedem Regime richten. Nicht zu vergessen jene, die sich aus Idealismus einer Weltanschauung verschrieben haben und selbst erst nachträglich erkennen müssen, fehlgeleitet, mißbraucht oder gar zu Verabscheuungswürdigem veranlaßt worden zu sein. Typisch für diese Gruppe sind die Mitglieder von Geheimdiensten kommunistischer Prägung. Soweit sie in den Abwehr- und Analyseabteilungen (und nicht in den Killersektoren) tätig waren, fühlen sie sich nachträglich schuldig, etwa bei der Beobachtung, Verfolgung und Bestrafung von Landsleuten.

In den unteren Rängen der Nomenklatura mögen viele überfordert und nicht ausreichend über die wahren Absichten ihrer Auftraggeber informiert gewesen sein. Schon die mittleren Ränge sind es jedoch, die durch speziellere Information oder auch durch Schulung in den Geheimdiensten und Kontrollapparaten jene Rücksichtslosigkeit erkennen mußten, die zum Bestandteil diktatorischer Machtausübung gehört. Mit den Maßstäben des Anstandes an Taten und Täter heranzugehen ist bisher weitgehend unterblieben. Wie nach 1945, als das NS-Establishment, seine Mitläufer und seine Verfilzungen offengelegt werden konnten, fällt es nun auch in den Reformstaaten schwer, zwischen harmloseren und gewichtigeren Fällen des Mißbrauchs und der Gewaltanwendung zu unterscheiden. Dies gilt nicht nur für die Vorgehensweise von Polizei oder Geheimdienst, sondern auch für die individuellen Verursacher und Täter. Nicht wenige haben ihren Wissensvorsprung genutzt. Auch waren sie bereit, bestimmten Parteizielen zu dienen und mit Solidarität – durch Schaden beim »Gegner« – der eigenen Sache und oft auch der eigenen Karriere nützlich zu sein, selbst wenn dabei Grundrechte unter die Räder gerieten.

## Verstöße gegen die Menschenwürde

Erst allmählich wird die Grauzone aufgehellt, in der innerhalb des Ostblocks die Normen zivilisierten Umgangs – systemimmanent – brutal gesprengt wurden – im Verhältnis des einzelnen zur »Diktatur des Proletariats«, zwischen den Vollzugsorganen kommunistischen Totalitätsanspruchs, zwischen den sogenannten Bruderstaaten und erst recht im Verhältnis zu den Hegemonialmächten in Moskau.

Zum Beispiel Pavel Naumann, ein freischaffender Architekt. Der aufrechte Mann, Jahrgang 1937, ist da zu Hause, wo es am tschechischsten ist, in Prag. Er zählt in der Elite seines Landes zu den unabhängigen Denkern, die das Fegefeuer des Polizeistaates unbeschadet überstanden haben, äußerlich jedenfalls. Aufrechte Gestalt, zivil durch und durch. Und doch läßt sein klarer Blick erkennen, daß er nicht nur Konturen und Perspektiven zeitgemäßer Architektur verarbeitet. Politisches bringt er ebenfalls ins Lot.

Pavel Naumann, alles andere als ein politischer Trittbrettfahrer, verstand es, unter dem Kommunismus moralisch auf Anstand zu halten. Recht und Gerechtigkeit bestimmten sein Verhalten, längst bevor ihn sein Freund Václav Havel – nach 1989 – mit einer der schwierigsten Aufgaben seines Lebens betraute: Säuberung unter den Verantwortlichen für die Jahre der Demütigung, der Schikane, der Spitzelei und des direkten Verstoßes gegen die Menschenwürde. Zu prüfen sind: Freiheitsentzug, Folter, Gefängnis, Verweigerung normaler Bürgerfreiheiten wie Bildung, freie Berufswahl, verweigerte Information einschließlich Reisen ins westliche Ausland. Wie die Mauer des Schweigens durchbrechen? Ein ganzes Volk im Anklagezustand oder ein halbes Tausend Täter im Grenzbereich von staatlich-parteilicher Brutalität und Kriminalität?

»Alle haben wir kollaboriert, alle haben wir an der Totalität mitgewirkt«, schreibt Theresa Bouckova in ihrem *Indianerlauf.* Was über zwei Jahrzehnte nach dem sogenannten Prager Frühling geschah, verlängert die Autorin aus der Welt des Theaters in jene des »Realen Sozialismus«: »Bei den Kommunisten wenden wir das Prinzip der Kollektivschuld nicht an, es gab schlechte, aber auch gute, sie haben nur ein paar Dutzend Menschen hingerichtet, nur einige Hundert kamen ums Leben, wurden auf der Flucht erschossen, in Lagern zu Tode gehetzt, nur einige Tausend für Jahre in Zellen gesperrt, nur einigen Millionen die Moral, die Illusion zunichte gemacht. Das Leben. Alle haben wir kollaboriert, kollektiv unser Land geplündert, die Wälder gefällt, Wiesen beackert, Denkmäler geschändet. Alle haben wir kollaboriert, der Aufsichtsbeamte im Gefängnis, der Pavel Wonka totschlug, genau wie die Verkäuferin. Keiner von uns hat saubere Hände, verzeihen wir uns, was wir uns angetan haben, wir sind samten, wir sind zärtlich, wir sind die Besten, die ganze Welt bewundert unsere Heizer, unsere Wächter, unsere Schornsteinfeger. Unsere Agenten. Hurra.«

## »Alle haben kollaboriert«

Pavel Naumann sucht die Mitte der Wahrheit, eine Moral, welche die Zukunft nicht versperrt. Ihm geht es darum, jenes halbe Tausend Belastete herauszufinden und aus dem Verkehr zu ziehen, die sich im allgemeinen tschechischen Verständnis schuldig gemacht haben. Er verläßt sich nicht auf Denunziation, auf zufällige Beobachtungen oder gar auf Ortstratsch. Die Naumann-Kommission betreibt Vergangenheitsbewältigung vor dem Hintergrund der Intimkenntnis über die Gesamtumstände. Ausgestattet mit dem Vertrauen des Staatspräsidenten, bedient sie sich im wesentlichen jener Akten, welche die tschechische Staatssicherheit mit geradezu preußischer Präzision von Fall zu Fall Jahr für Jahr gespeichert hat. Ein Archiv des Horrors. Ihm gegenüber stehen die Karriereberichte der Geheimdienstler. Wer rascher befördert, mit Prämien oder auf andere Weise belobigt wurde, so der Umkehrschluß, muß bei der Ausübung der Gewaltherrschaft »erfolgreich« gewesen zu sein. Was selbst zur Tatzeit zwischen 1968 und 1989 mit Verfassung und Gesetz der damaligen Tschechoslowakei nicht vereinbar war, ist heute erst recht im Zwielicht.

Wer will entscheiden, wer wirklich anständig geblieben war? Wo Opportunismus bedenkenlos angewandt oder wo die Not der Umstände schließlich Mut und Selbstachtung in Feigheit und Opportunismus verkehrten? Was waren die Motive engagierter Anti-Kommunisten, auszuwandern oder sich mit der sozialistischen Demokratie oder sich im »Sozialismus mit dem menschlichen Antlitz« irgendwie zu arrangieren? Im Laufe der Jahre der Unfreiheit wechselten nicht nur Intellektuelle behende von einem Lager ins andere, bildeten sie Gruppen und Cliquen bunter Mischung mit politisch ideologischer Anpassung. Wer kann es schließlich wagen, Einzelschicksale nachträglich moralisch zu qualifizieren? Wo liegen die Grenzen objektiver Gefährdung und eingebildeter Angst?

## Säuberung: Zu sanft, zu rücksichtsvoll

Präsident Havel hat der Naumann-Kommission 1990 einen klaren Auftrag erteilt: Unter den Schuldigen sind die schwersten Fälle auf seriöse Weise ausfindig zu machen, wobei jedoch nicht die grobe Elle der Kollektivschuld anzulegen ist. Teil dieses Auftrages war es, die Geheimdienstakten der Öffentlichkeit nicht zugänglich zu machen. Prag ist nicht Berlin – Rücksicht oder Weisheit der Tschechen gegen Offenheit und Gründlichkeit der Deutschen. In Prag sollte keine allumfassende Rachejustiz eröffnet werden, notwendig gewordene Vergangenheitsbewältigung die Zukunft nicht verstellen. Tschechen sollten dabei Tschechen beurteilen, nicht fremdbestimmt vorgehen. Erfahrungen mit der Reedukation der Amerikaner nach 1945 in deutschen Landen schreckten nicht nur in Prag, sondern auch in Budapest und in Warschau. Und in Bratislava und Ljubljana nahm die neue Garnitur ebenfalls den Vorwurf in Kauf, mit den alten Machthabern und ihren Gefolgsleuten gelegentlich zu sanft, zu weich, zu rücksichtsvoll verfahren zu sein. Bleiben staatliche Verbrechen der Kommunisten ungesühnt? Werden Eliten, seinerzeit am Ruder wie nach der Wende, geradezu ermuntert, die neue Freiheit zu nutzen, ohne für die alten Untaten zur Verantwortung gezogen zu werden?

Der Preis für die weiche Welle ist noch nicht ausgemacht. In den Reformstaaten halten sich die Selbstverurteilungen jedenfalls in Grenzen. Nur vereinzelt kommt die Frage hoch, ob die begrenzte Säuberung der neunziger Jahre von späteren Generationen mit der Unbefangenheit des Nichtbeteiligten kühl und auch rücksichtslos aufgerollt wird. Flecken auf einem Selbstbewußtsein, die nüchterne Aufarbeitung erschweren – sowohl im Innenverhältnis der erneuerten Demokratien als auch in ihren Außenverhältnissen.

## Westliche Vorteile gegen kommunistische Unterdrückung

Wird also die Verantwortlichkeit in Zentraleuropa beiseite geschoben, wer mit wem Geschäfte betrieben und damit die repressiven Systeme geraume Zeit am Leben erhalten hat? Die Frage stellt sich erst recht international, vor allem im Westen, wo umfassende Informationen lagern. War die Entspannungspolitik der sechziger und vor allem der siebziger Jahre ein Teil der Lebenserhaltungssysteme kommunistischer Willkür? Unbeackert bleibt damit auch das Verhalten der westlichen Intelligenz gegenüber östlichen Regimen. Von geistiger Kollaboration bis ideologischen Nahverhältnissen, etwa eines Eurokommunismus, bleibt westlicher Aufarbeitungsbedarf. Man muß nicht an geheimdienstliche oder andere düstere Querverbindungen glauben, um zu erkennen: Teile des Westen haben sich nur allzugern mit Kommunisten eingelassen. Der Eiserne Vorhang versprach relativ klare Verhältnisse – westliche Vorteile gegen östliche Unterdrückung. Nur allzugern gaben sich verbürgerlichte westliche Veränderer dem Glauben hin, ungestraft linkslinke Ideologie weltweit anbieten, jedenfalls preisen zu können. Sie übersahen geflissentlich den hohen Preis, den die Länder des Ostblocks und ihre Bevölkerung für den Marsch auf einem ideologischen Irrweg zu zahlen hatten, gepflastert mit großrussischer Hegemonie, Freiheitsentzug und Wohlstandverbot. Im Wettkampf der Systeme konnte es sich die politische Klasse im Westen leisten, zu übersehen oder propagandistisch zu nutzen, was jenseits des Eisernen Vorhangs an Not und Elend vor sich ging. Gleichzeitig erschlaffte der Westen, überanstrengt vom eigenen Wohlstand. Nicht nur den KGB-Büros für Desinformation, sondern auch den Zynikern im Westen, die ideologisch bis revolutionär unterwegs waren, verschaffte der Eiserne Vorhang eine Art Sicherheitsgarantie. Im Osten herrschte einmal mehr, einmal weniger die Friedhofsruhe der kommunistischen Gewaltherrschaft, während im Westen Wohlstandsbürger linkslinken Träumereien anhingen. Ideologische Verantwortlichkeiten ließen sich ungeniert verwischen.

# Kommunisten im Verklärungsprozeß

Die »sanfte Revolution« und ihr Versuch, mit der eigenen Vergangenheit schmerzfreier fertig zu werden, birgt eine Substanzgefahr (»Kommunisten waren so schlecht doch nicht«). Nach einigen Jahren Demokratie (oder was dafür gehalten wird) führen Umstellungsschwierigkeiten zu einer Anpassungskrise. Zugleich verklärt sich für den Durchschnittsbürger in den ehemals kommunistischen Ländern der Blick zurück. Soziale Sicherheit, geistige Nestwärme oder funktionierende Nachbarschaft zählen in der Erinnerung für viele oft mehr als die schikanösen Kontrollen der Aufmüpfigen, die trostlosen Lebensumstände mit kommandierten Arbeitsplätzen, zugeteiltem Urlaub, Einkommen oft unter der Armutsgrenze, verwahrlosten öffentlichen Verkehrsmitteln, leeren Regalen und kontrolliertem Kulturbetrieb. Verfolgung erscheint nachträglich als etwas, was nicht den Durchschnittsbürger, nicht die anonyme Masse, sondern einzelne Heißsporne, Besserwisser oder gar – Dauerfolge kommunistischer Propaganda – »nur« Kriminelle betraf. Indem die ganze Brutalität stalinistischer Beherrscher und ihrer Nachfolger nicht an das Tageslicht demokratischer Bewertung gebracht wird, verstärkt sich der Verklärungsprozeß in jenen Teilen der Bevölkerung, die sich nach der Wende sozial schlechter, jedenfalls unsicherer fühlen als davor.

Im Westen zieht bereits Kritik am weichen Fall des Kommunismus auf. Die Demokratien im Osten seien vielleicht nicht so belastungsfähig. Der Arbeitsaufwand bis zum jeweiligen eigenen Wirtschaftswunder werden »drüben« unterschätzt. Dem östlichen Schlendrian werde weiterhin gehuldigt. Westlern fehlt vor allem die intime Kenntnis eines Beherrschungsgeflechts, dessen sich die kommunistische Obrigkeit jahrzehntelang bediente. Das Beispiel der Entnazifizierung in Deutschland ist für viele im Westen bereits wieder vergessen. Wie schwierig war es doch gewesen, die Spreu vom Weizen zu trennen, Schuld und Unschuld zu erkennen, der Hauptschuldigen habhaft zu werden und im Sinne von Recht und Gerechtigkeit nachweisbare Fehler zu sühnen, ohne die Zukunft zu versperren. Was unter dem modischen Stichwort »Seilschaften« läuft, läßt im Westen bereits den Verdacht aufkommen, nachlässige Vergangenheitsbewältigung schone geradezu jene – schuldigen – Teile der östlichen Elite, die sich in jedem

Fall zu arrangieren verstehen. Rückfälle seien nicht auszuschließen. Schon nagen Zweifel an der Verläßlichkeit von Ungarn und Polen. Für die Reformstaaten gefährliche Meinungen.

Im Osten hingegen wird nach Alternativen gefragt. Wie sollen moderne Industriestaaten arbeits- und entwicklungsfähig gehalten werden, wenn ihre Eliten jahrzehntelang unter kommunistischem Joch ausgebildet und auch benutzt wurden? Die Chancen zum persönlichen Wandel wird als ebenso hoch veranschlagt wie die Wandlungsfähigkeit der Politik. Schon habe sich gezeigt, wer unter der Einheitspartei gezwungen, getäuscht oder auch verführt wurde und wer als aktiver und vorbehaltloser Systemerhalter zu den Hauptschuldigen zu zählen ist. Ostargumentation: Schließlich habe der Westen nach 1945 erfahren, wo Anstand, wo Lernfähigkeit und wo die redliche Bereitschaft zu Hause ist, aus vergangenen Fehlern zu lernen und einen neuen Anfang zu wagen.

Die weiche Welle beim Aufarbeiten des Kommunismus verebbt. In der Tschechischen Republik beispielsweise wird der Wunsch Václav Havels nach Begrenzung und Toleranz in den Hintergrund gedrängt. Öffentlichen Zugang zu geheimen Akten der früheren kommunistischen Geheimpolizei betreibt nun der tschechische Innenminister Ruml. Er will ein Gesetz durchbringen, der es tschechischen Bürgern (wie Deutschen) erlauben soll, in Geheimdienstakten Einblick zu nehmen. Obwohl 1989 von der tschechischen Geheimpolizei unzählige Dokumente, Protokolle und Beweise vorsorglich beiseite geschafft oder vernichtet wurden, verspricht ein Öffnungsbeschluß mancherlei Klarheit. Verfolgungsmethoden werden sichtbar. Dauerkontakte, die bis in die neunziger Jahre funktionieren, lassen sich unterbrechen.

Nachdem die Naumann-Kommission Anfang der neunziger Jahre, also relativ schnell, ihre Säuberungsarbeit abgeschlossen hatte, existiert seit einiger Zeit nur ein lockeres Erklärungsverfahren. Und Tschechen, die in den öffentlichen Dienst eintreten wollen, bedürfen einer ministeriellen Bestätigung, nicht Teil des Informations- und Repressionssystems des kommunistischen Staates gewesen zu sein.

# Entschädigung, nicht Rückgabe

Eine begüterte Familie in Buda. Auf dem Rosenhügel besitzen sie eine ansehnliche Villa. Er Arzt, sie Lehrerin. Kinder in solider Ausbildung. Bis zu jenem Tag, da sie gezwungen wurden, ihr gepflegtes Heim liegen- und stehenzulassen, hatten sie schon manches überstanden. Den Krieg, den Tod von Familienangehörigen bei der ungarischen Armee in Rußland, die SS, die Russen, ein kurzes Stück Demokratie, die ersten Jahre des Kommunismus.

Nun, 1951, sollten sie verschwinden. Mit einem Koffer für jeden – nicht mehr als zwanzig Kilo; alles andere zurücklassen, hieß es. Die jungen Leute müssen in Budapest bleiben. Ihre Eltern werden zwangsweise umgesiedelt in ein Dorf östlich von Debrecen in Ostungarn, nahe dem Dreiländereck mit der Sowjetunion und Rumänien. Statt Biedermeiermöbeln, Bibliothek, Porzellangeschirr, Perserteppichen und echten Gemälden eine Bauernkate ohne Fenster, ohne Licht, ohne Wasser, ohne WC. Ringsum bäuerliche Armut.

So und ähnlich wird eine neue Enteignungswelle von der stalinistischen Volksdemokratie unter dem in Moskau geschulten Mátyás Rákosi, einem typischen Stalinisten, durchgezogen. Vierzig Jahre später, unter Laszlo Solyom, berät das einflußreichste Verfassungsgericht der Welt über die Frage der Rückgabe oder Entschädigung derartiger kommunistischer Enteignungen. Sechs Richter plädieren für Entschädigung, nicht physische Rückgabe. Eine weitreichende Grundsatzentscheidung, die seitdem nicht nur die ehemaligen Eigentümer der Villa am Rosenhügel von Buda beschäftigt. Sie müssen sich damit abfinden, endgültig auf ihren alten Besitz verzichten zu müssen. Bitter bleibt die Erkenntnis, daß jene Kommunisten, die damals einzogen und sich sozusagen ins warme Bett legten, heute noch unbehelligt und nun für immer ihre Heimstatt okkupieren.

Konsequent mit Entschädigung vorzugehen und nicht in natura zurückzuerstatten, belegt nicht nur die Eigenständigkeit des neuen ungarischen Verfassungsgerichtes. Auch besteht in diesem Reformstaat ein wesentlicher Unterschied etwa zur Tschechischen Republik. Dort wird wohlweislich restituiert. Für die Prager Gesellschaft und jene, die unversehens wieder zu Besitzbürgern gemacht wurden, zählt es seit Jahren zu einem der beliebtesten Gesprächsthemen, die kleine und die große Restitution abzuhandeln, zu belobigen oder auch zu kritisieren. »Also wissen Sie: Der hat seins zurückbekommen, meine Familie nicht. Skandal. Und so etwas nennt sich Rechtsstaat.«

Das ungarische Verfassungsgericht hat sich auch mit anderen gegensätzlichen Themen Respekt verschafft. Es schaffte die Todesstrafe endgültig ab, beließ es im großen und ganzen bei der Abtreibung, unterbrach die Verjährung kommunistischer Verbrechen, untermauerte die Kompetenzen des Staatspräsidenten und öffnete den Zugang zum Vermögen der untergegangenen kommunistischen Einheitspartei. Fast 4000 Fälle landeten bei den Verfassungsrichtern, vor allem durch das wahrlich großzügige Rechtsinstrument der Popularklage. Danach kann jede Rechtsnorm von jedermann angefochten werden. Ohne irgendwelches Eigeninteresse wurde eingeräumt, Gesetzesbeschlüsse des Parlaments überprüfen zu lassen, ob sie mit der Verfassung vereinbar oder im negativen Fall aufzuheben sind.

In über hundert Fällen wurde die Verfassungswidrigkeit samt Aufhebung beschlossen, in zahlreichen Fällen das Parlament wegen Untätigkeit verurteilt und in weiteren hundert Fällen detaillierte Sachentscheidungen getroffen. Schon nach kurzer Amtszeit zählt es zu einem beliebten Juristenthema Ungarns, das ohne Zweifel fleißige Verfassungsgericht als überlastet zu bezeichnen. In bester Demokratenmanier haben Beschlüsse des Verfassungsgerichtes zu der sattsam bekannten Kompetenzdiskussion geführt, ob sich die Verfassungsrichter nicht mehr anmaßen würden, als ihnen zustehe, wieweit sie nicht nur Recht sprechen, sondern Politik betreiben und alles in allem dem Parlament in dessen Entscheidungsfindung das Wasser abgraben.

An der Autorität des Verfassungsgerichtes, das sich institutionell an österreichische Beispiele anlehnt, sind die Kritikaster bisher abgeblitzt. Viel Rechtsstaatlichkeit ist in die relativ weit ausladende ungarische Lösung investiert worden. Es begann noch unter den Reformkommunisten 1984 mit einem verfassungsrechtlichen Reförmchen. Normenkontrollklagen wurden möglich. Mit der ersten großen Verfassungsreform nach der Wende wurde das Verfassungsgericht als wesentliche Voraussetzung für eine funktionierende Demokratie deklariert. Bietet doch jedes Höchstgericht die Möglichkeit, den Monopolanspruch einer Einheitspartei auf alle Staatsallmacht endgültig und auch mit juristischer Verbindlichkeit vom Tisch zu fegen. Ungarn wie die anderen Reformstaaten verschrieben sich damit sowohl dem demokratischen Rahmen garantierter Grundrechte und -freiheiten als auch einem Annäherungsprozeß an Demokratien westlichen Zuschnitts mit ihrer Gewaltenteilung.

## Sudetendeutsche: Aug' um Aug', Zahn um Zahn

Hat Hitler-Deutschland Hunderttausende aus Böhmen und Mähren auf dem Gewissen? Büßten über 400 000 Sudetendeutsche ihr Leben im Krieg und durch die Vertreibung ein? Wie verhält es sich mit dem »Recht auf Heimat« für Tschechen und für Deutsche? Warum sträubt sich das junge Amts-Prag gegen individuelle Restitution und Wiedergutmachung für Nichttschechen sowie gegen Rückgabe an Katholiken und Juden? Vergiften nationale Fragen, im neueren Sprachgebrauch ethnische Säuberung, wie in Zeiten der Doppelmonarchie Europas Mitte? Versäumen alle Beteiligten diesseits und jenseits der Grenzen der Tschechischen Republik, auf ewiges Auf- und Abrechnen zu verzichten und die eigene Zukunft durch Kooperationsbereitschaft zu europäisieren?

Diese Fragen zeigen, wie Selbstbestimmung, Schutz des Eigentums, Religionsfreiheit und andere Grundrechte in der Tschechischen Republik im Verfassungsdialog wie in der Alltagspolitik hochkommen – und die Atmosphäre zeitweilig vergiften. Die Behandlung der Sudetendeutschen und ihrer Nachfahren sowie der Kirchen belegen, wie die Vorgaben der Geschichte belasten. Uralte Frontstellungen tauchen wieder auf, wenn Ministerpräsident Václav Klaus meint, die sozialen Belange der katholischen Kirche seien nicht viel höher einzustufen als jene eines »Wandervereins«. Wie in Österreich-Ungarn, als der katholische Hof böhmisches Autonomiestreben als Hussitismus abzustempeln versuchte, geht es jetzt schon wieder zu. Klaus wird von seinen Kritikern entgegengehalten, nicht nur Protestant zu sein, wie die tschechoslowakischen Gründer Frantisek Palacky und Tomáš G. Masaryk. Wie Anti-Habsburgern wird Klaus gar hussitische Denkweise und Mentalität unterstellt.

Was es mit der Religionsfreiheit trotz Erwähnung in der tschechoslowakischen Verfassung kommunistischer Herkunft auch für die Bevölkerung auf sich hatte, zeigen Aufzeichnungen von damals: In vielen Gemeinden postierten sich sonntags Schulleiter und Parteifunktionäre vor den Kirchen. Sie führten Liste, welche Kinder regelmäßig den Gottesdienst besuchten. Noch nach Jahren wurde derart Erfaßten der Zugang zum Universitätsstudium verwehrt. Ähnliches Verhalten wird aus Polen und Ungarn berichtet. Klassenfeinde und ihre Familienangehörigen wurden wegen »unsozialistischen Verhaltens« mit Entzug der Bildungschancen systematisch gepeinigt. Heute erweist sich diese verweigerte Bildung als schwerer Nachteil im Berufsleben.

Juden, die gegen die tschechischen Restitutionsgesetze angehen, ergeht es nicht anders als Katholiken. Sie haben den Holocaust überlebt und dem kommunistischen Antisemitismus standgehalten. Seit Jahren wehren sie sich dagegen, als Opfer des Nationalsozialismus genauso behandelt zu werden wie Sudetendeutsche (in der unveränderten tschechischen Terminologie als »Täter«, also als Belastete eingestuft). In beiden Fällen geht es um den Stichtag 25. Februar 1948. An diesem Tag kam es in Prag zur Machtergreifung der Kommunisten. Wie bei anderen Besitzern, auch adeligen Großgrundherren, erklären die tschechischen Demokraten unverdrossen Enteignungen vor dem 1948er Stichtag als legitim. Rechtlich und politisch bleibt dies inkonsequent. Denn mit den Dekreten der ersten Nachkriegsregierung Beneš wurden alle Arisierungsfälle aus der Nazizeit für null und nichtig erklärt. Eigentlich fühlen sich tschechische Juden voll anspruchsberechtigt. Ihren Kampf um ihr Recht bezeichnet auch Staatspräsident Havel als »erniedrigend«. Er erinnert immer wieder daran, daß es mit dieser Stichtagsregelung eigentlich darum gehe, die Eigentumsansprüche von mehr als drei Millionen Sudetendeutschen abzublocken. Mit zwei Dekreten der Regierung Beneš, unterschrieben und ausgefertigt in der ostslowakischen Stadt Kosice (Kaschau), sollte freilich nicht »nur« die Enteignung der Sudetendeutschen als »Feinde des tschechoslowakischen Volkes« besiegelt werden. Bei weitem gewichtiger war der Dekretsbeschluß, die Sudetendeutschen »auf ewig« aus ihrer angestammten Heimat zu vertreiben. Bis heute beruft sich hier Amts-Prag auf die Beschlüsse der USA, Großbritanniens und der Sowjetunion während der Siegerkonferenz von Potsdam im Sommer 1945.

Die junge Tschechische Republik erfährt bis in unsere Tage, wie sich Moral und Materialismus kreuzen, wenn es um die sogenannte

Vergangenheitsbewältigung geht. Premier Klaus erweist sich in diesem heiklen Bereich als konsequenter Purist. Am Beispiel der Eigentumsrückgabe will er einen Schlußstrich unter das ziehen, was hinter seinem Land liegt. Für ihn ist die Wiedergutmachung des schwersten Unrechts beendet. Der Prager Regierungschef möchte »ein für allemal verhindern, daß immer mehr Gruppen immer wieder neue Ansprüche erheben. »Wir«, meint der selbstbewußte Erfolgstyp, »haben das Gefühl, daß die tragbare Grenze zur Minderung des schwersten Unrechts schon überschritten wurde.« Klaus bezieht sich damit auf den rechtlichen Wirrwarr der diversen Enteignungswellen, die zu Lasten der politisch-moralisch recht unterschiedlich Einzustufenden gingen – Leute aus Böhmen und Mähren, die während der Hitlerzeit mit den Deutschen sympathisierten, Einwohner, die in der halbdemokratischen Zeit von 1945 bis 1948 von den tschechoslowakischen Verstaatlichungsgesetzen erfaßt wurden, darunter Katholiken wie Juden, und Einwohner, die nach der kommunistischen Machtergreifung von 1948 ihr Eigentum verloren. Einen radikalen Schlußstrich zu ziehen scheuen Ungarn und Polen nach wie vor.

## Deutsche gegen Tschechen, Tschechen gegen Deutsche

Österreich-Ungarn ist es verwehrt geblieben, nationale und ethnische Fragen zu lösen. Fast ein Jahrhundert nach dem Untergang des Kaiserreiches steht Europa vor der Frage, die nämliche Problematik des Zusammenlebens verschiedener Völker aus der Welt zu schaffen. Wie verfahren überlieferte Verhältnisse sein können, lehrt ein Blick zurück. Die Aufklärung und ihr unerwünschtes Kind, der Nationalismus, haben wohl kaum zwei Völker so gegeneinander aufgewiegelt wie Deutsche und Tschechen. Es bedurfte also gar nicht der blutigen Vorgehensweise des Fürsten Windischgrätz von 1848.

Der Ruf nach Gleichberechtigung der Slawen führte zum sogenannten Pfingstaufstand. Dem Bohemismus, dem freundschaftlich-friedlichen Zusammenleben der beiden Völker, wurde damit nach Jahrhunderten ein Ende gesetzt. Slawismus und Austroslawismus begannen am Habsburgerreich zu sägen. Ihre Ideen von antideutscher

Politik, von dem »Los von Wien«, von slawischer Selbstbestimmung und von slawischem Staatenglück geistern noch zwei Jahrhunderte später durch die Köpfe. Von Andersdenkenden und Anderssprechenden bevormundet oder belehrt, benachteiligt oder eingekreist zu werden, das reicht als Urangst bis in die nachkommunistische Zeit Rußlands gegen Ende des 20. Jahrhunderts.

Das Beispiel vom Prag des 18. und 19. Jahrhunderts läßt sich mit der Sprachenfrage herausarbeiten. Äußerlich ging und geht es um Symbolwerte: tschechisches Nationaltheater, tschechische Schulen, tschechische Universität, tschechische Literatur und tschechische Kultur. Was Generation für Generation gelang, wird seitdem immer wieder in Frage gestellt, nämlich die sprachliche Koexistenz von tschechisch, deutsch und seinerzeit jüdisch. Jede Sprache integrierte die andere. Es entstand Kuchl-Böhmisch.

Fürs erste ging freilich die kulturelle Durchdringung weiter. Ein ergiebiges Spannungsfeld zwischen Prag und Wien. Namen belegen dies, wobei jeder Name für eine eigene Geschichte gelebter Haßliebe steht: Gustav Mahler, Franz Kafka, Sigmund Freud, Karl Kraus, Viktor Adler, Hans Kelsen, Bertha von Suttner, Josef Schumpeter, Adolf Loos, Rainer Maria Rilke, Max Brod, Franz Werfel.

Lange Zeit blieb offen, weil uninteressant, ob sie deutsch, tschechisch oder jiddisch als Mutter-, Umgangs- oder Familiensprache ansahen, wie es sich mit Zugehörigkeit und Abstammung verhielt. Der nationalen und sprachlichen Gemengelage beizukommen wurde oft genug versucht. Zuerst mit der Behördenmanier der Monarchie, die auf »völkische Zugehörigkeit« pochte, dann mit dem Loyalitätsverlangen der jungen Tschechoslowakei nach dem Ersten Weltkrieg. Schließlich setzte das brutale Ordnungsstreben der Hitlerzeit ein. Mit Selbstbestimmung hat all das wenig zu tun. Mit dem Grundrecht auf Heimat wurde Schindluder getrieben – je nach Bedarf.

## Die Toten der Brücke von Aussig

Das Staatstheater von Kosice (Kaschau) ist mit einigem Symbolwert behaftet. Renovierungsarbeiten, noch unter dem Kommunismus begonnen, kommen auch in der Demokratie auf slowakisch nicht recht weiter. Mitten auf dem Hauptplatz der zweitgrößten Stadt der Slowakischen Republik, umgeben von geschmackvoll restaurierten Barockpalästen, die der einstigen ungarischen Stadt zur Ehre gereichen, rosten Baukräne vor sich hin. Wo Mitteleuropa schon recht östlich wirkt, relativiert sich das Interesse an Vergangenheitsbewältigung.

Das etwas verträumte, jedenfalls verstaubte Gemeinwesen nahe der ukrainischen Grenze brachte es im April 1945 immerhin zur vorübergehenden Hauptstadt der Tschechoslowakei. Mit der Roten Armee betrat Edvard Beneš, umtriebiger Exilpolitiker, heimatlichen Boden. Und mit seinen Beschützern hatte er den eisernen Willen gemeinsam, Hitler-Deutschland zu besiegen und die Tschechoslowakei ein zweites Mal aus der Asche eines Reiches erstehen zu lassen. Ehemaliger Sozialdemokrat, Anti-Habsburger, Mitbegründer der Tschechoslowakei, des Völkerbundes, frankophiler Vertreter der Entente cordiale, schlug für Beneš in Kosice die Stunde der Rache – der Vergeltung für das Münchner Abkommen von 1938. Daß der Westen vor dem braunen Diktator in die Knie gegangen war, wurde zu einem Menetekel. Mit Beneš hatte es eine ganze Politikergeneration als Schmach empfunden, daß der Westen Hitler nachgab und das Grundrecht auf Eigenstaatlichkeit preisgab. Im Jakab-Palast von Kosice entwarf der überzeugte Demokrat Beneš ein pluralistisches Regierungsprogramm und die beiden Dekrete für die totale Vertreibung der Sudetendeutschen. Ein paar Schritte nur reichen von besagtem Palast zum Staatstheater, doch es ist ein weiter Weg vom Racheakt des Jahres 1945 über vier Jahrzehnte Kommunismus bis zu Lösungsversuchen unter neuen Demokraten. Seinerzeit genügte jedenfalls die überdurchschnittliche Autorität eines Edward Beneš aus dem fernen Kosice, die Vorarbeiten der Siegermächte in einer schicksalsträchtigen Frage wirksam werden zu lassen. Seine beiden Vertreibungsdokumente, die Dekrete von Kosice, waren zwar als tschechoslowakischer Alleingang bei der Vertreibung von über drei Millionen Deutschen angelegt, doch, da diese Form der Völkerwanderung gewaltsam geraten sollte, bedurften sie eines völkerrechtlichen Umhangs. Wie von Beneš gewünscht, wurde die Vertreibung von den drei Westmächten und der Sowjetunion auf der Konferenz von Potsdam im Sommer 1945 bestätigt. Doch Stalin, Truman, Churchill und Attlee hatten sich auf dem Cäcilienhof bei

Potsdam noch gar nicht versammelt, als die ersten Vertreibungen aus der Tschechoslowakei angeordnet wurden.

## Das Leid der tausend Züge

Pogromstimmung breitete sich aus. Sudetendeutsche wurden zu Freiwild. Massenhysterie folgte. Rechtlosigkeit herrschte. Was in Aussig 1945 geschah, zeigt schonungslos die ganze Brutalität der Zeit, der Umstände, aber auch der Verantwortlichen: Die Deutschen waren abgezogen, Aussig im tschechischen Verständnis befreit. Unter mysteriösen Umständen, die bis heute umstritten sind, fliegen Teile einer nahen Munitionsfabrik in die Luft. Es besteht Sabotageverdacht. Die Deutschen seien schuld. Auf Geheiß kommunistischer Funktionäre entsendet Prag Spezialeinheiten. Nachdem sie Stunden später in der Stadt am linken Elbufer eingetroffen sind, leisten sie gründliche Arbeit im Sinne ihrer Auftraggeber. Die Deutschen werden aus ihren Wohnungen und aus ihren Häusern an Sammelstellen zusammengetrieben.

Auf der Elbbrücke kommt es zu Massenexekutionen. Tausende sterben. Männer, Frauen, Kinder, Greise. Nach verläßlichen Schätzungen sollen es Zehntausende sein, deren Leichen in die Elbe geworfen werden. Ohne Gerichtsverfahren, ohne Schuldbeweise, ohne individuelle Humanität. Eines der belastendsten Kapital bei der Vertreibung der Deutschen. In Aussig, wo heute rund 70 000 Tschechen wohnen und 1939 etwa 6000 Deutsche gezählt wurden, läßt die Wahrheit zwei tschechische Historiker nicht ruhen. Beweis für Beweis tragen sie zusammen und stellen 45 Jahre später fest, daß der Anlaß zur Massenexekution der Deutschen von Aussig bewußt und fälschlicherweise von tschechischen Kreisen konstruiert worden ist. Der Unfall in der Munitionsfabrik ist nachweisbar nicht auf deutsche Sabotage zurückzuführen.

Jene wilden Aktionen einer rechtlosen Zeit, von der neuen, als demokratisch bezeichneten Verwaltung in Prag zumindest ausgelöst, von der Roten Armee gedeckt und von der amerikanischen Armee akzeptiert, brachten nach verläßlichen Schätzungen als erste Welle mindestens 750 000 Sudetendeutsche um ihre Heimat. Vom August 1945 an erfolgten dann »geregelte« Massenumsiedlungen. Als Staatsfeinden wurde tschechoslowakischen Bürgern deutscher Abstammung oder Sprache die Staatsbürgerschaft aberkannt, ihr gesamter Besitz konfisziert. Nach minutiöser Vorbereitung wurden sie in den ersten Monaten des Jahres 1946 unter menschenunwürdigen Umständen in Sammellager gebracht. Anschließend das Leid der tausend Züge. Über zwei Millionen wurden zu Vertriebenen.

Rund 1,2 Millionen Sudetendeutsche, die aus ihrer Heimat vertrieben wurden, beendeten ihre Odyssee in den drei westlichen Besatzungszonen, 750 000 in der sowjetischen Besatzungszone, über 100 000 erreichten Österreich. Nicht alles entsprach den Umsiedlungsplanungen der damals noch Alliierten, jedoch das meiste. Dazu zählt etwa die »Großzügigkeit«, daß über 100 000 Sudetendeutschen, die von Prag im Eilverfahren als »loyal« eingestuft worden waren, erlaubt wurde, ihren beweglichen Besitz mitzunehmen. Fürs erste gestattete die Tschechoslowakei 300 000 Sudetendeutschen zu bleiben – Spezialisten, auf die man glaubte, nicht verzichten zu können. Der Großteil von ihnen zog es jedoch vor, eine damals unwirtliche Tschechoslowakei in Richtung Westen zu verlassen, wenn es denn das kommunistische Regime in Anflügen von Liberalität zuließ. Heute leben in Böhmen und Mähren noch etwa 52 000 Deutsche.

Ein Tscheche, Querdenker, Freiheitskämpfer und Demokrat aus Überzeugung, empfand es als seine selbstverständliche Pflicht, für das Unrecht von damals heute um Entschuldigung zu bitten. Václav Havel, auch als Staatspräsident Moralist, benutzte das Amt, um nachzuholen, was manchem, freilich nicht allen Tschechen überfällig erschien: mit der Entschuldigung, ein Stück düsterste Vergangenheit bewußt zu machen und aufzuarbeiten – ohne falschen Pathos und ohne Verwischen der gegenseitigen Verantwortlichkeiten. Mut wurde Präsident Havel vom größeren Teil der Medien zugebilligt. Zweifel bis Ablehnungen sind es, die nicht wenige Tschechen ob dieses ungewöhnlichen Schrittes ihres Staatspräsidenten befallen. Zu lange ist es her, zu gering die Tatsachenkenntnis, zu gefährlich die Selbstprüfung und allzu undurchsichtig das tiefschwarze Geflecht von Ursache und Wirkung, von Schuld und Sühne.

## Gast sein in der alten Heimat

Weithin leuchtet der Turm der Kirche. Statt grauem Verfall zeigt er in leuchtendem Rot an, was mit jenen 25 000 Mark geschehen kann, die Pfarrer Hans Piechmann aus Bad Homburg gesammelt hat. Mit diesem Geld soll es möglich sein, die Kirche von Lipova in Nordböhmen zu renovieren. Früher Hainsbach, diente die Kirche seit dem 17. Jahrhundert dem deutschsprachigen Markt als Kristallisationspunkt. Als die Deutschen jener 3000 Seelen zählenden Gemeinde nach 1945 vertrieben wurden, setzte bald Verfall ein. Heute hat Lipova gerade einmal tausend Einwohner. Zur 300-Jahr-Feier der Kirche treffen sich von den alten Hainsbachern einige hundert in Lipova. Die meisten unter der tschechischen Bevölkerung haben nichts einzuwenden. Im Gegenteil: Die, die nach der Vertreibung der deutschen Hainsbacher hierherkamen, bereiteten mit ihren Nachfahren ein herzliches Willkommen.

Entspannung stellt sich ein, und die meisten wünschen einen Schlußstrich unter die Vergangenheit zu ziehen, hoffen auf eine bessere Zukunft. Man hat sich damit abgefunden, daß materiell hier nichts mehr zu holen ist. Keine Rückgabe, keine Entschädigung.

Auf Ausgleichsbemühungen der großen Politik setzt kaum einer. Besuchen freilich ist erlaubt, sogar erwünscht. Übersiedeln will von den alten Hainsbachern und ihren Nachfahren eigentlich niemand. Kaum einer denkt auch nur daran, von dem zaghaften Angebot der Prager Regierung Gebrauch zu machen, als Sudetendeutsche unter der Voraussetzung zurückzukehren, daß sie die tschechische Staatsbürgerschaft wieder annehmen. Nicht nur den alten Hainsbachern erscheint diese Offerte zu kompliziert und zu undurchsichtig. Sie und ihre Nachfahren wollen bleiben, wo es sie hinverschlagen hat – im Westen. Dort lebt es sich besser.

## Vergeben, aber nicht vergessen

Die alten Hainsbacher, die ihr Tschechisch noch nicht vergessen hatten, brauchten bei dem Jubiläum »ihrer Kirche« keine Übersetzer und überspielten zunächst manche Bitterkeit, als sie an den Stätten ihrer Jugend zu Gast waren. Erstmals. Bei der Kirchenfeier und danach wurden versöhnliche Töne reichlich geboten. Ein Manager übersetzt die Begrüßungsansprache des Bürgermeisters. Es wird gefeiert. Anlaß ist nicht nur, die Kirche ihres alten Dorfes vor dem Verfall gerettet zu haben, nicht nur das gegenseitige Bemühen der Tschechen und der Deutschen, einander zu verstehen und damit zu respektieren. Hainsbacher, die nach der Vertreibung über ganz Deutschland verstreut leben, begehen erstaunlich locker ein Wiedersehen mit dem Gotteshaus, mit dem Hauptplatz, der Schule. Weil man sich seit Jahrzehnten nicht mehr gesehen hat, freut einen auch das Persönliche. Familiengeschichte hin, Berufliches her. Hat doch ein alter Hainsbacher über die Jahre Namen und Adressen in einer anderen, einer neuen Heimat gesammelt. Bei aller Freude fällt es freilich nicht allen leicht, mit der Vergangenheit wirklich fertig zu werden. Mancher hat Tränen in den Augen. Wegwischen, weitermachen. Vergeben, aber nicht vergessen.

»Versöhnung« heißt das Stichwort auch für die große, die amtliche Politik. Nach Präsident Havel hat sich Ministerpräsident Klaus vorgewagt. Er möchte in einer Kommission mit den Sudetendeutschen und ihren – von den Kommunisten und tschechischen Nationalisten seit Jahrzehnten verteufelten – Vertriebenenverbänden zunächst einmal ins Gespräch kommen. Förmliche Verhandlungen mit den Vertriebenenverbänden lehnt er ab. Für den tschechischen Ministerpräsidenten bleibt es undenkbar, den Sudetendeutschen das Recht auf Rückkehr zuzugestehen. Auch die Restitution des Besitzes, der nach 1945 enteignet und nach 1948 verstaatlicht wurde, wird vom amtlichen Prag seit Jahr und Tag ausgeschlossen.

Weil die deutsch-tschechischen Beziehungen unter der Sudetenfrage leiden, sucht Prag ein Schlupfloch. Was moralisch mit Vergangenheitsbewältigung begann, erweist sich jahrelang als Blockade. Politisch bleibt Mißtrauen, und wirtschaftlich schleichen sich Vorbehalte in die Vertragsfähigkeit der Tschechischen Republik ein. Wie verfahren die Verhältnisse geraten und geblieben sind, zeigt schließlich die Prager Neigung, eine Gegenrechnung aufzumachen: Tschechische Opfer des Nationalsozialismus gegen deutsche Opfer unter den Sudetendeutschen. Für Opfer der Nationalsozialisten möchte Prag Bonn oder Berlin geradestehen lassen. Mit gegenseitigen Beschuldigungen,

Aufrechnungen, Unterstellungen und Blockierungen kommt man indessen nicht weiter.

Um zu deblockieren, hat sich Prag schließlich darauf eingelassen, über individuelle Entschädigungen zu reden. Ein Vorgriff auf die angestrebte volle Mitgliedschaft des Landes in der Europäischen Union? In Brüsseler Sicht sind Liberalisierung, Nichtdiskriminierung sowie freier Personen- und Kapitalverkehr keine leeren Floskeln. Prag, in der Sudetenfrage seinerseits unter innenpolitischem Dauerdruck, verschenkt nichts, wenn es mit den Sudetendeutschen auch einzeln ins Gespräch kommt und die Rückkehr möglich macht.

Bürokratisch vergibt sich Prag damit auch nichts. Nur zwei Dutzend Deutsche haben bisher die Wiederanerkennung der tschechischen Staatsbürgerschaft eingeleitet. Denn an einem Datum hält die tschechische Regierung eisern fest: Alle Ansprüche auf Vermögen, Besitz und Rückgabe sind verfallen, die auf Enteignungen vor dem 2. Februar 1948 zurückgehen. Mit diesem Tag startete die Tschechoslowakei in die düstere Periode der kommunistischen Volksdemokratie. Alte Forderungen der Landsmannschaften der Vertriebenen läßt auch die demokratische Regierung in Prag abblitzen. Sie setzt auf den Faktor Zeit, also auch auf eine »biologische Lösung«. In deutsch: Man wartet, bis die alten Sudetendeutschen wegsterben.

In der Tat sind die Zeiten vorbei, wo lautstarke, trotzige Wiedergutmachungsforderungen auf Jahresversammlungen der Vertriebenenverbände weltweite Beachtung fanden. Der kommunistischen Propaganda wurde es leichtgemacht, die Rückkehr- und Rückgabeforderungen der Sudetendeutschen als »Revanchismus« anzuprangern. Neuerdings sind radikale Töne, die sich gegen Verständigung oder gar Versöhnung wenden, aus der rechten Ecke des Politspektrums tschechischer wie deutscher Machart zu vernehmen. In der Mitte, mehr und mehr durch eine schweigende Mehrheit gebildet, findet das Verständigungsstreben jedoch Anklang – auch dort, wo noch, wie vor wenigen Jahren, von »Wunden der Vergangenheit« und vom »Recht auf Selbstbestimmung für die Vertriebenen« die Rede war. Grundrechte, früher eiserner Forderungsbestand, will diese Mehrheit allem Anschein nach nicht mehr einklagen.

Mit dem Wechsel der Generationen findet auch unter Heimatvertriebenen ein Wechsel des Denkens und des Fühlens statt. Wer die

Vertreibung selber erlebt hat, geht nicht nur beruflich in Pension, sondern auch politisch. Der »Erlebnisgeneration« folgt die Verständigungsgeneration. Die Jüngeren und die Jungen setzen auf »europäische Lösungen«, auch wenn niemand so recht weiß, wie sie im einzelnen gestaltet werden könnten. Dialog bedeutet für sie bereits so etwas wie Fortschritt. Als Symptom dafür gilt, daß das staatliche Fernsehen der Tschechischen Republik im Sommer 1993 eine ausführliche Fernsehdiskussion über deutsch-tschechische Versöhnungsmöglichkeiten veranstaltet und zweimal ungekürzt wiederholt hat. Die »Bekenntnisgeneration« akzeptiert, wenn sich Historiker und Politiker beider Seiten offen und öffentlich austauschen. Sie wünschen redliche Vergangenheitsbewältigung, die nichts ausspart – auch nicht die Geschichte eines Kulturkampfes, der schon zu Zeiten von Österreich-Ungarn angehoben hatte. Unbewältigt zählt auch er zum Habsburg-Erbe.

## Der Tod des Fernfahrers Wilfried Fronzek

In einer Bierkneipe in Nova Huta, dem Arbeitervorort von Krakau, machen drei deutsche Fernfahrer Rast. Gutes Essen, nur ein Bier, Kaffee. Junge Leute machen sich an sie heran. Alle unter zwanzig. Ob sie Deutsche seien, wollen sie wissen. Nachdem sich die jungen Polen einigen Mut angetrunken haben, gehen sie plötzlich unvermittelt mit Knüppeln und Messern auf die drei Deutschen los. Sie schlagen sie brutal zusammen. Der Fernfahrer Wilfried Fronzek stirbt an seinen Verletzungen. Eine Herbstszene anno 1992. Waren es Mitglieder der Krakauer Skinhead-Szene? Keineswegs. Verhör und Prozeß ergaben: Die jungen Polen – einer ist fünfzehn Jahre alt – wollten sich einfach für Übergriffe auf Polen in Deutschland rächen.

Ein Extremfall verdeckter Sensibilität zwar, genug aber, um Radikalität zu schüren. Weil die Medien Skinheads beschuldigen, am Tod des deutschen Fernfahrers schuldig zu sein, liefern sie in der nächsten Nacht in Krakau der Polizei eine richtiggehende Straßenschlacht. Ein halbes Hundert wird verhaftet. Sie tragen Hetzschriften gegen Juden und Deutsche bei sich.

Absender ist die »Polnische nationale Gemeinschaft – Polnische Nationalpartei«, eine rechtsextreme Organisation, die seitdem von sich reden macht. Ihr Hauptargument: Die Deutschen wollen die ehemaligen deutschen Ostgebiete zurückerobern. Die Oder-Neiße-Linie sei entgegen Verträgen und Versprechen von »Bonn und Berlin« niemals anerkannt worden. Weiter im Text der Rechtsextremisten: Die Deutschen wollen die Polen vertreiben und ihren alten Besitz zurückerhalten, notfalls mit Gewalt.

Was überwunden oder zumindest beiseite geschoben schien, taucht wieder auf: Die Deutschen aus Polen systematisch auszusiedeln. Bis hin zur Oder-Neiße-Linie soll alles polnisch werden. Dieser Beschluß der Alliierten, auf den Konferenzen von Teheran (1943), Jalta und Potsdam (1945) gereift und beschlossen, bildet einen zentralen Beitrag zu einer der größten Massenumsiedlungen der Geschichte.

Bevor noch der Blutverlust der Bevölkerung in Polen während des Zweiten Weltkriegs mit seinem ganzen, seinem erschütternden Ausmaß offenkundig geworden war – über sechs Millionen getötete Einwohner Polens, darunter über drei Millionen Juden –, war die Vertreibung der Deutschen beschlossene Sache, erforderte doch die Westverlagerung Polens »freie Räume«. Aus 389 000 Quadratkilometern im Jahr 1938 wurden nach dem Zweiten Weltkrieg 313 000 Quadratkilometer. Im Osten wurde polnisches Land der Sowjetunion zugeschanzt, im Westen sorgten Übernahmen deutschen Landes zu teilweiser Kompensation. Rechnerisch wurde Polen um fast ein Fünftel kleiner.

## Fünf Millionen Flüchtlinge

Von Ost nach West wurde mitten in Europa eine Binnenwanderung bisher unvorstellbaren Ausmaßes dekretiert. In den ehemals deutschen Gebieten sind seit 1950 bereits mehr als 90 Prozent der Bevölkerung Polen, in der Wojwodschaft Stettin über 97 Prozent. Noch vor Abschluß von Vereinbarungen der Siegermächte erlebten Hunderttausende von Deutschen, was es heißt, Flüchtling zu sein. Bei wilden Aktionen wurden zunächst mehr als eine viertel Million Deutsche über die neue polnische Westgrenze, die Oder-Neiße-Linie, in die damalige sowjetrussische Besatzungszone getrieben. Gleichzeitig versuchten fast eine halbe Million Deutsche, die vor der Roten Armee nach Westen geflohen waren, in ihre Heimstätten im Osten zurückzukehren.

Gemäß den Ausweisungsprogrammen der Alliierten und der polnischen Regierung wurden sie gewaltsam davon abgehalten. Schon 1945 wurde die Zahl der aus Polen vertriebenen Deutschen auf über eine Million geschätzt. Weitere zwei Millionen Deutsche kamen seit 1946 dazu. Viele entschlossen sich auszuwandern, weil sie von Polen verfolgt, terrorisiert und teilweise gefangengehalten wurden. Eine weitere Vertreibungsaktion, die 1947 begann, erfaßte mehr als eine halbe Million Deutsche. Nach Abschluß dieser Vertreibungsaktionen nahmen etwa 800 000 Deutsche die polnische Staatsbürgerschaft an. Die erzwungene Völkerwanderung erfaßte in beiden Richtungen bald fünf Millionen meist unschuldige Zivilisten – auch nach einem halben Jahrhundert ein Potential für Beschwichtigungshofräte wie für Extremisten.

## Schirinowski oder Die Rückkehr des Faschismus

Vorsätze der jungen, der neuen Demokraten haben es gegen Extreme nicht leicht. Sie wollen mit dem System des Rechtsstaates einen Wall gegen Nationalismus und Totalitarismus errichten. Ahnten sie doch, daß hinter der Fassade des bolschewisierenden Kollektivismus, kaum daß er von der Freiheit weggeräumt worden war, die Fratze des Faschismus hervorlugt.

Und es dauerte nicht lange, bis die Demokratie – kaum begonnen – verdächtigt und verfälscht wurde. Mehr noch, Geschichte und Erfahrung in Ungarn und Oberungarn, in Böhmen und in Mähren, in Slowenien und in Polen lehrten die jungen Demokraten: Mit der politischen Kultur ist es noch nicht weit her. Verunsicherte Bürger werden zusehends empfänglicher für die Melodien von Politrattenfängern. Sie fühlen sich der scheinbaren Nestwärme des kommunistischen Kollektivs entrissen, voll Angst vor einer ungewissen Zukunft, im persönlichen Lebensstil beengt, des Gemaches der Parteipolitiker nach wenigen Jahren überdrüssig und durch auftrumpfende Wirtschaftsokkupationen aus dem Westen im Selbstbewußtsein und im nationalen Stolz verletzt.

Zeitgenossen, welche die Wege in die Zukunft nicht erkennen (wollen), fliehen in die Vergangenheit, überfordern doch leere Prinzipien, wie etwa rechtsstaatliche Demokratie und freiheitliche Gesellschafts- und Wirtschaftsordnung, die Vorstellungskraft. Trister Alltag macht mehr und mehr empfänglich für krause Agitation. Verallgemeinerungen voll von Skepsis, Mystizismen und Versprechen, überzogene Forderungen ohne Realitätsbezug und Anspruchsdenken statt Leistung. Mißachtet scheinen Werte, auf die Jahrzehnte verzichtet werden mußte, wie Freiheit, Recht, Schutz vor staatlicher Willkür, normale Versorgung, Chancengleichheit. Schon glauben sich Wankelmütige in einer verfahrenen, ausweglosen Situation. In dieser Atmosphäre verbreiteter Unsicherheiten entspringt es der psychologischen Logik, nach dem starken Mann zu rufen.

Kriminelle will er zu Hunderttausenden standrechtlich erschießen lassen, Juden in Konzentrationslager stecken, die Welt ringsum mit der Wunderwaffe »Elipton« gefügig machen, den Amerikanern Alaska wegnehmen, Finnland inhalieren, die baltischen Staaten Rußland wieder einverleiben, bei Widerstand Radioaktivität produzieren und die per Windmühlen in die entsprechende Richtung treiben, Deutschland entweder mit Atombomben eindecken oder auf ewige Zeiten besetzt halten oder auch das alte Preußen wiedererrichten. Wien soll die Hauptstadt Europas werden und Rußland einen Zugang zum Indischen Ozean erhalten.

Wladimir Schirinowski, der Russe mit Geheimdienstkontakten, schlägt jedes Großmaul. Mit seiner Splitterpartei sprach er bei den Dumawahlen von 1993 im ersten Anlauf sieben Millionen russische Wähler an (darunter viele Soldaten – fast die Hälfte der in Deutschland stationierten Ex-Rotarmisten wählten ihn nach eigenen Angaben). Die *New York Times* warnte, ihn nicht als schwadronierenden Politclown zu betrachten: »Die Menschen haben auch Mussolini anfangs nicht ernstgenommen, ja nicht einmal Hitler.« Ein Vergleich, den der Populist revidiert. »Der war ein ungebildeter Gefreiter, ich war Offizier, habe zwei Diplome und spreche vier Sprachen.« Mit seiner Bramarbasiererei hat Schirinowski, bevor noch klar wurde, ob er eine Augenblickserscheinung oder eine wirkliche Gefahr für die Stabilität in Europa darstellt, quer durch Europa einen Effekt erzielt, der seinen Namen trägt, verbunden mit der Angst vor einer Rückkehr des Faschismus, des Nationalismus und der politischen Brutalität.

Unbestritten ist, daß dieser Effekt einer Herausforderung für den demokratischen Rechtsstaat westlicher Prägung und für die instabilen Jungdemokratien in Zentraleuropa gleichkommt.

## Neue Referenzen vor dem alten Nationalismus

Sind Schirinowskis überall? Erlebt Europa einen ideologischen Rückwärtsgang in die Zeit eines Hitlers und eines Mussolinis? Wo bleibt die wehrhafte Demokratie, die den wählenden Bürger davon überzeugt, über die besseren Lösungen zu verfügen? Sind die eigentlichen Gefahren faschistischer Zügellosigkeit erkannt und gebannt? Auf der äußersten Rechten ist nicht nur ein Schirinowski anzutreffen. Ähnlichem Extremismus wird der Ungar Istvan Csurka, an sich ein phantasievoller Literat, zugerechnet. Seinem Einfluß wird zugeschrieben, daß der ungarische Ministerpräsident József Antall, Ende 1993 verstorben, als Sprecher des bürgerlichen Zentrums bei Regierungsübernahme unverblümt sagte, er fühle sich »als Premier in den Herzen von fünfzehn Millionen Ungarn«. In Ungarn leben aber »nur« zehn Millionen. Nationalismus? Revanchismus? In keinem Land werden die Friedensverträge nach dem Ersten Weltkrieg, die sogenannten Vorortverträge (für Ungarn in Trianon geschlossen), so oft angesprochen wie in diesem Land.

Gefordert wird, sie aufzuheben. Neuem Zeitgeist unter seinen Landsleuten glaubte Antall wohl auch schuldig zu sein, als er die Vergangenheit seiner eigenen Familie tunlichst verschwieg. Die Antalls zählten nämlich während des Krieges zum ungarischen Widerstand. Das Nahverhältnis des Regimes Horty zu Hitler-Deutschland war ihnen nicht nur politisch verdächtig. Juden konnten sich mit Hilfe der Familie Antall vor der Verfolgung durch die SS retten.

Auf der Grenze zwischen nationalen Ansprüchen und neofaschistischem Gebaren befindet sich nicht nur der Anspruch auf Großungarn. Großserbien, vertreten durch den Kommunisten Milošević, zählt ebenso dazu.

Rechtsextremismus bedeutet also mehr als ein Schreckgespenst linker Publizistik. Schirinowski, für medienwirksame Auftritte allemal gut, wertet mit seiner Reiselust seinesgleichen auf, den französischen Rechtsextremisten Jean-Marie Le Pen ebenso wie den Führer der Deutschen Volksunion, Erhard Frey. Sie alle haben eines gemeinsam: mit einer gehörigen Portion Bauernschläue, mit PR-Begabung und Brutalität sogenannte einfache Lösungen anzubieten. In Wirklichkeit jedoch begründen sie ihren doktrinären Machtanspruch auf antidemokratische Normen, gelegentlich gar manchmal nur auf Scheinkonstruktionen. Selbst letztere sollten nicht unterschätzt werden. Vor diesem Hintergrund ist Selbstbehauptung gefragt. Der Pendelschlag von links nach rechts kann dem Westen nicht gleichgültig sein. Aus seiner eigenen Erfahrung hat er zu erkennen, daß Extremismus phasenweise aus vergleichbarem Stoff stammt: Demütigung, Interessenlosigkeit, Verletzung nationaler oder eigener Interessen, kurz- oder weitsichtige Ausländerpolitik, Bürgerferne regierender Kreise, verschwommene Programme und wankelmütige, unkalkulierbare Machthaber.

Rechtslastig, wie sich die politische Entwicklung Mitte der neunziger Jahre in ganz Europa darstellt, ergibt sich auch für gestandene und gefestigte Demokratien Westeuropas ein Phänomen: Die alten Volksparteien der Mitte sind von Auszehrung befallen und verlieren mit abtrünnigen Wählern zu Hause die einst erfolgsgewohnte Beispielswirkung anderswo. Schon rufen gestandene Demokraten sorgenvoll und lauthals zur Verteidigung von Demokratie und Rechtsstaat auf. Tatsächlich jedoch erlebt Europa Ideenlosigkeit statt ideologischer Neubewertung. Der Westen unterscheidet sich in keiner Weise von der Mitte oder vom Osten. Als verhängnisvoll erweist sich dabei, daß sich die Intelligenz, ja die Eliten und die Politmacher vom Bewußtsein des Durchschnittsbürgers immer weiter entfernen. Die sogenannte Politikverdrossenheit ist nur eine Vorstufe. Im Moment ist sie harmlos, macht sie doch noch immer Umkehr, Neubesinnung und Neustrukturierung möglich.

## Ernüchterung im EuroCity ›Léhar‹

Freitag abends. Manager und Macher auf dem Weg von Budapest nach Wien. Was sie, die in den 4000 östereichischen Firmen karrierefördernde Spitzenpositionen einnehmen, im Speisewagen des EuroCity mit der beziehungsreichen Bezeichnung ›Léhar‹ bei Bier und Rotwein austauschen, hat mit Operette wenig, jedoch mit einem Ernüchterungsprozeß reichlich viel zu tun. Noch immer fehle es an soliden Geschäftsgrundlagen. Sie meinen den rechtlichen Rahmen und seine durchschaubare Nutzung, und sie klagen über unzureichende Effektivität, über nachhinkende Produktivität, über Unzuverlässigkeiten im Finanzgebaren und bei Zulieferungen. Sie bejammern steigende Kosten, müssen aber gleichzeitig zugeben, im Rechnungswesen noch immer unterentwickelt und daher kalkulatorisch gehandikapt zu sein. Die einen berichten von rasch wachsender Arbeitsproduktivität, die anderen von unüberwindlichem Schlendrian.

Erfolge neben Mißerfolgen. In jedem Fall braucht alles mehr Zeit, mehr Einfühlungsvermögen, mehr Geduld und mehr Ausdauer. Zur Ernüchterungsphase zählt, daß die meisten Manager zu Pendlern geworden sind und dabei bleiben wollen. In Budapest arbeiten und in Wien wohnen. Man läßt die Familien in der gesättigten, in der abgesicherten Infrastruktur der österreichischen Hauptstadt. Sehr zum Leidwesen der ungarischen Partner dieser sogenannten Joint-ventures. Ungarn fällt es schwer, den Abstand in der Lebensform, der noch aus der Ostblockzeit herstammt, aktuell einzugestehen. Mancher in Budapest kann hochkommende Vorbehalte gegen Ausländer nicht unterdrücken. »Wir sind doch keine Kolonie«, posaunen die Medien.

Im gepflegten ›Léhar‹ kommen regelmäßig kritisch-selbstkritische Berichte über Ursachen und Wirkungen des Wandels auf, der so mühselig ausfällt. Trotz günstigerer Bedingungen stoße die Bereitschaft der Bevölkerung, Opfer zu tragen, um eurofit zu werden, allmählich an Grenzen.

Die Medien beanstanden die hohe Inflation, eine Zollpolitik, welche die Einfuhr in die Reformstaaten begünstige, »während der Westen dichtmacht, wenn wir konkurrenzfähige Agrarwaren oder Industrieerzeugnisse anbieten«. Trotz Einzelerfolgen wird beanstandet, daß breite Umstrukturierung in Industrie und Handel auf sich warten läßt. Der Wohnungsbau, heißt es, verfällt. Das Gesundheitswesen schrumpft, die Kultur leidet, Theater, Bibliotheken und Kulturhäuser – wo sind sie, fragen die Medien. »Die Sozialversicherung ist nicht imstande, die elementarsten Bedürfnisse von Millionen von Menschen, vor allem von Rentnern und Pensionären, zu befriedigen. Das organisierte Erholungssystem, vor allem für Kinder, wurde fast vollständig aufgelöst. Kindergärten und Krippen werden en masse geschlossen.« Ein Zustandsbericht aus Ungarn. Wie der Kollektivismus, den sie glauben abgeschüttelt zu haben, den anlaufenden Demokratisierungsprozeß gedanklich unterspült, zeigt schon solche Litanei.

## An das Prinzip Hoffnung glauben

Tatsache ist, daß die Kaufkraft der Löhne seit 1989 um mehr als die Hälfte gesunken ist. Zwei Drittel der Bevölkerung sind davon betroffen. Die Arbeitslosigkeit kommt als sozialpolitischer Explosivstoff dazu; sie liegt statistisch bei 15 Prozent – in Wahrheit höher, wenn man verdeckte Unterbeschäftigung etwa in den großen Staatsbetrieben dazurechnet. Daß die Öffnung des Ostens zeitlich mit einer Wirtschaftskrise des Westens zusammenfällt, verschärft die Verhältnisse. Sie überfordern die Verantwortlichen hüben wie drüben in ganz Europa. Für sie, vor allem im Westen, rächt sich, auf die Verschiebung des Koordinatenkreuzes in die Mitte der Alten Welt – irgendwo zwischen Prag und Wien – nicht gründlich genug vorbereitet gewesen zu sein. Belastend kommt hinzu, daß das Ausmaß des zunächst sanft wirkenden Wechsels unsanfte Konsequenzen ungeahnten Ausmaßes nach sich zieht. Wo die ordnende Kraft des Rechts jahrzehntelang mutwillig und systematisch ramponiert wurde, stellen sich zivilisatorische Rahmenbedingungen nur langsam ein. Zumal das Gift des manipulierenden Kollektivismus fortwirkt. Entschlackungen brauchen Zeit. Mit selbstverordneten Revolutionsakten von oben ist es nicht getan. Demokratie kann eigentlich nur von unten wachsen. Zwischenstadien versprechen Stabilitäten, die nur bedingt belastbar sind.

»Sie haben uns den Glauben an das ›Prinzip Hoffnung‹ genommen«, steht unverblümt in den Budapester Zeitungen. Und Wirtschaftswissenschaftler fügen nüchtern an, es werde noch bis zum Jahr 2000 und länger dauern, bis sich die Verhältnisse auf einem zivilisatorisch zumutbaren Niveau eingependelt haben. Ungarn ist nicht das einzige Beispiel für den Dauerschaden, den die Gewaltherrschaft kommunistischer Einheitsstaaten hinterlassen hat. Was in der Mitte des Jahrhunderts begann, beeinflußt auch noch sein Ende.

Kapitel 4

# Statt Konfrontation Kooperation

Zwei Minister kommen ins Schwärmen: Wie wäre es mit einer Gemeinschaft, die von Vancouver bis Wladiwostok reicht? Aus einer beiläufigen Bemerkung könnte etwas Politisches werden. Den amerikanischen Außenminister Baker und seinen deutschen Kollegen Genscher begeisterte im Jahre 1991 eine Vision, eine kühne Vision. Die deutsche Einheit war ein Jahr alt, der Eiserne Vorhang wirklich verschwunden, der Kalte Krieg schien vorbei, und die alte Sowjetunion begann zu verfallen. »Die politischen Resultate des Ersten und des Zweiten Weltkrieges zählen nicht mehr.« Genscher und Baker fühlen den Pulsschlag der Geschichte. Aus den Trümmern des Kalten Krieges galt es, einen heißen Frieden zu schmieden. Der NATO wurde aufgetragen, die Tore der Zusammenarbeit weit zu öffnen. Ost und West nicht mehr im Konflikt, sondern im Vertrag. Das Zwei-plus-vier-Abkommen der beiden Deutschländer und der vier Siegermächte von 1945 machten, rein völkerrechtlich, im November 1990 den Weg zur Partnerschaft frei. Ein Heilsversprechen folgte in der Charta von Paris. Träume sollten Wahrheit werden.

Bei guten Vorsätzen, bei Visionen, bei Öffnungsversprechungen wollte und konnte der Westen es nicht belassen. Die, die im Osten aufgebrochen waren, die Trümmer eines kommunistischen Weltreiches beiseite zu räumen und ihre Träume von Freiheit wahr werden zu lassen, drängten auf Partnerschaft, auf Hilfe, auf Verständnis und vor allem auf Taten. Plötzlich sah sich die Westallianz überfordert. Monatelang suchte sie nach Ideen für Partnerschaft, etwas krampfhaft, zunächst ziel- und ideenlos. Annäherung zwischen Ost und West ja, aber wie? Und schon kamen dem allgemeinen Anlehnungsbedürfnis nationale Interessen in die Quere. Wiederherstellung der deutschen Einheit konnte wohl nicht das einzige Ergebnis des östlichen Zusammenbruchs und des westlichen Erstaunens sein. Mangels großer Ideen und kühner Perspektiven für das nächste Jahrtausend traten die Diplomaten flugs die Flucht in die Organisation an. Mit Zusammenarbeit sollte großräumig begonnen werden, dafür jedermann willkommen und zur Mitwirkung eingeladen sein.

Ein Forum für jedermann, eine Plattform – nicht mehr und nicht weniger. Ans Organisieren gewöhnt, fanden beflissene Diplomaten Anfang 1990 den organisatorischen Ausweg aus der ideellen Verlegenheit ihrer Regierungen.

Zwecks Zusammenarbeit sollte man sich deshalb einmal im Jahr treffen. Und ein Name wurde schließlich auch gefunden: Nordatlantischer Kooperationsrat. »Wir streben eine euroatlantische Gemeinschaft an«, verkündeten Baker und Genscher im Oktober 1991 mit einer Mischung aus Stolz und Verlegenheit. Einen Monat später in Rom. Die Staats- und Regierungschefs der sechzehn NATO-Staaten beschlossen, mit der Sache auch die Terminologie des Kalten Krieges endgültig hinter sich zu lassen. Osteuropa samt Rußland wurde die Allianztür geöffnet, allerdings nur einen Spaltbreit.

Sie versprachen, die nördliche Halbkugel in eine Stabilitätszone umzuwandeln. Aber der römische Gipfel blieb ohne ideelle Vorgaben, ohne politische Progamme und auch ohne militärische Konsequenzen. Kopfschüttelnd stand mancher Ex-Kalter-Krieger vor dem gutwillig wirkenden Auftrag des totalen Umbaus. Statt Konfrontation Kooperation. Der NATO-Kooperationsrat, dem sämtliche sechzehn NATO-Staaten, sieben ehemalige Mitglieder des am 1. April 1991 aufgelösten Warschauer Paktes und andere angehörten, blieb ein Torso. Österreich zum Beispiel blieb draußen vor der Tür. Politisch wie organisatorisch erwies sich der Kooperationsrat bald als reine Alibiveranstaltung. Außer Spesen nichts gewesen, hieß es nach dem zweiten oder dritten gescheiterten Anlauf, eine Politphilosophie für jedermann zu entwickeln. Selbst eine realistische Diagnose blieb im allgemeinen Blabla diplomatischer Routine stecken. Von einer heilenden Therapie und von einer kräftespendenden Entwicklung konnte bald keine Rede mehr sein.

Die Osterweiterung der Allianz einschließlich Rußland, im herbstlichen Rom anno 1991 hochgelobt, vermochte nicht einmal die Aufräumarbeiten in der Mitte Europas zu organisieren. Der kleinste gemeinsame Nenner drohte auf Null zu schrumpfen. Es wurde weder kooperiert noch beraten, höchstens intrigiert.

In Workshops fanden sich Botschafter, Militärs sowie Außen- und Verteidigungsminister zusammen. Bald stellten sie fest: Für eine globale Strategie, vergleichbar etwa jener von One World bei der Gründung der Vereinten Nationen, konnte ebensowenig die Rede sein wie von einer überzeugenden gesamteuropäischen Sicherheitspolitik. Statt Partnerschaft, die diesen Namen verträgt, blieb der Nordatlantische Kooperationsrat ein bescheidenes Pflänzchen guten Willens, wurde es doch bald überwuchert von nationalen Interessen, wirtschaftlichen Schwierigkeiten und von der Furcht, zu den 43 Kriegen, die 1993/94 weltweit wüteten, könnten weitere Waffengänge kommen. Die Ohnmacht der NATO, Hunderttausende von Toten im Bürgerkrieg des ehemaligen Jugoslawien nicht verhindern zu können, ramponierte ohnehin das geringe Ansehen der Westallianz zusätzlich.

## P4P und die Flucht aus dem Niemandsland

Der Präsident genoß. Er kam an. Wie nach einem Hollywood-Drehbuch spielte der 42. US-Präsident, spielte Bill Clinton seine Rolle gewünscht locker. Der relativ junge Mann aus Little Rock in Arkansas brauchte die Fernsehkameras und Bodyguards nicht, als er im Januar 1994 in das Hauptquartier der North Atlantic Treaty Organization (NATO) einmarschierte. Siegerpose und Anpassungslächeln in einem. Man war gleichermaßen präpariert und auf Einvernehmen getrimmt. »Partnerschaft für den Frieden«, »Partnership for Peace«, im Kürzungsjargon der Westallianz »P4P«, war im Vorlauf bereits passiert. Nach einigem Hin und Her waren die fünfzehn Außenminister übereingekommen: Annahme der amerikanischen Vorschläge. Keine Debatte. Demonstration der Einigkeit nach außen, vor allem gegenüber den Beitrittsbewerbern Polen, Tschechische Republik, Ungarn und Litauen. Hinzu kamen Beruhigungspillen für Moskau, kamen Zeitgewinn nach innen. Die allgemeine Verlegenheit sollte mit Freundschafts-Public-Relations tunlichst vergessen gemacht werden.

Zu deutsch: Die Identitätskrise der Westallianz mußte zuerst überwunden werden, bevor die NATO zu neuen Taten schreiten konnte, hatte sie doch ihren größten Triumph politisch und militärisch noch nicht verkraftet. Ohne einen einzigen Schuß abzugeben, hatte das wohlorganisierte Westbündnis durch bloße Beharrung und glaubhafte Funktionsfähigkeit erlebt, wie der Ostblock samt der größten Soldatenansammlung aller Zeiten aus den Angeln gehoben worden war. Das war kein militärisches Direktverdienst der NATO, sondern eine Folge der sicherheitspolitischen Rahmenbedingungen und des Freiheitsdranges der Menschen im Ostblock. Jene daraus resultierenden Entwicklungen – und einiges mehr – machten die Selbstbefreiung im Osten überhaupt erst möglich. Wie sich der Westen darauf einstellen soll – das ist dem versammelten Sachverstand im Hauptquartier der NATO zu Brüssel nun schon seit geraumer Zeit ein Rätsel.

Der Allianz blieb lediglich, Einigkeit vorzuführen, koste es, was es wolle – Enttäuschung im Osten einkalkuliert. Für Kameras und Mikrofone geriet das Begrüßungszeremoniell zum Konferenzinhalt. Vor versammelter Mannschaft sollten die erheblichen Meinungsverschiedenheiten über ein neues Konzept der Allianz unter den Teppich der NATO-Loyalität gekehrt werden. Präsident Clinton scherzte mit Bundeskanzler Kohl, indem er auf dessen Körperfülle anspielte, beim französischen Staatspräsidenten Mitterrand erkundigte sich Clinton nach der Qualität des Bordeaux nouveau, zum britischen Premier Major meinte der amerikanische Präsident, sie alle müßten wohl mit Sexskandalen leben, und dem italienischen Ministerpräsidenten Ciampi, der in Rom vor dem Sturz der 52. Nachkriegsregierung stand, wünschte er einen glatten Übergang ins Privatleben. Kein Wort zunächst für »die von drüben«, für den russischen Präsidenten Jelzin und für die Spitzengarnitur aus Warschau, Prag und Budapest. P4P – mehr nicht fürs erste.

Eine versäumte Gelegenheit, um ein europaweites Sicherheitssystem für das nächste Jahrhundert zu basteln? Furcht vor den Russen, dem früheren Gegner, der durch eine offensive Diplomatie aus Schwäche Stärke zu machen versteht? Vetorecht gar für das Nichtmitglied Rußland über die NATO-Mitgliedschaft? Fehleinschätzung der Sicherheitsinteressen der Reformstaaten? Verrat des Westens gar an seinen eigenen Wertvorstellungen? Feigheit der NATO gegenüber den Zugehörigkeitswünschen der Polen, der Tschechen, der Ungarn, »die dem Westen den alten Erbfeind Ostblock vom Halse geschafft haben, um jetzt in Brüssel vor verschlossenen Türen zu stehen«? Ein neues München gar, durch Appeasement gegenüber unkalkulierbaren Partnern wie anno 1938 der Westen gegenüber Hitler? Zaudern und Ideenlosigkeit des Westens wie 1944 in Jalta mit der Gefahr einer neuen Teilung Europas in einen selbstgefälligen Westen, in eine verunsicherte Mitte und in einen chaotischen Osten? Russische Einkreisungsphobie angesichts einer wirtschaftlich wie militärisch, wenn auch ratlosen Allianz, angeführt von einem Amerika, dessen Außenpolitik wenig klare Linie erkennen läßt? Abdankung Europas schließlich, das ein weiteres Mal unfähig bleibt, das Schicksal selbst zu meistern?

## Protokoll statt Ideen

Kaum hatten die Medienvertreter den Geheimbereich des NATO-Hauptquartiers verlassen, gingen die Wogen hoch. Vor allem zweiseitige Gespräche belegten die ganze Ratlosigkeit der westlichen Führungsgarnitur. Peinlich. Auch im Jahr 3 nach der großen Wende mußte die Politprominenz auf ihrer Brüsseler Gipfelkonferenz feststellen: Ihre Ideenlosigkeit entspricht der technokratischen Kargheit des NATO-Hauptquartiers. In Abwesenheit von Ideen und Konzepten wird verwaltet, statt politischer Substanz Zuflucht im Protokoll, statt notwendiger Reformen Zuflucht in der Beharrung gesucht. Einsichten, der Leerlauf im Westen könne neue Gefahren der Instabilität in Europa heraufbeschwören, helfen ebensowenig wie die immerhin übereinstimmende Erkenntnis, daß das Fenster für europaweite Lösungen bestenfalls noch einige Zeit geöffnet ist. Helmut Kohl, Kanzler eines größer gewordenen Deutschland und trainierter Historiker, verbirgt mit Bonhomie, was er von der einen oder der anderen doppelbödigen Bemerkung hält. Er, Kohl, habe ohne zu zaudern und auch ohne groß zu fragen die Gunst der Stunde erkannt und genutzt, um Deutschland wiederzuvereinen. Mehr als einem Akteur wird in dieser Stunde der versäumten Gelegenheiten jene Sinngebung der NATO bewußt, die der erste Generalsekretär, der Brite Lord Ismay, formuliert hat: Der Zweck der Allianz sei es, die Amerikaner drinnen, die Russen draußen und die Deutschen unter Kontrolle zu halten. In den Szenarien, die subkutan im Brüsseler Hauptquartier der Westallianz gehandelt werden, steckt auch diese Frage: Sind wiedervereinigte Deutsche, wenn sie denn nicht mehr von der Selbstbeschränkung eines Kohl regiert werden, eines Tages vielleicht Partner anlehnungsbedürftiger Russen? Nicht nur für Polen ein Horrorgedanke.

## Front im Osten?

In einem Niemandsland, das bar jeden militärischen Bündnisses ist, peinigt die sicherheitspolitische Ungewißheit kein anderes Land so wie Polen. Hitler und Stalin sind mit ihrer brutalen Teilungskumpanei in diesem Zwischenland als Mentekel des Verrats und des Imperialismus allgegenwärtig.

Auch wenn sich die Warschauer Politplaner glaubhaft dagegen sträuben, Kohl und Jelzin in ihrem gegenseitigen Anlehnungsbedürfnis mit dem braunen und mit dem roten Diktator zu vergleichen, kommt die Furcht vor alten Dämonen wieder hoch. Das Langzeitgedächtnis läßt sich auch im Fall Polens nicht einfach abschalten – samt den damit verbundenen Gefühlen, von der Geschichte immer wieder ausgeliefert gewesen zu sein.

Polen soll nach der neuen Allianzstrategie der NATO, dank der Hilfe des Westens, um die Jahrhundertwende unvergleichlich sicherer sein, als dies am Vorabend des Zweiten Weltkrieges der Fall gewesen war. Allzu geschichtsgläubig und selbstlos gerät die Unterstützung für eine Vollmitgliedschaft von Polen und den anderen Reformstaaten in die NATO und/oder die EU freilich nicht. Deutschland beispielsweise möchte nicht den östlichen Grenzposten der Westallianz abgeben, wünscht sich also Polen als westliche Markierung.

Deutsches Engagement für eine Ostausdehnung einer (gewandelten) Westallianz strapaziert freilich nicht nur die Bündnisfähigkeit und Phantasie in Moskau und in den Reformstaaten. Washington bleibt mit seiner jahrzehntealten Europa-Neigung gefragt, einer Neigung allerdings, die neuerdings etwas schwankt. War der Verbleib von 326 000 US-Soldaten, unterstützt durch 6122 Raketensprengköpfe, 226 Bomber und eine ansehnliche maritime Streitmacht, schon vor der 89er Wende beliebtes Denkspiel, so erst recht danach. Abrüstung, im Kalten Krieg teilweise vereinbart und schrittweise begonnen, erhält nach dem Wegfall des Angstgegners Sowjetunion in den USA allmählich einen völlig anderen Stellenwert. In Washington wird gespart, soll die militärische Präsenz in Europa auf etwa 100000 US-Soldaten abgebaut, soll die Atomrüstung bis 1997 massiv zurückgefahren werden.

## Die Europäisierung Europas?

Für die Supermacht USA wird die Suche nach einem schlüssigen Konzept zu einer Grundsatzfrage für ihren Verbleib in Europa. Dies ist vergleichbar dem kühnen Entscheid des Rollback, des Zurückdrängens kommunistischer Ansprüche auf weite Teile der Welt, seinerzeit unter Präsident Truman gegen Ende der vierziger und zu Beginn der fünfziger Jahre zur Doktorin erhoben. Es geht also um die nämliche Kraftanstrengung für die Allianz und damit auch für ihre Führungsmacht USA, Konzepte und Visionen zu entwickeln (und auf demokratische Weise mehrheitsfähig zu machen), die für den Übergang zum nächsten Jahrhundert taugen. Oder heißt es schließlich doch: Europa den Europäern? Wäre eine Sicherheitskonstruktion denkbar, in der etwa die Einkreisungsängste Rußlands überwunden oder verringert werden könnten, indem die Amerikaner aus Europa abziehen? Der Alten Welt mit ihren ewigen Querelen demnach den Rücken kehren und die Zukunft beispielsweise mehr im Pazifikraum suchen (wo allerdings ein anderer Teil von Rußland betroffen ist)?

Befürworter einer erweiterten, freilich veränderten Allianz haben zu diesem Prinzipienstreit da so ihre eigene Meinung. Dazu Henry Kissinger in der *Los Angeles Times*: »Wenn ›Blöcke‹ und ›Diskriminierung‹ vermieden werden sollen, dann wird es nie einen richtigen Zeitpunkt für eine Mitgliedschaft der Osteuropäer ohne Rußland geben. Und wenn sie von Rußland abhängig gemacht wird, dann gibt man Moskau ein Veto.« Der ehemalige Sicherheitsberater Präsident Carters, Zbigniew Brzezinski, und seine Brüder im Geiste warnen jedenfalls seit langem vor einer übertriebenen Rücksicht auf Rußland (in Erinnerung an 1939?) und glauben »ein Echo aus Jalta« vernehmen zu können.

Der alte Kampf um Einflußsphären in Europa hat amerikanische Politstrategen immer erst dann zu gründlicherer Beschäftigung veranlaßt, wenn es um US-Interessen ging. Die Haltung Frankreichs zu »Partnership for Peace« belegt diese Beobachtung. Paris geht es – traditionsgemäß – um mehr oder weniger Einfluß Amerikas in Europa. Stärke, Dauer und Folgewirkung des politischen und auch militärischen Engagements der USA sind aus französischer Sicht mit den europäischen Gewichtsverlagerungen untrennbar verbunden. Stärkere Kooperation der Westeuropäer mit den Osteuropäern sind Paris manche Anstrengungen wert. Schließlich habe Frankreich nach dem Ersten Weltkrieg an der Entente cordiale gebastelt sowie die Tschechoslowakei und Rumänien aus Gründen des europäischen Gleichgewichts gefördert – solange es gegen den Imperialismus von Hitler-Deutschland möglich gewesen sei.

Als (atomgerüstete) Mittelmacht sei Frankreich an sauberen, kalkulierbaren Strategieverhältnissen in der Mitte Europas interessiert. Vor allem aber könne eine andere Gewichtung der NATO die Rolle der Europäer verstärken, den Einfluß der Amerikaner schwächen und der Entfaltung der Reformstaaten dienen. Eine Rückkehr in die militärische Integration der NATO erscheint zwar französischen Planern nach fast drei Jahrzehnten Abstinenz denkbar, nicht jedoch unter dem Oberbefehl der USA. Hier ist also auf lange Sicht eine Gewichtsverlagerung vorgesehen, allerdings mit Hintergedanken, nämlich der Europäisierung Europas durch eine andersartige Sicherheitspolitik, die den Osten der Alten Welt einschließt, ohne alle Bindungen mit der Neuen Welt zu kappen. Bei den Unterschieden, die im Strategiedenken bestehen, herrscht mittelfristig taktisches Einvernehmen zwischen Paris und Washington. Man will jedoch Zeit gewinnen. Folge: Die anstehende Reform der Westallianz braucht eine Weile – und strapaziert somit die Geduld in Zentral- und Osteuropa.

Polen, die Tschechische und Slowakische Republik sowie Ungarn geben sich von dem Ansehensschwund der NATO wenig beeindruckt. Sie drängen auf Vollmitgliedschaft in der Allianz, ist sie doch auch äußeres Zeichen dafür, dem Westen anzugehören. Die Reformstaaten betrachten sich nicht nur als erneuerte oder junge Demokratien, sondern auch als Teil der »westlichen Wertegemeinschaft«. Sich und aller Welt sind sie zudem einen weiteren Beweis schuldig, ihre Souveränität eigenständig zu gebrauchen.

Bevor in Moskau der Allrusse Wladimir Schirinowski durch ungewohnten Redeschwall noch weitere Nationalismen verbreitet, wollen die Zentraleuropäer zur Tat schreiten und perfekte Tatsachen schaffen, indem durch die Einbindung ihrer Staaten, jenen leidgeprüften Zwangsalliierten der ehemaligen kommunistischen Weltmacht, ein gegenständlicher Dauerschutz für sie geschaffen wird – womit den westlichen, verläßlich liberalen Demokratien deutlich gemacht werden soll: Wir gehören zum Kernbestand europäischer Zivilisation. Nach gemachten Erfahrungen schlösse diese Westintegration des östlichen Mitteleuropas militärische Geborgenheit ein. Und so werden denn auch Sicherheitsgarantien der NATO erbeten, die im Notfall den Einsatz amerikanischer Atomwaffen einschließen. Die Idee lautet: Grenzen, die im Normalfall nicht trennen, sondern nur markieren sollen, dienen gegenüber Rußland als Doktrin – bis hierher reicht Europa in jedem Fall.

## Ein Schloß im Donauknie

An der Donau, die nördlich von Budapest, bei Visegrád, ein Knie beschreibt, lassen die Staats- und Regierungschefs aus Ungarn, der Tschechoslowakei und Polen ihrer Phantasie freien Lauf. Wo sich ungarische Könige einst im Mittelalter gegen Fremdherrschaft verschworen, starten die Reformstaaten, kaum einer anderen Fremdherrschaft entronnen, eine Interessengemeinschaft: koordinieren, integrieren, fusionieren als Rezeptur gegen das Vakuum in der Mitte Europas. An guten Vorsätzen ist kein Mangel. Man diskutiert über Integration im Stil eines gemeinsamen Marktes. Ein einziger Markt für 65 Millionen. Integration im Osten wie im Westen. Einfach so? Oder lediglich ein Traum vom Raum ohne Grenzen, ohne Zölle, ohne Diskriminierungen, mit Zutritt und Chance für jedermann, mit Hilfe beim Aufräumen der Blockreste und mit dem gemeinsamen Marsch gen Westen? Vor allem aber geht es um Schutz gegenüber den Instabilitäten in der ehemaligen Sowjetunion. Gemeinsam möchten die Reformstaaten im Westen demokratische Unterstützung einholen und an der westeuropäischen Integration lieber heute als morgen teilhaben. Sie brauchen sich gar nicht erst Mut zuzusprechen, um die volle Mitgliedschaft bei der Europäischen Union und bei der NATO als Nahziel zu definieren. Als es aber ans Verwirklichen geht, läßt der Schwung nach. Manche fürchten, sich zu übernehmen, während andere unbeirrt auf Kooperation setzen.

Den Westen erstaunt die Zielstrebigkeit des Polen Lech Walesa, des Tschechen Václav Havel und des Ungarn Arpád Göncz. Präsidentiale Unbefangenheit. Noch ist innerhalb jener Visegrád-Formation keineswegs alles durchdacht, sortiert und auf Realisierung getrimmt. Meinungsunterschiede sind vorprogrammiert, hemmen die Westneigung und fördern nationale Egoismen wie zur Zeit des Habsburgerreiches. Der Westen gibt sich wieder mal überrascht, überrumpelt, gleichsam in Verlegenheit gebracht. So schnell so viel hatte er nicht erwartet.

Routiniers unter den oft aalglatten Entscheidungsträgern zwischen Washington und Bonn, London und Rom vermögen sich aus ihrem Blockdenken nicht zu lösen. Fast verzweifelt geht man auf die Suche nach Angeboten, die wenig kosten. Mit »Partner des Fortschritts« glauben viele im Westen, eine beruhigende Medizin für nervös gewordene Osteuropäer gefunden zu haben. Eigeninteressen schließlich sind es, die den Westen mit »Partnership for Peace« (P4P) aufwarten lassen. Beruhigen, abwarten, Konzepte suchen, mit Perspektiven winken, jedoch Verpflichtungen meiden. Zu diesen Interessen gesellt sich in den USA, der einzig verbliebenen Supermacht, ein strapazierfähiges Einvernehmen mit den Reformkräften in Moskau hinzu. Im fernen Amerika mag dies zwar wie eine schlaue Globalstrategie erscheinen – tatsächlich jedoch wird die Geschäftsbasis zwischen Washington und Moskau schmal. Schließlich hat sich immer wieder gezeigt, wie gefährlich es sein kann, im Poolungsvorgang Macht und Interessen an einzelne Personen zu binden. Einmal erfaßte die USA eine Gorbi-Manie, als Michail Gorbatschow seine andersartige Kreml-Führerschaft in der Neuen Welt mit Geschick vermarktete. Dann wurde Boris Jelzin, für viele Amerikaner die demokratische Abart eines Zaren mit Westorientierung, zur nächsten Leitfigur hochstilisiert.

Politiker aus Zentraleuropa haben es dagegen nicht leicht. Auf der Washingtoner Szene, wo Applaus verdient, wer es – mit welchen Methoden auch immer – versteht, über die Rampe zu kommen, haben es die »kleinen« Europäer allzeit schwer. Interessen gehen allzuleicht im Großmachtgetriebe unter. Auch die Polen erfahren dies (im Gegensatz zur Annahme von Andrej Gromyko, der ernsthaft glaubte, amerikanische Präsidenten müßten auf die Stimmen von Millionen eingewanderter Polen jederzeit Rücksicht nehmen). P4P lehrt Warschau das Gegenteil auf dramatische Weise. Polnisches Streben nach Vollmitgliedschaft und absoluter Sicherheitsgarantie der NATO stößt, wie das nämliche Bemühen der anderen Visegrád-Staaten, auf den Bannfluch Rußlands. Das östliche Mitteleuropa hat nämlich nie aufgehört, ein Interessengebiet Rußlands zu sein. Und die alte Garde im russischen Außenministerium versteht es allemal, Schwäche zu Stärke mutieren zu lassen.

So plaziert dann auch der russische Außenminister Kosyrjew mit weicher Stimme sein hartes Njet im Weißen Haus. Prompt schaltet die US-Administration prorussisch, schneller selbst als Jelzin, der noch im August 1993, auf seiner Polen-Visite mit einem uneingeschränkten »Ja« zum NATO-Beitritt des früheren Warschauer-Pakt-Staates überraschte. Und: in den neuen russisch-polnischen Beziehungen gebe es keinen Platz für Hegemonie und Diktate, sei die Psychologie des großen und des kleinen Bruders nicht mehr existent. Lech Walesa und seinesgleichen war jedoch nur ein kurzes Aufatmen gegönnt. Kaum in Moskau zurück, wurde der außenpolitisch unerfahrene Jelzin von seinem eigenen Außenministerium und zunehmend vom russischen Generalstab massiver Seelenmassage ausgesetzt: Keine NATO an Rußlands Grenzen.

Im besten Stil der früheren Sowjetunion drehte nun die Public-Relations-Maschine der russischen Regierung auf. Für Rußland sei es unzumutbar, die »größte militärische Gruppierung mit ihrem gewaltigen offensiven Potential direkt an seinen eigenen Grenzen« zu wissen. Derlei müsse zu Umgruppierungen der russischen Streitkräfte führen. Seitdem spielt die russische PR auch mit der Versorgungssicherheit West- und Mitteleuropas durch Erdöl und Erdgas aus der Weite Sibiriens. Wenn die NATO vorrücke, müsse dieses ganze System, an dem Millionen europäischer Haushalte und große Teile der europäischen Industrie hingen, von Grund auf überdacht werden, »Verträge sind gut, Interessen sind besser«, lassen die Energiestrategen in Moskau (zu denen auch der russische Ministerpräsident Tschernomyrdin zählt) immer wieder verlauten. Nötigung? Erpressung? Oder Politik?

Das Njet für eine Mitgliedschaft der Reformstaaten in der NATO beschränkt sich keineswegs auf die Energieschraube (die jederzeit enger gedreht werden kann). Rußland drohe eine Einkreisung, heißt es seitdem weiter. Doch mit solchen Gedankenspielen wird antiwestlich eingestellten nationalen Kräften in die Hände gearbeitet. Schon wird diplomatisch ein Fluchtweg aufzeigt: Die NATO nach Osten auszudehnen, das könnte für Rußland akzeptabel werden, wenn es selbst Vollmitglied werde. Jene Breitseiten aus russischen Diplomatenrohren zeigen Dauerwirkung. Die NATO winkt den Visegrád-Staaten, was Mitgliedschaft betrifft, schlicht ab. Der Spalt, der mit dem Nordatlantischen Kooperationsrat geöffnet wurde, bleibt außenpolitisch auf schmal fixiert. Die Ersatzlösung mit Partnership for Peace wird in Moskau nicht nur gnädig aufgenommen, sondern »enthusiastisch«.

Seitdem der Westen auf das Moskauer Stirnrunzeln hin und dank eigener Uneinigkeit zurückzuckt, kann es sich Moskau leisten, verbal Flexibilität zu verbreiten. Man wollte in Europa keine imperiale Rolle mehr spielen, gar die Breschnew-Doktrin auferstehen lassen. Den Ländern Osteuropas zu diktieren, was sie zu tun oder zu lassen hätten, liege der russischen Diplomatie fern. Ein Veto werde es nicht geben, wird zur Beruhigung jener im Westen angefügt, die Arges fürchten: Dauersperre gegen Reorganisationsversuche in der Mitte Europas sowie politisches Mitspracherecht Rußlands dort, wo die Sowjetunion geraume Zeit ideologisch und militärisch den Ton angegeben hat. Schließlich dämmerte es auch den politisch Verantwortlichen in Europa zwischen Oder-Neiße-Linie und Atlantik, daß der Westen wohl kaum die Standhaftigkeit aufbringen wird, die eigenen Interessen und die der Reformstaaten unerschütterlich zu vertreten.

Moskau verstand es jedenfalls, die Visegrád-Staaten, ohnedies über Grenzen, Einflüsse Warenverkehr und Westintegration zerstritten, endgültig auseinanderzudividieren. In Warschau und in Budapest, in Prag und Bratislava wurde die Haltbarkeit des Kitts überschätzt, der in Visegrád gemengt worden war. Auch ohne Veto ziehen Wünsche, Bedenken und Widerstände der östlichen Supermacht. Jeder ist auf sich selbst angewiesen. Es fällt nicht leicht, das alte durch ein neues Schema zu ersetzen.

## Liebesgrüße aus Moskau

Polen lebt wie ehedem zwischen Deutschland und Rußland, zwischen neuer Partnerschaft und alten Rivalitäten, zwischen Selbstbewußtsein und Existenzängsten. Die Warschauer Reaktion auf P4P ist ein Lehrbeispiel dafür. Während Rußland darauf hinarbeitet, sich im Bereich seiner Westgrenze ein Vorfeld zu sichern, betrachten mit Lech Walesa viele Polen den Westen als feige, jedenfalls als unzuverlässig. Die Erinnerung an 1939 drängt sich auf. Soll Polen wieder Großmachtinteressen geopfert werden, wie seinerzeit durch die unheilige Allianz zwischen Hitler und Stalin? Und um welches Polen handelt es sich schließlich – jenes in den Grenzen von 1939, die durch den Westmarsch Rußlands und die geographische Verschiebung Polens nur noch in Geschichtsbüchern stehen? Da diese Vergangenheit, auch ein deutsch-polnisches Syndrom, nur in Vertragsklauseln existent ist, jedoch nicht in ihrer moralischen Substanz aufgearbeitet wurde, bleibt die polnische Westgrenze problembeladen.

Eine volle Mitgliedschaft in der NATO würde Vergangenheitsbewältigung auf polnisch glaubhafter geraten lassen. Bisherige bilaterale Ausgleichsversuche an den Beispielen der Oder-Neiße-Linie und der Vertreibung der Deutschen können jedenfalls solide fundamentiert werden. P4P ist vor allem zu unverbindlich angelegt und zu schwach konstruiert, um die polnische Ostgrenze zum Status quo werden zu lassen. Hier ballt sich zweierlei zusammen, was die Polen quer durch alle Parteien und Cliquen als existenzbedrohend empfinden: Zum einen droht die Gefährdung ihres Landes durch Instabilitäten im Osten, während zum zweiten die baltische Nachbarschaft nicht minder gefahrvoll ist. Polen selbst zählt schließlich zu den Grenzveränderern. Unter Marschall Pilsudski hat es sich in Litauen mit Vilnius und Umgebung seinerzeit bedient, so wie Weißrußland unter kommunistischem Joch vor und nach dem Zweiten Weltkrieg. Genügend alte Rechnungen für fortdauernde Instabilitäten.

Was in Polen in die NATO drängt und P4P als unbrauchbare Beruhigungspille empfinden läßt, ist freilich das Direktverhältnis zu Rußland. Militärisch ist das Schutzbedürfnis ausgeprägter denn je. Die Rand Corporation hat in einer Computersimulation hochgerechnet, daß im Falle eines russischen Vormarsches mit 30 Panzerdivisionen und 1600

Kampfflugzeugen zu kalkulieren ist. Dieser Streitmacht stehen rechnerisch auf polnischer Seite 9 Panzerdivisionen und 400 Kampfflugzeuge zwecks Verteidigung zur Verfügung. Dieses theoretische Bedrohungspotential wird aus polnischer Sicht durch die Tendenzen der Renationalisierung in Rußland gleichsam angefettet. Schließlich klopfe der große Nachbar seit über 200 Jahren vom Osten her an die Tür Europas, Grund genug, um die neue Verteidigungsdoktrin Polens, 1992 etwas hastig festgeschrieben, auf NATO-Schutz abzustellen.

Eine NATO-Mitgliedschaft als nicht opportun zu betrachten empfinden Polen unisono als Verrat des Westens. Dem Land bleibe gar nichts anderes übrig, als die Struktur und die Lokalisierung seiner Streitkräfte auf Verteidigung gegenüber dem Osten anzulegen, nicht zuletzt rüstungstechnisch. Als Karte im Spiel bleibt freilich die Zusammenarbeit mit Deutschland. Dies bietet sich durch das Zögern des Westens vor einer großen Lösung als kleine Alternative an. Ohne militärisches Bündnis in einer defensiven Allianz und lediglich mit P4P sei Warschau gezwungen, dort Schutz zu suchen, wo es ihn findet - auch in Deutschland. Schon schwindet die psychologische Barriere, daß bei gemeinsamen Manövern mit der Bundeswehr erstmals seit 1945 deutsche Soldaten wieder auf polnischem Boden aktiv werden. Über Rüstungstechnisches hinaus bietet sich langfristig mancherlei Logistik an – eine neue Form der polnisch-deutschen Kooperation, die den Njet-Sagern in Moskau vor Augen führen sollen: Verweigerte oder hintertriebene Allianzlösungen fördern Zweiseitigkeiten, die das russische Nein zur NATO zu einem sicherheitspolitischen Bumerang werden lassen. Als Perspektive ist eine ausbaufähige Kooperation für den Fall in Augenschein genommen, daß es Bonn nicht doch noch gelingt, die Reformstaaten in den Schutzmechanismus der NATO umfassend einzubeziehen – sei es durch Vollmitgliedschaft, den direkten und offenen Weg, oder durch andersartige Schutzversprechen, die an die Bündnispolitik eines Bismarck, also an das 19. Jahrhundert, erinnern.

## Achtung: Geostrategisches Niemandsland

Die Tschechische Republik betreibt den Wechsel von der Einflußsphäre Rußlands zu jener des Westens am konsequentesten. Prag möchte sich in seinem Anlehnungsbedürfnis von keinem anderen Reformstaat übertreffen lassen. Dennoch hat das politische Prag Mindestloyalität gewahrt. Als US-Präsident Clinton auf dem Weg nach Moskau an der Moldau Station machte, reichte es jedoch gerade einmal nur zu einem Mittagessen mit den Staatspräsidenten von der Tschechischen und der Slowakischen Republik, von Polen und Ungarn. Danach ein Fototermin. Gemeinsam auf einer Treppenanlage. Mehr nicht.

Politisch wurde separat verhandelt. Die Nuancen, die sich damals zeigten, gelten fort. Polens Urängste, durch Lech Walesa vertreten, rühren vornehmlich aus militärpolitischen Unsicherheitsgefühlen. Sie werden teilweise durch Kooperation mit Deutschland kompensiert. Die Tschechische Republik setzt auf Wertegemeinschaft, vor allem durch rasch steigende wirtschaftliche Leistungsfähigkeit. In Böhmen und Mähren erweist sich die sicherheitspolitische Konsequenz als Nebenprodukt, das durch die Teilung der alten Tschechoslowakei entstanden ist. Die Slowakei wirkt als Puffer, wobei alte Rüstungsschmieden des Warschauer Paktes mehr Last als Geschäft bringen.

Politik hat viel mit Geographie zu tun, sowohl für die Slowakei als auch für Ungarn. Budapest traut P4P noch am ehesten zu, als Zwischenstufe zur sicherheitspolitischen Vervollständigung zu fungieren, um mit den Zauderern in Washington und mit den Bremsern in Moskau fertig zu werden. Im »Frieden der Worte« freilich fehlt es nicht an Haken und Ösen. Der tschechische Präsident Havel spricht Rußland jedwedes Vetorecht über die Osterweiterung der NATO schlichtweg ab. »Der Westen beginge einen fatalen Fehler, wenn er solchem Druck nachgäbe. Damit brächen alle Werte zusammen, für die der Westen steht. Das käme einem Verkauf jener Nationen gleich, die soviel in ihre eigene Freiheit investiert haben, und einem Verkauf der Freiheit des Westens selbst.«

Mit erhobenem Haupt hält die Prager Führung, allen voran Ministerpräsident Klaus, dem Westen entgegen, es käme einem Wortbruch gleich, Staaten wie der Tschechischen Republik weder die Mitgliedschaft in der NATO noch in der Europäischen Union zuzugestehen. Prag setzt selbst nach dem halben Nein aus Brüssel auf volle Mitgliedschaft in der Westallianz und läßt sich auch mit einem Verweis auf die Konferenz für Sicherheit und Zusammenarbeit in Europa nicht abspeisen. P4P als vorübergehende Verlegenheitslösung interessiert die tschechische Regierung weniger als ein Mittun in der Westeuropäischen Union. Allerdings wird es als ein Schönheitsfehler empfunden, daß die gesättigte und militärisch schlagkräftige NATO, welche die USA in die europäische Selbstbehauptung einbindet, nicht zugänglich ist, jedoch der Papiertiger WEU.

In Bratislava ist slowakisches Schutzbedürfnis nicht halb so stark ausgeprägt wie in Polen. Für die junge Demokratie Slowakische Republik unterstützt eine gleichberechtigte Partnerschaft in den westlichen Gemeinschaften auch ein Teil ihres neuen Selbstbewußtseins. An europäischen Integrationen mitzuwirken schont gleichzeitig die Restloyalität zwischen der Slowakischen und der Tschechischen Republik, die aus der Zeit des gemeinsamen Staates herübergerettet wurde. Unmittelbare Nachbarschaft zur Ukraine schaltet zumindest die Verteidigungsinteressen der Slowakischen Republik und Ungarns schon aus geographischen Gründen gleich. Theoretisch zumindest. Praktisch geschieht so gut wie nichts.

## Krieg in der Nachbarschaft

Ungarn gibt sich in der Partnerschaftsfrage bedeckt. Es wehrt sich zwar auch gegen das Mitspracherechts Rußlands, registriert aber in Moskau neben sanften auch schrille Töne. Dazu kommen vielerlei Widersprüche. Wenn es um Sicherheitsinteressen geht, ist sich nun einmal jeder selbst der Nächste. Ob die einschlägigen Interessen Rußlands vom Westen höher veranschlagt werden als jene der Reformstaaten, macht die ungarische Diplomatie vom langfristigen Verhalten des Westens abhängig. In der Perspektive besteht auch Budapest auf Vollmitgliedschaft. P4P hinzunehmen gilt als Geduldsache. Motto: Besser als gar nichts.

Direkte Bedrohung durch den Bürgerkrieg im ehemaligen Jugoslawien zählt mehrfach. Historisch erscheint die Doppelmonarchie unter den Habsburgern eine diskutablere Form des Zusammenlebens verschiedenartiger Völker als der Tito-Staat, dessen Vermächtnis ja durch den mörderischen Bürgerkrieg zur Apokalypse geworden ist. Nicht vergessen ist, daß nach dem Ersten Weltkrieg Ungarn als einer der Hauptschuldigen demontiert wurde. Es verlor damals 71 Prozent seines Territoriums und 64 Prozent seiner Bevölkerung. Freilich erscheint weder eine Abwehr der akuten Gefahr aus dem ehemaligen Jugoslawien noch gar eine Revision des »Unrechts von Trianon«, des Friedensvertrages von 1919, denkbar. In diesem Zusammenhang setzt Ungarn darauf, daß die westliche Allianz Beistand leistet, wenn der Krieg vom benachbarten ehemaligen Jugoslawien übergreifen sollte.

Ein allgemeines Hilfeversprechen der NATO mag unter den Ungarn zunächst beruhigen. Auf die Dauer bleibt der Zweifel, ob sich der Westen im Ernstfall engagiert. 1956 ist nicht vergessen, als der Westen viel versprach und nichts hielt. Die Grenze zum ehemaligen Jugoslawien ist für Ungarn nicht der einzige Problembereich. Rumänien, das 1918 über eine Million Quadratkilometer und 1,7 Millionen Ungarn in Siebenbürgen zugesprochen erhielt, erstrebt – ungeniert, wie es in Budapest immer wieder empfunden wird – ebenfalls die volle Mitgliedschaft in der NATO. Umgeben von Krieg und ethnischem Klärungsbedarf, sind in Budapest zwei Denkschulen anzutreffen. Die eine erhofft sich auf Dauer friedfertige Lösungen der ethnischen und geographischen Verhältnisse, nicht zuletzt durch die europäische Integration, während die andere nicht ausschließt, daß es »größerer Anstrengungen« bedürfe, um unausgetragene Konflikte aus der Welt zu schaffen. Für die NATO wiederum zählt Ungarn zu jenen Konfliktzonen, die einer Abkühlungsphase bedürfen, bevor es zur vollen Integration kommen kann.

Sloweniens Anlehnungsbedürfnis an den Westen ist dagegen von anderer Qualität. Das kleine Land, in der Regel geographisch dem Balkan zugerechnet, zählt in Selbstveranlagung seit jeher zum Westen. Zur »Partnership for Peace« zu zählen ergibt sich jedoch nicht nur aus der Geschichte, zählt doch der Krieg in den ehemaligen Staaten des Balkanlandes zur bitteren Auflösungsaktualität. Wenn es nach dem Willen des dreifachen Verteidigungsministers Janez Janscha geht, benötigt Slowenien wie Polen die nämliche Sicherheitsgarantie der Westallianz, vor allem seitdem sich die Russen auf dem Balkan breitmachen. Janschas Wort gilt in Slowenien einiges, auch nachdem er unter Aufsehen erregenden Umständen aus der Koalitionsregierung hinauskomplimentiert wurde. Der charismatische 38jährige hat aus seinem Mißtrauen gegenüber Kommunisten und ihren Erben nie einen

Hehl gemacht. Widerständler der letzten Stunde gegen den kommunistischen Zentralstaat Jugoslawien, hat der Sozialist Janscha, ein Fan des Militärischen, im Überschwang der gewonnen Freiheiten demokratischen Zuschnitts Law und Order durchorganisiert. Aufstieg und Fall Janschas zeigen, wie schwer es einem kleinen Land fällt, mit den Folgen der kommunistischen Knechtschaft fertig zu werden und demokratisches Gleichgewicht zu wahren. NATO-Strategen in Brüssel wird es jedenfalls nicht leichter gemacht, die Sicherheitsinteressen Sloweniens zu kalkulieren, ohne die eigenen Belange – etwa als Überwachungsmacht im Auftrag der UNO auf dem Balkan – zu vernachlässigen.

## Sir Johns »Dritter Weltkrieg«

Alte Planer des Warschauer Paktes, in den jungen Demokratien oft zu Pensionären, Managern und »Hintermännern« umfunktioniert, müssen sich im nachhinein wundern angesichts der westlichen Unfähigkeit, Ratlosigkeit und sicherheitspolitischen Abstinenz. Was dem Westen in Wahrheit erspart blieb, läßt sich auch literarisch ablesen. General Sir John Hackett hat eine Vision des »Dritten Weltkrieges« ausgebreitet, die durch Sachverstand ein Schreckensszenario eröffnet. *Der Dritte Weltkrieg,* 1978 bei Sidgwick & Jackson Ltd., London, erschienen, ist zwar »nur« eine hochgerechnete Annahme, läßt jedoch durch die Kompetenz des Autors auch bald zwei Jahrzehnte später erschauern. Einen Großangriff des Warschauer Paktes generalstabsmäßig zu projizieren konnte Sir John nicht schwerfallen. Er kommandierte im Zweiten Weltkrieg zuletzt die britische Fallschirmjägerbrigade bei Arnheim. Nach dem Krieg war er Oberbefehlshaber der britischen Rheinarmee und zugleich Oberbefehlshaber der Heeresgruppe Nord bei der NATO. Ins Zivilleben zurückgekehrt, war er sieben Jahre lang Direktor des King's College in London und Präsident der Britischen Gesellschaft für klassische Sprachen. Das Spiel kann beginnen.

»Schwarzes Pferd eins null, schwarzes Pferd eins null, hier Schaufel sechs. Bestätigen Beobachtung von Charly eins wie folgt: Großer Panzerverband hat innerdeutsche Grenze null drei null fünf Zulu in etwa Brigadenstärke überschritten. Besteht aus Papa Tango (PT) 76, Bravo

Tango Romeo (BTR) 62 und Tango (T) 72. Informieren Sie schwarzes Pferd sechs, daß Schaufel den Kampf aufnimmt. Ende.« Der Hauptmann der Panzerabwehrkompanie macht auf beiden Seiten der Autobahn eine große Anzahl von Panzerfahrzeugen aus. Was das bedeutet, weiß er: Vorhut eines angreifenden sowjetischen Verbandes. Irrtum ausgeschlossen. Fünfzehn leichte, mit Raketen ausgestattete Panzer, getarnt im Gelände oberhalb der Autobahn, die von der Grenze nach Bad Hersfeld führt – die Männer der drei Züge wissen, was zu geschehen hat, haben sie das doch vielfach für den Ernstfall geübt. Der Hauptmann schreit in das Mikrofon: »Schaufel, hier sechs Punkt. Gefecht eröffnen nach eigenem Ermessen. Punkt.« Fünfzehn Mittelstreckenraketen verlassen die Rohre der US-Panzer, erfassen die Ziele. Neun treffen ihr Ziel. Rotes Blitzen, Flammen. Und schon ist Hügel 402, auf dem die amerikanischen Verteidiger postiert sind, gezieltem sowjetischen Artilleriefeuer ausgesetzt. Erste Tote. Die Amerikaner ziehen sich auf Auffangstellungen zurück. Der nächste sowjetische Panzerverband rückt vor. Schlag, Gegenschlag. So hätte der »Dritte Weltkrieg« beginnen können. Vorbei.

Nach der Annahme des britischen Generals, die sich auf fortgeschriebene Geheimdienstkenntnisse der NATO und eigene Kombinationen stützt und die sich mit 1989 gesicherten Dokumenten des Warschauer Paktes weitgehend deckt, war folgendes geplant: Vierzig sowjetische Divisionen beginnen den Angriff auf die Bundesrepublik. Schon am ersten Tag wird der Flugplatz Bremen von Landetruppen erobert, Norddeutschland bis zur Weser überrannt. Auch Kassel, Nürnberg und München fallen den Sowjets in die Hände.

## Szenario für Millionen Tote

Die NATO arbeitete jahrelang nach diesem Szenario: »In der Nacht vor D minus eins würde es durch Geheimdienstorganisationen im ganzen Land zu Angriffen auf geeignete Ziele in der Bundesrepublik kommen (etwa 400 vom KGB gesteuerte Zellen befinden sich bereits an Ort und Stelle), bei denen ausbaufähige sowjetische Luftlandeeinheiten Unterstützung leisten.« Unmittelbar vor Tageseinbruch am D-Tag und gleichzeitig mit den größtmöglichen Störaktionen gegen amerikanische Aufklärungssatelliten würde eine Luftoperation größten Ausmaßes mit hochexplosiven und chemischen Waffen gleichzeitig gegen die Luftwaffenbasen der Alliierten und deren Führungssysteme sowie gegen die Bewegungen der Luftstreitkräfte gestartet.

Wenn dieser Schock seine volle Wirkung getan hätte und eine günstige Situation im Luftraum erreicht worden wäre, hätte sich das Schwergewicht des Luftwaffeneinsatzes auf die direkte Unterstützung des Großangriffes gegen die gesamte Front verlagert. Dabei würden sowohl normale Taktiken des Massenangriffs wie auch Einzelangriffe in die Tiefe angewendet werden, letztere vor allem mit dem Ziel, Panzerabwehraktionen der NATO zuvorzukommen. Bei den Bodenkämpfen würde den sowjetischen Befehlshabern der Einsatz chemischer Waffen freigestellt, in erster Linie Nervengase mit dauernder, wenigstens jedoch vorübergehender Wirkung. Sechs Stoßrichtungen von Ost nach West sahen als Kampfziel vor, die Bundesrepublik Deutschland innerhalb von fünf bis sieben Tagen zu überrennen. Dazu auch ein Panzereinsatz aus der Tschechoslowakei über Linz mit zwei Stoßrichtungen – einmal gen Bayern, einmal durch Österreich gen Oberitalien.

Sicherheitspolitisch geht das Horrorszenario von General Hackett wesentlich weiter: Ersten Bodengewinnen des Ostblocks stehen wachsende Verluste der Streitkräfte aus der Sowjetunion, der DDR, aus Polen, der Tschechoslowakei und Ungarn gegenüber, was zu einer wesentlichen Verzögerung des östlichen Vormarsches führt. In der Folgezeit kommt es zu beiderseitigen Warnungen vor dem Einsatz von Atomwaffen. Dennoch wird angenommen, daß die Sowjetunion mit einer SS-17-Rakete einen Atomsprengsatz zündet, der eine über 3000 Kilometer entfernte Großstadt, etwa Birmingham, zerstört. Darauf gibt der Westen eine vernichtende Antwort. Als Vergeltungsschlag werden von einem amerikanischen und einem britischen U-Boot je zwei nukleare Flugkörper auf eine sowjetische Großstadt, etwa Minsk, abgefeuert.

Der Austausch des totalen Schreckens mit der mehr als beklemmenden Annahme des Atombombentodes von Millionen ist auf eine Vielfachwirkung des realen Atombombeneinsatzes von Hiroshima ausgelegt. Wie in Japan kommt es schließlich zu einem Waffenstillstand. Die NATO-Berechnungen der siebziger Jahre schlossen bemerkenswerterweise die Möglichkeit bereits ein, daß die Annahme eines totalen Krieges zu einem Umsturz in Moskau und, durch Desintegration der KPdSU sowie der Geheimdienste, zu Selbständigkeitsbestrebungen einzelner sowjetischer Staaten, allen voran der Ukraine, führen werde.

Alles nur militärische Phantasie? Sicherheitspolitische Hirngespinste? Nach dem Zusammenbruch des »Realen Sozialismus« muß die Welt Mitte der neunziger Jahre feststellen, daß zwanzig Jahre alte Prognosen den tatsächlichen Einsatzplänen der Zeit bis 1979 entsprechen.

Johann Adolf Graf von Kielmannsegg, deutscher Berufsoffizier, am Aufstand gegen Hitler am 20. Juli und, nach dem Krieg dem Prinzip »Bürger in Uniform« folgend, am Aufbau der westdeutschen Bundeswehr maßgeblich beteiligt, schließlich als einer der ranghöchsten deutschen Offiziere Mitte der sechziger Jahre Oberbefehlshaber der NATO-Streitkräfte Europa-Mitte, schreibt bereits 1987 in einem Vorwort zu der von Experten gestalteten Expertise: »Hackett sah wie ich (und wir beide tun es heute noch) als die größte Gefahr an, durch eigene politische und militärische Schwäche Moskau eines Tages in die Versuchung zu bringen, unter einem tragbaren Risiko militärische Lösungen in Europa für möglich und erfolgversprechend zu halten.«

Mitte der neunziger Jahre mag sich manche Rahmenbedingung geändert haben, sozusagen demokratisiert worden sein, mag auch dem Schreckensszenario eines direkten und offenen Atomkrieges in Europa blockpolitisch (durch das Ende des Warschauer Paktes) die damalige Spitze genommen worden sein – jedoch Waffen mit verheerender Vernichtungskraft sind weiterhin vorhanden. Einige Abrüstungsvereinbarungen haben zwar Hoffnungen aufkommen lassen, aber einige Faktoren der einstigen Spannung haben noch Bestand. Und neue kommen hinzu.

In diesem Zusammenhang verbreitet die Rückkehr faschistischer Ideen und ihrer Verfechter in die offene Arena Angst und Schrecken. Nicht ohne Grund. Zu groß ist das Vernichtungspotential ringsum. Und der Zugriff zu ungeheuren Mengen an konventionellen und atomaren Waffen bedarf erst noch verbindlicher und verpflichtender Lösungen. Auf der westlichen Seite bietet die NATO alle erforderlichen Garantien gegen Mißbrauch. Um so größer ist das Sicherheitsbedürfnis im Osten, wo eine Überrüstung weder militärisch noch moralisch und schon gar nicht wirtschaftlich verkraftet werden kann.

# Als die Sowjets rundum Feinde sahen

Militärisch weisen die tatsächlichen Eroberungspläne des ehemaligen Ostblocks eine beklemmende Ähnlichkeit mit dem Horrorszenario des Sir John Hackett auf. Seitdem »Top Secret« nicht mehr zählt und nachdem für den Warschauer Pakt am 1. Juli 1991 ein Begräbnis dritter Klasse stattfand, kommen mehr und mehr Details einer sowjetkommunistischen Invasionsplanung ans Tageslicht. An die 25 000 Dokumente belegen eindeutig: Moskau plante die totale Eroberung Westeuropas. Und seine Bruderstaaten, in der militärischen Realität macht- und rechtlos, zu zweitrangigen Befehlsempfängern degradiert, waren in die Offensivstrategie voll integriert. Vielfach »Kanonenfutter«, war Polen, war der Tschechoslowakei, war Ungarn jedwede Mitsprache verwehrt – von der Deutschen Demokratischen Republik ganz zu schweigen, wo zeitweise über 400 000 Mann der Sowjetarmee stationiert waren. Alle militärischen Geheimnisse der Offensivplanung sind freilich nicht erhalten geblieben. Moskau hat in der Auflösungsphase des Warschauer Paktes die Bereitschaft zum großen Rückzug der eigenen Truppen wohlweislich mit der Bedingung verknüpft, wesentliche Operationspläne des Ostblocks unter russischer Aufsicht zu vernichten. In diesem Sinne betätigte sich auch der letzte Verteidigungsminister der DDR, Rainer Eppelmann, der nach den ersten gesamtdeutschen Wahlen als Abgeordneter für die CDU in den Bonner Bundestag einzog.

Der Ernstfall sowjetischer Planung sah eine großräumige Offensivstrategie vor. Sie umfaßte den Raum von Gibraltar bis Lappland sowie die Britischen Inseln. Die »Feindlage«, die dem östlichen Angriff seinerzeit zugrunde gelegt worden war, sah etwas anderes vor, was es in der westlichen Planung niemals gab: eine Offensive der NATO samt einer Erstschlagskapazität von strategischen und taktischen Atomwaffen. Nach dieser Verfälschung sollte eine Vorwärtsverteidigung des Ostblocks westlichen Angriffen zuvorkommen: ein Hauptstoß Richtung Berlin und Warschau, eine Nordfront Richtung Rostock, ein Entlastungsangriff Richtung Dresden, eine Südfront Richtung Prag und der Einsatz von Mittelstreckenraketen, auch solche atomarer Art, in Oberitalien. Als Teil der psychologischen Kriegsführung innerhalb des Ostblocks, die eine Ostoffensive Richtung Westen politisch und militärisch rechtfertigen sollte, galten konventionelle und atomare Feindbilder – festgemacht auch an einer Stärke der deutschen Bundeswehr durch Darstellung ihrer Ausrüstung und Kampfkraft, einschließlich zweier Geisterdivisionen in der Norddeutschen Tiefebene, die reichlich übertrieben war. Und festgemacht an der gebetsmühlenhaft wiederholten Behauptung, der Westen wäre bereit, schon in den ersten Kampfstunden Atomwaffen einzusetzen.

## Wenn Mißtrauen Kommando führt

Auch das neutrale Österreich wurde bei dieser Offensivplanung des Warschauer Paktes mit einbezogen. Ungarn war nach den sowjetrussischen Ganzheitsplänen die Rolle zugedacht, mit über 100 000 Mann seiner zeitweise 180 000 Mann starken Armee durch Österreich nach Oberitalien durchzustoßen. Dies sollte weitgehend nach eigenen Plänen geschehen, obwohl aufgrund der schlechten, unzureichenden und vor allem altmodischen Bewaffnung des ungarischen Ostblockkontingents überdurchschnittlich hohe Verluste zu erwarten waren. Darüber hinaus war die Sowjetunion nicht bereit, beim Nachschub logistisch vorzusorgen. Sie ließ die ungarischen »Brüder« auch im unklaren über Bewaffnung und Kampfauftrag der in Ungarn stationierten sowjetrussischen Streitkräfte (Panzerarmee und Luftflotte).

Was die Planungen des Warschauer Paktes an der ungarischen Südfront bestimmte, galt auch für die Mittel- und Nordabschnitte. Schon für den zweiten Tag waren mindestens zwei oder drei taktische Nuklearschläge geplant. Auf diese Weise sollten Erdkämpfe beschleunigt und gegnerische Arsenale frühzeitig ausgeschaltet werden – erklärtermaßen ohne Rücksicht auf Verluste unter der Zivilbevölkerung. Obwohl im Mittelabschnitt nördlich von Berlin ein polnisches Oberkommando vorgesehen war, sollten, so Moskaus Pläne, Bewaffnung, Ausstattung und Einsatzplanung modernster Geräte einschließlich atomarer Waffen unter Verschluß sowjetischer Offiziere bleiben.

Mißtrauen herrschte auch gegenüber dem tschechoslowakischen Oberkommando, an der Südwestfront mit den östlichen Offensivzielen Bayern und Baden-Württemberg zu agieren. An allen entscheidenden Stellen der Operation, also von Jütland bis Oberitalien, sollte die entscheidende Befehlsstruktur jedenfalls bei sowjetrussischen Kommandoeinheiten liegen.

Was im Westen nach Offenlegung dieser Pläne überraschte und erschütterte, war die durchorganisierte Erstschlagkapazität des Warschauer Paktes. Ganze Generationen von Geheimdienstoffizieren und Analytikern auf westlicher Seite waren davon ausgegangen, daß der Osten zunächst seine Überlegenheit bei den konventionellen Streitkräften voll ausspielen, bevor er im dichtbesiedelten Mitteleuropa Atomwaffen einsetzen würde. Damit erweisen sich die Abschreckungstheorien der NATO nachträglich als fragwürdig. Im Gleichgewicht des Schreckens waren sie davon ausgegangen, daß im Ernstfall bei taktischen, vor allem aber bei strategischen A-Waffen (einschließlich Interkontinentalraketen) eine allerletzte Bedenkpause einsetzen würde – eine sicherheitspolitsiche Chance vor dem Einsatz von Atomwaffen auf beiden Seiten, um zu politischen Lösungen in einer kriegerischen Auseinandersetzung zu gelangen. Inwieweit die Ostblockplanung den Einsatz von Neutronenwaffen und anderen Systemen einschloß, bleibt bis heute offen. Militärhistoriker werden noch die Frage aufzuarbeiten haben, wie sich die Offensivabsichten des Warschauer Paktes mit dem Einsatz eigener Atomwaffen vereinbaren ließen – Waffen, die schließlich nicht nur die gegnerischen, sondern auch die eigenen Truppen erfaßt hätten.

## Mühlen der Propaganda

Beweise kommunistischer Aggression stehen in einem eklatanten Gegensatz zur einlullenden Propaganda des Ostblocks. Im »Krieg der Worte« wurden Tatsachen geradezu meisterhaft getarnt, verfälscht und ins Gegenteil verkehrt. Ein Beispiel dafür liefert Armeegeneral Alexej Jepischew, seinerzeit Mitglied des Zentralkomitees der Kommunistischen Partei der Sowjetunion und Chef der politischen Hauptverwaltung der Sowjetarmee und der Seekriegsflotte. Zum 25. Jahrestag des Warschauer Paktes, 1980, schrieb er: »Die von den reaktionärsten imperialistischen Kreisen ausgeheckte verlogene Legende ›der militärischen Bedrohung durch die Sowjetunion‹ wurde in Umlauf gesetzt. Unter diesem Deckmantel begannen die Länder des Westens fieberhafte Kriegsvorbereitungen.« Der kommunistische General sieht in der NATO vom ersten Tag an den »aggressivsten Militärblock«, den es je gab, der eine Politik des »Wettrüstens« betreibe und seine Armeen »auf einen Aggressionskrieg gegen die kommunistischen Staaten« vorbereite. Kollektive Aktionen »der friedliebenden sozialistischen Staaten Europas« hält der politisierende General vonnöten. Die Organisation des Warschauer Vertrages sei jedenfalls ein regionales Bedürfnis friedliebender europäischer Staaten. Sie beruhe auf der Ideologie des Marxismus-Leninismus, den Prinzipien des proletarischen Internationalismus sowie der Einheit der Aufgaben und Ziele der Werktätigen in den sozialistischen Ländern. Was Pflichtübung, was Überzeugung, was Indoktrination auch immer war – Armeegeneral Jepischew spricht von einem konsequenten Friedenskurs des Sozialismus, der sich der Kriegshysterie des Imperialismus zu erwehren habe.

Der Chef der politischen Hauptverwaltung der Sowjetarmee legt wenige Jahre vor dem unrühmlichen Ende einer Zwangsallianz, die sich geraume Zeit selbst in die Tasche gelogen hat, dann noch ein Zeugnis von überzogenem Selbstbewußtsein ab, indem er folgende Prognose wagt: »Selbst erklärte Feinde des Sozialismus, von den ›Wutschnaubern‹ bis hin zu den ›Sowjetologen‹ und ›Kreml-Astrologen aller Couleur‹, die vor gar nicht langer Zeit ›eine schwierige Krise‹ der sozialistischen Gemeinschaft vorausgesagt hatten, sind heute zu dem Eingeständnis gezwungen, daß dieser Bruderbund fest und geschlossen wie nie zuvor ist. Alle Versuche, die sozialistische Gemeinschaft von außen oder von innen, militärisch oder friedlich zu unterwandern, sind aussichtslos.« Schließlich meint der sowjetrussische General, die Zeiten seien seit langem vorbei, da der »Imperialismus den Völkern seinen Willen« habe diktieren können.

In jenem Krieg der Worte, der einen wesentlichen Bestandteil der hegemonialen Tätigkeit des Warschauer Paktes ausmachte, besetzte die kommunistische Propaganda ungeniert politisierende Begriffe. Dazu zählt beispielsweise der Begriff »Sozialismus«, der im Westen und nun auch im Osten auf eine Definition wartet, die weit jenseits des Zusatzes »real« angesiedelt sein wird. Oder der Begriff »Frieden«, der erst nach Abbau der Überrüstung im Ostblock seinen angemessenen Stellenwert erhalten konnte. »Revolution« steht heute in den Augen vieler Mitteleuropäer zunächst einmal für die Befreiung der »sozialistischen Bruderländer« vom Sowjetimperialismus (womit der Begriff »Imperialismus« ebenfalls relativiert wird). »Gemeinschaft« ließ Millionen Bürger im Ostblock in ihr Privatleben fliehen, Bürger, die erst nach 1989 wieder wählen konnten, mit wem und mit was sie sich zusammentun wollten. »Entspannung« schließlich stammt aus dem Arsenal der kommunistischen Büros für Desinformation, wurde doch dieser im Westen eindeutige Begriff ständig irreführend verwendet, um so die eigene Militarisierung zu tarnen und den Klassenfeind ständig ins Unrecht zu setzen.

Im Westen war man in der Verbalauseinandersetzung freilich auch nicht zimperlich. Hitler war noch nicht besiegt, als allen voran Amerikaner und Briten lautstark die Frage stellten, wie es denn um das Gleichgewicht der Kräfte in der Welt stehe. Jahrzehnte und zwei Weltkriege lang hätten die Europäer ihre anstehenden Probleme nicht gelöst, sondern lediglich vor sich her geschoben. In die Lücke der Unfähigkeit, Probleme zu lösen, stoße nun der Kommunismus. Winston Churchill bezeichnete es als eine menschliche Tragödie, daß bei allen Entbehrungen und den Opfern von Millionen Menschen und dem Sieg einer gerechten Sache Europa dennoch nicht Frieden und Sicherheit finde. »Unsere Herzen gingen mit unseren Köpfen durch, und unsere Gefühle besiegten unseren Verstand.«

Ost gegen West – jene traditionelle Spannung ist seit Jahrhunderten Gegenstand ausgiebiger Analysen und Erörterungen. Spätestens seit Mongolen und Tataren an der Pforte zum Abendland standen, sind Mittel- und Westeuropäer auf der Suche nach Denkmodellen, Strategien und auch Kooperationen. Standardsätze, wie sie der sowjetrussische Armeegeneral strapazierte, bestätigen nur die psychologische Seite einer zur Tradition gewordenen Auseinandersetzung. Wie ein roter Faden durchziehen nicht zuletzt Geschichte und Geschicke des Kalten Krieges die – beidseitige – Erkenntnis, daß Grundfragen der Auseinandersetzung psychologischer Natur sind. So heißen im psychologischen Krieg die Waffen Emotionen, im Wirtschaftskrieg die Instrumente Finanzen und Stabilität, ist der Guerillakrieg ein Kampf ohne Front, findet im Bürgerkrieg die Gewalt aller gegen alle statt. Selbst überzeugte Demokraten sind nicht frei vom Mißbrauch im Krieg der Worte – erst recht nicht jene im Osten, die jahrzehntelang von der kommunistischen Ideologie berieselt wurden.

# Die roten Marschälle sind verzweifelt

Der Außenminister zürnt, der Außenminister warnt, der Außenminister geht. Eduard Schewardnadse glaubt an das Pochen der Geschichte, als er zum letztenmal die Moskauer Szene beherrscht, bevor er sich Georgien widmet. Sein Publikum, die Abgeordneten des Obersten Sowjet, halten den Atem an, und die begierig laufenden Fernsehkameras lassen alle Welt an dem Abschied eines der Architekten gelebter Entspannung zwischen Ost und West teilnehmen. Der Landsmann Stalins läßt seinen Gefühlen und seinen Wertungen freien Lauf. Er, der vom Ersten Sekretär der KP des Sowjetstaates Georgien zum Vertrauten des damaligen Präsidenten Gorbatschow und zum verläßlichsten Gesprächspartner, ja zum persönlichen Freund des amerikanischen Außenministers Baker wie des deutschen Außenministers Genscher geworden ist, inszeniert seinen Abschied als Außenminister in der Tradition seiner südlichen Heimat. Temperamentvoll läßt er seiner Entrüstung freien Lauf, mitten im großen Interessenausgleich mit dem Westen habe ihn das Militär hintergangen. Mit allen Tricks sei es ihm schließlich gelungen, einen Keil zwischen ihn und Michail Gorbatschow zu treiben. »Ich warne vor einer neuen Diktatur. Was wir brauchen, ist Demokratie.«

Schewardnadses Abgang in den letzten Dezembertagen des Jahres 1990 erweist sich nachträglich als eine weitere, eine tiefe Zäsur in der Geschichte Rußlands und damit des zum Untergang verurteilten Ostblocks. Ohne Schewardnadse hatte das neue Denken im Kreml weniger Chancen. Die roten Marschälle waren es, die das außenpolitische Gesamtkonzept Schewardnadses monatelang unter Beschuß genommen hatten. Sie trauten ihm nicht über den ideologischen Weg, ihm, der fünfeinhalb entscheidene Jahre lang die Außenpolitik der untergehenden Sowjetunion wie traumwandlerisch gemanagt hatte. Die Militärs widersprachen der Schewardnadseschen Offensivdoktrin, dachten laut über einen militärischen Coup nach. Für die roten Marschälle war der Langzeitdenker im Außenamt, der so sanft aufzutreten und im Westen Sympathiepunkte zu sammeln verstand, ein Sicherheitsrisiko ersten Ranges. Jahrelang rannte der Georgier gegen das Tonnendenken der Militärführung an. Er forderte die Offenlegung des Militärhaushaltes, plädierte für eine glaubwürdige Abrüstung als

Teil der Öffnung einer von der Rüstung überforderten Sowjetunion, forderte schließlich Gedankenfreiheit. »Mit Panzern läßt sich die Freiheit nicht niederwalzen, das Souveränitätsstreben anderer Völker nicht abwürgen.« Was der Außenminister ausgerechnet in Stalins *Prawda* veröffentlichte, das rüttelte am sicherheitspolitischen Status quo der sowjetrussischen Generalität, rüttelte auch an deren Glaubwürdigkeit im Verhältnis zum übrigen Ostblock.

In der öffentlichen Auseinandersetzung mit dem konservativen Chefideologen der KPdSU, mit Jegor Ligatschow, wagte Schewardnadse schließlich, an den Grundfesten des Sowjetimperiums zu rütteln. Internationale Politik, seit Jahrzehnten von Moskau als Teil eines weltweiten Klassenkampfes eingeordnet, bestehe eigentlich nur aus Interessen und ihrem Ausgleich. Ein Staat habe jedwede Existenzberechtigung verloren, der trachte, sich durch militaristisches »Doping mit Feindbildern« am Leben zu erhalten. Was den Marschällen wie westliche Gegenpropaganda in den Ohren klang, jedoch bei der jüngeren Generalität auf wachsendes Verständnis stieß, baute der Ideologe im Außenamt systematisch aus. Durch Abkapselung von der übrigen Welt habe sich die Sowjetunion selbst zur Rückständigkeit verurteilt. Ihrer Krise könne sie nur Herr werden, wenn sie bereit sei, Teil des internationalen Systems mit allen Rechten und Pflichten zu werden, aus der Isolierung zu fliehen und die Mitte Europas freizugeben.

## Entspannungsgegner am Werk

Der Anklang, den Gorbatschows Außenminister im Westen fand, steht im umgekehrten Verhältnis zu dem Mißbrauchspotential, das die alte Garde zu Moskau gegen Schewardnadse aufhäufte. Dabei bedienten sich die kommunistischen Seilschaften ihrer Kombattanten in den Hauptstädten und Befehlszentralen des Ostblocks. Hinter Geheimniskrämerei, Abschottung und ruinösem Mengendenken in Flugzeugen, Panzern und Munitionstonnen blieben die Entspannungsgegner am Werk. Einer wie auch immer geplanten Abrüstung und der vorgesehenen organisatorischen Neuorganisation des Ostblocks wollten die kommunistischen Marschälle jedenfalls nur bedingt beipflichten. Ging ihnen Schewardnadse schon mit seiner Defensivdoktrin – Rüstung nur noch für die Selbstverteidigung, nicht mehr für den Angriff – auf die Nerven, so erst recht mit seiner damit verknüpften Abrüstungspolitik. Für Schewardnadses Widersacher lieferte beispielsweise der mit dem Westen vereinbarte Abbau bodengestützter Mittelstreckenraketen ein schlagkräftiges Argument für den sicherheitspolitischen Dissens. Schewardnadse, so die Marschälle, verabrede mit dem »Klassenfeind« asymmetrische Kürzungen zu Lasten der Sowjetunion – dies verringere nicht nur die Sicherheit der östlichen Führungsmacht, sondern signalisiere die Bereitschaft der Sowjetarmee zum Rückzug aus Osteuropa. Verrat am großrussischen Imperialismus witterten nicht nur die militärischen Profis. Blockstrategen gaben Alarm.

Die Rote Armee der achtziger Jahre war keineswegs zum Rückzug bereit. Weil sie militärisch nicht glauben und ideologisch nicht wahrhaben wollte, daß sich souveräne Staaten in ihrer Sicherheitspolitik nur auf das eigene Territorium beschränken sollten, blies die Koalition aus Militärs und Konservativen samt ihren Kombattanten im Ostblock zum Angriff. Während Schewardnadse noch unbeeindruckt von der heraufziehenden Intrige unter der Bevölkerung Sympathiepunkte sammelte (»Die amerikanische Atomdrohung ist erstmals in unsere Grenzen einbezogen«), kam es zum offenen Konflikt. Mit Gorbatschow unterstellte Schewardnadse den alten Seilschaften, den teilweise überrüsteten Militärapparat nicht nur zu Verteidigungs- und Beherrschungszwecken im Ostblock angelegt zu haben, sondern auch, landauf, landab, zur Lenkung der inneren Sicherheit. Hart auf hart, wie es schon 1988 in Moskau zuging, setzten die Marschälle ihre Opposition dennoch ungeniert fort. Sie verfrachteten Zehntausende von Panzern und Geschützen hinter den Ural. Dort, wo die westlich-östlichen Abrüstungsvereinbarungen nicht mehr greifen konnten, sammelten sie, vorsorglich, Material für den Fall der Fälle eines Waffengangs – innerhalb oder außerhalb Rußlands.

Die kommunistischen Marschälle traten zum – letzten? – großen Gefecht an. Mit ihrem ganzen Gewicht, verbunden mit der Drohung innerer Gewaltanwendung, erreichten sie, daß Präsident Gorbatschow zurückwich, er ließ seinen Freund Schewardnadse fallen. Wieder hatten Militärs Politik gemacht. Da half es auch nichts, daß Schewardnadse vor dem Obersten Sowjet gewarnt hatte: »Kein internationales

Abkommen kann die Sicherheit des Staates garantieren, wenn diese Sicherheit nicht von innen gefestigt ist.« Es sollte ein Vorgriff auf den Verfall der Sowjetunion und den Konkurs des Ostblocks sein. Nicht zum letztenmal freilich sollte die Macht der Militärs den Auflösungsprozeß beeinflussen.

## Rußland kennt keine Feinde mehr

»Die Sicherheitsdoktrin Rußlands weist einen rein defensiven Charakter auf.« General Pawel Gratschow, Ende 1993 russischer Verteidigungsminister, mußte bewußt sein: Die neue Sicherheitsdoktrin stellt alles auf den Kopf, was in Moskau ganzen Generationen von Offizieren gepredigt, eingeimpft und zur absoluten Pflicht gemacht worden war. Jene Abkehr vom Angriff, verbunden mit jenem neuen Denken in den Kategorien der Verteidigung, mag zwar finanzielle, personelle oder auch rüstungstechnische Gründe haben, doch was den Wandel sicherheitspolitisch geradezu revolutionär macht, das ist die Verschrottung einer »alleinseligmachenden« Doktrin. Eine neue Generation von Militärs zieht schneller als andere Bereiche mit einer selbstbeschränkten Denkweise die Konsequenz aus dem Verzicht auf die kommunistische Weltrevolution alter Schule. Moskau ist nicht mehr das Zentrum des »Friedenslagers«, also jene frühere Machtzentrale imperialer Beherrschungsprozesse. Unterwegs zur Demokratie, verläßt freilich fürs erste nur eine relativ dünne Führungsschicht die alten Kategorien. Für die Rolle des Militärs in einer postkommunistischen Konstellation ergibt die neue Doktrin nach der Abkehr von der ideologischen Offensivplanung immerhin bedenkenswerte Ansatzpunkte von demokratischer Selbstverteidigung.

»Rußland kennt keine Feinde mehr.« So lautet das neumodische Motto. In ihrer Struktur ähnelt nun die russische Militärdoktrin westlichen Systemen. Selbstverteidigung soll durch mobile, rasch einsetzbare Verbände glaubhaft bleiben. Obwohl die genauen Formulierungen noch nicht feststehen, ermöglicht die neue Doktrin, früheren Abrüstungsvereinbarungen einige innerrussische Glaubwürdigkeit folgen zu lassen. Die russischen Streitkräfte sollen von 4,3 Millionen Mann im Jahre 1989 bis 1997 auf 1,5 Millionen verringert werden.

Der damit verbundene Abzug aus den ehemaligen Ostblockstaaten zeigt strategisch eine Dreifachursache: Teil der allgemeinen weltweiten Abrüstung; Folge der zweiseitigen Vereinbarungen mit den Reformstaaten; schließlich das Ende der Sowjetunion. Als Atommacht freilich will sich Rußland die wichtigsten Optionen offenhalten. Abschreckung bleibt, wie sie seit den Zeiten des Kalten Krieges, über alle Entspannungs- und Abrüstungsphasen hinweg, in Großmachtmanier – auch gegenüber den Nachbarn – gehütet wird. Gerüttelt wird also auch nicht an der sogenannten Erstschlagkapazität. Im Detail hat sich demnach noch einiges Ostblockdenken erhalten. Der NATO ins Stammbuch: Wenn ein Land, bzw. eine Allianz, das bzw. die mit einer Atommacht kooperiert, Rußland bzw. einen seiner Verbündeten angreift, dann ist, so die Doktrin, Rußland gewillt, mit Atomwaffen zurückzuschlagen.

Diese und andere Teile der sicherheitspolitischen Rolle, die sich das neue Moskau ausgedacht hat, betreffen freilich auch das »nahe Ausland«. Russische Generäle machen keinen Hehl daraus, was sie darunter verstehen: Das sind die Staaten, die früher zur Sowjetunion zählten, etwa die Ukraine, etwa die baltischen Länder, etwa Weißrußland, etwa …

## Erinnerungen an »brüderliche Hilfe«

Alte, längst verstaubte Strategien über Einflußsphären tauchen immer häufiger aus der Versenkung auf. Bei großrussischen Stichwörtern gegenüber den GUS-Staaten und dem Baltikum bleibt es dabei nicht. Das neue Defensivkonzept vermochte den psychologischen Teil der alten sowjetischen Offensivstrategie keineswegs auszumerzen. Man sei doch schließlich wer, verfüge über Atomwaffen und brauche sich auch wirtschaftlich nicht demütigen zu lassen. Vom früheren Selbstbewußtsein konnte und wollte die neue Doktrin möglichst wenige Abstriche machen. Im Prinzip mißt sie zwar der russischen Armee die Landesverteidigung als Hauptaufgabe zu, doch schließt dies den Einsatz von Gewalt auf fremden Gebieten, den Verteidigungsfall vorausgesetzt, nicht aus. Auch wenn die Erinnerung an die »brüderliche Hilfe« bei der »Verteidigung der sozialistischen Errungenschaften«, wie es im Jargon des Warschauer Paktes geheißen hat, beiseite geschoben wird

– Interventionsdrohungen, wie sie sich aus manchem russischen Konzept herauslesen lassen, jagen den Strategen in den Reformstaaten, vor allem in Warschau und Budapest, wahre Schauer über den Rücken. Werden doch Atomwaffen als »politisches Mittel« angesprochen, die im Bedarfsfall eingesetzt werden sollen, um Konflikte zu verhindern. Mit Aufmerksamkeit wird in den früheren »Bruderstaaten« verfolgt, daß die russische Generalität als künftige Hauptbedrohung lokale Kriege und bewaffnete Konflikte ausmacht. Dazu gesellt sich der Anspruch: »Rußland muß sie stoppen.« Was dies strategisch bedeutet, verschweigt das Moskauer Grundsatzpapier keineswegs: Russische Streitkräfte sollen auch außerhalb Rußlands stationiert werden können.

Im Test auf ihre Glaubwürdigkeit offenbart die russische Militärdoktrin Schwächen und Denkfehler. Bevor sie noch förmlich beschlossen wurde, verstand es die russische Generalität, sich bei der Auflösung des Warschauer Paktes materielle und strategische Vorteile zu sichern. Von den Flugzeugen, die dem Ostblock rechnerisch zur Verfügung standen, beanspruchte Rußland den Löwenanteil, ebenso von Panzern und von den Artilleriegeschützen. Vor allem aber sicherte sich Moskau technologisch-strategische Spitzenprodukte. Schließlich garantiert ein geheimer Zusatz in der neuen Moskauer Doktrin der Führung der russischen Armee ein gegenständliches Mitspracherecht bei der Energieversorgung auch »im nahen und fernen Ausland«. Die Hand am Hahn von Erdöl und Erdgas, eine der wirkungsvollsten instrumentalisierten Drohgebärden des ehemaligen Ostblocks gegenüber dem Westen, wurde also in die neue Doktrin herübergerettet.

Dies verlängert nicht nur das Abhängigkeitsverhältnis Westeuropas von einschlägigen Energielieferungen aus Rußland. Darüber hinaus wird den Reformstaaten vor Augen geführt, daß Rußland – auch in diesem Fall vollinhaltlich Nachfolger der Sowjetunion – seinen Einflußinteressen gegenüber den Reformstaaten einen Nachdruck verleihen kann, der durchaus Existenzbedrohung impliziert.

## Schwarze Reichswehr, flotte Bundeswehr

Ein milder Januartag 1994. Das letzte Jahr offizieller Anwesenheit russischer Truppen auf deutschem Territorium. Ehemalige Gegner sollen Freundschaft proben. Hinter militärischem Protokoll erkennbare Spuren des Respekts. Der russische Generaloberst Matwej Burlakow macht aus seinem Herzen keine Mördergrube. Er, seines Zeichens Oberkommandierender der GUS-Truppen, schlägt dem Generalinspekteur der deutschen Bundeswehr, General Kurt Naumann, neue Gemeinsamkeiten vor. Nach dem Abzug der einst 440 000 Rotarmisten aus Ostdeutschland soll es neue Formen der militärischen Zusammenarbeit geben. Kenner horchen auf: Soll etwa an die zwanziger und dreißiger Jahre angeknüpft werden, an die Zeit der »Schwarzen Reichswehr«? (Damals unterlief das Deutsche Reich Sperr- und Verbotsklauseln des Versailler Vertrages, indem es zum Beispiel Truppen mit schwerer Artillerie in Stalins Rußland ins Manöver schickte.) Alles wirkt auch diesmal wie beiläufig. Es läßt dennoch die Handschrift der Moskauer Strategen erkennen. Deutschland und Rußland könnten ihre Kontakte auch militärisch weiter pflegen. Wie wäre es mit einer Freundschaftsgesellschaft? Sie sollte nicht nur für kulturellen Austausch sorgen, sondern auch politisch wirken.

Russischer Soldat alter Schule, denkt Generaloberst Burlakow an eine begrenzte Zusammenarbeit mit der Bundeswehr. Man könnte doch auch an gemeinsame Gefechtsausbildung denken. Augenzwinkernd erinnert der Technokrat aus dem russischen Generalstab an die Idee von Präsident Clinton, an »Partnership for Peace«. P4P als Moskauer Offerte – wieder einmal gibt sich der Westen überrascht und überrumpelt. Was jahrzehntelang wie ein Schatten über Deutschland lag – Besatzung und Angriffspotential der Sowjetunion –, soll nun, gleichsam russifiziert, an frühere Traditionen anknüpfen. Hatte doch selbst ein Iossif W. Stalin mitten in seinem Verteidigungskrieg immer wieder Respekt vor den deutschen Soldaten und der militärischen Organisationsfähigkeit der Deutschen geäußert. Fürs erste spielt die deutsche Seite auf Zeit, nicht zuletzt mit Rücksicht auf Polen.

## Polens Alptraum

Warschau wird Urängste nicht los. Von Deutschland und Rußland eingekreist zu werden schürt die ärgsten Sicherheitsbedenken der Polen. Auch wenn der russische Generaloberst lediglich seine »persönliche Meinung« laut denkend von sich gegeben hat und der deutsche General höflich, jedoch unmißverständlich abwinkte, bleibt für Polen die Tendenz bestehen. Was heute nicht ist, kann morgen werden. Im Langzeitgedächtnis eines Landes, das von Russen und Deutschen mehrfach vereinnahmt, geteilt, überrannt und gedemütigt wurde, schrecken auch Gedanken zu solchen Planspielen.

Um so ausgeprägter gerät denn auch das Mißtrauen gegenüber den Moskauer Überlegungen, auf der P4P-Schiene zu operieren. Das Projekt des amerikanischen Präsidenten hat von Anfang an in Polen besonderes Mißfallen erregt. Daß Deutsche und Russen über die Köpfe der Polen hinweg im Zeichen von P4P militärisch kooperieren, bestätigt die Zweifel. Zuerst wurde P4P als pure Beschwichtigungspolitik ohne strategischen Belang betrachtet. Dann rührte sich Mißtrauen: Der Westen könnte ja mit den Russen über Einflußsphären in Europa einen Deal wie 1945 in Jalta veranstalten. In seinem Westverhältnis möchte Polen nur allzugern dem Wort vertrauen, daß Demokratien Demokratien nicht angreifen. Aus dem bestehenden Kooperationsvertrag mit Deutschland läßt sich immerhin Teilsicherheit ableiten. Seitdem die polnische Westgrenze an Oder und Neiße politisch gesichert erscheint, meiden die Militärtechniker in Warschau aufwendige Zweiseitigkeiten. Das Gros der im Umbau befindlichen polnischen Armee ist nun auf Grenzsicherung nach Osten konzentriert. Eliteeinheiten sind in der Mitte des Landes, ähnlich wie in anderen Reformstaaten, als schnelle Eingreiftruppen stationiert worden. Auf lange Sicht will das polnische Militär Zeit gewinnen, denn schließlich kann sich die neue Führungsgarnitur erst allmählich herausbilden. Außerdem sind die materiellen Möglichkeiten begrenzt – im Verteidigungsbudget fehlt es hinten wie vorn. Die Rolle der Armee im Staat ist nicht nur verbal und in Konzepten, sondern in der demokratischen Wirklichkeit zu definieren – und von der Bevölkerung anzunehmen. Da die Entkommunisierung der Streitkräfte langwierig gerät, nimmt es nicht wunder, wenn einzelne Parteien und Cliquen, aber auch Staatspräsident Walesa in der Armee um Einfluß kämpfen. Eines ist jedenfalls schon erkennbar: Bei bloßer Grenzsicherung durch eine schnelle Eingreiftruppe kann es nicht bleiben – und auch nach jahrelangen Auseinandersetzungen ist man in Polen von einer genau definierten Rolle der Streitkräfte noch weit entfernt. So bleibt die Grundfrage offen, ob eine – reduzierte – Armee nur bei äußerer Bedrohung des demokratischen Staates eingreift oder auch im Inneren tätig werden soll, um Recht und Gesetz zu verteidigen.

Hintergründiges schwingt auch nach einigen Jahren Demokratie noch mit. Die Entideologisierung der Streitkräfte braucht Zeit. Nicht vergessen ist dabei, daß 1981 der damalige Staats- und Parteichef, General Wojciech Jaruzelski, in der Auslaufphase des Kommunismus und des Ostblocks mit Verhängung des Kriegsrechts den Demokratisierungsprozeß, eingeleitet durch die Gewerkschaft Solidarność, unterbrechen ließ. – Bis heute ist unter beteiligten Politikern, Zeitzeugen und Historikern übrigens umstritten, ob Jaruzelski damals als getreuer Vasall der Kommunisten aus Moskau gehandelt hat oder als vorausschauender Patriot, der seinem Land Bürgerkrieg oder Okkupation – erinnert sei an Ungarn 1956 und an die Tschechoslowakei 1968 – ersparen wollte.

Territoriale Integrität, in der kommunistischen Zeit auf die polnischen Westgrenzen (und ihre offensive Vorwärtsverteidigung) ausgerichtet, zählt nun prioritär im Osten. In der großen Sicherheitspolitik freilich tritt Polen erhobenen Hauptes auf. Über Krieg und Frieden entscheidet nicht mehr eine ideologisierte Nomenklatura in Moskau, sondern ein freigewähltes, ein demokratisches Parlament. Im Sejm, auf Einfluß gegenüber dem machtbewußten, oft eigenwilligen Staatspräsidenten Walesa bedacht, fällt es nicht immer leicht, der eigenständigen Verteidigungsdoktrin zu folgen. Und in der zerklüfteten Parteienlandschaft, wo auch die ehemaligen Kommunisten nationalpolnisch auftreten, tut sich die Armee schwer, durch allgemeinen Konsens für ihre Rolle Mittel und Möglichkeiten zugebilligt zu erhalten.

## Scheidung auf tschechoslowakisch

Zwei zu eins für eine Scheidung wider Willen. Auf der Burg weht die Flagge mit dem Patriarchenkreuz, auf weiß-blau-rotem Grund weithin sichtbar im Land. Im Hof Trommelwirbel und Fanfare. Der Hausherr tritt heraus. Groß, breitschultrig, tritt er voll Selbstbewußtsein auf das Podium. Alle schauen auf ihn, den eigenwilligen Mann mit dem markanten Unterkiefer. Vladimír Meciar genießt diese Stunde. Ein klarer Septembertag in Jahre 1993. Die Slowakei, kaum ein Dreivierteljahr selbständig, getrennt vom Prager Zentralismus, zeigt einen weiteren, zeigt den deutlichsten Beweis staatlicher Eigenständigkeit – eine eigene Armee. Marschmusik. Die Staatsfahne voran, marschiert eine Eliteeinheit auf. 58 000 Mann, die die jüngste Streitkraft Europas repräsentieren. Wie selbstverständlich geben sie sich demokratisch, treu der neuen Verfassung des jungen Staates an der Donau. Vergessen oder verdrängt ist die jüngste Vergangenheit einer Scheidung wider Willen. Mit ihren Generälen hatte die tschechoslowakische Armee mit ihren 93 000 Mann bis zuletzt geglaubt, von der Zweiteilung ausgespart zu werden. Wenn schon nicht eine integrierte Streitmacht, sollte es zumindest ein gemeinsames Oberkommando mit verflochtener Logistik, Rüstung und Planung sein.

Wie die Bevölkerung, die der Scheidung auf tschechoslowakisch lange Zeit und mehrheitlich mißtraute, hielt auch die Armee über Jahre am Einheitsstaat fest. Die Weichen indes waren politisch längst gestellt: Ein Einheitsstaat, der wie Jugoslawien nach dem Ersten Weltkrieg am Ende der Habsburger Monarchie entstanden war – dieser Einheitsstaat sollte mit der sanften Revolution untergehen.

Selbstbestimmungsrecht, wie es der amerikanische Präsident Woodrow Wilson im Jahr 1917 in seinen vierzehn Punkten gutgläubig als ideales Fernziel verkündet hatte, sollte siebzig Jahre später andersartig wirken – gegen den Prager Zentralismus, gegen die vermeintliche oder tatsächliche Dominanz der Tschechen in der gemeinsamen Republik, gegen wirtschaftliche, soziale und intellektuelle Benachteiligung der Slowaken gegenüber den Tschechen, gegen den großstädtischen Moloch Prag und für Identität und Souveränität der Slowaken. Einiges mußte geschehen, um aus dem alten Oberungarn, wo zwar nicht die Türken, aber die Habsburger über eine mehrheitlich bäuerliche Bevölkerung geherrscht hatten, einen modernen, einen selbständigen Staat zu machen.

Es begann mit Autonomie, mit verlangten Garantien. Politische, aber auch ideologische Eigenständigkeit wurde gefordert, als 1989 die sanfte Revolution der kommunistischen Zwangsbeglückung ein Ende gesetzt hatte. Bratislava forderte und Prag zögerte. Meciar machte die Selbständigkeit zu einem Ideal und zugleich zu einem Wahlkampfthema. Der nicht minder eigenwillige und selbstsichere Prager Ministerpräsident Klaus, ein konservativer Westler, der dem »linken«, im kommunistischen Moskau geprägten Meciar ideologisch mißtraute, zog die Notleine. Aus für die Tschechoslowakei. Auch sicherheitspolitisch. Was viele Bürger bedauerten oder nicht verstanden, geriet unaufhaltsam: Trennung sämtlicher Staatsgewalt. Zum allgemeinen Erstaunen geschah dies friedfertig und relativ geräuschlos. Daß den Einwohnern von Böhmen und Mähren sowie von Oberungarn in den neunziger Jahren das Schicksal eines anderen Staates aus der Liquidationsmasse der Habsburger erspart blieb, nämlich denen von Jugoslawien, war nicht zuletzt auf das Vorgehen innerhalb der Streitkräfte zurückzuführen. In gekonnter Logistik wurde nach dem Schlüssel zwei zu eins zwischen der Tschechischen und der Slowakischen Republik alles aufgeteilt, was an Armeestärke – das tschechoslowakische Heer zählte 143 000 Mann samt ihrer Ausrüstung – da war.

Für glatte Trennung fehlte es eigentlich an Voraussetzungen, waren doch im Ostblock die strategischen und strukturellen Vorgaben einer reinen Offensivarmee – Teil des sowjetrussischen Kräftepotentials – seit mehr als vier Jahrzehnten vorgegeben: in Böhmen und Mähren bewegliche Angriffstruppen und Kampfflugzeuge, in der Slowakei Nachschubkontingente und Ausbildungskapazitäten. Als »Bruderarmee« waren die tschechoslowakischen Streitkräfte, basierend auf einer industriell hochstehenden Rüstungsindustrie, auch in der ideologischen Traditionspflege vereinnahmt.

Die Sowjetunion hielt sich zugute, seit Juli 1942 Aufbau und Einsatz des 1. tschechoslowakischen Armeekorps, später Teil der 1. ukrainischen Front, ermöglicht zu haben. Wie selbstverständlich galt das ČSR-Offizierskorps als relativ verläßlich und qualitativ höherstehend im Vergleich zur Führung anderer »Bruderarmeen«.

Ohne Parteibuch keine Laufbahn. Ohne ideologische Verläßlichkeit keine Ausbildung in der Sowjetunion. Ohne sowjetrussische Testate keine Karriere. Hinter der Ideologisierung und altmodischen Schematik rührte sich freilich auch im tschechoslowakischen Offizierskorps seit den siebziger und achtziger Jahren Widerstand gegen die Hausherrenmentalität der Sowjets. Das war zu der Zeit, als man in Moskau allgemein an der Verläßlichkeit und damit an der Kampfkraft der Bruderarmeen zu zweifeln begann. Die Liberalisierungsversuche in Prag förderten den Zweifel derartig, daß die sowjetische Generalität, zunächst insgeheim, die Einsatzpläne – was den Schutz und die strategischen Chancen betraf – zu Lasten der tschechoslowakischen Armee systematisch veränderte. Das geschah vor allem durch Entzug der Luftsicherung und durch Paktplanungen für den Einsatz von Atomwaffen (die entweder tschechoslowakische Einheiten zwingen sollten, in verseuchtem Gebiet zu operieren, oder sie denkbaren Gegenschlägen des Westens aussetzten). Allmählich begann in Prag das Feindbild des Westens, vor allem der Westdeutschen, zu verblassen. Dennoch wurde die Fiktion der gemeinsamen Anstrengungen des »sozialistischen Friedenslagers« aufrechterhalten, zumindest nach außen. So erklomm beispielsweise der spätere Verteidigungsminister der Slowakei, General Andrejcak, als General einen hohen Rang nach dem anderen innerhalb des Warschauer Paktes.

## Zwei zu eins – eine redliche Teilung

Klaus und Meciar ließen sich in ihrem Scheidungsprozeß von den Einheitseinwänden der Militärs nicht beeindrucken. Per 1. Januar 1993 wurden aus der ansehnlichen Streitmacht der Tschechoslowakei zwei selbständige Armeen befohlen. Innerhalb weniger Monate Truppen auseinanderzudividieren, die Blockstrategie, die politisch ohnedies obsolet geworden war, endgültig zu überwinden und eine defensive Rundumverteidigung zu organisieren – das alles stellt dem logistischen Können des tschechoslowakischen Offizierskorps eine hervorragende Leistungsnote aus. Fast 3000 Eisenbahnzüge wurden verwendet, um die Einheiten zu trennen, die vorher schon unauffällig nach ethnischen Gesichtspunkten organisiert worden waren.

Es fügte sich, daß bei dieser Gelegenheit das sowjetrussische Organisationsprinzip der (größeren) Divisionen abgelöst werden konnte durch das westliche Brigadesystem. Dennoch gelang nicht überall die Trennung glatt. Vor allem in der Slowakei fehlten Quartiere, Kasernen und Flugplätze. Auch erwies sich die ebenso großräumige wie egoistische Rüstungsplanung des Warschauer Paktes als Hindernis. Während Böhmen und Mähren über ansehnliche High-Tech-Kapazitäten verfügten, konnte die Slowakei lediglich auf altvordere Panzer- und Geschützkapazitäten verweisen.

Beim Material freilich ist die Slowakei nicht schlecht gefahren. Sie erhielt 478 Kampfpanzer, 583 gepanzerte Fahrzeuge, 383 Geschütze und 229 Flugzeuge zugesprochen. Alles fein säuberlich und redlich geteilt im Verhältnis zwei zu eins, einem Schlüssel, wie er sich aus dem Nationalitätenproporz der sich selbst versenkenden Tschechoslowakei – 62,8 Prozent Tschechen, 31,9 Prozent Slowaken – ohne viel Federlesens anbot. Bei den sowjetrussischen Kampfflugzeugen modernster Bauart, den MiG-29, einigte man sich gar auf ein Aufteilungsverhältnis von eins zu eins für die zwanzig Kampfflugzeuge der alten tschechoslowakischen Luftwaffe.

Zyniker im gerne zynisch auftretenden Prag sprachen freilich von einem Danaergeschenk für die Slowakei, die nach der Politgeographie des Warschauer Paktes bei Flugplätzen und Luftwaffenlogistik gegenüber Böhmen und Mähren benachteiligt gewesen war. Wie das benachbarte Ungarn, aus anderen Gründen von Rußland mit MiG-29 beglückt, droht der militärische Betrieb anspruchsvollster Zukunftstechnologie das Verteidigungsbudget der jungen Slowakei zu überfordern, jedenfalls kopflastig werden zu lassen. Relativ reichlich mit Personal und Material ausgestattet, blieb dem slowakischen Militär gar nichts anderes übrig, als sich finanziell zu begnügen. Kaum mehr als 8 Milliarden Kronen (ca. 300 Millionen DM) stehen als liquide Mittel zur Verfügung. Dennoch sind das immerhin 5 Prozent des slowakischen Gesamthaushaltes – ein vergleichsweise hoher Ansatz. Alles jedoch ist relativ, vor allem gemessen an den Unwägbarkeiten, Instabilitäten, Problembereichen und offenen Gefahren ringsum.

## Stunde Null – Bomben auf München

»Stunde Null. 20 MiG-29 greifen unter tschechoslowakischem Oberbefehl im Kampfverband als erste von geplanten zehn Staffeln – letztere aus den Divisionen der sowjetrussischen Luftstreitkräfte – ohne Vorwarnung München an. Tag eins: Die Südwestfront stößt mit zehn Divisionen der Tschechoslowakei mit 5213 Panzern in drei Marschkolonnen gegen Bayern vor, die erste Richtung Regensburg – München, die zweite Richtung Ingolstadt, die dritte Richtung Aschaffenburg. Zur Deckung der Landoperationen werden amerikanische Basen und Einheiten mit Flugzeugen und Raketen, einschließlich chemischer und bakteriologischer Waffen, angegriffen, darunter auch die Rhein-Main-Airforce-Base. Zweiter Tag: Trotz hartnäckigen Widerstandes erreichen die Warschauer-Pakt-Truppen die Donau und den Main. Auf ausdrücklichen Befehl aus Moskau werden taktische und strategische Atomwaffen eingesetzt. Dritter Tag: Kampftruppen, unterstützt durch sechs Fallschirmjägerdivisionen des Warschauer Paktes, erreichen den Bodensee und die Schwäbische Alb.«

Dieses geheime, nach der sanften Revolution 1990 entdeckte Szenario des Warschauer Paktes, längst in die Militärarchive verpackt, steht in einem signalisierenden Gegensatz zu dem neuen Militärabkommen zwischen Bonn und Prag. Am 25. Mai 1993 verabredeten die Verteidigungsminister von Deutschland und der Tschechischen Republik, Volker Rühe und Antonin Baudys, vertragliche Kooperation. Als ausbaufähig angesehen, wollen Deutschland und die Tschechische Republik den Austausch von Informationen institutionalisieren. Bei der strategischen und taktischen Planung über Rüstungsprogramme, Defensivkonzepte, Standorte, Logistik, Ausbildung und Reservepolitik umfaßt die Kooperation also die gesamte Strategie und Taktik. Eingeschlossen ist auch der Umweltschutz und der humanitäre Einsatz von Streitkräften im Katastrophenfall. Gefördert werden sollen bereits bestehende, relativ enge Kontakte der Truppenteile beider Seiten in Grenznähe.

Zu den mittelfristigen Vereinbarungen zählt die gegenseitige Teilnahme von Offizieren an Lehrgängen und Seminaren. Langfristig sollen die Konzepte der Generalstäbe möglichst weitgehend abgesprochen und synchronisiert werden. Im Zentrum Europas soll die Gleichheit der Sicherheitsinteressen in die militärische Praxis umgesetzt werden. Außerhalb dieses weitgehenden Vertrages verpflichtet sich Deutschland, die Heranführung der Tschechischen Republik an die Westeuropäische Union und an die NATO als »logischen Prozeß« zu fördern. Militärdiplomatie schließt dabei bereits gemeinsame Aktionen im Hauptquartier der Westallianz und in den wichtigsten Mitgliedsländern der NATO und auch der Westeuropäischen Union ein.

## Kooperation statt Konfrontation

Der deutsch-tschechische Militärvertrag ähnelt zwar Vereinbarungen, wie sie das wiedervereinigte Deutschland mit Polen, Ungarn und Rußland geschlossen hat. Unter dem Motto, daß Geographie Politik beeinflußt, hat sich jedoch die deutsch-tschechische militärische Zusammenarbeit wesentlich intensiviert. Psychologische Schranken, etwa gegen die Anwesenheit Deutscher in Uniform, räumen die interessierten Regierungen eilfertig beiseite. Tschechische Militärs zeigen keinerlei Berührungsängste. Mancher, der 1968 als junger Soldat schon dabei war, betrachtet die Westbindung seines (geschrumpften) Landes als logischen Beweis des Wandels. Damals die Ostbindung mit dem kommunistischen Ruf nach »brüderlicher Hilfe« gegen die Apologeten des Prager Frühlings. Truppen der Sowjetunion, Polens, Ungarns, Bulgariens und der DDR als Schreckenserinnerung. Heute, nach dem Ende des Zwangskartells unter Moskauer Kommando, die selbstgewählte Öffnung nach Westen mit fairer Partnerschaft zwischen Gleichberechtigten.

Auch auf deutscher Seite schwingt seitdem Respekt mit vor dem Ausbildungsstand, der Kampfkraft und den organisatorischen Fähigkeiten der tschechischen Streitkräfte. Ihre Führung habe mit der reibungslosen Aufteilung der früheren tschechoslowakischen Armee eine Meisterleistung in Logistik, Personalpolitik und Organisation – unter Rücksichtnahme auf die zivilen Bedürfnisse – erbracht. Österreich und die Tschechische Republik kooperieren ebenso systematisch wie unauffällig: gegenseitige Truppenbesuche, Offenlegung von Standorten und Logistik, Informationsaustausch einschließlich Luftverteidigung, mehr und mehr Waffengeschäfte, Austausch von Offizieren, gemeinsame Lehrgänge – und das breite Ritual von Ländern, die es auf Zusammenarbeit anlegen.

## Stark genug für den Alleingang

Dennoch beschert die Mittellage ungewohnte Probleme. Vierzig Jahre lang waren die tschechoslowakischen Streitkräfte wie andere des Ostblocks auf Angriff programmiert. Die Umstellung auf reine Verteidigung erfordert nicht nur ein neues Denken, sondern einen prinzipiellen Umbau der Strategie, flexiblere Ausbildung, Internationalisierung der Generalstabsarbeit, neuartige Bewaffnungs- und Logistiksysteme sowie Kooperationsbereitschaft nach Westen und Wachsamkeit gen Osten. Der älteren Generation unter den Führungskadern in der Tschechischen Republik fällt der Wandel nicht leicht. Reine Politkarrieren wurden zwar kurz nach der sanften Revolution beendet, aber da auch im tschechoslowakischen Offizierskorps die Regel galt, daß man Mitglied der Kommunistischen Partei sein mußte, um aufzusteigen, halten sich in mancher Kaserne ideologische Restbestände. Neue Loyalitäten gegenüber dem gewandelten Staat, der beim Militär statt Betonköpfen Bürger in Uniform wünscht, stellen sich nicht immer automatisch ein. Rollenverständnis läßt sich nicht kommandieren. Auffallend ist, daß im Fall des tschechischen Offizierskorps weniger Sehnsucht nach der Kameraderie des Warschauer Paktes besteht als in anderen Armeen der Reformstaaten. Für eigene Umstellungsprobleme entsteht innenpolitisch ein kooperativeres Klima, und bei den Finanzen werden die Militärs weniger kurzgehalten als anderswo.

Allerdings fällt es hier wieder schwer, ein neues, leistungsfähiges Offizierskorps aufzubauen. Früher auf russisch eingestellt, geht es nun englisch zu. Auch strategisch bringt die Mittellage für die tschechischen Streitkräfte nicht nur Positives. Die Slowakische Republik wirkt zwar als Puffer gegenüber militärpolitischen Instabilitäten weiter im Osten, doch der junge Nachbarstaat, in dem Personen und Sachen auch dem letzten Tschechen geläufig sind, bleibt ein Sicherheitsrisiko besonderer Art. Dennoch - oder vielleicht gerade deshalb – fühlt man sich in Prag stark genug für einen Alleingang nach Europa.

## Herr im eigenen Haus

Die Mütze etwas schief, leicht nach rechts orientiert, graumeliertes, gepflegtes Haar, schmucke Uniform mit roten Streifen, Orden in Sechserreihe, zwei Generalssterne, wohlklingendes Russisch mit Moskauer Klangfärbung – General Viktor Schilow blickt nachdenklich auf den Blumenstrauß, der ihm wie allen sowjetrussischen Soldaten in die Hand gedrückt worden ist. Abschied in Zahony, der ostungarischen Grenzstadt. Viel Öffentlichkeitsarbeit beiderseits. Wie ein pflichtbewußter Kapitän verläßt General Schilow als Oberkommandierender der sowjetischen Heeresgruppe Süd, einem Machtfaktor in Liquidation, als letzter das Land, das das kommunistische Imperium 46 Jahre lang besetzt gehalten hatte. Ungarn genießt den Triumph. Ein Staatssekretär, Medienvertreter. Aufbruchstimmung bei der Bevölkerung, Abbruchstimmung bei den Russen. Eine Rote Armee auf dem Rückzug. Erst vor einem Vierteljahr war in Moskau politisch von den Staatschefs der sechs Mitgliedsstaaten des Warschauer Paktes beschlossen worden, dieses Organ, das Europa in zwei sich feindlich gegenüberstehende Blöcke geteilt hatte, einfach aufzulösen.

Soldaten gehorchen – wenn sie klare Befehle erhalten. Einen Monat nach dem symbolträchtigen Abzug aus Ungarn sollte der Putsch gegen Staatspräsident Michail Gorbatschow an der schwankenden Haltung des Militärs scheitern. In Zahony macht es General Schilow kurz und bündig: Die Sowjetunion habe ihre Verpflichtungen präzis erfüllt, sämtliche 50 000 sowjetischen Soldaten aus Ungarn abzuziehen. Er bedauere, daß Ungarn die Finanzforderungen seines Landes nicht anerkenne. Als ob es sich für ihn um tägliche Routine handelt, besteigt General Schilow die schwarze Dienstlimousine, Typ ›Wolga‹, Richtung Osten. Man schreibt den 21. Juni 1991, und es ist drei Uhr nachmittags. Am nächsten Morgen sollte derselbe Viktor Schilow zurückkehren, und zwar ganz zivil im grauen Zweireiher – als Verhandlungsführer für Moskauer Finanzforderungen gegenüber Ungarn.

Mit den Leuten von Zahony feiert Ungarn ausgelassen. Erst allmählich wird ihnen bewußt, was es heißt, wirklich frei, wirklich Herr im eigenen Haus zu sein. Zeitenwandel. Einst hatten viele – freilich nicht alle – Ungarn die Rote Armee als Befreier willkommen geheißen. Nach den Turbulenzen der Jahre 1944/45, als die deutsche Wehrmacht und die SS Ungarn besetzten, wirkte die russische Militärmacht durch Kampftruppen vorübergehend gar als eine Art Ordnungsfaktor. Sie erlaubte demokratische Ansätze, vermutlich mangels ideologischer Anweisungen aus Moskau. Erst später – und dann um so intensiver – ermunterte und unterstützte die sowjetrussische Besatzung die Kommunisierung Ungarns. Eigentlich hätte die Rote Armee das Land im Mai 1947 zu räumen gehabt. Entsprechende Fristen der Pariser Verträge wurden gleichsam geteilt.

# Die Türken blieben länger

Ein halbes Jahr vor dem Abzugstermin erging der sogenannte Hilferuf, der erste seiner Art, von den Platzhaltern Stalins an die Adresse Moskaus. Übermittelt durch den seinerzeitigen sowjetischen Botschafter in Ungarn, Juri Andropow, den späteren Chef des KGB sowie von Partei und Regierung, erlebten die Ungarn Täuschung und Verrat. Getreu allrussischem Nomenklaturadenken ließ Andropow gegenüber den aufbegehrenden Massen von Budapest und ihren mutigen Repräsentanten den Eindruck entstehen, die Panzer der Roten Armee würden aus den Straßen von Budapest und aus anderen Städten bald wieder zurückgezogen. Tatsächlich bastelte Andropow mit seinen ungarischen Auftragnehmern an einer gemeinsamen Gegenrevolution. Durch sowjetrussisches Militär und seine Helfershelfer, vor allem die Truppen des ungarischen Innenministeriums, wurde die Revolution niedergeknüppelt. Blut floß. Schreckensherrschaft folgte. Seitdem blieb die Militärpräsenz der Sowjetunion. 35 lange Jahre.

Auch nach dem Rückzug der Roten Armee in ihre (bescheidenen) Kasernen, verbunden mit einer demonstrativen Zurückhaltung in Fragen der Politik und der Ideologie, blieb der Freiheitsdrang der meisten Ungarn ungebrochen. Nationalstolz, seit Menschengedenken in die Beziehung zu den Abläufen der Geschichte gebracht, mischte sich mit Spott, von dem die Besatzung nicht verschont blieb.

Mit einem halben Jahrhundert hätten es die »Russen« nur zu einem Drittel der türkischen Besatzungszeit gebracht. Ab 1526 hatten die Ungarn 150 Jahre lang im Einflußbereich des Osmanischen Reiches ihre Eigenart geschickt und nachhaltig verteidigt. Und nach 46 Jahren sowjetrussischer Okkupation konnte Ungarn seine Identität ebenso bewahren wie nach 150 Jahren Türkenherrschaft und mehreren Jahrhunderten Habsburg. Zwar wurden während dieses kurzen halben Jahrhunderts die Lebensumstände durch Liberalisierungsschübe des kommunistischen Regimes Kádár – Stichwort Gulasch-Kommunismus – immer mal wieder merklich aufgebessert, militärisch jedoch blieb die Sowjetunion präsent, und zwar ohne Abstriche.

## Mit der Arroganz der Besatzer

Was sind unterirdische Betonbunker für ein Dutzend Geschwader einer ganzen Luftflotte in der Pußta bei Debrecen wert? Was Munitionslager, Tanks und leere Kasernen einer Panzerarmee bei Kecskemet? Was altmodisch gewordene Fernmeldeeinrichtungen, fremdartige Luftüberwachungsanlagen und überholte Computer in ehemaligen sowjetrussischen Befehlszentralen bei Budapest? Beim Hochrechnen in Milliardenhöhe tritt der neue sowjetische Unterhändler Schilow gegenüber dem ungarischen Chefunterhändler Kádár, dem späteren Außenhandelsminister (nicht verwandt mit dem ehemaligen KP-Chef) mit der Arroganz des Besatzers auf. Nicht 50 Milliarden Forint (16 Milliarden DM) sei Ungarn der Sowjetunion für die militärische Hinterlassenschaft schuldig, sondern 100 Milliarden (erst im Laufe der Verhandlungen verdoppelt Moskau die Forderungen für Kasernen, Wohnungen, Militärflugplätze und das ehemals sowjetrussische Militärkrankenhaus in Budapest). Ungarische Gegenrechnung: 98 Milliarden Forint vor allem für Umweltschäden. Auf über 10 000 Seiten beläuft sich der Schadenskatalog der Ungarn für Umweltschäden, die während der sowjetischen Besatzungszeit entstanden sind. Da gibt es verseuchtes Trinkwasser, beschädigte Ölbehälter, über 40 000 Kubikmeter Giftmüll, der entweder gar nicht oder unzulänglich behandelt worden ist, von den mehr als eine halbe Million Kubikmetern verseuchter Erde gar nicht zu reden.

Jahrzehntelang wurde auf Militärflugplätzen, Truppenübungsplätzen und in Kasernen Altöl aus Flugzeugen, Panzern, Fahrzeugen usw. einfach in den Boden abgelassen. Ungarn teilt diese Umweltkatastrophe mit der Tschechischen, der Slowakischen Republik, mit Polen und vor allem auch mit den neuen deutschen Bundesländern. Da die Hochrechnungen ähnliche Summen ergaben, bot sich zwar mathematisch an, einen Ausgleich auf der Basis null zu null herbeizuführen, doch die ungarische Seite lehnte ab. Politisch will sie den Schaden »der Russen« nicht untergehen lassen.

Außerdem tauchen selbst nach Jahren noch immer neue Schadensfälle auf. Dazu kommen Handelsschulden des Sowjetreiches beim »ungarischen Bruderstaat«. 1,6 Milliarden Dollar aus der Liquidationsmasse der Sowjetunion abzuzweigen – dazu sieht sich Rußland außerstande.

Zumal es sich nicht um die einzige Finanzforderung aus den Reformstaaten handelt. Nach einigem Hin und Her, ob die ungarischen Forderungen im Prinzip und in der Höhe zu Recht bestünden und was Moskau, um neue Kredit- und Handelswürdigkeit bemüht, trotz eigener Finanznöte zu bieten vermöge, lautet letztendlich die Lösung: Rußland liefert 26 nagelneue Kampfflugzeuge des Typs MiG-29 im Wert von ca. 800 Millionen Dollar.

## Wenn nebenan Krieg herrscht

Aus der Loyalität und der Kommandostruktur des Ostblocks entlassen – manche sagen befreit –, verstand es Budapest, sich sicherheitspolitisch schnell zu arrangieren. Die Umstellung von einer Angriffs- auf eine Verteidigungsarmee geht auf eine zeitgerechte Militärdoktrin zurück. Inzwischen zum Gesetz erhoben, verschreibt sie sich der Stabilität in diesem Teil Europas. Sicherheitspolitisch hat die Bewährungsprobe nicht lange auf sich warten lassen. Bis Mitte der neunziger Jahre mußte auch Ungarn mit der bis dahin ungewohnten Mittelage militärisch fertig werden. Anders als in der Tschechischen Republik und auch in Polen sieht sich Ungarn einer heißen Bewährungsprobe gegenüber. Der Bürgerkrieg im ehemaligen Jugoslawien, von dem schließlich auch mehr als eine halbe Million Ungarn, die in Serbien, in der Wojwodina leben, betroffen sind, stellt eine Herausforderung dar. Budapest muß mit Belgrader Empfindlichkeiten umgehen.

1990/91. Serbien, Kroatien und Bosnien im Krieg. Ungarn verlegt leistungsfähige Einheiten an die Grenze. Serbien fühlt sich provoziert. Stillschweigend bläst die ungarische Seite zum Rückzug. Dies geschieht in einer Zeit, als die Auseinandersetzungen um Gabcikovo eskalieren. Dieses Donaukraftwerk wird im Herbst 1993 teilweise in Betrieb genommen. Über ein künstliches Kanalsystem geflutet, sinkt der Wasserspiegel der Donau. Darauf kommt es über Nutzung, ökologische Folgen und Vertragstreue zum offenen Streit zwischen Ungarn und der soeben selbständig gewordenen Slowakischen Republik. Während die Europäische Union vermittelt (durch Befassung des Internationalen Gerichtshofes in Den Haag), fühlt sich die slowakische

Regierung durch ungarische Truppenbewegungen provoziert. Tatsächlich hat Budapest seine Truppenanwesenheit an der serbischen Grenze etwas verdünnt – schließlich sollte nicht »gereizt« werden. Nervosität jedoch auch in Budapest über den schwelenden Streit der beiden Atommächte Rußland und Ukraine. Ein Mittestaat mit Problemen ringsum.

Seitdem verfolgt Ungarn sicherheitspolitisch eine Doppelstrategie. Es möchte mit anderen ehemaligen Ostblockstaaten auch militärisch zusammenarbeiten, selbst wenn dies – etwa in Prag – zeitweilig auf wenig Gegenliebe stößt. Durch bilaterale Verträge mit NATO-Staaten, allen voran Deutschland, möchte Ungarn an historische Querverbindungen anknüpfen, aber auch vorhandene Wirtschaftskraft nutzen, um die Zeit bis zu einer Verbindung mit der NATO und der EU zu überbrücken. Volle Mitgliedschaft in der Militärallianz betreiben die ungarischen Sicherheitspolitiker wesentlich zurückhaltender als etwa ihre Kollegen in Prag und Warschau. Daß das Anlehnungsbedürfnis nur bei beiderseitigem Interesse funktioniert, erfährt Ungarn im deutschen Fall. Ungarisches Interesse an Waffen, Gerät und vor allem Ersatzteilen aus den Beständen der ehemaligen DDR-Armee findet in Bonn geteilte Aufnahme. Das Verteidigungsministerium auf der Hardthöhe ist dafür, den Ungarn zu helfen, das Auswärtige Amt ist dagegen, will doch die deutsche Außenpolitik Rußland, aber auch die Ukraine nicht reizen. Außerdem fürchten manche Sicherheitspolitiker am Rhein, Waffenlieferungen könnten nur allzuleicht auf verschlungenen Pfaden über Ungarn nach Kroatien gelangen. So wird Ungarn, als einziger Reformstaat, als ein Land angesehen, das in einer Krisenregion liegt.

Kriegsnähe beschert Ungarn freilich auch eine Sonderrolle. Sollte der Bürgerkrieg im ehemaligen Jugoslawien auf Ungarn übergreifen, so kann Budapest mit dem Beistand der NATO rechnen. Obwohl in Budapest gehofft wird, dieser Kriegsfall werde niemals eintreten, ist die Problematik der Zusage des NATO-Generalsekretärs Manfred Wörner offenkundig. In der Zeit des Wartens auf ein Ende des Bürgerkrieges im ehemaligen Jugoslawien und auf eine konkretere Unterstützung durch die NATO tut sich Ungarn mit seiner Verteidigungskapazität schwer. Es fehlt hinten und vorn an Geld. Mit etwa 60 Milliarden Forint zweigt Ungarn kaum mehr als 2 Prozent seines Gesamtbudgets für Verteidigungszwecke ab. Der westeuropäische Durchschnitt liegt doppelt so hoch. Seine Finanznöte wird Ungarn auch nicht durch die fortdauernde Abrüstung los.

Die Ausgangsposition war 1989 hoch und kostspielig. Damals lag der Anteil der Verteidigung am (geheimen) Staatsbudget mit bald 6 Prozent etwa dreimal so hoch wie nach der Wende. Als Offensivstreitmacht verfügte Ungarn über 107 000 Soldaten, 1610 Panzer, 131 Raketen des Typs Scud B (die inzwischen abgeschafft wurden) sowie über eine starke Luftwaffe.

Geschrumpft ist die ungarische Armee inzwischen auf 75 000 Mann. Sie für Rundumeinsätze vorzubereiten und mobil zu halten setzt eine andersartige Infrastruktur mit entsprechenden Unterkünften, Waffenlagern und logistischen Möglichkeiten rascher Eingreiftruppen (zum Beispiel Hubschrauber) voraus. Übernommene Waffen, Transport- und Versorgungseinrichtungen sind nicht nur überaltert, sondern auch unbrauchbar stationiert. Dieses Handikap allmählich aufzuheben verschlingt große Teile des Verteidigungsbudgets. Nach wie vor liegt die Hauptstreitmacht im westlichen Ungarn, dort, wo kein »Feind« mehr anzutreffen ist. Geldmangel.

Auch der Modernisierungsbedarf ist nahezu unfinanzierbar. Personell ist die ungarische Armee – wie jene der anderen Reformstaaten – in einem Umdenk- und Umstellungsprozeß, der sich als eine Generationenaufgabe erweist. Es genügt also nicht, ältere Offizierssemester zu pensionieren oder Englisch lernen zu lassen und jüngere auf Generalstabsschulen in westliche Länder zu schicken. Die Rolle einer Armee, die der Demokratie verpflichtet ist, erfordert ihrerseits eine psychologische Langzeitstrategie – und die existiert in Ungarn erst in Ansätzen.

## Die Rolle ist neu zu definieren

In den Reformstaaten sind die militärischen Symbole geblieben. Kein Fahnenwechsel, kein Uniformwechsel. Was bleibt, ist die Frage nach der Rolle einer Armee. Im alten Regime zählte sie neben der Partei und dem Geheimdienst zu den tragenden Säulen. Entstanden sind die Armeen aus dem Antifaschismus. Sie rekrutierten sich, wie in Slowenien, aus Partisanenverbänden oder Spezialeinheiten, die auf der Seite der Sowjetunion oder der Westmächte gegen die deutsche Wehrmacht kämpften. Nun, da die zweite und dritte Soldatengeneration am Werk ist, steht und fällt das neue Rollenverständnis mit einer Abkehr vom gezüchteten Heroismus, von der aufgesetzten Ideologie, aber auch von soliden Privilegien. Während mit der DDR ein Staat unterging, bietet sich dem Militär in den Reformstaaten die Chance zu Identität und Souveränität. Nationale Gefühle für die Mannschaftsgrade, erstaunlich schnell eine verteidigungswerte Größe, machen es den höheren und höchsten Offizieren schwer. Verstandesgemäß bedeutet für sie der Zerfall des Warschauer Paktes, im Westen nicht mehr den Klassenfeind zu sehen. Trainierten Generalstäben und Truppenoffizieren mag auch noch an den Verstand gehen, nach der sanften Revolution nicht mehr stündlich mit dem rechnen zu müssen, was ihnen die kommunistische Propaganda vorgegeben hatte, nämlich einen Überfall des Westens, einen ständig simulierten Frontalangriff der NATO. Auf der Grenze zwischen Verstand und Gefühl liegt die Erkenntnis über die eigene Führung, auf welche die Offiziere in wichtigen Passagen ihres beruflichen Lebens blindlings vertraut haben – und fehlgeleitet worden sind. Als ihnen die Augen politisch geöffnet wurden, mußten sie erkennen, nicht, wie parteipolitisch behauptet, »dem Frieden gedient« zu haben, sondern Rädchen einer Kriegsmaschine gewesen zu sein. Fast ein Leben lang gegen den »Faschismus« aufgewiegelt und als befehlsgewohnte »Kämpfer« mißbraucht worden zu sein, das läßt viele Altgediente an ihrer Offiziersehre zweifeln.

Die jüngeren Offiziere schaffen die Umstellung schneller. Sie waren ideologisch mit dem Kommunismus nicht so konsequent verhaftet wie ihre Vorgänger. Die ältere Generation ist in allen Reformstaaten relativ schnell und glatt ausgeschieden worden. Politoffiziere, Geheimdienstvertraute, Parteikarrieristen hielten der demokratischen Selbstreinigung nicht stand. Mancher General packte von sich aus seine Koffer. Die Zahl der Offiziere, die als unverbesserliche oder belastete Kommunisten ausscheiden mußten, wird in Polen auf 10000, in der ehemaligen Tschechoslowakei auf 8200 und in Ungarn auf 7500 geschätzt. Diese »Säuberung auf demokratisch« galt den schwerwiegendsten Fällen. Dem normalen Offizier wird mildernder Umstand zugebilligt. Er weiß, daß er seine neue Verläßlichkeit erst noch zu beweisen hat. Politik im althergebrachten Sinn spielt dabei weniger eine Rolle als militärisches Können.

Technokraten in Uniform, die selbständig und verantwortungsbereit agieren, sind gefragt, nicht zackige Parteisoldaten, nicht tumbe Befehlsempfänger im Stil von vorgestern. In den neuen Armeen wird Information und Transparenz trainiert. Allzu lange hatten auch Soldaten unter kommunistischer Herrschaft unter der Geheimniskrämerei gelitten und dem Herrschaftswissen der politischen Führungsoffiziere mißtraut. Seit der großen Wende wird in den Kasernen der Reformstaaten einem ganz anderen Ideal nachgeeifert – dem des Bürgers in Uniform. Zum Demokratisierungsprozeß zählt: Wehrdienstverweigerung ist möglich, und zwar ohne Repressalien.

Strahlend und gesichert stehen die Armeen der Reformstaaten freilich nicht da. Ihre Rolle in den neuen Gesellschaften weist Unschärfen auf. Demokratie bietet auch Militärs keine simple Gebrauchsanweisung. Der Kampf um Geld, wie er die Budgetverhandlungen in Warschau, Prag, Bratislava und Budapest im schönsten Stil des Westens auszeichnete, zeigt gefährliche Untiefen. Eine neue Militärdoktrin, eilig von Offensive auf Defensive umgestellt, besagt noch nichts über Einsatzfähigkeit, Kampfkraft und Abwehrfunktionen.

Strategisch ziehen im Osten neue Gefahren herauf, auf die der Westen keine verläßlichen Antworten zu bieten hat. Das Angstpotential der Bürger wächst, und die Soldaten sind zunehmend verunsichert. Mit unmodernem Gerät belastet, schlecht bezahlt, früherer Privilegien beraubt, geht es um das Selbstverständnis demokratischer Streitkräfte. Ihre Sicherheitsfunktionen sind angesichts vielfältiger Instabilitäten im Osten jedenfalls reichlich gefragt.

Bürger begehren Schutz – mehr jedenfalls als früher. Bürger in Uniform sehen sich oft nicht in der Lage, ihn zu bieten. Schnell wachsendes Sicherheitsbedürfnis steht dabei im Gegensatz zu den vorgegebenen Möglichkeiten. Polen, die Tschechische, die Slowakische Republik und Ungarn unterliegen außerdem einem gestrengen Abrüstungsmodus. Jeder Reformstaat muß seine angestammte Mannschaftsstärke fast halbieren. Mittelfristige Vereinbarungen, von den Supermächten und in der Konferenz für Sicherheit und Zusammenarbeit in Europa (KSZE) vor der großen Wende beschlossen, erhöhen nicht unbedingt die Verteidigungsfähigkeit der einzelnen Staaten. Kein

Wunder, daß sich manche im Herzen Europas mit dem massiven Abrüstungsprozeß nicht anfreunden können. Die Blöcke sind verschwunden, die Gefahren geblieben.

Kapitel 5

# Der Markt als Sphinx

Richtung Osten wird die Straße immer enger. Die Straßenbahn endet. An der letzten Haltestelle warten Dutzende geduldig, obwohl die Intervalle gering sind. Die Straßenbahnwaggons wirken heruntergekommen, schmutzig, ungepflegt. Sie sind überfüllt. Links und rechts der Üllöi ut ducken sich kleine Buben vor den Dutzendbauten aus der Zeit des realen Sozialismus. Über 200 000 wohnen hier. Viele von ihnen sind Privilegierte von damals. Parteifunktionäre, Facharbeiter, Militärs, Geheimdienstler. Durchschnittsgröße der Wohnungen: 32 Quadratmeter. Die Durchschnittsmiete zwar das Doppelte wie früher, aber noch immer weit entfernt von Kostendeckung. Entsprechend die Pflege. Die Außenwände haben seit zwei Jahrzehnten keine Farbe mehr gesehen. Innen Verwahrlosung. Niemand fühlt sich verantwortlich. Und viele nehmen dem Hausmeister übel, daß er – wie sie wissen – seinerzeit für den Geheimdienst Spitzeldienste geleistet hat. Selbst beim Telefon machte er eine Gnade daraus, einen Antrag überhaupt zu unterschreiben. Wer sich nach der Wende um einen Anschluß bemüht, muß immer noch zwei bis drei Jahre aufs Telefon warten.

Viele setzen auf Kommunikation, denn sie arbeiten zu Hause. Export, Import, Großhandel. Man schweigt über Geschäft und Verbindungen. Letztere werden zum Betriebskapital. Denn mit Krediten, die bis zu 50 Prozent Zinsen kosten, läßt sich nicht arbeiten. Wer weiß, wie man an billigere Finanzierungsquellen herankommt, kann eine günstigere Mischfinanzierung probieren. Gemeinsam mit Erspartem, Hilfe von Verwandten, Geld aus dem Ausland und manchmal auch einem ausländischen Investor wagen manche den Sprung in die Selbständigkeit. Sie kaufen Schreibmaschinen, gebraucht, Computer älterer Generation. Das Fax steht bei Freunden. Wer Kontakte hat, tut sich mit einem Handwerker zusammen. Man kennt sich von früher, von der Partei, vom Militär oder vom Geheimdienst. Oft spielt der Zufall mit. Wo rasches Geld zu machen ist, verrät man nur seinesgleichen. Die, die nicht der einen oder der anderen Clique angehörten, haben es dagegen schwer. Vor allem junge Leute, die sich unbefangen und ohne die alten Seilschaften selbständig machen wollen. Sie empfinden das alte Verbindungssystem als undurchdringliches Dickicht. Für sie erscheinen Demokratie und Marktwirtschaft etwas für alte Funktionäre und neue Schieber.

Von der Üllöi ut haben sich viele als arbeitslos registrieren lassen. Sie folgen dem hintergründigen Budapester Witz: »Was ist ein Arbeitsloser?« – »Einer, der nur einen Job hat.« Gemeint ist die zur Kunst entwickelte Fähigkeit vieler Ungarn, aus einer vorgegebenen Situation schneller als andere das Beste herauszuholen. In der ungarischen Wirklichkeit des »realen Sozialismus« folgten sie dem nämlichen Phänomen wie die Polen, die Tschechen oder die Slowaken: Für private Nebengeschäfte und fürs Anstehen um seinerzeit knappe Güter verwandten Männer vom achtstündigen Arbeitstag durchschnittlich zwei Stunden fürs Organisieren und zwei Stunden fürs Anstehen, Frauen eine Stunde fürs Organisieren und ebenfalls zwei Stunden fürs Anstehen.

Einst »stolze« Eigentümer einer Wohnung, von der Partei, der Gewerkschaft oder manchmal auch dem Wohnungsamt zugewiesen, waren sie schon in kommunistischer Zeit auf Nebenjobs angewiesen. Das niedrige Einkommen aus der nominellen Hauptbeschäftigung reichte auch Mitte der achtziger Jahre einfach nicht. Schon gar nicht für eine vierköpfige Familie. Obwohl die Frauen voll arbeiteten, konnte man mit dem Einkommen einfach nicht auskommen.

Ein zweiter Job half. Vor 1989 illegal, nach 1989 erlaubtermaßen, organisierten sich viele Ungarn selbst. Beamte halfen an Tankstellen aus, Parteifunktionäre übersetzten – naheliegenderweise meistens ins Russische. Fließbandarbeiter reparierten Autos, Verkäuferinnen sprangen bei Friseuren ein, Busfahrer reparierten Elektrogeräte, Pioniersoldaten bastelten Wohnungseinrichtungen, Wartungspersonal aus den Staatsbetrieben reparierte Badezimmer. Alles nebenher. Ohne Steuern. Natürlich auch ohne Sozialabgaben und jenseits der amtlichen Statistik. Kaum jemand fragte nach Genehmigungen. Nicht überall war Qualität anzutreffen, vor allem wenn es an Ersatzteilen fehlte.

Manche verdienten sich mit Zwischenhandel ein kleines Vermögen: begehrte Schrauben, Nieten, Motorteile, Elektrogeräte oder Autoteile. Sie konnten sich am ehesten eine Reise in den Westen oder ein Auto aus dem Westen leisten. Niemand fragte nach dem Woher und Wohin. Die Mehrheit freilich lebte an der Armutsgrenze. Mangels Gelegenheit, Geschick oder Skrupellosigkeit nahm sie nicht an dem teil, was unter den Kommunisten offiziell geleugnet wurde und seit der Wende unter »Schattenwirtschaft« läuft, gut läuft. Ohne sie stünde alles schlechter da.

Draußen vor Budapest, auf der Üllöi ut Nummer 603, geht es anders, bodenständiger zu. Ein sauberes, ein freundliches Verkaufslokal für Autoersatzteile. Auf der anderen Seite, jenseits des Graus der Massenquartiere, ein positiver Farbklecks. Strahlend weiße Werbung, blaue Schrift und drinnen ein volles, ein offenes Warenlager – so gut wie alles aus dem Westen. Im Hinterhof die Produktion. Jahrelang haben sie hier Kolben geschmiedet und bearbeitet. Erstklassige Qualität. Selbst im Zeitalter der totalen Planwirtschaft brauchten sie sich um den Absatz nicht zu kümmern. Verkaufen? Fand nicht statt. Alles war vorgegeben, sowohl Menge als auch Verrechnungspreis, sowohl Umfang der Produktion als auch Gesamtumsatz, sowohl die Zahl der Beschäftigten als auch die Abnehmer. Einen »Markt« brauchten sie nicht, denn sie lieferten Kolben für den Panzer T-72. Sozialistische Arbeitsteilung auf ungarisch.

Die Montage des T-72 fand in Martin bei CTS TEES statt. Nachdem dort, mitten in der Slowakei, im Jahr 1991 die letzten 250 Paradepanzer des verbliebenen Ostblocks für Syrien produziert und geliefert worden waren, hat auch für den Kleinbetrieb an der Üllöi ut in Budapest eine neue Zeit begonnen. Im Nachtrag zur verordneten (und im Leistungsbereich auch leidlich funktionierenden) Arbeitsteilung innerhalb des »Sozialistischen Friedensbündnisses« lernten die Ungarn von der Üllöi ut 603 zum letztenmal die Folgen dieser exklusiven Arbeitsteilung schätzen. Weil Staatspräsident Havel per Ordre de mufti und aus moralischen Gründen die Produktion und den Export von Rüstungsgütern der damaligen Tschechoslowakei abstellte, versiegte das Geld. Nicht nur in Budapest.

Zwei Dutzend hochspezialisierte Arbeitskräfte, die es mit jedem westlichen Facharbeiter aufnehmen konnten, waren nicht mehr zu beschäftigen. Ihr Chef, ein kerniger Ungar, mußte sich total umstellen – weg von der behüteten Geschäftsautomatik mit dem Krieg, weg von dem Kommando der Rüstungsplaner. Diese anonymen Drahtzieher hatten ihm jederzeit begehrte und rare Rohstoffe und Maschinen, auch gegen Devisen, ohne weiteres Dazutun auf den Hof geliefert. Sie gaben Preise und Mengen vor. Sie schützten die Spezialisten vor Militär und Geheimdiensten. Sie verschafften allen Beteiligten nicht nur ein gesichertes Einkommen, sondern auch ein soziales Netz. Es umfaßte Wohnungen ebenso wie privilegierten Urlaub, Spezialbehandlung in Krankenhäusern, aber auch Auslandsreisen und neue Autos mit kurzen Lieferfristen. Vorbei die scheinbare Bequemlichkeit.

In der Üllöi ut 603 hatten freilich die einst kontrollierenden Kommunisten reichlich Vorbehalte. Mußte es ein Privatbetrieb sein? Mit Geschick konnten die Inhaber ihren Betrieb halten. Und der Wechsel zur Marktwirtschaft gelang auf ihre Art. Qualitätsarbeit der Firma Dedeo wußten nicht nur die Rüstungsplaner in Budapest und Prag zu schätzen. Kollegen, Freunde und Nachbarn honorierten Qualität schon bisher. Um so schneller gelang der Wechsel, allerdings in bescheidenem Rahmen.

## Service statt Kolben

Sie gingen dazu über, Motoren zu bearbeiten. Statt Kolben für Panzer Teile für Privatfahrzeuge. Für das Aufbohren bestand ein enormer Bedarf. Die alten ›Moskwitschs‹, ›Trabis‹, ›Skodas‹ oder ›Fiats‹ verlangten Überarbeitung, zu Tausenden. Dazu kam die Gebrauchtwageneinfuhr aus dem Westen. Allerdings war Marketing im kleinen vonnöten. So automatisch und selbstverständlich wie für den Panzer stellten sich die Privataufträge nicht ein. Außerdem schlief die Konkurrenz nicht. Initiative anderswo förderte ein Element zutage, das lange Jahre unbekannt war – Wettbewerb.

Nun wird um Aufträge gebuhlt. Preise spielen plötzlich eine Rolle, Qualitäten, Liefertermine und Service. Wer den Zuschlag erhält, entscheidet nicht mehr ein Beamter oder ein Parteifunktionär, sondern der Nachbar nebenan sowie Firmenchefs, die mit ihrem Kapital, ihrer Firma, aber auch ihren Kunden voll im Risiko stehen.

Fürs erste müssen sie sich bescheiden. Sie können nur noch ein halbes Dutzend Fachkräfte beschäftigen. Mehr läßt der kleine Markt nicht zu. Denn alle kalkulieren scharf. Um Absatz kümmern und mühen sich viele. Und neue Methoden oder neue Produkte einzuführen fällt schwer, kostet Geld, Kredit oder Abhängigkeiten. Die Dedeos möchten jedoch selbständig bleiben. Und sie haben gute Chancen. Der Handel im vorderen Betriebsteil an der Straße floriert. Sie sind von westlicher Liefermentalität begeistert. Schnell, pünktlich, preiswert und in versprochener Qualität. Normalerweise jedenfalls. Mit fragwürdigen Lieferanten zahlten sie zunächst drauf. Mittlerweile ist ein Blick für faule Kunden wichtiger denn je. Kundennähe freilich zahlt sich aus. Neue Produkte beleben das Geschäft, wenn nur die Information darüber rechtzeitig in der Üllöi ut ankommt.

## Bild und Zerrbild der Integration

Im Kleinen hat die sozialistische Arbeitsteilung gelegentlich funktioniert, im Großen nicht. Selbst der Rüstungsproduktion blieb dauerhafter Erfolg versagt. Hinter groß angelegten Plänen und trotz durchexerzierter Prioritäten blieb diese partielle Integration Stück- und Flickwerk. Hinter geschönten Erfolgszahlen verbarg sich Improvisation, hinter Treueschwüren gegenüber dem Bündnis konnten die nationalen Interessen nur mühsam verborgen werden. Wurde ein Loch gestopft, riß garantiert an anderer Stelle eines auf.

Bei der Gründung des Rates für gegenseitige Wirtschaftshilfe, des RGW, standen Ideologie und Militär Pate. Als Antwort auf den Marshall-Plan der USA angelegt, schworen die Sowjetunion, Bulgarien, Ungarn, Polen, Rumänien und die Tschechoslowakei am 15. Januar 1949 alle Eide der Loyalität. Ein wirtschaftlicher Zentralplan sollte es sein, der die Gesamtheit aller Vorgänge bei den Produktionsfaktoren Kapital und Arbeit ebenso einschließt wie Dienstleistungen und vor allem Forschung, Entwicklung und rationalisierende Arbeitsteilung.

Tatsächlich glaubten selbst die kommunistischen Gründungsväter nicht an einen allumfassenden Gesamtplan. Sie setzten vielmehr auf ein Tauschsystem: produktweise Konzentration auf einzelne Länder, die ebenfalls nur bruchstückartig durchzusetzen war, und auf einen geregelten Zahlungsverkehr mit dem sogenannten Transferrubel. Letzterer hat durch willkürlich festgesetzte Wechselkurse, machtpolitische Kreditoperationen der Sowjetunion und ein unrealistisches Preissystem wesentlich zum Zusammenbruch des gesamten Ostblocks beigetragen. In mühsamen Annäherungsprozessen wurden dabei Produktionsstandorte länderweise verplant (während im Hintergrund die Militärs mit ihren andersartigen Prioritäten das Gesamtsystem von Anfang an und immer wieder durcheinanderbrachten).

Im einzelnen plagte sich der RGW mit folgenden Spezialisierungsprogrammen: Tschechoslowakei: Werkzeugmaschinen, Schmiedepressen, Walzwerkausrüstungen, Zuckerfabriken, Dieselmotore; Deutsche Demokratische Republik: Metallverarbeitung, Chemie, Zement, Transport, Schiffs- und Automobilbau sowie Feinmechanik und Optik; Polen: Schwer- und Werkzeugmaschinen, Elektrotechnik, Schiffsbau, Eisenbahnmaterial; Ungarn: Gerätebau, Schwachstromindustrie; Rumänien: landwirtschaftliche Maschinen, Erdölförderanlagen.

## Das Geschäft mit dem Krieg

Hinter der Fassade ziviler Planung entwickelte das RGW einen Spezialbereich mit relativ ausgeprägter Funktionstüchtigkeit: die Rüstung. Hier wurde absoluter Vorrang eingeräumt – bei Rohstoffen, Halbwaren, Fertigwaren, Einfuhren, Kompensationsgeschäften, bei illegaler Beschaffung unter Umgehung westlicher Kontrollen und Exportverbote, bei Kreditversorgung, Forschung und Entwicklung, alles garniert mit Spezialisten und Sondergenehmigungen für den Austausch von RGW-Land zu RGW-Land. Geheimbeschlüsse des RGW-Exekutivkomitees und Anweisungen der Staats- und Regierungschefs der Mitgliedsstaaten dieser Zwangsorganisation, die nach 1989 allmählich dokumentiert werden können, zeichnen ein eng geflochtenes Netzwerk der kommunistischen Rüstungslobby.

Schon im ersten Betriebsjahr schließt das RGW eine förmliche Verwaltungsvereinbarung mit dem Oberkommando der Streitkräfte des Warschauer Paktes ab. Danach wird den Wünschen des Militärs absoluter Vorrang in den Planungen des RGW eingeräumt. Mit geheimen Zusatzprotokollen der jeweiligen Fünf-Jahres-Pläne wird das Koordinierungsverfahren verfeinert: Mitwirkung und Mitsprache der Militärs beim Waren- und Kapitalfluß des Ostblocks. Dem Oberkommandierenden des Warschauer Paktes, seit seinem Bestehen Mitte der fünfziger Jahre ein Sowjetrusse, wird überdies bei der Ausführung der Pläne ein absolutes Vetorecht eingeräumt. Einsprüche der Militärs gelten dem Finanzrahmen der Fünfjahrespläne, der Devisenbeschaffung und den Detailprogrammen für Rohstoffe, Halbwaren und Maschinen. Während die zivile Koordination des RGW bis zum Schluß zu wünschen übrigläßt und das gegenseitige Täuschungsverfahren über Mengen, Preise und Absichten nicht ausräumen konnte, verhält es sich im Rüstungsbereich anders.

## Zu Lasten der Zivilbevölkerung

Das Militär, das in allen Ostblockstaaten seit den fünfziger Jahren auch über eigene Wirtschaftsunternehmen verfügte, hatte die Macht und die Mittel, um seine Vorstellungen durchzusetzen. Seine Versorgung mit Energie, Rohstoffen sowie Halb- und Fertigwaren zeigte in keiner Phase der 34jährigen Dauer des Warschauer Paktes ernsthafte Knappheitserscheinungen. Im Gegenteil. Mehrfach griffen die Militärorganisationen in Moskau und, befehlsgemäß, in den anderen Hauptstädten des Ostblocks in den Produktionsablauf ein – zu Lasten der Versorgung der Zivilbevölkerung.

Oft wurde durch Manipulation von Preisen und Mengen auf Wunsch des Militärs gar künstliche Knappheit hergestellt. Sie zu überwinden sollten nach den Langzeitplanungen der Militärs jene Politiker ans Ruder bringen und dort halten, die dem militärischen Industriekomplex genehm waren. Großbetriebe wurden unter diesen Gesichtspunkten errichtet, erweitert und mit modernsten Maschinen, nicht zuletzt westlicher Bauart (notfalls unter Umgehung westlicher Bestimmungen), ausgestattet.

Aus diesem Komplex und seinem Management rühren große Teile jener Seilschaften her, die sich in der Zeit nach 1989 ungeniert dem Kapitalismus verschrieben haben. Für diese Beherrschungsapparaturen zahlten sich Verbindungen aus, die über Jahre und Jahrzehnte gehegt worden waren, wobei das Netzwerk bis in die Werke hineinreicht. Bewährt hat sich also, was seinerzeit eingerichtet worden war: Querverbindungen zu Firmen, Tochterunternehmen, Banken und Versicherungen mit entsprechenden Kapitalbeteiligungen und Vermögensanlagen; Devisengeschäfte je nach Verfassung der freien Märkte; Einsatz von Gold und anderen Rohstoffen in konjunkturell günstigen Phasen; Aufbau eines Netzes von Vertrauensleuten, vor allem auch für Forschung und Entwicklung, an Universitäten und in industriellen Forschungsstätten.

Was von der Zusammenarbeit zwischen Militärs und Rüstungsindustrie nach dem Verfall des Ostblocks übriggeblieben ist, läßt sich in der Ostslowakei erkunden …

## Per Breitspur aus dem Osten

Wie selbstverständlich reicht die Gleisanlage bis zum Werk. Ausgelegt ist die leistungsfähige Bahn auf den Austausch von Erz und Kohle aus dem Osten gegen Stahlsorten aller Art. Erst im Vergleich zeigt sich: Die Bahnanlage weist Breitspur auf. Russisches Format. Mit diesem Stahlwerk erreicht die östliche Breitspur einen ihrer westlichsten Endpunkte. Hier sollte Integration vorexerziert werden. Auf der grünen Wiese findet sich eines der produktionsstärksten Stahlwerke in diesem Teil Europas. In den vierziger Jahren wurde hier großzügig geplant – als der Westen abrüstete und der Osten daranging, langfristig mit modernsten Rüstungskapazitäten den dann »kalt« genannten Krieg systematisch und bis ins Detail vorzubereiten.

Hier, in Kosice, das in der österreichisch-ungarischen Monarchie unter seinem deutschen Namen Kaschau lief, sollte fernab von westlicher Neugierde (und außerhalb der Reichweite von Kampfflugzeugen der Weltkrieg-II-Generation) aufgerüstet werden. Geschütze aus Snina, Panzerketten aus Prakovce, Panzergetriebe aus Sabinov zwecks Montage in Martin, Povazska, Bystrica, Vahom, Dubnica und andernorts im Vahtal. Es fügte sich gut, daß den kommunistischen Raumplanern nicht nur die Rüstungswünsche aus dem fernen Prag und dem noch ferneren Moskau auf den Tisch flatterten. Sie hatten im Vierländereck Ostslowakei, Ungarn, Sowjetunion und Polen schon mit der (befohlenen) Agrarreform genug Sorgen. Die Kollektivierung der Landwirtschaft setzte Arbeitskräfte frei. Vom Fließband hatten die verschüchterten Bauern keine Ahnung. Für Facharbeiten nicht qualifiziert, waren sie gerade noch für niedere Arbeiten geeignet.

Für Fabriken mit einigen tausend Beschäftigten fehlte in der Ostslowakei zunächst jedwede Struktur. Führungskräfte, Facharbeiter, Arbeitskräfte, Energie, Transport, Wohnungen – alles mußte erst in jene abgelegene Region verfrachtet werden. Auf ausdrücklichen Befehl aus Moskau. Prag zögerte, in der Ostslowakei durch Rüstungsbetriebe industrielles Wachstum zu fördern. Mit dem Kalten Krieg erhielt diese Region, die seit Generationen wirtschaftlich hinterherhinkte, eine Chance. Sie sollte sich später als trügerisch erweisen. Auch als diese Gegend Oberungarn hieß, fehlte hier immer etwas. Kaschau war ein verschlafenes Provinznest. Einzige Attraktion eine Honved-Garnison. So ging der erste Schub an Kapitalismus Mitte des 19. Jahrhunderts an diesem Teil der Doppelmonarchie weitgehend vorbei. Es herrschte Feudalismus, vom Absolutismus der Habsburger nur noch unterstützt. Bis in die kommunistische Zeit hatten es die Ostslowaken mit dem Fortschritt schwer.

## Großbetriebe, aus dem Boden gestampft

Unter dem Doppelkommando aus Moskau und Prag kam Bewegung in die stillen Täler. Wo sich seit Generationen nichts geändert hatte, wurden Großbetriebe gleichsam aus dem Boden gestampft. Wie in der feudalistischen Zeit als Bauernland, blieb die Ostslowakei auch als Industriestandort, was sie immer war – abhängig. Zulieferant für Martin und das Vahtal in der Mittelslowakei, war es dazu verdammt, das auszuführen, was andere haben wollten. Und selbst die Chefs in Martin waren nur ausführende Organe, Teil eines undurchsichtigen Verbundsystems.

Was in Moskau an militärischem Bedarf vorgegeben wurde, bestimmte die Detailplanungen in Prag. Die starke rüstungswirtschaftliche Position verdankte die Tschechoslowakei nicht zuletzt der industriellen Vergangenheit in Österreich-Ungarn und innerhäusiger Arbeitsteilung.

Blockloyalität wurde geübt, ideologische Linientreue vor und nach dem Prager Frühling durch die Leistungsfähigkeit der tschechoslowakischen Rüstungswirtschaft belegt.

Qualifiziertes Management verstand sein Geschäft. Es gelang, die üblichen block- und landesweiten Engpässe in der Versorgung zu umschiffen und die Waffenproduktion (Panzer, Kanonen, Motore, leichte Waffen, Ziel- und Flugzeuggeräte) auf relativ hohem Standard zu halten.

Eiserne Dispositionen, notfalls zu Lasten des »zivilen Sektors«, ermöglichten es den in Prag regierenden Kommunisten, die Rüstung zu einem Auslandsgeschäft zu machen. Mit Exporten von über 2 Milliarden Mark (14 Milliarden Schilling) im Jahr erreichten die ČSSR-Waffen die sechste oder siebte Stelle des internationalen Neugeschäfts. Und Mitte der achtziger Jahre lag die Tschechoslowakei bei Rüstungsexporten mit der Bundesrepublik Deutschland, mit China, Frankreich und Großbritannien etwa gleichauf. Große Teile der Waffenlieferungen folgten wiederum den Befehlen aus Moskau. Mit Syrien, Libyen, Algerien, Angola, Mozambique, Vietnam, Nordkorea oder den Sandinisten in Nicaragua betrieb der Ostblock Rüstungsgeschäfte. Die Zurückhaltung des Westens bei Lieferungen in Spannungsgebiete war ihm fremd. Leichte Waffen aus der Tschechoslowakei waren jedoch nicht nur in Ländern geschätzt, die an der – ideologischen – Versorgungsschnur der Sowjetunion hingen. Pistolen aus Böhmen oder Panzer aus der Slowakei waren auf dem »freien« Rüstungsmarkt allseits begehrt – und sind es heute noch.

## Waffenhändler in Bratislava

Waffenhändler gehen ein und aus. Luxushotels von Bratislava erlauben ihnen auffällige Unauffälligkeit. Mitte der neunziger Jahre ziehen die Umsätze auf dem internationalen Rüstungsmarkt merklich an. Knapp fünfzig lokale Kriege wollen beliefert sein. Und immer wieder kommen Anfragen aus dem ehemaligen Jugoslawien. Embargo der Vereinten Nationen? Wen schert es. Die Hauptversorgung hat sich geräuschlos, wie es sich für diese Branche gehört, eingespielt. Es wird europaweit disponiert. Bratislava ist Durchgangsstation für Händler und ihre heiße Ware. Man verabredet sich, man trifft sich, man einigt sich, man trennt sich. Angebot und Nachfrage pendeln sich ein. In Bratislava wie anderswo.

Was gehandelt wird, sind nicht nur alte Bestände an Waffen und Munition, sondern auch neue Produkte. In der Slowakei, dem jungen Land, gelten nicht mehr jene Regeln des Einheitsstaates Tschechoslowakei. 1989/90 hatte Václav Havel seinen moralisch angelegten Bannfluch gegen die Rüstungsexporte verkündet. Vom totalen Verzicht auf Waffenproduktion ist inzwischen freilich weder in Prag noch in Bratislava die Rede. Eigenbedarf? Natürlich. Export in Regionen, die nicht als Spannungsgebiete gelten? Warum nicht. Lieferung von Waffen und Munition in Kriegsgebiete? Keinesfalls. Amtlich soll die Welt heil sein.

Auf eine neue, marktgerechtere Rüstungsdoktrin verstehen sich die Tschechen besser als die Slowaken. 1993/94 organisieren sich drei Dutzend tschechische Rüstungsbetriebe mit fast einer Viertelmillion Beschäftigten. Unter der Führung von Lubomir Soudek, dem einflußreichen Chef von Skoda-Pilsen (nicht zu verwechseln mit der Autofabrik Skoda), werden Märkte und Produkte wieder ausgelotet. Dies geschieht unbefangener als in den ersten Jahren nach der sanften Revolution. Das Geschäft könne man nicht allen anderen überlassen, heißt es. Man werde peinlich darauf achten, daß Spannungsgebiete ausgespart, also weder direkt noch indirekt mit tschechischen Waffen und Munition ausgestattet werden. Ein Gleichgewicht der Kräfte setzt in dieser Betrachtungsweise gar Waffenexporte voraus. Bei leichten Waffen sind ohnedies nicht nur Militärs interessierte Abnehmer, sondern Polizei und andere Sicherheitskräfte. Zögernd nähert sich die Prager Regierung dem Thema Rüstungsexporte. National ist es ebenso umstritten wie international. Deutsche Journalisten, gegenüber dem Thema ebenso sachkundig wie voreingenommen, haben sich mit ihrer Berichterstattung über den neuen tschechischen Rüstungsexport Hausverbote eingehandelt.

Schon die Vorgeschichte der Pilsener Maschinenfabrik legt den Verdacht nahe, wie ehedem gehe es auch heute ums »Geschäft mit dem Krieg«. Ernst Graf von Waldstein mag bei der Gründung des Unternehmens 1859 mehr an Maschinen als an Waffen gedacht haben. Emil Ritter von Skoda verstand es, die Produktion auf Vordermann zu bringen. Skoda-Pilsen wurde nicht zuletzt mit Qualitätswaffen zum gewichtigsten Unternehmen in Böhmen und bald zu einem Paradeunternehmen in Österreich-Ungarn. Die königlich-kaiserliche Armee, die republikanische Armee, Armeen rund um die Welt, die Hitlerarmee – alle zählten zu den Kunden von Skoda. Nur kommunistischen Planern für sensible Waffentechnik lag Pilsen zu westlich. Nach der sanften Revolution widerstanden die Maschinenbauer von Pilsen pflichtgemäß zunächst der Waffennachfrage. Sie mußten erfahren, daß Kooperation mit westlichen Partnern keinem Spaziergang gleicht. Jedenfalls liegt der Plan auf Eis, die Interessen von Siemens und Skoda-Pilsen bei der Produktion von Reaktoren, Lokomotiven und Maschinen zusammenzuspannen.

Weiterhin auf konventionelle Friedensproduktion beschränkt, sank die Zahl der Mitarbeiter von fast 27 000 auf 20 000. Die Privatisierung schuf in den neunziger Jahren neue Rahmenbedingungen. Gut ein Fünftel der Aktien von Skoda-Pilsen hält ein Bankenkonsortium, ebenfalls ein Fünftel Lubomir Soudek, ein weiteres Fünftel ging über die sogenannte Couponfinanzierung an mehr als 53 000 Kleinaktionäre. Vorläufig beteiligt ist der Fonds für nationales Eigentum (FNM).

Der neuen Nachfrage vermag die in den dreißiger Jahren weltweit operierende Rüstungsfirma wohl nicht zu widerstehen. Was in der Zeit westlicher Lieferkontrolle von Rüstungsgütern unter »dual use« lief – Mehrfachverwendungsmöglichkeiten für militärische und zivile Zwecke –, erleichtert auch Skoda den Einstieg. Wie heikel die Rückkehr ins eigentliche Rüstungsgeschäft geraten kann, erfuhr das Unternehmen, als Meldungen rund um die Welt liefen, Skoda wolle Boden-Boden-Raketen an den Iran liefern. Spekulation und Dementi hielten Israel nicht davon ab zu protestieren. Bei der NATO in Brüssel, wo die Leistungsfähigkeit von Skoda-Pilsen an sich geschätzt wird, zog man die Augenbrauen hoch. In Prag hielt man es für angezeigt, mit einem eigenen Exportgesetz für Rüstungsgüter eine klare Trennungslinie zu ziehen. Kein Export in Spannungsgebiete, wohl aber Teilnahme an Rüstungsgeschäften, wie sie anderswo gang und gäbe sind. Damit wurde der Weg frei, beispielsweise Panzer des sowjetischen Typs T-72 mit französischer Technologie auszustatten und einschlägig anzubieten.

## Die größte Panzerkettenfabrik der Welt

Ingenieur Paval Grega von Zavody Tazkeho Strojarstva hat es nicht leicht. In Prakovce ist er für eine der größten Industrieanlagen der Slowakei verantwortlich. Mitten im ostslowakischen Hügelland zwischen landwirtschaftlichen Produktionsgenossenschaften gelegen, droht das Werk zu einem Industriefriedhof zu werden. Von 6000 Beschäftigten sind noch 600 geblieben. Die Hälfte davon besorgt Wartungsarbeiten, die andere Hälfte ist für Privatunternehmen tätig. Zwei Dutzend davon schweißen Chassis für LKW-Ladeflächen zusammen. Sonst nichts.

Die wohl größte Panzerkettenfabrik der Welt wartet auf Verwendung. Nur die Klimaanlage arbeitet. Alles andere steht still. Ein modernes Werk, erst Mitte der achtziger Jahre mit einem Kostenaufwand von einer Milliarde Kronen fertiggestellt, gammelt vor sich hin. Am Eingang liegen noch einige Panzerketten herum. Die Gießerei, der Hauptteil der Fabrik, ist seit 1990 außer Betrieb. Draußen wuchert das Gras. Im engen Tal ringsum herrscht Depression. Die Leute schauen auf die Fabrikanlage, die vor sich hin rostet, und haben sich schon abgewöhnt zu jammern. Viele glauben nicht mehr an Industrie in Prakovce. Der Bürgermeister müht sich, aber er kann die große Strukturpolitik, die seinem Ort jahrzehntelang Gewißheit beschert hat, mit kleinen Mitteln auch nicht wenden. Vergeblich warten sie auf ein erlösendes Wort aus der fernen Hauptstadt Bratislava. Die Leute von Prakovce wissen, ahnen zumindest, daß die Regierung überfordert ist. »Wir haben wieder einmal Pech, Freiheit mitten in der Rezession.« Lange Zeit war ihnen nicht bewußt geworden, daß sie von einer Sonderkonjunktur für Rüstung abhingen – und dies an einem ungünstigen Standort.

## Über der Tatra blitzt es

Die Jungen und die Tüchtigen gehen. Zuerst allein. Nach Bratislava, nach Böhmen oder Mähren oder am liebsten nach Österreich und Deutschland. Frauen und Kinder bleiben zurück, voll Sehnsucht, das trist gewordene Heimattal möglichst schnell zu verlassen. »Go West« in einer Krisenregion. »Nad Tatrou sa blyska«, stimmen sie nur noch selten an – »Über der Tatra blitzt es«. Die meisten empfinden die Melodie des alten Volksliedes als Hohn. »Wir«, sagen sie, »wir singen nicht mehr, wir trauern.«

Einige von denen, die gegangen sind, haben es geschafft. Von den anderen hören sie nichts mehr. Auswandern war schon immer eine Schicksalsfrage für die Ostslowaken, ergebene Katholiken mit vielen Kindern. Fast in jeder Familienchronik steht zu lesen: »Sie gingen als Bauern nach Amerika.« Ihre Nachfahren schreiben rührende Briefe der Verbundenheit mit einer Heimat, die es nicht mehr gibt, schicken Dollars und Pakete mit gebrauchten Kleidern. Einzelne kommen auf Besuch und sind entsetzt über die Not ringsum. Ihnen, den Onkeln oder Vettern aus Amerika, ist nur schwer begreiflich zu machen, daß es ihren Verwandten, der Bevölkerung in diesem europäischen Kernland, unter Kommunisten sozial besser ging als in der jungen Demokratie. Die Welt steht nicht nur für Auswanderer kopf.

## Ein Schmelztiegel namens Wien

Als es in Wien noch einen Kaiser gab, gingen die einen als Facharbeiter nach Böhmen und Mähren in die tschechische Industrie. Ihre Nachfahren fühlen sich in Prag oder Pilsen, in Brünn oder in Mladá-Boleslav, zu deutsch Jungbunzlau, schon lange zu Hause. Selbst jene, die sich als Slowaken betrachten und zu dem neuen Staat bekennen, denken meist nicht daran, in die alte Heimat, die sie als rückständig empfinden, zurückzukehren. Im Gegenteil. Sie holen Verwandte und Freunde nach. Es lebt sich besser in der Tschechei als in der Ostslowakei. Von den Frauen zog es seinerzeit manche nach Wien. In Floridsdorf oder in Simmering, in Ottakring oder am Erdberg sind jene stolz, die es zu etwas gebracht haben.

Die Jurica, die Valera, die Cermak oder die Marinich zieren nicht nur das Wiener Telefonbuch. Ihre Spuren führen dorthin, wo die kaiserliche Geographie unter Oberungarn lief, in die heutige Slowakische Republik. Familienbande haben dem Zeitenwechsel oft nicht standgehalten. Wien, die Großstadt, die Generation für Generation mit dem Zuzug aus der Doppelmonarchie fertig werden mußte, erweist sich bis heute als Schmelztiegel. Verschmolzen wird in der Alten

Welt oft schneller als in der Neuen. Auch zählte es nicht unbedingt zum Wiener Sozialprestige, die Herkunft aus der hintersten Ecke des Reiches vorzuzeigen. Die dünne Selbständigkeit in der Hitlerzeit, Krieg und Kommunismus gaben familiären Kontakten zu den slowakischen Verwandten den Rest. Erst allmählich wird es in der Wohlstandsmetropole modern, traditionsbewußt nach den eigenen Quellen zu forschen, an Ort und Stelle der familiären Vergangenheit nachzuspüren. Slowakisch oder deutsch – für den Durchschnittswiener ist die Ostslowakei ein fernes Land. Unentdeckt, unbekannt, unterschätzt.

## Arbeitsscheu und Rassismus

Die, welche die neue Freiheit nach dem Verfall des Kommunismus als erste nutzten, konnten noch legal im Westen unterkommen. Inzwischen arbeiten viele illegal in Wien, in München oder anderswo in Europa. Nach Amerika sind wenige ausgewandert. Dort haben Verwandte geholfen, manchmal auch die Kirche. In Plakovce jedoch gibt es immer weniger Slowaken und immer mehr Zigeuner. Sinti und Roma kommen über den Berg oder durch das Tal. Leise, vorsichtig, jedoch unaufhaltsam. Sie kommen aus Kosice, wo sie aus dem Stadtzentrum ausgesiedelt wurden. Oder aus Ungarn. Oder aus der Ukraine. Oder aus Polen. Die Slowakei ist nahe. Weiter im Westen haben es die Zigeuner schwer.

Einige kommen legal, die meisten illegal. Wie Namenlose, ohne Papiere, aber auch meistens ohne Bereitschaft, Arbeit zu suchen, wo Beschäftigung immerhin noch möglich wäre. Am allerwenigsten in Plakovce. Stehen Häuser leer, drängen Zigeuner einfach hinein. Wie anderswo im stillen Tal. Und die Slowaken? Sie schauen weg, sie weichen aus, sie verteidigen einzelne Straßen oder einzelne Dörfer. Mit den Zigeunern wollen sie nichts zu tun haben, nicht einmal mit deren Kindern. Selten kommen sie ins Gespräch. Noch seltener in geschäftlichen Kontakt. Welten trennen die einen von den anderen. Von was leben die Zigeuner? Niemand weiß es so recht. Oft hausen sie auch außerhalb der Orte, bauen sich eigene Dörfer aus. Dort wagt sich dann auch kein slowakischer Polizist hinein. Von Kriminalität wird immer wieder erzählt. Niemand weiß es genau, auch nicht der Pfarrer, der sich um die Sinti und Roma bemüht. »Wir haben kein Ausländerproblem, wir haben ein Zigeunerproblem.«

Ihre Zahl wird allein in der Ostslowakei auf 300 000 geschätzt. Ein Teil war vorher da, wurde von kommunistischen Bürgermeistern, die an eine klassenlose Gesellschaft geglaubt haben mögen, angesiedelt. Oft unter Zwang, sahen sich die Zigeuner nach der tödlichen Verfolgung durch Hitler-Deutschland einer neuen Repression ausgesetzt. Seßhaft zu werden empfanden viele als sozialen Abstieg. Deklassiert und oft verachtet, häuften sich die Probleme ihrer sozialen Eingliederung. Kriminalität begann zu wuchern. Nahrung für Rassismus.

Nach der sanften Revolution, wo Freiheit zunächst grenzenlos – in des Wortes wahrster Bedeutung – war, ballte sich die Zigeunerfrage zu sozialem Sprengstoff zusammen. Ihre Eigenart, ihre Form zu leben, ihre starke Bindung an die Sippe oder die Gruppe, ihre eigenen Gesetze, aber auch ihr Wandertrieb, das machte verdächtig. Unstetes, gemischt mit Scheu vor den anderen, ließ inzwischen eine gegenseitige Verweigerung entstehen. Von Ausnahmen abgesehen, die Politiker vorzuzeigen belieben, herrscht eine hintergründige, manchmal hinterhältige Art des Klassenkampfes. Was vor der Wende mit Polizeistaatmethoden unterdrückt wurde – und den Zuzug bremste –, bricht nun in einer freieren Gesellschaft offen aus.

Beide Seiten beschuldigen sich des Unverständnisses. Die Einheimischen beschuldigen die Roma und Sinti, arbeitsunwillig zu sein und sich nicht der bodenständigen Zivilisation, zu der neben anderen Lebensformen auch Schulbesuch gehört, ein- und anpassen zu wollen. Für die Zigeuner wiederum ist die ansässige Bevölkerung ausländerfeindlich, rassistisch und allzu schnell bereit, diese Fremden mit Arbeitsscheu, Kriminalität und Geheimbündelei in Verbindung zu bringen. Bei den wenigen Ausgleichsversuchen, die keineswegs nur in der Ostslowakei laufen, gestehen sich beide Seiten bestenfalls ein: Alle sind überfordert, da es um Arbeitslosigkeit und die Umstellung auf Demokratie und Marktwirtschaft sowie um den Zug aus dem großen Osten in den fernen Westen geht, weil alle dieser modernen Völkerwanderung nicht gewachsen sind.

# Am Ende der Welt – Kanonen

Die E-50 zwischen Kosice und Uzhorod, der ersten Stadt in der Ukraine. Gut ausgebaut geht es den Paß hinauf. Hier fand eine der großen Rückzugsschlachten des Zweiten Weltkrieges statt. Hitler hatte wieder einmal befohlen, den Rückzug der deutschen Südfront hier zu stoppen. Stalin hatte befohlen, diese strategische Höhe zu nehmen. Koste es, was es wolle. Über 60 000 Russen kamen hier um.

Auf der Anhöhe quert die breite Straße die Gedenkstätte der Roten Armee. Links als Denkmal ein T-34-Panzer, rechts russische Geschütze, dahinter ein großer Soldatenfriedhof.

Eine Fabrik als Ziel, wo früher Geschütze entstanden. Und heute? Snina, wenige Kilometer von der polnischen und ebenso viele Kilometer von der ukrainischen, also früher sowjetischen, Grenze entfernt, liegt wie geduckt im Nizkebeskydy-Gebirge. Saubere, einfache Häuser, ein kleiner Ortskern, Endstation der Bahn und dahinter ein Riesenwerk für 6000 Arbeiter und mehr. Vihorlat zählte bis zur sanften Revolution zu einer der besten Waffenschmieden des Ostblocks. Geschützrohre, vor allem für den Panzer T-72, bildeten jahrelang das gutgehütete Geheimnis von Snina.

Mit Stahl aus Kosice, hochwertigen Werkzeugmaschinen und Steuerungsanlagen aus dem Westen, vor allem aus der Schweiz, Deutschland und den USA, fertigten sie hier gemäß den Moskauer Rüstungsplänen Rohre für Panzer und Selbstfahrlafetten. Teilweise wurden sie in Martin eingebaut, teilweise in die Sowjetunion und in die DDR exportiert. Als Produkt hochgelobt, verdankten die Rohre aus Snina ihre Qualität qualifizierten Facharbeitern und den Maschinen aus dem Westen, die trotz Embargo auf geheimnisvolle Weise regelmäßig und bedarfsgemäß ihren Weg ins slowakische Gebirge gefunden hatten.

Viele aus der Tschechoslowakei wurden fürs erste hierher abkommandiert. Niemand geht freiwillig ans Ende der Welt arbeiten. Nach einiger Eingewöhnung und oft schon in der zweiten Generation stellte sich dann so etwas wie Betriebstreue ein. Einiger Stolz auf die Qualität des Produktes, aber auch das Gefühl, gleichsam in geheimer Mission tätig zu sein, ließ Solidarität entstehen.

Nach der Wende ist die kommandierte Zusammenarbeit über Nacht verflogen. Unten den Jüngeren kamen Zweifel an der Sinnhaftigkeit ihrer Tätigkeit auf. Und Václav Havels Totalverbot für die Rüstungsproduktion traf die Älteren mehrfach. Sie verstanden die Welt nicht mehr. Noch Jahre nach Stillegung der Rohrproduktion sagen viele von Snina, sie hätten doch nur ihre Pflicht getan. Inzwischen sind die meisten ohne Beschäftigung, freilich nicht arbeitslos im förmlichen Sinn. Von den 6000 werden noch einige hundert von der Fabrik Vihorlat durchgehalten. Die Fabrik zahlt Wartezeiten. Alle jedoch wissen, daß es nie mehr so kommen kann wie früher. Unter dem Stichwort Konversion wird auch dieses Werk von Rüstung irgendwie auf zivile Produktion umgestellt. Unter den Arbeitern und ihren Familien geht Resignation um. Für die Jungen und die Tüchtigen, die technischen Führungskräfte und Facharbeiter heißt es abwandern. Die bleiben, zweifeln an ihrer eigenen Zukunft. Sie müssen erkennen, daß ihnen die Rüstung des Ostblocks ein Privileg geboten hat, das mit dem Block untergegangen ist.

## Verkaufen statt verteilen

Das Management von Vihorlat möchte an der Zukunft des Standortes Snina nicht zweifeln. Noch sind Rohstoffe, Halbwaren, Strom und Transport günstiger zu kalkulieren als weiter im Westen. Und sie vertrauen auf neue Produkte. Konversion von Geschützen zu Kraftfahrzeugteilen. Sie rechnen sich mit Qualität, Präzision, Verläßlichkeit gute Marktchancen aus. Theoretisch. Praktisch jedoch fehlt dem Werk in Snina vielerlei, vor allem ein eingespielter Verkaufsapparat. In alten Rüstungszeiten haben sie Mengen und Stückzahlen, Preise und Ablieferungstermine einfach vorgegeben erhalten. Ohne Marketing. Sie mußten lediglich verteilen. Nun ist verkaufen gefragt. Der rüstungswirtschaftliche Abnehmer in Martin plagt sich selber mit dem Aufbau einer Vertriebsorganisation. Bratislava, die Hauptstadt, immerhin fast 500 Kilometer entfernt, verfügt noch nicht über Unterstützungspotential amtlicher oder privater Art. Prag, in tschechoslowakischen Zeiten die weltstädtischere Konzernzentrale, legt sich nicht mehr für ostslowakische Produkte ins Zeug. Auf der Suche nach einem eigenen ständigen Produkt, das auf westlichen Märkten Chancen hat, kam das

Vihorlat-Management auf das Parking-System. Wie ein quergelegter Paternoster. Gefertigt wird mit westlicher Lizenz. Marketing mit einem eigenen Videofilm, Prospekte in gängigen Sprachen, niedrige Preise, Service. Der Auftragsbestand ist bescheiden, beschäftigt aber immerhin einige hundert.

Snina gilt nicht als das einzige Beispiel von halbwegs gelungener Konversion. Sabinov liefert einen anderen, einen eingespielten Fall.

Nördlich von Kosice über Presov Richtung polnische Grenze bietet das moderne Werk Sabinov, im wahrsten Sinn des Wortes auf der grünen Wiese errichtet, hohe Leistungsfähigkeit. Früher teilweise mit Getrieben für Panzer und anderen Rüstungsprojekten befaßt und gleichzeitig im zivilen Geschäft einschließlich Export tätig, verstand es Sabinov, auf relativ hohem technischen Stand zu bleiben.

Wettbewerbsfähigkeit auch unter westlichen Gesichtspunkten sorgte schon in der kommunistischen Zeit für Qualität und Flexibilität.

Facharbeiter sind keine Mangelware. In Eigenregie verfeinert Sabinov Getriebekästen, Schneckengetriebe sowie mechanische Blechbiegemaschinen und hydraulische Anlagen. Die Getriebe werden bis in die USA exportiert. Spezialität: die langsamen Getriebe für fahrbare Betonmischanlagen. Der Auftragsbestand reicht jedoch nicht, um die vorhandenen Kapazitäten auszulasten. Sabinov sucht Partner im Westen, bietet moderne Gebäude, funktionierende Infrastruktur, einen Facharbeiterstamm. Über Joint-venture wird viel gesprochen. Der große Durchbruch läßt jedoch auf sich warten. Konkurrenz herrscht hier wie dort. Der Industriestandort Ostslowakei liegt abseits. Ohne den geschützten Bereich der Rüstungswirtschaft und die damit verbundenen Bevorzugungen bläst den Werken der eisige Wind des Wettbewerbs entgegen. Die Rezession macht es nicht leicht, größer ins Geschäft zu kommen.

## Martin – ohne Panzer überleben

Einst verwöhnte Rüstungszentrale, kämpft mit der Stadt Martin das ganze mittelslowakische Vahtal ums wirtschaftliche Überleben. Wehrtechnik hat es in Abrüstungszeiten ohnedies schwer. Die Panzerbauer von Martin spüren mehr als ihre Zulieferanten aus der Ostslowakei, daß ihnen Privilegien – preisgünstige Rohstoffe, lukrative Tauschgeschäfte, Zweckforschung, Devisenfreizügigkeit, Spitzengehälter, Sonderausbildungen – gleich mehrfach abhanden gekommen sind. Schon Mitte der achtziger Jahre, als die Auflösungserscheinungen des Ostblocks begannen, mußte das Rüstungsmanagement lernen, ohne Befehle aus Moskau sowie Vorgaben und Privilegien aus Prag zu disponieren. Für über 16 000 Beschäftigte von ZTS TEES begann ein dramatischer Existenzkampf. Noch 1988 hatten sie über 8 Milliarden Kronen Umsatz erzielt. Auf die Rüstung entfielen über 60 Prozent. Die großzügig ausgelegte Panzermontage trug dazu wesentlich bei.

Nach 1989 mußten auch die Leute von Martin erfahren, wie die Rüstung des Ostblocks gleichsam über Nacht verfiel. Eingespielte Beziehungen – oft die einzigen in der »sozialistischen Marktwirtschaft«, die funktionierten – wurden im grenzüberschreitenden Austausch zwischen den RGW-Staaten unwiderruflich unterbrochen. Als 1990 Staatspräsident Havel das Rüstungsgeschäft samt Export stoppte, waren davon allein in der Slowakei 30 Rüstungsfabriken mit über 70 000 Beschäftigten betroffen. In den besten Rüstungszeiten deckten sie mehr als 10 Prozent der tschechoslowakischen Industrieproduktion ab. Mitte der neunziger Jahre läßt sich am Beispiel von ZTS TEES ablesen, was der radikale Schrumpfungsprozeß bewirkt hat: Von 16 000 Mitarbeitern sind kaum mehr als 6000 übriggeblieben. Weitere 6000 waren von der Reorganisation in neuen Betriebseinheiten betroffen. Der Rüstungsanteil sank von 60 auf 40 Prozent, der Umsatz wurde nahezu halbiert.

Wirtschaftliche Unsicherheit strangulierte nicht nur das Rüstungsgeschäft, sondern auch die zivile Produktion. So ging die Produktion von Traktoren, auf ihrem Höhepunkt über 6000 Stück jährlich, auf kaum mehr als 2000 zurück, jene der Forstmaschinen von 1000 auf 150.

Verfiel schon die inländische Nachfrage wegen der ungeklärten Einkommensverhältnisse vor der Teilung der Tschechoslowakei, so erst recht danach. Neue Absatzmärkte zu erschließen gerät mühsam, zeitraubend, kosten- und personalintensiv. Bei Rüstungsgütern verhält es sich wie bei Zivilgütern – die ehemaligen Ostmärkte fallen aus, und im Westen herrscht Konjunkturflaute. Ostqualitäten gehen nicht.

So bleibt die Versuchung groß, im angestammten Bereich, in der Rüstung, weiterzumachen. Tschechische Waffen sind international gefragt, sowohl in westlichen Ländern als auch in Übersee. Und selbst in den USA weiß man die Qualität der alten Waffenschmieden zu schätzen. Daß ein amerikanischer Verteidigungsminister vor Jahren insgeheim einen Abstecher in das Vahtal machte, bekam zwar dem Selbstverständnis der Martiner – geschäftlich geholfen hat es ihnen freilich wenig. Die Amerikaner sind meist am Know-how interessiert. Als Käufer von Pistolen, Gewehren, Geschützen oder Panzern kommen sie nun einmal ebensowenig in Frage wie die europäischen NATO-Länder. Nur vereinzelt tröpfelten Aufträge für leichte Waffen. In Martin und Umgebung war man jedoch seit Gründung des Maschinenbauwerkes ZTS TEES auf schwerindustrielle Fertigungen eingestellt. Schmiedewerke, Gießereien, Eisen- und Stahlwerke, Waggonbau, also der überwiegende Teil der Kapazität, wollen nicht so recht in das Konversionsprogramm der Slowakei passen.

## Mühselige Geschäfte mit dem Frieden

Die Umstellung von militärischen Aufträgen auf zivile ist statistisch recht gründlich vollzogen worden – unter den 38 Konversionsfirmen sank der Rüstungsanteil von 20 Milliarden Kronen auf kaum mehr als 3 Milliarden.

Entsprechend ist auch die Beschäftigtenzahl gesunken – freilich nicht nur aus rüstungswirtschaftlicher Enthaltsamkeit. Die gesamte Industrieproduktion der Slowakei ist abgerutscht.

Geplante Konversion, gut gemeint, hat die allgemeine Schrumpfung nicht aufzuhalten vermocht. Nur wenige Großprojekte des Umbaus auf Zivilproduktion konnten trotz einer 30prozentigen Investitionshilfe des Staates verwirklicht werden: ZTS TEES stieg in die Produktion von Dieselmotoren nach einer Lombardini-Lizenz ein und fertigt Planierraupen nach einer Hanomag-Lizenz. Auch die Schützenpanzerfabrik Detva widmet sich dem zivilen Maschinenbau, und die Geschützfabrik ZTS-Dubnica setzt auf Erdölfördertechnik.

Der große Sprung nach vorn ist freilich (noch) nicht gelungen. Es zeigt sich, wie riskant es war, das Versorgungsnetz des RGW mit seinen rüstungswirtschaftlichen Prioritäten im ersten politischen Freiheitsdrang ersatzlos zerrissen zu haben. Ohne Rüstung, ohne den tschechoslowakischen Einheitsstaat und ohne Konjunkturbelebung im Westen rennt auch die slowakische Konversion in eine Sackgasse. Nicht anders verhält es sich in Ungarn, der Tschechischen Republik oder Polen. Für jeden Staat erweist sich die rasch ergriffene Freiheit als kostspielig. Und sozial zeigt der Fall Martin, wie tief der Sturz von den Höhen einer privilegierten Monokultur geraten kann.

## Zauberwort Konversion

In der Stadt Martin mit ihren über 60 000 Einwohnern grassiert Arbeitslosigkeit. Qualifizierte Techniker und Facharbeiter hatten geraume Zeit auf ihren Sonderstatus geschworen. Sie konnten sich gar nicht vorstellen, unter veränderten Umständen ihre Privilegien nicht nur zu verlieren, sondern schlechter dazustehen als die Bevölkerung in anderen Landesteilen. Konversion, das Zauberwort nach der großen Wende, weist nicht nur für die Martiner einen schrillen, einen dissonanten Ton auf. Weil die Regierungen den Worten vom Strukturwandel wenig Taten folgen lassen (können) und die weltweite Wirtschaftskrise jahrelang verhinderte, die vorhandenen menschlichen und maschinellen Kapazitäten in der Mittelslowakei zu nutzen, bleibt Resignation. Was zuerst hinter vorgehaltener Hand geflüstert und gewispelt wurde, bestimmt inzwischen öffentliche Diskussionen – man solle es doch wieder mit der Rüstung probieren, moralische Enthaltsamkeit eines Václav Havel gelte schließlich nicht für die selbständig gewordene Slowakei und Marktwirtschaft sei doch wohl unteilbar. Gemeint ist, wo Nachfrage besteht, hat das Angebot eine Chance, auch jenes von leichten Waffen, Geschützen und Panzern. Wo andere ungeniert Waffengeschäfte abwickeln, will auch eine junge Demokratie wie die Slowakei mitmischen. Manche Umstellung auf Zivilproduktion wurde angehalten, manche Produktionsstraße der Wehrtechnik von Martin wieder auf Vordermann gebracht.

Unter den Alteingesessenen im Vahtal brauchte es nur kurze Zeit nach der sanften Revolution, um Kritik hochkommen und anschwellen zu lassen. »Die da oben« säßen, als ob nichts geschehen wäre, auf ihren gut dotierten Posten – Chefs, die nach »dem Ausbruch des Kapitalismus« über den jobkillenden Schrumpfungsprozeß zu befinden haben. Bei aller Einsicht meinen manche in Martin, Dubnica oder Povazska Bystricha, nicht Leistung oder Lernbereitschaft entschieden über den Verbleib im Arbeitsprozeß, sondern alte Parteiverbindungen. Vorwürfe dieser Art werden von erbitterten Arbeitslosen vorgebracht, nicht nur im Vahtal, sondern in Ostrava, in Kattowitz, in Györ oder in Miskolc. Zu beobachten ist, daß die Seilschaften der Ehemaligen in Zeiten der Demokratie in den Betrieben selektierende Personalpolitik betreiben. Demokratischerer Führungsstil, der auch den Arbeitnehmern eine größere, eine westlichere Rolle zubilligt, hat in den Rüstungsbetrieben Seltenheitswert. Wo Kontrolle alles war, will Delegieren nicht so schnell funktionieren.

## Bestechen und bestochen werden

Der Schlendrian mit dem branchenüblichen Tauschhandel hat die Betriebsführungen ebenso verwöhnt wie korrumpiert. Weil sie sich um Absatz, um Marketing, um Vertrieb, aber auch um kostenorientiertes Rechnungswesen im Kommunismus nicht kümmern mußten, überwog das Tonnendenken. Mit Mengen nach oben protzen, hieß das Motto der – normalerweise parteipolitisch – Abhängigen. Ihre Qualität bestand in der Technik und in der monokausalen Organisation. Spezialwissen, vom mißtrauischen System auf winzige Segmente einer Produktionspalette beschränkt, bestimmte meistens die Managerkarriere. Es kam hinzu, daß die Verantwortlichen in den Hauptstädten, nicht zuletzt in Moskau, ihrerseits mit dem Augenzwinkersyndrom arbeiteten. Ständig jenseits des Plans zu organisieren, zu tauschen, zu bestechen und bestochen zu werden – Versorgungslücken, propagandistisch geleugnet, in der Wirklichkeit, nicht jedoch im Plansoll gegenständlich, konnten selbst Rüstungsmanager nur durch Improvisation überwinden.

Neue Managergenerationen entwickelten diese Beschaffungsmentalität zu wahrer Meisterschaft: Dieselmotore gegen seltene Metalle, Elektronik gegen westliche Ersatzteile, Schrauben gegen Reifen, technische Verfahren gegen Cash. Überraschenderweise fällt immer wieder schwer, die Beschaffungserfahrungen aus der Underground-Economy des Ostblocks umzupolen in verkaufsfördernde Beweglichkeit freier Märkte. Technisch hochstehenden Betrieben gelingt es erst nach schmerzlichen Umstellungsprozessen, in der Absatzwirtschaft zu überleben. Moderner Führungsstil mit der Bereitschaft zu delegieren und Eigenverantwortung zu honorieren anstelle unternehmerischer Geheimniskrämerei und des ständigen Betrugs an einem unrealistischen Plan, vom Markt diktiertes Kostendenken anstelle frisierter Statistiken, durchgängiges Rechnungswesen statt Liebedienerei – das alles hat sich noch nicht richtig durchgesetzt.

In ihrer Mentalität fällt Tschechen, Slowaken, Ungarn oder Südpolen die Umstellung zusätzlich schwer. Ihre Väter und Großväter hatten gehört, gelernt oder erfahren, daß von »oben« angeschafft wird. Einst war es der Mann, der sich als höchster Beamter des Reiches fühlte, der Kaiser in Wien, der vom Produzieren, vor allem von Waffen, recht viel und vom Verkaufen recht wenig hielt. Sich aus solchen Denktraditionen zu lösen bereitet Pein.

## 30,5-cm-Haubitze, k. u. k. Waffentradition

Rüstung war es, was diese sonst so unterschiedlichen Teilerben des Habsburgerreiches unausgesprochen verband. Bis heute schwingt nach, was sich an Kunstfertigkeit, Erfahrung, Qualitätsarbeit und Absatzstrategie etwa in Uhersky Brod im Böhmischen oder in den polnischen Rüstungsfabriken Bumar-Labedy oder Stalowa Wola erhalten hat. So sanft konnte die Revolution von 1989 gar nicht ausfallen, um die Rüstungsmanager nicht rechtzeitig umschalten zu lassen. Nach redlichem Bemühen um Zivilproduktion verbreitete sich, unterstützt von Militärexperten, ehemaligen KP-Bonzen und Geheimdienstlern auch in der Tschechischen Republik und Polen die Erkenntnis: Was für den Kaiser die Dreißigkommafünf, können für Demokraten Pistolen, Luft- und Panzerabwehrwaffen, Hubschrauber und Munition sein. Unvergessen war die 30,5-cm-Haubitze, eines der erfolgreichsten Waffensysteme der k. u. k. Armee.

In den Pilsener-Skoda-Werken brauchten nur die in der kommunistischen Zeit entwickelten Waffensysteme, etwa für die ferngelenkte

Abwehrrakete Robert-1, aus der Schublade gezogen werden. Ebenfalls in Pilsen wird an der Verbesserung des T-72 mit Nachtsichtgerät, besserem Motor und leistungsfähigerem Getriebe gearbeitet. Damit kommen die tschechischen Panzerbauer ihren früheren Kollegen im slowakischen Martin ins Gehege.

Nicht anders in Uhersky Brod. 2800 Arbeitnehmer der »tschechischen Waffenfabrik« können gar nicht genug Pistolen herstellen, keineswegs nur für Militärzwecke. Interesse besteht weltweit. Ähnliches berichten die polnischen Waffenschmieden nicht nur aus dem Iran oder Peru, sondern auch aus den neutralen Staaten Europas. Nicht anders verhält es sich mit polnischem Rüstungsmaterial. Die Nachfrage steigt. Dennoch möchte Warschau die Zahl der waffentechnischen Betriebe von 200 auf kaum mehr als 20 verringern. Geschieht dies, so sinkt die Zahl der einschlägigen Facharbeiter von über 200000 auf etwa 30000. Jenseits der Konkurrenz verbindet die jungen Demokratien die Sorge um ihre Reputation als verläßlicher Handelspartner. Budapest wie Bratislava, Prag wie Warschau lassen spezielle Behörden nach Enduser-Certificates forschen. Keiner will sich nachweisen lassen, an Kriegen, irgendwo in einer stets unruhigen Welt, zu profitieren. Offiziell werden Spannungsgebiete gemieden. Was hinter den Kulissen geschieht, steht auf einem anderen Blatt.

Kapitel 6

# Die Suche nach neuen Identitäten

Russische Weihnachten, russisches Roulette. Verschlafen nickt der Portier. Er kennt die Herren, den Ungarn mit dem ›Mercedes‹, den Tschechoslowaken mit dem ›Wolga‹ und den Polen mit dem ›Lada‹. Weihnachtstauwetter aus dem Westen, das üblicherweise das kalte Moskau nicht erreicht, macht schläfrig. Ihm, dem Sicherheitsbeamten mit der auffallend roten Nase, die auf regelmäßigen Alkoholkonsum schließen läßt, fällt nicht auf, daß die Abgesandten der »Bruderstaaten« fast gleichzeitig, also wie verabredet, in ihre Büros streben. An diesem 6. Januar 1988 sind die Büros – wie alle in Moskau – geschlossen. Russische Weihnachten. Manche Moskauer nennen den ansehnlichen Betonkasten »Klein-Manhattan«. In seinen drei Dutzend Stockwerken ist der Rat für gegenseitige Wirtschaftshilfe untergebracht.

Die gepflegten Diplomaten aus den »Bruderländern« schlendern betont lässig an den kontrollierenden Sicherheitsbeamten vorbei. Tatsächlich sind sie angespannt und können ihre Nervosität kaum verbergen. Wüßten die obersten Chefs im nahe gelegenen Kreml, was ihre Aktentaschen westlicher Provenienz enthalten, würde ihr Unterfangen zum russischen Roulette. Der Treff findet am russischen Weihnachtstag bewußt konspirativ statt. Die Spitzendiplomaten der »anderen« Mitgliedsstaaten des Rates für gegenseitige Wirtschaftshilfe, des RGW, wollten unter sich sein, ohne sowjetrussische Aufpasser. Denn der Verhandlungsgegenstand hat es in sich – eine Totalabrechnung mit der sogenannten Integration des Ostblocks. Zu bewerten war das Scheitern des RGW, das seit Monaten in der Luft lag, spätestens seit Gorbatschows Perestroijka.

Oben angekommen, wirkt die Heiterkeit im nüchternen Verhandlungssaal des RGW-Gebäudes etwas krampfhaft. Eigentlich ist niemandem zum Spaßen. Papiere und Akten, die sie vor sich ausbreiten, sprechen eine eigene, eine ungewohnte Sprache, die Sprache des Ruins. Nichts geht mehr. Selbsttäuschung, gefälschte Statistiken, manipulierte Abrechnungen, willkürliche Wechselkurse, unrealistische Preise, getürkte Mengen, verschwiegene Produktivitätsdefizite, unterschätzte Mängel bei der Konsumgüterversorgung, verletzte Verträge – alles fein säuberlich zu einem einzigen Sündenregister aufgereiht. Und dazu die wirtschaftspolitische Erkenntnis, daß der Vorsprung des Westens unter den gegebenen Umständen nicht aufzuholen ist, sowohl aus wirtschaftlichen und finanziellen als auch aus organisatorischen und technologischen Gründen.

Auf den ersten Seiten des Realismusberichts strotzt es noch von der routinemäßigen Propagandasprache. Es gehe um »günstige Bedingungen für die Entwicklung und den Sieg der sozialistischen Revolution in den Ländern Europas und Asiens, für die Herausbildung des sozialistischen Weltsystems«. Stehsätze aus der Rumpelkammer der kommunistischen Ideologie als Alibi und Selbstverteidigung zugleich. Autoren und Anwesende hatten längst das bisher übliche Augenzwinkern gelassen, das in Führungskreisen bei der Präsentation solcher Phrasen seit Jahr und Tag üblich ist. Vorsichtshalber heißt es weiter: »Die Errungenschaften jedes Bruderlandes sind Erfolge des sozialistischen Systems insgesamt.« Gemeint ist die Wahrheit unter umgekehrten Vorzeichen, Verluste statt Errungenschaften. Und als letzten Tribut an die betonierte Denkweise: »Die Organisation des Rates für gegenseitige Wirtschaftshilfe beruht auf der Ideologie des Marxismus-Leninismus, den Prinzipien des proletarischen Internationalismus, der Einheit der Aufgaben und Ziele der Werktätigen der sozialistischen Länder.« Aus der Sicht der nicht doktrinären Quer- und Neudenker ergibt sich zwingend: Es ist Zeit zum Wandel. Für sie hat die Ideologie des Marxismus-Leninismus versagt.

## Entleerte Utopie: Das RGW-Ende

Proletarischer Internationalismus erweist sich als untaugliches Instrument. Vor allem aber – Einheit der Aufgaben und Ziele des RGW sind längst verlorengegangen. Im Gegenteil. Jeder gegen jeden, alle gegen alle. Jahrelang haben die Chefplaner des östlichen Wirtschaftsblocks, fast ausnahmslos Sowjetrussen, und ihre Helfershelfer Blockloyalität gefordert und benutzt, um die Teilnehmer systematisch gegeneinander auszuspielen. Jeden Betrieb gegen jeden Betrieb, jede Region gegen jede Region, jeden Staat gegen jeden Staat, wenn es um umgemodelte Planvorgaben ging, um kritische Mengen, doppelte Preise, fragwürdige Qualitäten und erst recht um langfristige Vorhaben der Forschung, der Innovation oder der Investition.

Daß der »real existierende Sozialismus« endgültig scheiterte, ist für die versammelten Experten aus den »Bruderstaaten« eine perfekte Tatsache. Sie halten fest: Das System bricht zusammen, weil seine wirtschaftliche und seine politische Effektivität abhanden gekommen ist. Es bedurfte jahrzehntelanger Erfahrungen und vor allem bitterer Rückschläge, um das Ziel des Marxismus-Leninismus zumindest als utopisch, wenn nicht unseriös einzuordnen. Mechanismen zur Regulierung der Wirtschaft lassen sich nicht durch umfassende Planung entwickeln.

Es ist nicht gelungen, das Bruttosozialprodukt durch Pläne aufzuteilen. An die Stelle eines Ordnungssystems ist eine wuchernde Bürokratie mit der Tendenz getreten, Menschen und Sachen irgendwie zu verwalten. Bürokratische Systeme mit dem monopolistischen Führungsanspruch der Kommunistischen Partei zu verbinden, erwies sich seit längerem zuerst als Fortschrittsbreme, dann als Rückwärtsgang. Selbst ein von oben befohlener Kollektivismus brachte für die Bevölkerung mehr Nachteile als Vorteile. Soziale Sicherheit, Chancengleichheit und individuelle Rechte verkamen zum Fernziel.

Weiter in der entlarvenden Analyse: Wie in anderen Gesellschaftsformen führt oligarchische Machtfülle zu einer Despotie, in der sich jeglicher Mißbrauch entfalten kann. Der historische Anspruch des bolschewistischen Kollektivismus erweist sich als Fehler. Vor diesem erstmals aufgehellten Hintergrund des Scheiterns spielen sich die eigentlichen politischen und wirtschaftlichen Auseinandersetzungen ab, zwischen der Sowjetunion einerseits und ihren Satellitenstaaten andererseits. Die übliche Geheimniskrämerei hat zu einem ganzen Lügengebäude wirtschafts- und handelspolitischer Verhältnisse geführt. Selbstbetrug ist an der Tagesordnung. Das eng geknüpfte Netz der persönlichen und sachlichen Abhängigkeiten fördert den gesellschaftspolitischen Opportunismus und reduziert die Eigenverantwortlichkeit auf nahezu Null.

Moskau war in diesem System lange Zeit der unbestrittene Dreh- und Angelpunkt. Die sowjetische Politik verstand es hier, im überlieferten Stil feudaler Ausbeutung anzusetzen. Sowohl wirtschaftlich als auch militärisch und damit politisch kann schließlich nur noch blanke Gewalt, getarnt durch kommunistische Public Relations, das System am Leben erhalten. In Wirklichkeit ist es klinisch bereits tot.

Im Leistungsindex unter »ferner liefen« offenbart sich der gesellschaftspolitische Konkurs des RGW. Als Beweisstück des Verfalls wird der Human Development Index (HDI) herangezogen, wie er von den Vereinten Nationen entwickelt wurde. Er umfaßt den gesamten Leistungsstand eines Landes, keineswegs nur das Bruttonationalprodukt oder Pro-Kopf-Berechnungen. Berücksichtigt werden Grunddaten aus den verschiedensten Lebensbereichen wie Militärausgaben, die Zahl der Beschäftigten, der Lehrer, der Ärzte. Die Lebenserwartungen, das Analphabetentum, die Zeit des durchschnittlichen Schulbesuches und das reale Pro-Kopf-Einkommen nach Kaufkraftparitäten erfaßt ebenfalls der HDI. An erster Stelle rangiert Kanada (Meßzahl 0,982), gefolgt von Japan, Norwegen, der Schweiz, Schweden und den USA. Mit 0,955 steht Deutschland an 12. Stelle, mit 0,95 Österreich an 15. Nach dem EG-Mitglied Griechenland führt die Tschechoslowakei auf Platz 27 mit 0,897 den nächsten Stellenwert an. Es folgt an 28. Stelle Ungarn mit 0,893, vor Uruguay, Trinidad, Tobago und den Bahamas. Auf Platz 32 befindet sich Polen (0,874). Dahinter steht rechnerisch noch die alte Sowjetunion (0,873) auf Platz 33, das EG-Mitgliedsland Portugal auf Platz 39. Die Plätze von 40 bis 160 werden weitgehend von Ländern der sogenannten Dritten Welt belegt. Afghanistan beispielsweise rangiert mit 0,065 auf Platz 158 und Guinea an letzter Stelle mit 0,052 auf Platz 160.

## Ein Monatslohn für ein Paar Schuhe

Ihren Führungsanspruch hatte die Sowjetunion schon geraume Zeit verwirkt – und die Zentralplaner des RGW wußten es. Über zwei Drittel des Bruttosozialproduktes der Erde stammte aus marktwirtschaftlich orientierten Ländern. Im Wettkampf der Systeme kam der Ostblock über 9 Prozent Anteil am Gesamtexport der Welt nicht hinaus. Die westlichen Industrieländer bestritten kontinuierlich 65 und mehr Prozent. Im blockinternen Vergleich erschwerte die Schattenwirtschaft jeden seriösen Überblick. Sie wurde selbst im straffsten Stalinismus auf mindestens 20 Prozent der regulären Umsätze von Industrie und Handel geschätzt. Auch auf diesem grauen Markt versteht es die Sowjetunion, Eigenbedürfnisse, etwa im Rüstungsbereich, mit der gehörigen Brutalität durchzudrücken. Die RGW-Experten kommen zu dem Schluß, daß den Satellitenstaaten systematisch wirtschaftliche Vorteile vorenthalten wurden. Umkehrschluß: Die bisherige sowjetrussische Dominanz im Ostblock hat verhindert, daß der Leistungs- und Lebensstandard in Polen, der Tschechoslowakei oder Ungarn entsprechend höher geraten konnte.

Bürger der Sowjetunion standen sich im Vergleich zu den Satellitenstaaten schlechter. Mit einem durchschnittlichen Monatslohn konnten sich Sowjetbürger fünf Mittagessen im Restaurant leisten, Polen 40 Essen, Ungarn 50, Tschechoslowaken 100 (und Westdeutsche über 200). Bei Rindfleisch reichte der Monatslohn der Sowjetrussen für 50 Kilogramm, der der Ungarn für 55, der der Polen für 58, der der Tschechoslowaken für 70 (und der der Westdeutschen für 243) Kilogramm. Vergleichszahlen bei Benzin: In der Sowjetunion gab es rechnerisch 833 Liter für einen Monatslohn, in der Tschechoslowakei 149, in Polen 288, in Ungarn 175 Liter. Bei Schuhen hingegen reichte der sowjetische Monatslohn nicht einmal für ein Paar, in Ungarn für drei, in Polen für sechs und in der Tschechoslowakei für neun Paar Schuhe.

Für eine Los-von-Moskau-Bewegung brauchten die RGW-Planer aus den Satellitenstaaten diese bemerkenswerten Statistiken eigentlich nicht. Legion sind die Fälle in nahezu vierzig Jahren befohlener Teilintegration des Ostblocks, wo die Moskauer Befehle entweder planerisch und im Vollzug unrealistisch oder auf einseitige Vorteilsnahme der Sowjetunion angelegt waren. Liefermengen, Lieferqualitäten, Lieferpreise wurden eigenwillig von der zentralistischen Überplanung Moskaus ertrotzt. Wirtschaftliche und auch soziale Interessen der Satellitenstaaten blieben weitgehend unberücksichtigt. Eigentliche Richtschnur ergab die Rüstung. Im zweiten Rang wurde der Schwerindustrie auch dann noch Priorität verschafft, wenn die rüstungswirtschaftlichen Interessen befriedigt waren. Konsumgüter, Dienstleistungen, auch jene der öffentlichen Hand, bei Energie, Transport, Bildung und sogar Kultur blieben weithin unberücksichtigt. Die Diktatur des Planes war allgegenwärtig, zumindest nach außen.

## Wer legte wen herein?

Als Berechnungskriterium gelten die Energiepreise. Für Erdgas und Erdöl ergibt die hergebrachte sowjetische Rechnung, daß den Satellitenstaaten durch günstigere Preiskonditionen finanzielle Vorteile in der Größenordnung von fünf Milliarden Dollar jährlich entstanden sein sollen. Moskau beruft sich noch Jahre nach dem Scheitern des RGW auf das sogenannte Bukarester Preisschema. Danach saldierten sich die internen Verrechnungspreise nach den Weltmarktpreisen in den jeweils zurückliegenden fünf Jahren. Schwankungen, Sonderkonditionen, etwa wie durch Kriege und Embargomaßnahmen aufgestellt, wurden in dem Bukarester Schema kaum berücksichtigt. Diese Verrechungsmethode galt jedoch auch für die Lieferung von Halb- und Fertigwaren bei Nahrungsmitteln und Rohstoffen aus den Satellitenstaaten in die Sowjetunion.

Berechnungen mehrerer Nationalbanken der heutigen Reformstaaten ergeben, daß die Sowjetunion das Bukarester Preisschema samt seinen Verrechnungsmethoden bei Wechselkursen, Rabatten und so weiter einseitig zu ihren Gunsten ausgelegt hat. Hochrechnungen über die sowjetrussische Vorteilsnahme ergeben einen handelspolitischen Vorteil von 10 Milliarden Dollar jährlich. In dieser Größenordnung soll Moskau seine eigenen Satellitenstaaten geschädigt haben. Diesen Schaden gegen die Fünf-Milliarden-Dollar-Vergünstigung aus sowjetrussischer Sicht aufgerechnet, ergibt immer noch einen Kräfteentzug aus den Satellitenstaaten von rechnerisch 5 Milliarden Dollar im Jahr. Polen und die Tschechoslowakei, Ungarn und die DDR mußten also gleich Kolonien neben strukturellen Nachteilen Jahr für Jahr eine ansehnliche finanzielle Benachteiligung hinnehmen.

Erfolgsmeldungen zählten seit Stalins Zeiten bis Ende der achtziger Jahre zum Standardritual der Propaganda. In Wahrheit war dem Ostblock der Verfall vorgegeben. Das Wirtschaftswachstum ging im Blockdurchschnitt zurück. 4 Prozent Wachstum in Polen und in der Sowjetunion stand ein bescheidenes Wachstum in der Tschechoslowakei und ein markanter Einbruch in Ungarn gegenüber. Bei der Industrieproduktion zeigt sogar die amtliche Statistik die Krise an. Der Rückgang in Polen, der Tschechoslowakei und besonders in Ungarn ist offiziell belegt. In der Wirklichkeit verfällt die Integrationskraft von 1987 auf 1988. Lediglich die Produktion der Landwirtschaft konnte sich von den Rückschlägen Mitte der achtziger Jahre erholen. Doppelbödiges steckt auch in den Einzelhandelspreisen. Vier Prozent zugegebene Steigerung in der Sowjetunion in den Jahren 1987 auf 1988, 2 Prozent in der Tschechoslowakei steht ein Inflationsschub von plus 16 bis 18 Prozent gegenüber. In Preisen wirkt sich der wirtschaftspolitische Vorgriff Ungarns auf marktwirtschaftliche Bedingungen bereits aus. Tatsächlich liegt die Geldentwertung in allen ehemaligen RGW-Staaten wesentlich höher.

Die Grenze der Armut, in kommunistischen Zeiten geleugnet, liegt noch vor der großen Wende mit nachgewiesenen 20 bis 30 Prozent weit über der allgemeinen Bewußtseinslage. Nach dem alten Spruch, daß nicht sein kann, was nicht sein darf, gelang der gesteuerten Propaganda noch in der Spätphase des realen Sozialismus eine Meisterleistung in manipuliertem Bewußtsein. Sie glorifizierte die Lebensumstände unter dem alten Regime und erklärt die Wahlerfolge der Kommunisten, die sich landauf, landab inzwischen anders nennen.

1988 freilich erschauerten Wirtschaftsexperten des RGW, die aus den damaligen Satellitenstaaten stammten, vor dem Zusammenbruch. Der Angst vor der Realität ruinierter Volkswirtschaften und deformierter Gesellschaften konnten sie sich nicht entziehen. Sie ahnten nur, welche konzeptionellen und praktischen Anforderungen hochkommen, wenn erst einmal das Blockgebäude, dem sie zutiefst mißtrauten, in sich zusammenstürzt. Der Westen werde den Osten schon nicht verkommen lassen, war die gängige Meinung der verschworenen Blockkritiker. Gestandene Nationalökonomen, die sie waren, setzten sie ihre ganze Hoffnung auf Demokratie und Marktwirtschaft als Koppelprodukt. Aus ihrer Intimkenntnis über die volkswirtschaftlichen und gesellschaftlichen Verhältnisse im Westen zählten sie nicht zu jenen oberflächlichen Zeitgenossen im Osten, die mit einer Simpelformel die »Soziale Marktwirtschaft« mit Kapitalismus gleichsetzten. Alle Kenntnisse über die theoretischen und praktischen Verhältnisse in der damals noch geteilten europäischen Welt – eines konnten auch die östlichen Spitzenexperten nicht ermessen: das ganze Ausmaß der Selbstzerstörung der Mitgliedsstaaten des RGW und – mehr noch – den Aufwand, um diesen Teil Europas wieder aufzubauen und für ein Zusammengehen mit dem Westen reif zu machen.

## Ein letzter Rettungsversuch

Bevor der RGW-Block wirklich auseinanderbrach, wagten fast alle Satellitenstaaten einen letzten Rettungsversuch: mehr wirtschafts- und handelspolitische Autonomie; keine verbindlichen Auflagen des RGW für Forschung, Entwicklung, Finanzen, Mengen, Preise und Devisenpositionen; keine Zwangsauflagen für Investitionen; volle Autonomie für eigenständige Wirtschaftspolitiken; keine Zwangslieferungen, Zwangsabnahmen mehr; Übergang zu freier, rein kaufmännischer Vertrags- und Preisgestaltung mit international üblichen Qualitätskontrollen für Energie, Rohstoffe, Halb- sowie Fertigwaren; devisenpolitische Selbstverantwortung der Länder mit realistischen, marktwirtschaftlichen Wechselkursen; Übergang zur vollen Dispositionsfreiheiten der Betriebe; Ende gemeinsamer, integrierter Forschungsprogramme; Abbau der Transferzahlungen zugunsten der RGW-Bürokratie. Die Moskauer Nomenklatura begann zu resignieren.

Die aufmüpfigen RGW-Bürokraten waren sich nicht sicher. An den Umgang mit Geheimdienst, Abhörwanzen und Psychoterror von Parteiapparatschiks gewöhnt, schreckten sie vor Konsequenzen zurück. Zu Revolutionären sind auch Beamte des RGW nicht geeignet. Längst hatten sie gelernt, innerhalb des Systems Lücken und Freiräume ausfindig zu machen und zu nutzen. Ein weiteres Mal sollte es gewagt werden. Diesmal waren es nicht Energiepreise, Maschinenmodelle, Gegenseitigkeitsgeschäfte der Landwirtschaft oder Ersatzteilmanipulationen.

Erstmals ging es ums Ganze. Gedanklich wurde in diesen Stunden des Jahres 1988 der Anfang vom Ende eines Zusammenschlusses sozialistischer Staaten vorbereitet. Angetreten, um die »Kapitalisten« das Fürchten vor der Weltrevolution zu lehren, den Marshall-Plan auszutricksen und überhaupt den Westen wirtschaftlich zu überholen, war ein Scherbenhaufen übriggeblieben mit unrealistischen Ideen, mißbrauchten Idealen. Eine ganze Welt, nämlich die kommunistische, hat gigantische Denkfehler, die mit einer Mischung aus Brutalität und Dilettantismus durchgesetzt worden waren, zu bezahlen.

Moskau, im Glauben an seine politische Unfehlbarkeit bereits zutiefst erschüttert, reagierte zunächst zurückhaltend. Entgegen der überkommenen Denk- und Handlungsweisen stellte es sich unter Gorbatschow bald auf die Seite der Reformer. Marktwirtschaft wurde zum großen Hit. Das Modell des realen Sozialismus brach zusammen. Besiegelt war das Ende eines Anspruchs – die große Politik ging über ein morsch gewordenes System hinweg. Leidtragende war die Bevölkerung in der nun untergehenden kommunistischen Welt. In diesem herben Urteil waren sich die RGW-Planer aus Rußland und den ehemaligen Satellitenstaaten einig, zuletzt eine der seltenen Übereinstimmungen im Betonklotz nahe dem Kreml. »Der Terror verstärkt die Feigheit und den Mut, zwei Eigenschaften, die für die Diktatoren sehr gefährlich sind«, schreibt einer, der es wissen muß, schreibt Bertolt Brecht. Hat der Kapitalismus wirklich gesiegt?

## Abwärts, damit es aufwärts geht

In der Stunde Null sahen sich alle Ex-Satelliten der Sowjetunion im gleichen Boot. Es bestand kein Zweifel: Die Hoffnung liegt im Westen. Überstürzt, fast panikartig wurden die alten Fesseln an den ungeliebten Ostblock abgestreift. Dies geschah um so leichter, als sich nicht nur der Block auflöste, sondern auch seine Führungsmacht, die Sowjetunion. Im ökonomischen Chaos beendeter Loyalitäten und zerrissener Bindungen geschah vielfach des Guten zuviel. Von einem Extrem ins andere wurden auch jene Geschäftskontakte unterbrochen, auf die die alten Blockpartner eigentlich bis heute angewiesen sind: Energie und Rohstoffe aus den Nachfolgestaaten der Sowjetunion, vornehmlich aus Rußland, und passende Lieferungen von Ersatzteilen und Spezialmaschinen à la Ostblock aus den Reformstaaten in die ehemalige Supermacht.

Jahre sollte es dauern, bis die Erkenntnis, mancherlei Austausch – mag er auch nicht immer westlichen Standards Genüge tun – bringe doch beiderseits Nutzen, in die Tat umgesetzt werden konnte. Befreiungspolitik der Stunde Null schwemmte alles Hergebrachte hinweg und ließ für wirtschaftliche Nüchternheit keinen Raum. Selbst die Kalkulation, der Westen werde – wie so oft versprochen – helfen, erwies sich als Fehlspekulation.

Im Jahr eins nach der sanften Revolution wurde die zweifellos bestehende Neigung der Bevölkerungen in den Satellitenstaaten, Entbehrungen auf sich zu nehmen, damit danach alles besser wird, auf eine harte Probe gestellt. 1990 ging das Wirtschaftswachstum in der Tschechoslowakei um 3 Prozent zurück, in Ungarn um 5 Prozent und in Polen um 13 Prozent. Dem entsprach der gefährliche Abstieg der Industrieproduktion: 49 Prozent in der Tschechoslowakei, 5 in Ungarn, 25 in Polen. Auch die landwirtschaftliche Produktion verlor den bescheidenen früheren Schwung. Polen verzeichnete einen Rückgang von 1 Prozent, die Tschechoslowakei von 4 und Ungarn von 7 Prozent. Gleichzeitig setzte die galoppierende Inflation ein. In der Tschechoslowakei nahm der Geldwert um 10 Prozent ab, in Ungarn um 29 und in Polen um 585 Prozent. Was alles aus den Fugen geriet, lassen selbst diese dramatischen Zahlen nur ahnen. In der Chance des Neubeginns tummelten sich Glücksritter gleichermaßen wie die flugs verwandelten Mitglieder der ehemaligen Nomenklatura.

Während die Politiker und Experten darüber nachzudenken und zu diskutieren begannen, ob der sanften Revolution ein ebensolcher Übergang zur Marktwirtschaft folgen solle oder ein Schock, schritt der Markt zur Tat. Wie mit Zauberkraft füllten sich die Regale, protzten Auslagen von jenen Westwaren, die Polen und Tschechen, Ungarn und Slowaken bis 1989 nur in Träumen erschienen. Eine Scheinwelt? Brachen doch manche der einheimischen Märkte zunächst zusammen. Der Produktionsverfall unterbrach vielfach die normale Versorgung. Weniger Produktion hieß weniger Arbeit. Millionen lernten einen

Zustand kennen, den ihnen das kommunistische Propagandafernsehen nur als Ausgeburt kapitalistischer Brutalität vorgeführt hatte, nämlich Arbeitslosigkeit.

Aus dem sozialen Problem wurde soziale Not, indem die Preise nach oben schnellten und die Massenkaufkraft verfiel. In der Tschechoslowakei hielt sich die Inflationsrate in Grenzen, während in Ungarn und in Slowenien die Verbraucherpreise auf mehr als das Doppelte stiegen. Schrumpfende Wirtschaft verschaffte dem Reformbeginn Molltöne. Jedenfalls wurde der Abstand zum Westen noch größer. Nach dem Bruttosozialprodukt ergab sich noch 1992 ein veritables Einkommensgefälle: 1800 Dollar jährlich in der Slowakischen, 2600 Dollar in der Tschechischen Republik, 3600 Dollar in Ungarn, 5040 Dollar in Slowenien, 21 000 Dollar in Österreich und 25 000 Dollar in der Bundesrepublik Deutschland.

## Der Nowak läßt uns nicht verkommen

So unterschiedlich der Reformbeginn wirtschaftspolitisch in den einzelnen mitteleuropäischen Ländern einsetzte – der Halbschatten einer heraufziehenden Umstellungskrise zeigte überall die nämlichen Konturen: verzögerte Offenbarung der Mißwirtschaft, überzogene Kosten, verfälschte Preise, vernachlässigte Dienstleistungen, verunsicherte Motivationen, Schmarotzertum der alten Politelite, vergessene Leistungsprinzipien, entwöhnte Selbsthilfe, irreführende Sozialstandards, Verfall eingespielter Geschäftsbeziehungen, wirtschaftlicher Rückschlag, gesellschaftlicher Abstieg, politische Hilflosigkeit.

Freiheit zum Fürchten? Für Politiker und Experten unter den Überraschungen die schwerwiegendste. Quer durch die Satellitenstaaten und ihre alten sowie neuen Eliten hatte man in den ersten Reformjahren an ein einfaches Politmuster geglaubt, nämlich die Fesseln des Ostblocks einfach abzusteifen und die Ideen »Demokratie« und »Kapitalismus« zu importieren wie Mercedes-Automobile oder Benetton-Kleidung.

Sind jene überfordert, die sich seit dem 89er Umbruch zu den Könnern und Kennern zählen, so erst recht die Bürger in den Reformstaaten. Ihre Enttäuschung über die neuen Verhältnisse ist grenzenlos.

Sinkende Einkommen und explodierende Preise bei beharrlicher Arbeitslosigkeit belasten schon schwer genug. Was das Klima in sämtlichen Reformstaaten zusätzlich vergiftet, ist der behende Zugriff der alten, der kommunistischen Nomenklatura in das, was sie als »Kapitalismus« betrachten. Meist fernab von den bewährten Regeln der Sozialen Marktwirtschaft, vermochten sich die Eliten von vorgestern Geschäfte von morgen zu sichern. Geld machen statt Ideologie verbreiten.

## Parteikader werden zu Managern

Sie nennen sie »rote Elefanten«, jene großen und mittleren Firmen, beispielsweise in Polen, die sich der auffallenden Unterstützung der ehemaligen kommunistischen Nomenklatura erfreuen. Selbst ein Teil dieses Establishments, seilten sich Ende der achtziger Jahre Direktoren polnischer Staatsbetriebe ab. Mit der Unterstützung, teilweise auch barem Geld der Kommunisten, die sich vor der großen Wende Polnische Arbeiter Partei (PVAP) nannten, hieß es »auf in den Kapitalismus«. Reichte das eigene Geld nicht, das in den Staatsbetrieben verdient oder fallweise auch auf die Seite geräumt worden war, war noch Zeit, an günstige Staatskredite heranzukommen.

Als Drehscheibe betätigten sich seit 1988 die Interster-AG, Warschau, die Bank für Wirtschaftsinitiativen (BIG-Bank) und die Handelsfirma Transakcja (1988 per Beschluß des Zentralkomitees der PVAP gegründet). Zum Imperium früherer kommunistischer Manager zählt auch die Savim-AG. Letztere wurde mit einem Minikapital von umgerechnet sage und schreibe 500 Dollar Ende der achtziger Jahre gegründet. Vier Jahre später kletterte das Grundkapital auf 800 000 Dollar bei einem Jahresgewinn von über 3 Millionen Dollar. Zu den Beziehungen dieser Gesellschaft zählte auch der Zugang zum stellvertretenden Finanzminister Jerzy Napiorkowski, einem Experten in Steuerrecht, nebenbei Aufsichtsrat der Savim. Die Verflechtung zwischen ehemaliger Nomenklatura, kommunistischen Managern und dem ganzen Netzwerk des alten Regimes mit dynamischem Geschäftssinn verspricht Gewinn im besten kapitalistischen Verständnis. Manche Polen gehen so weit zu glauben, wesentliche Teile der polnischen Wirtschaft würden bereits von den kommunistischen Machern früherer Zeiten kommandiert.

Von Sozialer Marktwirtschaft im gesellschaftspolitischen Sinn will die Managergeneration, die glaubt, sich vom einen Regime ins andere herübergerettet zu haben, allerdings wenig wissen. »Wir machen Geld wie die Amerikaner.«

## Früher Korruption, heute Dienstleistung

Diese neuen Verhältnisse unterscheiden sich strukturell kaum von den alten. Man hilft sich gegenseitig, nutzt die Verbindungen im eigenen Land und möglichst international, wenn es um billige Kredite, wohltönende Firmenneugründungen, begehrte Zulieferungen, Service sowie Ein- und Ausfuhr geht. In Prag etwa monopolisieren ehemalige Spitzenfunktionäre der Kommunistischen Partei mehrere Außenhandelsgesellschaften. In Banken und Versicherungen kommen zu kleinen oft große Geschäfte. Manager aus der alten Nomenklatura, die neue zinsgünstigere Kredite brauchen, zahlen an Vermittler aus der ehemaligen Nomenklatura wie in guten alten Zeiten.

Bestechung, Informationsweitergabe oder subtilere Geschäftsmethoden durch Vergabe von Lizenzen, Kontakten und Personalinformationen laufen seit 1989 nicht mehr unter »Korruption«, sondern unter – gewußt wo – Dienstleistungen. Im kleinen geht es oft um Schmiergelder, wenn Ex-Apparatschiks, die sich etwa mit Software-Leistungen in der Computerbranche selbständig gemacht haben, die noch verstaatlichten Betriebe (wo die alten Genossen werken) beliefern möchten. Ein Scheck, schon geht's. Zu den harmloseren, die Bevölkerung dennoch erregenden Beispielen zählt, wenn der Sohn eines ehemaligen Ministerpräsidenten durch vergünstigte Devisenkredite Autoersatzteile aus dem Westen in großem Stil beschafft – und diese an staatseigene Industrieunternehmen oder auch an das Militär, also die ehemalige Garnitur seines Vaters, liefert. Alle Beteiligten waren Mitglieder der Kommunistischen Partei, in diesem Fall der Polens.

Geschäftsleute, die auf sich halten, pflegen öffentlich nur noch mit Leibwächtern aufzutreten. Auch sie fürchten sich. Nicht vor der neuen Freiheit, sondern vor den alten Seilschaften. Diese Cliquen, von Geheimdiensten geschult oder früher beschäftigt, betätigen sich in mehreren Städten der Reformstaaten in einem offenkundig einträglichen Geschäft – Schulden eintreiben. Dabei haben sich ebenso groteske wie kriminelle Formen entwickelt. Bei Bankkrediten von 30, 40 und mehr Prozent existiert in Polen wie in der Tschechischen Republik und nun auch in Ungarn ein grauer Kreditmarkt. Gespeist wird er einerseits durch in- und vor allem ausländische Finanzoperationen mehr oder weniger seriöser Art. Diese führen dazu, daß die Zinsen sich »nur« bei 7 bis 8 Prozent jährlich rechnen, also westlichen Sätzen vergleichbar sind. Auf der anderen Seite dieses grauen Marktes operieren graue oder schwarze Gelder. Sie stammen aus den dunklen Kanälen der Underground-Economy. Diese Schattenwirtschaft »lebt« im »freien« Raum ohne Steuern und Sozialabgaben. Letztere liegen insgesamt bei fünfzig Prozent und mehr. Dazu kommen stattliche Beträge aus dem kriminellen Milieu des Drogenhandels und der Prostitution.

Da verdientes oder auch erpreßtes und auf andere unseriöse Weise zustande gekommenes Geld weithin der Kreditwirtschaft vorenthalten bleibt, spielt sich vielerlei auf dem grauschwarzen Kreditmarkt ab. Selbst normale Kreditgeschäfte abzuwickeln, wenn ein Schuldner zahlungsunwillig ist, erfordert Nerven, Geld und Zeit. Alte sozialistische Gesetze taugen nicht für rasches Geld. Geld aus der Schattenwirtschaft oder aus normaleren Geschäftsbeziehungen einzutreiben fällt schwer. Inkassabüros, beliebte Arbeitgeber für ehemalige Geheimdienstler, stehen Gläubigern zu Diensten. 10 bis 15 Prozent Provision – und das Eintreibverfahren kann beginnen. Treten die Eintreiber, gut gebaut, auf, oft in den schwarzen Ledermänteln ihrer ehemaligen Profession, knickt der säumige Schuldner normalerweise sofort ein – und sei es auch in Erinnerung an vergangene Zeiten.

Für hartnäckigere Schuldner wenden die Eintreiber Methoden an, die ihnen im geheimdienstlichen Milieu beigebracht worden sind. »Freundliche« Gespräche, Aufzeigen der Konsequenzen bei Weigerung und, wenn auch dies nichts hilft, Drohungen. In hartnäckigen

Fällen ist der säumige Zahler dann meistens bereit, einen Vertrag zu unterschreiben. Seine Wohnungseinrichtung, sein Auto, sein Haus oder anderer Besitz werden damit als »Pfand« bis zur Bezahlung der Restschuld vermögensrechtlich übertragen. Zahlt der Schuldner, soll es in einigen Fällen vorgekommen sein, daß dieser Knebelvertrag retourniert wurde.

In den meisten Fällen jedoch geschieht von der Inkasso-Organisation aus gar nichts. Der ehemalige Schuldner wird sein Eigentum los. Hilft auch der Trick mit dem Vertrag nicht, so treten »Spezialisten« in Aktion. Nach einer letzten Drohung, daß der Schuldner und seine Verwandten zu büßen hätten, erreicht der Schuldenkrimi seinen Höhepunkt. Frauen, Kinder oder andere Familienangehörige werden entführt, oder der Schuldner kommt »zufällig« zu Tode. Nach Feststellungen der Warschauer Polizei sind in einem einzigen Jahr 33 Morde auf diese neue »kapitalistische« Idee zurückzuführen. In Medienberichten heißt es, die Schuldeneintreiberei sei so unpopulär nicht. Solide Polen, die ihren Verpflichtungen korrekt nachkommen, meinen, die säumigen Zahler verdienten eine Strafe. Der eine oder andere würde sein Geld bedenkenlos in neue Geschäfte stecken, um damit seine Schulden zurückzuzahlen.

In einem Bereich der Rechtsunsicherheit ein weiterer, ein tragischer Beweis der Verwechslung von Kapitalismus mit Sozialer Marktwirtschaft.

## Der Generaldirektor im ›Lada‹

Dioszeghy S. zählt nicht zu den besten Adressen in Budapest. Graue Straße, ärmliche Bäume, schlecht gekleidete Menschen, rostige Autos, ein bescheidenes Fabrikgebäude, der Eingang weit geöffnet, der Empfang freundlich. Generaldirektor Laszlo Sagi von Buszesz RT, ein drahtiger Manager, unterscheidet sich nicht von seinesgleichen im Westen. Im solid eingerichteten Büro des Chefs des führenden ungarischen Lebensmittelkonzerns saß er auch schon in der kommunistischen Zeit. Die Käufer des Unternehmens aus dem Westen haben Sagi, den Gentleman alter Schule, ohne Zögern übernommen. Man kannte sich, man schätzte sich. Die österreichische Gruppe Mautner-Markhof suchte

Vertrauen, Verstehen und Unternehmensstrategie. Der Profi Sagi brachte dies. Buszesz deckt als Marktführer in Ungarn und darüber hinaus bald mehr Umsatz ab als das Stammhaus in Wien – größerer Markt, beständige Nachfrage und ein passendes Angebot auf einem größeren Absatzgebiet. Dem Manager aus der »sozialistischen Zeit« wurde ein aufstrebender Österreicher als Vorstandskollege beigegeben.

Das Erfolgsrezept? Partnerschaft nach innen und angemessenes Marketing nach außen. Die Umstellung vom Verteilen auf Verkaufen ist in relativ kurzer Zeit bewerkstelligt. Erste und zweite Berichtsebene taten sich erstaunlich leicht – von einigen Ausnahmen abgesehen, die der Planwirtschaft anhingen und sich im Wettbewerb nicht zurechtfanden. Die Erklärung liegt in einer langfristigen Personalstrategie. Jenseits der Zuteilungsgebräuche des »Sozialismus im Aufbau« betrieb Laszlo Sagi ein modernes Ausleseverfahren für seine Mitarbeiter. Er schaltete sich mit Hochschulinstituten kurz und wußte, welche der 57 Bildungseinrichtungen erstklassiges Training betrieben. Kenner der Verhältnisse wußten sich auch im Kadarismus durchzuwursteln. Erfinder und Betreiber des »Goulasch-Kommunismus«, gab János Kádár einer ganzen Phase des Nationalkommunismus nicht nur den Namen, sondern die – relativ liberale – Prägung.

Für Generaldirektor Sagi hat es sich also gelohnt, nach Nachwuchskräften bei vertrauenswürdigen Professoren Umschau zu halten. Damit entstand ein Führungskader in Produktion und Absatz, der sich zügig von der ausgeleierten Planwirtschaft auf knackig auftretende Erscheinungen der Marktwirtschaft umzustellen verstand. Leicht war es freilich nicht. Es haperte zunächst an modernen Maschinen, an geeigneten Zulieferungen und an der Anerkennung von Qualitätsstandards bei den Abnehmern. Darin steckte auch gegenseitiges Preisbewußtsein. Leistung kostet nicht nur, sondern soll auch etwas bringen. Erziehung und Motivation der Mitarbeiter waren ebenso vonnöten wie ein waches Martkbewußtsein der Abnehmer.

Verbraucherverhalten half. Volle Regale westlicher Qualität und marktwirtschaftlicher Präsentation animieren nun einmal zum Kauf. Und Ungarn ließen es sich schon zu Zeiten des Goulasch-Kommunismus möglichst gutgehen. Differenziertes Marketing nahm schließlich darauf Rücksicht, daß die Masseneinkommen in der Umstellungsphase hinterherhinkten. Es dauerte nicht lange, bis preiswertere Produkte für zahlungsschwächere Kunden auf den Markt gebracht werden konnten. Produktivität und Effektivität in der Produktion und im Absatz drückten die Kosten und machten Preisnachlässe möglich. Dazu eine solide Bescheidenheit. Erfolg ohne Protz. Als es darum ging, schnell in die Stadt zurückzukommen, stand der Dienstwagen mit Chauffeur bereit. Ein ›Lada‹ älteren Semesters. Handschaltung und schön laut.

## Auf in den goldenen Osten

Der ungarische Nahrungsmittelkonzern ist nicht das einzige Beispiel dafür, daß die Leute von Budapest die Nase vorn hatten. »Wir haben schließlich darauf hingearbeitet«, wiederholt Laszlo Bekesi, der ehemalige Finanzminister der letzten kommunistischen Regierung. Vor dem großen Umbruch des Jahres 1989 waren regierende Kommunisten noch unter János Kádár bereit zur Westdrehung. Preise wurden liberalisiert, Subventionen abgebaut, Nationalbank und Geschäftsbankenwelt getrennt, die Wechselkurspolitik geschickt und unauffällig vom Rubel emanzipiert und das Steuersystem verwestlicht.

Auf der Vaci uzta, der Fußgängerzone mitten in Budapest, tauchten westliche Namen und Marken früher auf als in den Einkaufsstraßen von Prag oder Warschau. Zum Beispiel Adidas. Hochwertige Sportschuhe und aufwendige Tennisausrüstungen – einst Inbegriff, eigentlich nur etwas für reiche Leute zu sein – störten Reformkommunisten keineswegs. Im Gegenteil. Westware war willkommen. Sie beflügelte die eigene Produktion und verschaffte ungeduldigen Konsumenten den Hauch der großen weiten Welt. Aus dem seltenen Renommiergeschäft wurde nach der Wende eine stattliche Handelskette. Nicht nur in der Hauptstadt, sondern auch in der Provinz ist Westware gefragt. Wer es sich leisten kann – und diese Zahl ist auch in Ungarn höher als die amtliche Einkommensstatistik ausweist –, dokumentiert sich und seinesgleichen, den Anschluß an den Westen gefunden zu haben. Seit Anfang der neunziger Jahre jedoch verlieren die Ungarn zusehends ihren Vorsprung. Tschechen und Polen holen nicht nur auf, sondern überholen.

## Im Kampf gegen Unwägbarkeiten

So unterschiedlich die Konzepte der Wirtschafts- und Steuerpolitik, der Privatisierung und/oder der sozialen Verhältnisse auch angelegt sind – im Kampf gegen Unwägbarkeiten des Rechts und der Gerechtigkeit ziehen alle gleich. Gegenüber der eigenen Bürgerschaft und den ausländischen Partnern stehen die jungen Demokraten vor »einer gewaltigen Aufgabe«. Die Organisation für wirtschaftliche Zusammenarbeit und Entwicklung (OECD) stellt dazu fest: »Eine ganz elementare Grundvoraussetzung besteht hier darin, daß die Barrieren für die Aufnahme wirtschaftlicher Aktivitäten und deren Wiederaufgabe beseitigt werden, damit sich ein wirksamer Wettbewerb entwickeln kann; daß das Recht auf Zugang zu Immobilien, Vermögen und Ressourcen definiert und dieser Zugang liberalisiert wird; und daß die Rechte und Pflichten in Verbindung mit der Nutzung von Vermögenswerten festgelegt werden, beispielsweise durch die Einführung gesetzlicher Bestimmungen, die den Wettbewerb und den Schuldeneinzug regeln.«

Zum Beweis ihres Wohlwollens und ihres Einfühlungsvermögens, womit sich die OECD von anderen internationalen Organisationen merklich unterscheidet, folgt Lob über eine gewisse Verwestlichung des Rechts mancher Tadel. Die gesetzlichen Bestimmungen über Eigentumsrechte bei Grundvermögen, Restitution, Privatisierung, Gesellschaftsrecht und Konkursverfahren werden nach wie vor als zu eng gefaßt und nicht eindeutig genug bezeichnet. In Polen wie in der Tschechischen Republik und in Ungarn bleibt nach Meinung der OECD manche Spielregel undurchsichtig: die Kompetenzverteilung etwa zwischen Vorstand und Aufsichtsrat verschwommen, die Auslegung der Rechtsvorschriften widersprüchlich, jedenfalls kompliziert. Mut zu sauberen Konkursen wird angemahnt. Vage Vorschriften stehen vielfach begrenzten Verwaltungskapazitäten gegenüber. Unklarheiten fördern Ungewißheiten. Geraten sie zu Unwägbarkeiten, werden sie zu Wachstumsbremsen.

»Eines der schwierigsten Probleme beim Übergang zur Marktwirtschaft«, so stellt die OECD richtigerweise fest, »besteht darin, die Marktteilnehmer zum Wettbewerbsdenken zu veranlassen. Hierzu müssen die Einstellung der Menschen und Unternehmen zum Wettbewerb verändert und institutionelle Bedingungen geschaffen werden, unter denen sich ein Wettbewerbsverhalten entfalten kann. Vierzig Jahre Staatseigentum und Sozialismus haben in der breiten Bevölkerung und bei vielen Führungskräften den Eindruck erweckt, Wettbewerb sei mit Vergeudung gleichzusetzen. Wettbewerb gab es im sozialistischen System ganz einfach nicht. Beim System der Kommandowirtschaft wurde nicht ein Wettbewerbsverhalten, sondern die Zusammenarbeit zwischen Betrieben gefördert, und diese Tendenz verstärkte sich noch durch die in der ganzen Wirtschaft verbreiteten chronischen Engpässe.«

Maciej Formanowicz, ein Bilderbuchunternehmer, zeigt, was machbar ist. Der Jungunternehmer, ein Jung-Siegfried-Typ, hat keine vier Jahre gebraucht, um aus dem Stand einen kleinen Multi auf die Beine zu stellen. Mit Möbeln, gewiß nicht einem Urprodukt arbeitsteiliger Märkte, macht der Selfmademan vor, was zielstrebiges Management auch unter erschwerten Bedingungen erreichen kann. Forte heißt seine internationale Möbelgruppe. Sie produziert in Polen und im benachbarten Weißrußland, exportiert in den Westen und den Osten. In einer kühnen Planung werden die Unterschiede der Kosten, darunter auch der Löhne, als Elemente der innerbetrieblichen Arbeitsteilung eingesetzt. Die polnischen Löhne liegen um 70 bis 80 Prozent niedriger als die deutschen, und die weißrussischen Löhne machen ein Zehntel der polnischen Löhne aus, und die russischen Löhne liegen noch niedriger. Dieser Lohnleiter hat Forte seine Kostenleiter angepaßt. Gute Tradition der Möbelproduktion in Polen, vor allem bei Polstermöbeln, wird genutzt, um in der mittleren Preisklasse im Westen günstig anzubieten. Die weißrussische Produktion liefert einerseits nach Polen, andererseits nach Rußland. Eigene Vertriebsorganisationen in Rußland halten die Kosten unter Kontrolle. Über 2000 Beschäftigte machen Forte zu einem Großbetrieb, nicht nur in Polen.

Auf die Frage, warum nicht andere polnische Unternehmen ähnlich verfahren, antwortet Formanowicz: »Sie denken und arbeiten wie vorgestern, sie sind farbenblind für die vielen Möglichkeiten, die in der Zukunft liegen. Sie trauen sich einfach nicht.«

## Reform als Schönheitskonkurrenz

»Probleme der Reformstaaten? Wir haben keine.« Diese Antwort von Ministerpräsident Václav Klaus ist typisch für den standfesten Ökonomen. Er ist von der Richtigkeit seiner wirtschaftspolitischen Ansichten – Marktwirtschaft ohne Adjektive – überzeugt. Die Zwischenerfolge der Tschechischen Republik tragen dazu bei, das ohnedies ausgeprägte Selbstbewußtsein von Klaus merklich zu stärken. Für ihn ist es überhaupt keine Frage, daß sein Land eine »Schönheitskonkurrenz der Reformstaaten« leicht und glatt gewänne. Klaus fühlt sich als der Inbegriff gelungener Transformation von gelenkter Wirtschaft in einer Ein-Parteien-Diktatur zu einer liberalen Demokratie mit relativ reiner Marktwirtschaft. Er setzt auf Glaubwürdigkeit nach innen und nach außen. Und der Erfolg gibt ihm recht.

Die Tschechische Republik steht im Länderwettbewerb 1994 an erster Stelle. Prag rechnet sich zugute, makroökonomisch unbeirrt Kurs zu halten auf eine möglichst staatsfreie Wirtschaft mit einem Höchstmaß an Liberalität. Auf die sogenannte Schocktherapie – Schluß mit der Planwirtschaft – gesetzt zu haben und dabei der reinen Lehre des Kapitalismus gefolgt zu sein hat sich in der Tat für die Moldau-Republik ausgezahlt. Nur in Prag hat sich über die Jahre ein Teil jener Aufbruchstimmung gehalten, die allerorten in Mitteleuropa zu beobachten war, seitdem im Jahr 1989 die Wende ausgelöst worden war. Während sich die damalige Tschechoslowakei einer strengen Stabilisierungspolitik – Liberalisierung bei Preisen, Kosten, Investitionen und Außenhandel – verschrieb, ergriffen Budapest und Warschau die Angst vor der eigenen Courage.

Als Preise und Löhne zeitweilig wirklich außer Kontrolle gerieten, nachdem sie seit vier Jahrzehnten festgebunden waren, war es Klaus, der die Nerven behielt. Nichts konnte ihn auf seinem Marsch in die Marktwirtschaft beirren. In Budapest und Warschau löste dies die erste Welle des Zweifels aus. War es des Guten zuviel? Produktionsrückgänge in der Industrie, zweistellige Arbeitslosenraten, Zusammensacken der Investitionsquote, Finanzpleiten im Staatshaushalt.

Vor rasanten Geldentwertungen blieben die Jungdemokraten von Prag ebenso verschont wie vor einer explosionsartigen Zunahme der Arbeitslosigkeit. Den Staatshaushalt von den Subventionen zu entlasten gelang in Prag ebenfalls leichter als in Budapest und Warschau. Bei Preisfreigaben freilich wagten die drei Reformländer den Sprung ins kalte Wasser gleichsam gemeinsam. Reguliert blieben lediglich Verkehrstarife, Mieten und die medizinische Versorgung. Polen und Ungarn zuckten jedoch zurück, als Teile ihrer Bevölkerung gegen den unvermeidlichen Preissprung aufbegehrten. Die Tschechoslowakei blieb unbeirrt. Ihr genügten kaum mehr als zwei Jahre, um nicht mehr als 5 bis 6 Prozent der Umsätze preisreguliert zu halten. Voll Stolz wird in Prag darauf verwiesen, daß dies dem Durchschnittswert der OECD-Staaten entspricht.

Als der Preisauftrieb an Höhenflug verlor und die Arbeitslosigkeit bis 1994 in der Tschechischen Republik weit unter den Sätzen der anderen Reformstaaten blieb, trumpfte Prag auf: Es hatte das Ende des Kommunismus und nur vier Jahre später die Scheidung von der Slowakei erfolgreich bewältigt. Daß den Tschechen höhere Arbeitslosigkeit erspart blieb, hat ebenso wirtschaftspolitische wie praktische Gründe. In den alten Industrieländern Böhmen und Mähren war nicht vergessen worden, was eine aktive, eine industrielle Arbeitsmarktpolitik bewirken und an sozialen Schäden verhindern kann. Pendler nach Deutschland und Österreich mögen zusätzlich Entlastung geschaffen haben.

## 20 Prozent werden nicht gebraucht

Mit den wirtschaftspolitischen Erfolgen der Tschechen konfrontiert, geben Kenner in Budapest und Prag zu bedenken, daß die Tschechoslowakei von einem höheren industriellen Niveau aus gestartet ist und durch gedrosselte Anwendung des Konkursgesetzes Großbetriebe im Staatsbesitz jahrelang geschont hat. »Wenn die Regierung Klaus das Phänomen der unproduktiven Beschäftigung, das uns aus der kommunistischen Zeit überliefert wurde, ebenso angeht wie wir, sähen die tschechischen Daten wohl anders aus«, heißt es unisono in Budapest und Warschau. Gemeint ist das beschäftigungspolitische Erbe des »realen Sozialismus im Aufbau«: 15 bis 20 Prozent aller Beschäftigten in industriellen Großbetrieben zu halten, wo sie zum größten Teil gar nicht gebraucht werden.

Diese Betriebe hängen praktisch immer noch am Tropf des jeweiligen Finanzministers. Wegen den sozialen Folgen und der vielfach schleppenden Privatisierung in allen Reformländern hat sich auch ein betriebswirtschaftliches Unikum erhalten: Betriebe fordern liquide Mittel einfach beim Staat an, und umgekehrt bedient sich der Finanzminister bei Unternehmensfinanzen direkt und keineswegs über Steuern oder Abgaben. Unsitten dieser Art abzuschaffen fällt Ungarn leichter als Polen und Polen leichter als Tschechen und Slowaken. Slowenien bildet mit der überkommenen Arbeiterselbstverwaltung auch in diesen Finanzbeziehungen einen Sonderfall.

## Wie zu Kaisers Zeiten

Auf der tschechischen Aktivseite steht, den Auflösungsschock des Ostblocks und die Scheidung auf tschechoslowakisch per 1. Januar 1993 – ein Zivilisationsbeweis im Vergleich zum Bürgerkrieg im ehemaligen Jugoslawien – überstanden zu haben. Zu Recht. Ein befreites Land beweist seine Stabilität. Das Staatsbudget schließt Jahr für Jahr positiv ab. Dank der Krone, einer soliden und harten Währung, ist die Zahlungsbilanz strukturell in Ordnung. Traditionelle Ressourcen in Böhmen und Mähren konnten schnell aktiviert werden. Erneut macht sich bezahlt, daß am Ende des Kaiserreiches Österreich-Ungarn fast zwei Drittel seiner Industrieproduktion der heutigen Tschechischen Republik angesiedelt waren. Seinerzeit verzeichneten die Böhmen und die Mähren mit ihren Pro-Kopf-Einkommen Weltrekorde. Sie lebten nicht nur besser als die Bevölkerung in den habsburgischen Kernlanden, sondern auch komfortabler als andere Spitzenreiter unter den Industrienationen wie Deutschland, Frankreich, Großbritannien, hatten sogar ein höheres Niveau als die Amerikaner. Was heute unter Industrial Resources läuft, war zu Beginn der industriellen Revolution, als in diesem »Ruhrgebiet der Monarchie« noch Rückständigkeit vorherrschte, alles andere als selbstverständlich. Eine neue Zeit begann in diesem europäischen Kernland erst, als der Großgrundbesitz, traditionsgemäß land- und forstwirtschaftlich orientiert, den Zug der Zeit erkannte und über das Finanzzentrum Wien industrielles Know-how importierte. Eisenbahnen, heute im Verhältnis kaum leistungsfähiger als damals, machten den Anfang für eine Industrie, die sich auf Kohle, Eisen, Glas, Porzellan, Papier, Textilien und Maschinen stützte.

Auf solider und immer breiter werdender industrieller Grundlagen bildete sich von Generation zu Generation eine Arbeiterschaft mit spezieller Mentalität und höchster Qualität. Ihre Erben zeigen heute, daß auch in einer modernen Industriewelt nicht alles aus theoretisierenden Lehrbüchern, kommunistischen Parteianweisungen oder neumodischem Kostenmanagement abzuleiten ist. Qualität macht's möglich. Nach vier Jahrzehnten verantwortungslosem Schlendrian genügten oft wenige Monate, um Facharbeiter aus Böhmen oder Mähren an westliche Standards anzunähern. Allerdings kommt es auf Familientradition, Erziehung, Ausbildung und Motivation an. Fügt sich nicht das eine zum anderen, so bleiben Routine, Desinteresse, Verantwortungsscheu und Trägheit.

Manchmal gehen auch in der Tschechischen Republik die Uhren anders als im übrigen Europa. Schwaben aus dem biederen Schwenningen haben dies erfahren, als sie in Böhmen einen Zweigbetrieb für die Uhrenfabrikation in Gang bringen wollten. Kienzle, das eines von 3400 Projekten ausländischer Investoren in der Tschechischen Republik betreibt, baute auf jene gelobten Qualifikationen böhmischer Facharbeiter. Im frühen Stadium des Exports von westlichem Knowhow stellten sie ein Fließband für die Herstellung von Uhren auf. Gutes Management, erstklassige Technologie, präzise Produktplanung, Arbeitstakt wie in Schwenningen. Weit gefehlt. Die Fließbandproduktion kam nicht auf Touren. Instruktionen, Training, Wechsel einzelner Beschäftigter, Motivation, Belohnungen, Prämien oder Versetzung – alles half nichts. Die böhmische Produktivität blieb hinter der schwäbischen zurück. Schließlich wußten sich die Kienzle-Leute nur durch eine gegenständliche Demonstration zu helfen. Kräfte aus dem Stammwerk in Schwenningen wurden herbeigeholt. Unter den böhmischen Arbeitskräften am Fließband aufgeteilt, sorgten sie mit Beispiel und Information dafür, daß das Fließband schneller und schließlich so schnell funktionierte wie im Stammwerk.

## »Wer ist die Schönste ...?«

Rummel auf der Karlsbrücke bei Prag – eine zeitgemäße Referenz für eine der schönsten Städte der Welt. Zu Recht, so gelernte Prager, boomt der Fremdenverkehr. Zufriedenheit in den Fünf-Sterne-Hotels wie den Privatquartieren. Die altehrwürdige Stadt zieht an. Obligate Busse aus den Ländern ringsum sind normalerweise willkommen, am meisten in der umsatzinteressierten Gastronomie. Sie zählte zu den ersten der »kleinen Privatisierung«, war Paradestück jener Phase des Reformprozesses. An die 30 000 Klein- und Mittelbetriebe wurden an private Eigentümer versteigert. Einzelhandelsgeschäfte, Handwerks- und Dienstleistungsbetriebe, Restaurants, Hotels – alles in allem für mehr als eine Milliarde US-Dollar. Als Käufer durften nur Tschechoslowaken auftreten. Der eine oder andere mag sich, als diese kleine Privatisierung begann, bei Verwandten oder Freunden im Ausland Finanzhilfe besorgt haben. Realistischerweise wurden bei einer zweiten Versteigerungswelle auch Ausländer zugelassen. Prag wäre nicht Prag, hätte der gesellschaftspolitisch gewollte Übergang vom kollektiven zum privaten Eigentum nicht auch den alten Sarkasmus wieder aufleben lassen. »Was«, so lautet die Frage, »ist der Unterschied zwischen der kleinen und der großen Privatisierung?« (Eine Anspielung also auf die Privatisierung von meist mittelständischen Dienstleistungen sowie mehr als 2000 tschechischen und slowakischen Großbetrieben und die Rückgabe von Schlössern und Gütern an frühere Besitzer.) Antwort: »Mit der kleinen Privatisierung erhält die Familie Havel [also jene des Staatspräsidenten] ihren Hausbesitz in der Prager Innenstadt zurück, mit der großen Privatisierung ›Kari‹ Schwarzenberg einige Latifundien seiner Familie« (letzterer ist als Fürst Chef des Hauses Schwarzenberg und war bei Beginn der Privatisierungsaktionen Kanzler Präsident Havels).

Schein kann auch am Beispiel einer Weltstadt wie Prag trügen, nämlich am Beispiel der Ausländerinvestitionen. In rechte Relationen gebracht, muß sich der Musterknabe bei Auslandsinvestitionen von Ungarn geschlagen geben. Pro Kopf der Einwohner investierte das Ausland in Ungarn seit 1989 für annähernd 600 US-Dollar, in der Tschechischen Republik für weniger als 300 und in Polen für knapp 50 US-Dollar. Anfängliche Euphorie ist gegen Mitte der neunziger Jahre auch beim Kapitaltransfer nüchternen Größenordnungen gewichen. Bei allem Lob für das wirtschaftspolitische Durchhaltevermögen unter Premier Klaus stockt der Geldfluß vor allem bei Großprojekten. VW, Mercedes, Siemens, Fiat und auch Dow Chemical beispielsweise nehmen von ihrer rezessionsbedingten Sparsamkeit die sonst so gelobten Tschechen nicht aus. Großprojekte werden zusammengestrichen, verzögert oder vertagt. Nach dem Ende der Tschechoslowakei wartete auch der eine oder andere Investor ab, wie sich die Scheidung wirtschaftlich auswirken würde. Neue Grenzen, wie jene zwischen der Tschechischen Republik und der Slowakischen Republik, wo fallweise schikaniert wird wie in der Blütezeit des Protektionismus, bilden wenig Investitionsanreiz.

Prag hat es zu spüren bekommen. Die tschechische Nationalbank stellt im Vergleich der Jahre 1992 zu 1993 einen Rückgang ausländischer Kapitalzufuhr von mehr als 40 Prozent fest. 1,3 Milliarden Dollar im Jahr werden zum fernen Traumziel. Durch die Krise in der ersten Hälfte der neunziger Jahre sind allerorten ehrgeizige Investitionsvorhaben betroffen. Auf der Kostenseite schwinden extreme Vorteile dahin. Lohnabstand von 80 und mehr Prozent, wie er noch Ende der achtziger Jahre bestand, gehört der Vergangenheit an. Selbst ein befristeter Lohnstopp – nicht zuletzt verhängt, um die Attraktivität des Industriestandortes Tschechische Republik zu erhalten – blieb erfolglos. Für Marktwirtschaftler ist es nicht überraschend, daß diese Sünde wider die Freizügigkeit das Gegenteil dessen bewirkte, was die tschechische Regierung bezweckte. Statt Lohndisziplin zurückgestauter Erhöhungsbedarf – die Kehrseite der an sich positiven Tatsache, daß Arbeitskräfte, vor allem qualifizierte, knapp geworden sind, vornehmlich im Großraum Prag. Verantwortliche im übrigen Europa kann nur der Neid erfassen, daß die Tschechische Republik mit Arbeitslosenquoten von vier und kaum mehr Prozent weit unter dem europäischen Durchschnitt rangiert. Der Durchschnittssatz der EU-Staaten beispielsweise liegt mehr als dreimal so hoch.

## Manager statt Verteilungsbürokraten

Allen Reformstaaten gemeinsam ist der Mangel an qualifizierten Führungskräften. Zur Binsenwahrheit wurde, daß vier Jahrzehnte kommunistische Zentralverwaltungswirtschaft ausgereicht haben, um ganze Generationen von Führungskräften zu einer Art Verteilungsbürokraten werden zu lassen, fernab von Eigenverantwortung, Kostendenken, Qualitätsbedürfnis, Produktionsplanung oder Absatzstrategie. Zu den Gemeinplätzen zählt ebenfalls, daß Hilfe zur Selbsthilfe in diesem sensiblen Bereich vonnöten ist.

Es erweist sich als absolutes Muß, aus verwaltungsabhängigen Apparatschiks, führungsschwachen Technikern und Knappheitsstrategen kreative Führungskräfte mit Verantwortungsbewußtsein und Leistungsstreben zu machen. Vielerlei Bemühungen der Universitäten, der Regierungen, der unternehmerischen und gewerkschaftlichen Fortbildungseinrichtungen und ebenso ehrwürdigen wie zahlreichen Kaderschmieden des Kapitalismus sind kaum über Ansätze hinweggeraten. Kommerziell großzügige, jedenfalls PR-mäßig aufgezogene Seminare haben sich zwar zu einer wahren Industrie verdichtet, doch getreu den Regeln einer leistungsorientierten Marktwirtschaft gehen die Veranstalter privaten Nachhilfeunterrichts für Manager nicht zimperlich vor. Veranstalterwettbewerb untereinander beflügelt. Teilnehmergebühren von tausend und mehr Dollar bilden die Regel. Im theoretischen Ansatz handelt es sich um Geben und Nehmen. Zweiseitigkeit ist gefragt, indem westliche Manager von Vorstandsformat der ersten und der zweiten Berichtsebene und technisch-organisatorische Führungskräfte auf Besonderheiten von Volkswirtschaften und Betrieben im transitorischen Zustand eingeschworen werden. Fällt es doch westlichen Führungskräften auch ein halbes Dutzend Jahre nach der sanften Revolution schwer, sich mit den Besonderheiten mitteleuropäischer Staaten, Branchen und Märkte und vor allem Mentalitäten vertraut zu machen. Von West nach Ost Informationsdefizite und Vorurteile zu kanalisieren erweist sich als Daueraufgabe. Erst recht kann es bei westlich organisiertem Training Kopfzerbrechen bereiten, schulmeisterliches Benehmen oder schlichte Besserwisserei abzufangen.

Andererseits erweist es sich als schlechter Rat, die Härten und Konsequenzen westlichen Wirtschaftens zu bagatellisieren. Es macht keinen Sinn, die Härten außer acht zu lassen, wie sie in Konkurrenzdenken, Leistungsdruck und marktwirtschaftlichen Ausleseprozessen stecken. Schließlich zeigt sich, daß es wenig hilft, sich allein auf die

Vermittlung von Detailwissen in Sachen Rechnungswesen, Controlling, Produktplanung und Qualitätskontrolle oder kundenorientiertem Marketing zu beschränken. Mentalitätsgefälle zu erkennen und ebenso behutsam wie systematisch auszugleichen zählt zur Meisteraufgabe der Managerschulung aus dem Westen.

## Jährlich 200 000 Ostmanager auf der Schulbank

Vier und mehr Jahrzehnte intellektuelles und emotionales Mißmanagement rächen sich, Selbstzweifel, masochistische Unterwürfigkeit oder schlicht karrierebedingter Opportunismus bilden unerwünschte Versatzstücke der Aus- und Fortbildung eigenständiger Manager. Auf beiden Seiten lassen oft nachhaltige Erfolge für kostenorientierte Unternehmensstrategien auf sich warten, ebenso wie Produktionsentwicklungen, kundenorientierte Vertriebssysteme, Denken in Kosten-Nutzen-Kategorien, Mitarbeiterführung, Konfliktmanagement und Einsatz moderner Technologien in Rechnungswesen und Controlling. Anspruchsvolle Beobachter oder Mitspieler am mitteleuropäischen Managermarkt übersehen in ihrer Ungeduld, daß es in Westeuropa nach dem Zweiten Weltkrieg Jahre, oft Jahrzehnte gedauert hat, um die verfeinerte Effektivität von heute zu erreichen.

Unternehmerisch arbeitende Unternehmensberater haben im mitteleuropäischen Umfeld erfahren, daß es sich auszahlt, mit gutem Rat bei sich selbst zu beginnen. Solide Information und langfristiges Training versprechen nur bei höchster Qualität rasches Geld. Schlechte Qualität bei Programmen, Referenten, Tagungsorten oder Scheininformationen und überzogene Erfolgsversprechen verderben den Beratungsmarkt. Zwischen Warschau und Budapest oder Prag und Ljubljana hat inzwischen schon mancher an den Verhältnissen seiner eigenen Branche, der Manager, einiges von den Gefahren eines freien Marktes erfahren müssen. Wer einmal hereingelegt wurde, taugt sicherlich nicht für flottes, risikofreudiges Management.

Mindestens 200 000 Ostmanager jährlich nehmen westliche Trainingsangebote wahr. Diese vorsichtige Schätzung schließt private und institutionelle Beratung ein. Die meisten Aktivitäten werden von Beratern im Westen entwickelt, die subventioniert werden. Ihre Dienste sind in der Regel unentgeltlich, die Ausleseverfahren schwer zu durchschauen. Die Kurse oder Seminare sind meist relativ kurz gehalten, kennen kaum Abschlußprüfungen und keine Nachbetreuung.

Mit der sichtlich gelungenen Ausbildung von 19000 Ostmanagern hat Österreich eine andere Methode gewählt. Die Wirtschaftskammer, unterstützt von der Wiener Regierung, hat in neunzehn Reformstaaten, darunter Ungarn, der Tschechischen, der Slowakischen Republik und Polen, Referenten, Trainer und Betreuer an Ort und Stelle tätig werden lassen. Nach Abschluß der Seminare und Kurse wird geprüft. Prüfungen sind wiederum die Grundlage für eine Nachbetreuung. Kursteilnehmern wird Karrierehilfe geboten, untereinander in den jeweiligen Ländern auf Anfrage bzw. nach Marktlage – und bei westlichem Bedarf, wenn es um ausländische Direktinvestitionen oder Jointventures geht. Um das Gesamtpaket attraktiver und griffiger zu machen, kostet es etwas, nämlich 500 Dollar pro Person als Kostenbeitrag. Damit der Gesamtaufwand gedeckt werden konnte, steuerte Österreich von 1990 bis 1994 über 60 Millionen Schilling bei. Für Teilnehmer aus den Reformstaaten stellt dieser Beitrag einen stolzen Betrag dar, vergleichbar den Selbstinvestitionen künftiger Spitzenmanager in den fünfziger Jahren. Damals aus Deutschland oder Österreich zu hochkarätiger Managerschulung nach Fontainebleau oder gar nach Harvard zu gelangen, das erforderte neben Qualifikation und Ehrgeiz eben auch eine erkleckliche Eigenleistung.

## Beamtenschulung auf Schloß Hluboka

Wo die Schwarzenbergs ihre Sommerferien verbrachten, auf Schloß Hluboka nördlich von Budweis, startet eine Schulung anderer Art. Über hundert Kommunalpolitiker erscheinen. Feierliche Eröffnung der Akademie in angemessenem Rahmen. Zwischen Barockgemälden Referate über Sinn und Zweck und anschließend ein stattliches Buffet in den fürstlichen Räumen (von Denkmalschützern schon in der kommunistischen Zeit geschmackvoll restauriert). Beamte sollen mit modernen Managementmethoden vertraut gemacht werden. Nach dem Motto, daß man eine Kuh nur melken kann, wenn man sie füttert, wollen sich die Kommunen Südböhmens mit marktwirtschaftlich orientierter Wirtschaft gleichsam verschwägern. Den Gemeinden eigene Einnahmen zu verschaffen und diese Einnahmen wirtschaftlich zu verwalten und nach modernen Managementmethoden für öffentliche Investitionen zu verwenden ist nicht nur für Südböhmen etwas Neues.

Bisher wurde alles zentral von Prag gelenkt. Die Städte und Gemeinden mußten in den hauptstädtischen Ministerien mit ihren Plänen antichambrieren. Zusammengefaßt und hochgerechnet, entschied dann die Partei, welche Infrastrukturen an welchem Ort in welchen Zeiträumen erlaubt, finanziert und durchgeführt wurden. So entstand auch das Atomkraftwerk Temelin bei Budweis – damals schon gegen den Rat und die Befürchtungen der örtlichen sowie der regionalen Verwaltung.

Rat für angewandten Föderalismus ausgerechnet im Westen, in Linz zu holen, ist für Budweis kein Zufall. Die südböhmische Metropole möchte sich vom zentralistischen Sagen der Prager auch verwaltungstechnisch und damit finanziell emanzipieren. »Die beste Selbständigkeit ist die finanzielle«, heißt es in der Stadtverwaltung von Budweis. Weil sie noch in der kommunistischen Zeit regional mit dem benachbarten Oberösterreich recht ersprießliche Vorgespräche geführt hatte, gelang es, ein interessantes Projekt zustande zu bringen: die Finanzierung der Verwaltungsakademie Budweis durch die Oberbank in Linz. Verwaltungsbeamte sollen im kleinen und großen Einmaleins der Kommunalwirtschaft unterrichtet werden. Ziel: funktionierende preis- und finanzgünstige Angebote der öffentlichen Hand an die Privatwirtschaft. Im Umgang mit Steuergeldern sollen ebenfalls westliche, demokratische Regeln Platz greifen. Den Demokraten in Prag ist diese verwaltungstechnische Aufholaktion verdächtig. Premier Klaus höchstpersönlich läßt sich keine Gelegenheit entgehen, um gegen den Regionalismus im allgemeinen und die südböhmische Akademieidee im besonderen zu wettern.

Prager Politikern, inzwischen bewährte Demokraten, mag entgehen, daß »in der Provinz« alte Seilschaften auch im Bildungsbereich unverändert tätig sind. Zum Beispiel Sprachunterricht: Zwecks Umorientierung von Russisch auf Englisch und andere westliche Fremdsprachen besteht allgemein Nachholbedarf. Auch in Budweis. Lehrer, im Staatsbetrieb tätig, organisieren eine private Sprachschule. Bald kommen an die tausend Interessenten, meistens Schüler und Studenten. Es bietet sich an, Betriebe einzubeziehen. Internationale Kontakte leben mit und in fremden Sprachen, zwischen Betrieben meistens Englisch. Angebote gehen hinaus. Zahlreiche Interessenten melden sich. Plötzlich Rückzieher. Was war geschehen? Die Personalchefs und örtlichen Bildungspolitiker – beide Gruppen aus der kommunistischen Zeit auch in der Demokratie auf du und du – schlossen sich kurz. Die Ausbildung sollte nicht privat geschehen, sondern unter ihrer Kontrolle. So gesagt und wie in alten Zeiten geschehen. Seilschaften am Werk.

## Licht und Schatten der Bonität

Wie im Westen ist auch im Osten die Investition ein Beweis unternehmerischer Langzeitstrategie. Die Wirklichkeit: unklare Bestimmungen in den Bereichen Gesellschaftsrecht, Steuern und Zölle, langatmige Verwaltungsverfahren, Schwierigkeiten beim Erwerb von Grund und Boden, undurchsichtige Verhältnisse in einem Bankenapparat im Aufbau, Unzulänglichkeiten der Infrastruktur von Kommunikation bis Transport.

Zu objektiven Erschwernissen kommen spezielle, nämlich wachsende Vorbehalte gegenüber Auslandsinvestitionen. Medial verstärkt wiederholt sich in Prag oder Bratislava, in Budapest oder Warschau, was nach dem Zweiten Weltkrieg gegen ausländische Investoren im Westen vorgebracht wurde. Als der Dollar noch ein Mehrfaches wert war und die US-Wirtschaft, teilweise durch Besatzungsrecht privilegiert, schnell, billig und ohne Rücksicht auf die nationalen, regionalen oder örtlichen Verhältnisse einkaufen und anschaffen konnten, bildete sich eine vergleichbare Abwehrstimmung: Ausverkauf der Heimat drohe, die Regierungen oder schwach gewordene Unternehmen verkauften das »Familiensilber«, man werde zu einer verlängerten Werkbank degradiert, als billiger Produktionsstandort ausgenutzt, vom technischen Fortschritt und zukunftsweisenden Innovationen ausgeschlossen. In den Reformstaaten kleiden sich diese oberflächlichen und oft irreführenden Scheinargumente in die Werbeoptik. Es rührt sich nationaler Bürgerstolz, wenn in Budapest der Lebensmittelhandel oder ein Bekleidungshaus, in Prag Automobilhersteller oder Nahrungsmittelhersteller und in Warschau Getränkefabrikanten oder Autobauer im Straßenbild dominieren – und nicht nur dort.

## Polnische Wirtschaft in der Politik

»Nein«, antwortet der Vizeminister für Arbeit und Sozialpolitik, Michal Boni, auf die Frage, ob sich an den Reformzielen durch den Regierungswechsel etwas ändere. Am letzten Tag seiner Amtstätigkeit gibt sich der Demokrat der Mitte gelassen. Er muß seinen Schreibtisch räumen. Die betont bürgerliche Regierung der 46 Jahre alten Juristin Hanna Suchocka ist nach einer Wahlniederlage am Ende. Zumindest vorübergehend beginnt in der Politik polnische Wirtschaft. Das alte Leiden der Zersplitterung der Kräfte kommt wieder hoch.

Beim Bezirksgericht in Warschau sind nicht weniger als 130 politische Parteien registriert. Im Tauziehen um eine neue Regierungskoalition wird der Ruf Polens merklich ramponiert, das erste Ostblockland gewesen zu sein, das dem kommunistischen Regime den Garaus gemacht hat. Boni, international erfahren und um die Reputation seines Landes besorgt, gehorcht wie seine Regierungskollegen den Regeln der parlamentarischen Mehrparteiendemokratie.

Er geht. Jedoch im Bewußtsein, daß der Point of no return für die gesellschaftlichen und wirtschaftlichen Reformen in Polen längst überschritten sei. Voll Stolz fügt der Arbeitsminister an: »Beim Wirtschaftswachstum sind wir momentan Nummer eins in Europa.« Die gesamtwirtschaftlichen Vorzeigedaten sind etwas für potentielle Investoren, zumal Auslandsinvestoren, wo Polen hier im Vergleich zu den anderen Reformstaaten nachhinkt. Auch die Regierung unter Premierminister Waldemar Pawlak von der Bauernpartei könne von der Marktwirtschaft nicht ablassen, meint der Minister zum Abschied.

Die Koalition mit der Demokratischen Linken (SLD), die sich auch aus ehemaligen Kommunisten zusammensetzt, werde das Gebäude nicht verlassen, das der Architekt der Marktwirtschaft, der Universitätsprofessor Leszek Balcerowicz, mit einem kühnen Wurf konzipiert habe. Balcerowicz legte als erster Finanzminister einer nichtkommunistischen Regierung unter Tadeusz Mazowieczki die Latte hoch. Dies geschah mit dem Rückhalt der politisch gewordenen Gewerkschaft Solidarność. Im Stil von Ludwig Erhard predigte der polnische Professor finanzpolitische Disziplin, Abbau der Preissubventionen, ein Wegräumen der Beschränkungen für Privatinitiative wie zentrale Zuteilung von Produktionsmitteln, realistische Preise zu Marktbedingungen, freie Zinsgestaltung, Privatisierung, ausländische Direktinvestitionen ohne alle Hemmnisse, Unabhängigkeit der Zentralbank. Während mancher Ökonom in Prag und Budapest dem polnischen Professor über die Schulter schaute, rührten sich im Ausland zunächst Zweifel. Wie es denn wohl mit der polnischen Wirtschaft stehe? Vorbehalt hielt sich, als die Systemreform stockte und Polen wie die anderen Reformstaaten von der Rezession im Westen nach unten gezogen wurde. Traurige Bilder der sozialen Folgen bekamen auch der polnischen Kreditwürdigkeit nicht.

## Das Elend von Lodz

Der »Theo von Lodz«, ein Ohrwurm, war längst verklungen, als der Textilmetropole Polens mit dem großen Wandel von 1989 das Schutzgehege aus prohibitiven Zöllen, automatischen Subventionen und garantiertem Absatz abhanden kam. Wie ein Naturereignis traf Lodz der Systemwechsel zu Marktwirtschaft, Wettbewerb, Subventionsentzug. Es konnte nicht bei der Erkenntnis bleiben, auf dem freien Markt mit den alten Erzeugnissen weder qualitativ noch preislich mithalten zu können. Statt 50 Millionen Meter Stoff vor der Wende ist bestenfalls noch ein Drittel zu verkaufen. Aus 12 000 Arbeitsplätzen wurden kaum mehr als 3000. Wo früher 80 Prozent aller bisher schlecht ausgebildeten Frauen berufstätig waren, sind es nur noch wenige.

Die Leute in Lodz leben zu mehr als 50 Prozent an der Armutsgrenze. Anders als in Warschau, wo es Aktiven gelingt, ihre Einkommen mit Nebengeschäften aufzubessern, fehlen die Alternativen in Städten wie Lodz. Wo es stinkt, raucht und wo selbst Hotels, die als luxuriös bezeichnet werden, internationalen Ansprüchen nicht genügen, haben es Gemeinwesen wie Lodz schwer. Ausländer meiden solche Orte, mit Besuchen, mit Ansiedlungsideen, mit Kooperationsvorschlägen und infolgedessen auch mit Investitionen.

Kreditwürdigkeit läßt sich auch im Fall Polen nicht allein mit makroökonomisch hochgerechnetem Wachstum bewerkstelligen. Noch immer hinkt das Land hinter den Sanierungswünschen des Internationalen Währungsfonds, des IWF, her. Die trockene Art, mit der diese angesehene internationale Finanzinstitution an die Sanierung der Reformstaaten herangeht, irritiert diese nach wie vor. Dem kleinen Einmaleins die große Rechenmethode der Wirtschaftlichkeit, Sparsamkeit und Kreditwürdigkeit westlichen Zuschnitts folgen zu lassen – das fällt Warschau ebenso schwer wie Prag oder Budapest.

Die reine Lehre von der Kreditwürdigkeit auf den internationalen Finanzmärkten stößt sich spätestens an der jeweiligen Innenpolitik. Wenn die Reallöhne um 40 bis 50 Prozent innerhalb von vier Jahren sinken, dampft die Konsequenz des Währungsfonds politisch ins Leere. Überall geht es darum, die Spannung zwischen sozialer Altlast und rechenhaften Wirtschaftsmöglichkeiten abzubauen. Kreditwürdigkeit andererseits läßt sich nicht mit sozialen Kategorien herstellen. Ein Teufelskreislauf. Polen erfuhr dies Mitte der neunziger Jahre.

Mit dem Internationalen Währungsfonds, wo es zeitweise erhebliche Meinungsverschiedenheiten über Altschulden, Umschuldungsaktionen und Zahlungsverpflichtungen ging, kam Warschau zwar ins reine. Mehr als 5 Prozent Anteil des Budgetdefizits am Bruttosozialprodukt sollten es nicht sein. War es auch nicht. Leicht fiel es freilich nicht, die »großen Brocken« zu reduzieren wie Soziales und Verteidigung. Steigende Arbeitslosigkeit, sinkende Löhne, zurückgebliebene Sozialleistungen, besonders Altersversorgung und explodierende Preise ergaben auch in Polen jenes Gemisch, mit dem politische Unzufriedenheit und soziale Spannungen angeheizt werden.

Dem Währungsfonds nicht ohne weiteres nachzugeben wurde im benachbarten Rußland schließlich zur Frage des Nationalstolzes, der Identitätswahrung und der Überlebenstaktik regierender Politiker. Allerdings – wird die Frage nach der Kreditwürdigkeit international gestellt, kommt der Währungsfonds wieder ins Spiel. Mit seinen Sanierungsprogrammen wird er zum Türöffner für Auslandskapital. Banken, Verwalter fremden Geldes, betrachten nicht nur das Wirtschaftswachstum, sondern die Staatsverschuldung und die Art, wie frühere Verpflichtungen im In- und Ausland abgedeckt werden.

In diesem Netz tut sich Polen schwer. Die Verschuldung der jungen Demokratie Polen, teilweise Altlast aus der kommunistischen Zeit, kletterte in den neunziger Jahren auf über 50 Milliarden Dollar – und dies alles, obwohl schon stattliche Schulden nachgelassen wurden. Kleine Länder wie Österreich sind mit großen Beträgen involviert – auf 80 Milliarden Schilling hat sich die Polenhilfe in den siebziger und achtziger Jahren aufgetürmt. Teilweise steckt die Finanzierung in der polnischen Schwerindustrie, die sich nach der sanften Revolution von überflüssigen oder unrentablen Kapazitäten, etwa der Eisen- und Stahlindustrie, mühselig wieder trennen muß.

Das Lob der Weltbank für gelungene Anpassungen an marktwirtschaftliche Bedingungen steht auch im polnischen Fall in einem deutlichen Gegensatz zu der harten Bankermanier des Währungsfonds. Eine zukunftsweisende Kreditwürdigkeit Polens leidet freilich auch an der hohen Inlandsverschuldung des Staates in der Größenordnung von weiteren 16 Milliarden Dollar. Rigoros zu sparen ist das einzige, was der Regierung in Warschau übrigbleibt. Lockerungsübungen, in Wahlkämpfen flott versprochen, können in der Realität verantwortlicher Politik nicht durchgehalten werden. Sachzwängen vermögen sich neue Regierungen ebensowenig zu entziehen wie alte.

## Autos, Coke und Telefon

Zögerlich wie das Auslandskapital bisher nach Polen gelenkt wurde, bleibt der Markt von 38 Millionen Verbrauchern unterversorgt. Als größter Markt unter den Reformstaaten konnte Polen seine Standortvorteile bisher nicht recht ausspielen. Ungarn und die Tschechische Republik liegen vorn – und dies, obwohl sich der Gesamtwert der ausländischen Bar- und Sachinvestitionen in Polen innerhalb von zwei Jahren fast verdoppelt hat. Die USA und Italien stehen an der Spitze der Geberländer. Fast die Hälfte des ausländischen Kapitaltransfers stammt aus den USA, mehr als ein Fünftel aus Italien. Nach Holland und Schweden liegt Deutschland – immerhin mit 3000 Jointventures – an fünfter, Österreich nach Frankreich an siebter Stelle.

Unternehmenspolitisch liegt Fiat mit einem geplanten Gesamtengagement von annähernd zwei Milliarden Dollar mit weitem Abstand an der Spitze aller ausländischen Investitionen. Mit geplanten 200 Millionen US-Dollar folgt Coca-Cola mit gebührendem Abstand. Amerikanische Firmen wie International Paper Company und Procter & Gamble decken etwa die gleiche Größenordnung ab, gefolgt von der italienischen Metallurgiegruppe Lucchini, AT&T in der Telekommunikation, ASEA Brown Boveri bei Kraftwerken, die französische Thomson-Gruppe in der Fernsehgeräteproduktion, der Polish American Enterprise Fund mit Engagments in Mittel- und Kleinbetrieben sowie Siemens in der Elektroindustrie und Unilever bei Lebensmitteln.

Im »Schönheitswettbewerb« um Produktivität und Effektivität zeigen die Reformstaaten bemerkenswerte Unterschiede. Vereinfacht, wie Bonität in Staatskanzleien gehandelt wird, lauten die Schlagzeilen interner Berichte: Polen holt auf, Ungarn fällt zurück; die Tschechische Republik baut ihre Position aus, Slowenien bleibt ein Geheimtip, und die Slowakische Republik wird zum Sorgenkind.

## Slowenien: Der kleine Riese

Von der Laibacher Altstadt, wo sich der Barock, die Kunst gewordene Gegenreformation, architektonisch gleichsam ausgetobt hat, führt eine dreigeteilte Brücke nach Ljubljana – von den Zeugen habsburgischer Präsenz über den Marienplatz in die Moderne, wo früher die Vorstadt war. Die »Dreierbrücke« verbindet Vergangenheit und Gegenwart. Jene Idee, in leuchtendem Weiß mit der Dreierbrücke Alternativen bei der Wahl des Weges anzubieten, stammt von Joze Pleznik, einem Schüler Otto Wagners. Kenner unter den Laibachern, die auf diesen historisierenden Brückenschlag auffallend stolz sind, meinen, der Architekt habe beim Bau der Brücke 1932 bei der Wahl des Weges bewußt drei Alternativen angeboten: Selbständigkeit, den Weg nach Europa und den Pfad in den jugoslawischen Bundesstaat.

Kreditwürdigkeit heute? Für den slowenischen Bürger keine Frage. Er fühlt sich als vertrauenswürdiger Mitteleuropäer »wie alle anderen Erben des Habsburgerreiches«. Niemals ein Teil des Balkans gewesen zu sein spiegelt auch das wirtschaftliche Selbstbewußtsein. Sie ließen sich ganz gern als »jugoslawische Schweiz« einordnen. Solange der jugoslawische Bundesstaat die Tüchtigkeit der Slowenen auch nur halbwegs akzeptierte, gab man sich in Ljubljana einigermaßen zufrieden und ging wirtschaftlich seiner Wege. Vergeblich hatten selbst altgediente Kommunisten in Ljubljana ihren Genossen im übrigen Jugoslawien diese Rechnung aufgemacht: Slowenien schafft mehr als ein Fünftel der Wertschöpfung, der Industrieproduktion, und finanziert mit 23 Prozent den »Belgrader Zentralismus«. Mit einem Pro-Kopf-Einkommen, das zehnmal höher ist als etwa im Kosovo oder das Doppelte ausmacht wie in Serbien, stand Slowenien vor dem Verfall Jugoslawiens wirtschaftlich besser da als alle Satellitenstaaten der Sowjetunion, aber auch als die EG-Mitglieder Portugal und Griechenland. Seiner Bonität hält Slowenien zugute, den gewaltigen Umbruch – auch für dieses kleine Land eine historische einmalige Belastung – gut überstanden zu haben.

## Zweierlei Wege aus dem Zentralismus

Die wirtschaftlichen Folgen der Selbständigkeit machen Slowenien weniger zu schaffen als der slowakischen Republik – Trennung bei Währung, Geld, Gold- und Devisenreserven, Budget und Verlust eines wesentlichen Teiles der Absatzmärkte im ehemaligen Einheitsstaat (im Fall Slowenien ein Drittel, im Fall der Slowakischen Republik fast die Hälfte). Erklären läßt sich der Leistungsunterschied von zwei Jungdemokratien relativ einfach. Slowenien war »der« Exporteur Jugoslawiens, von Elanski auf der Produktseite bis zur »verlängerten Werkbank« durch Lohnaufträge hauptsächlich der deutschen Textil- und Metallindustrie. Die Slowakische Republik hingegen war strukturell auf Rüstung und etwas Landwirtschaft getrimmt. Bratislava war einem doppelten Zentralismus ausgesetzt, während sich Ljubljana spätestens mit der Verfassungsreform des Jahres 1974 innen- und sicherheitspolitisch wie wirtschaftspolitisch freischaufeln konnte. Zu einer qualifizierten Arbeiterschaft auf hohem Bildungs- und Wissensniveau kam freilich ein gesellschaftspolitischer Unterschied: Das Prinzip der Arbeitsverwaltung, gewiß etwas anderes als die stalinistisch ausgerichtete Kommandowirtschaft in der damaligen Tschechoslowakei. Als jugoslawische Eigenart des Rätesystems angelegt und von den Belgrader Kommunisten wegen seiner Kompliziertheit als Kontrollsystem ge- oder mißbraucht, ist der »dritte« Weg an der Überideologisierung schließlich gescheitert.

Als transitorischer Zustand jedoch ließ die mehrgliedrige Interessenvertretung der Selbstverwaltung immerhin eines zu: Wie im Kapitalismus betrachteten die Arbeitnehmer die Selbstverwaltung nicht nur als Rätedemokratie, sondern als einen Eigentumsersatz. Sie arbeiteten für ihren Betrieb. Erfolgreich zu sein motivierte nicht nur den einzelnen, sondern das Management. Da in Slowenien die Auswahl der Führungskräfte vor allem durch die Vergleichsmöglichkeiten mit dem Westen besser funktionierte als im übrigen Jugoslawien, konnten sich hier konkurrenzfähige Firmenleitungen entwickeln. Nicht in allen Fällen freilich wurden westliche Standards erreicht.

Der slowenische Export beispielsweise konnte trotz Umbruch von Mitte der achtziger bis Mitte der neunziger Jahre fast verdoppelt werden. Mehr als verdoppelt hat sich allerdings auch der slowenische Import. Der Warenhunger einer kaufkräftigen Bevölkerung belastete die Handels- und Zahlungsbilanz derart, daß Wechselkursänderungen für die neue Währung, den Tolar, nicht ausbleiben konnten. Noch so angenehme Kaufkraft für die selbstbewußten Slowenen kratzt jedoch an der Kreditwürdigkeit ihres Landes, hat sich doch auf der Lohn- und damit Kostenseite eine Art Selbstbedienungssystem der Arbeiterselbstverwaltung negativ bemerkbar gemacht. Ohne kontrollierenden Eigentümer lassen sich höhere Löhne, die weit über die Produktivität oder auch den Inflationssatz hinausgehen, flugs vereinbaren. Der Wettbewerbsfähigkeit der Betriebe und des Landes bekommt derlei schon unter Normalumständen nicht, erst recht nicht mitten im großen Wandel.

Prof. Joze Mencinger, Sloweniens Pfadfinder Richtung Marktwirtschaft, spricht bei allem Stolz auf das Erreichte von einer Transformationsrezession. Angesprochen ist hauptsächlich die rapide Steigerung der Arbeitslosigkeit von 28000 im Jahr 1989 auf über 130000 in 1993/94. Diese belastende Zahl wäre wohl noch höher, hätten nicht Frühpensionierungen stattgefunden. Fast eine halbe Million Slowenen zählen zu den Pensionisten, ein europäischer Rekord. Mancher Rentner mag – wohlverdient – seine Altersbezüge aus Deutschland überwiesen bekommen, so wie die Gastarbeiter durch Überweisung von mehr als einer viertel Milliarde Mark zur währungstechnischen Stabilität beitragen.

Geht es um Auslandsinvestitionen, so hilft Fleiß allein auch den Slowenen nicht. Strukturell herrscht einseitige Abhängigkeit. Was als »verlängerte Werkbank« mit Aufträgen aus der Bundesrepublik Deutschland durch Bosch und Siemens begann, erweist sich fallweise als Nachteil. In Deutschland läßt die Konjunktur nach, niedrige Lohnkosten werden auch woanders angeboten, und die slowenischen Lohnerhöhungen rauben Kostenvorteile. Schließlich fehlen Industriestrukturen mit Zukunftsaussichten. Auch Slowenien plagt sich mit einer überalterten Schwerindustrie. Julon, eine international angesehene Textilgruppe, stellt sich immer wieder dem internationalen Wettbewerb, ebenso wie die Maschinenbaufirma Litostroj oder die elektrotechnische Gruppe Iskra. Bei Auslandsbeteiligungen mußte etwa die Reemtsma-Gruppe feststellen, wie tief der Einschnitt des Bürgerkrieges im ehemaligen Jugoslawien geht. Das Hamburger Unternehmen ist bei dem slowenischen Zigarettenhersteller Poazna eingestiegen. Mit dessen hoher Kapazität, die weit über den slowenischen Inlandsbedarf hinausgeht, richtet sich die Marktstrategie nach Kroatien, Serbien und so weiter. Der Krieg und das Embargo der Vereinten Nationen kosten aber traditionelle, nahe liegende Absatzmärkte. Nur mit zusätzlichen Anstrengungen westlichen Marketings findet ein Ausgleich in Osteuropa, auch im Nahen Osten statt. Strukturellem Anpassungsbedarf zum Trotz hat Slowenien dennoch alle Chancen, den robusten Marktverhältnissen im übrigen Europa gerecht zu werden.

Theoretisch steht es um die Kreditwürdigkeit der jungen Demokratie südlich der Alpen recht gut. Jedoch bleibt zu registrieren, daß die Selbstvermarktung Sloweniens um international hart umkämpftes Kapital unerbittlich an Grenzen stößt. In slowenischer Eigenverantwortung liegt, wenn bei Beteiligungen geschlossene Verträge oder gegebene Zusagen nicht gehalten und mit Tricks umgangen oder rückgängig gemacht werden. Ein Unsicherheitsfaktor. Alle Produktivität, bewiesene Managementfähigkeiten und relativ solide Staatsfinanzen helfen wenig, wenn der Spannungsherd des Balkans 20 Kilometer von den slowenischen Grenzen entfernt beginnt. Gefährliche Spannungsherde pflegen Kapital, privat, halbstaatlich, schließlich nur treuhänderisch verwaltet, abzuschrecken. Gemessen an soliden Grundstrukturen könnte Slowenien für Auslandsinvestitionen ein Geheimtip sein, wenn ... Als Teil der habsburgischen Erblande zahlt Slowenien, das früher zu Österreich kam als etwa Tirol, für den historischen Irrtum namens Jugoslawien und die junge Selbständigkeit jedenfalls einen hohen Preis.

## Spätberufener aus zwei Reichspleiten

»Es war einmal ein Räuberhauptmann. Der hat den armen Leuten geholfen in ihrem Kampf gegen fremde Herren. Die Armen, denen er half, liebten ihn, und die Reichen, die irgendwo weit weg wohnten und lebten, haßten ihn. Alle nannten ihn den Räuber. Die armen Leute den guten Räuber, die Mächtigen einen gefährlichen Strolch.« So und ähnlich erzählen sich die Slowaken die Geschichte vom Räuberhauptmann Janosik. Anfang des 18. Jahrhunderts betrieb er mit seiner Gefolgschaft seine Art von Gerechtigkeit. Im Stil von Robin Hood verschaffte er den Bauern und Taglöhnern etwas Luft von der Fron und etwas Geld zum Leben. Die Obrigkeit konnte derlei natürlich nicht dulden. 1713 wurde Janosik gefaßt und hingerichtet. Während die Kommunisten versuchten, ihn zum Revolutionär umzufunktionieren und seine Popularität für sich zu nutzen, wurde in vielen slowakischen Familien die Geschichte vom Räuberhauptmann Janosik umgedreht. Gegen Prag, gegen Moskau, die ihre engere Heimat drangsalierten und die, wie sie glaubten, ihr Gemeinwesen zur Ader ließen.

Wie Legenden täuschen können. Tatsächlich hat die tschechische Teilrepublik der slowakischen in der Größenordnung von einer Milliarde Dollar jährlich unter die Arme gegriffen. Wo einst, zu Kaisers Zeiten, die Grenze verlief zwischen Cisleithanien und Transleithanien, zwischen Mähren und Oberungarn, betrieb Prag sieben Jahrzehnte lang Integration auf tschechoslowakisch. So blieb es zwischen den beiden Weltkriegen beim überlieferten Gefälle zwischen dem hochindustrialisierten tschechischen Teil der gemeinsamen Republik und dem slowakischen als Bauern-, Entwicklungs- und Ferienland. Unter sowjetrussischer Oberhoheit sorgte dann antizipatorischer Gehorsam der

Prager Zentrale dafür, in der Slowakei einseitige Strukturen einer Rüstungsindustrie entstehen zu lassen. Sie werden der selbständig gewordenen Demokratie Slowakei noch lange Zeit zu schaffen machen. In einer anderen Selbständigkeit, jener von Hitlers Gnaden, von 1939 bis 1945, herrschte Kommandowirtschaft auf niedrigem Niveau, jedoch mit ähnlichen Prioritäten.

Altlasten sind es, die auch die Kreditwürdigkeit der Slowakei begrenzen. Eigentlich müßte es um die Bonität besser stehen, hat doch die Regierung in Bratislava von der haushalterischen Sparsamkeit der untergegangenen Zentralregierung in Prag profitiert. Anfang der neunziger Jahre, als es an die Teilung ging, verfügte die politisch konkursreif gemachte Tschechoslowakei über ansehnliche 8 Milliarden Dollar an Devisenreserven. Ihnen standen damals tschechoslowakische Hartwährungsschulden von knapp 10 Milliarden Dollar gegenüber. Durch höherlaufende Deviseneinnahmen ergaben die Zins- und Tilgungsverpflichtungen eine tschechoslowakische Schuldendienstquote von kaum mehr als 20 Prozent. Diese Prager Quote ist kaum halb so hoch wie die Schuldenwirtschaft der anderen Reformstaaten. Mit jenem soliden Polster ausgestattet, konnten es sich die Tschechen und Slowaken leisten, ihre Auslandsfinanzen anteilig aufzuteilen, im Prinzip jedenfalls, denn um Einzelheiten wird seit Jahren gestritten. Dieser Streit bekommt der slowakischen Kreditwürdigkeit weniger gut als der tschechischen.

## Die Hälfte der Hilfe

Bei Auslandsinvestitionen hat Prag Bratislava längst den Rang abgelaufen. Für das ehemalige Oberungarn muß es wie ein Stachel im nationalen Selbstbewußtsein wirken, daß ausgerechnet seit der sanften Revolution Ungarn das beliebteste Ziel ausländischer Investoren ist. Slowakische Steigerungen von 70 Millionen Dollar im Jahr 1992 auf über 100 Mitte der neunziger Jahre nehmen sich bescheiden aus. Schließlich hatte sich Bratislava in der Anfangseuphorie gewonnener Selbständigkeit ausgerechnet: Gut die Hälfte des gesamten Investitionsbedarfes könnte durch ausländische Direktinvestitionen bestritten werden. In Zahlen hieße dies etwa 10 Milliarden Slowakische Kronen (SKK) – jährlich, umgerechnet fast eine halbe Milliarde Mark. Was hereinkommt, ist weit weniger als die Hälfte, und es verteilt sich auf bald 5000 Projekte. Nach dem Motto, daß Kleinvieh auch Mist macht, halten sich die Einzelprojekte im unteren Bereich mittelständischer Aktivitäten. Insgesamt hat die Kreditwürdigkeit der Slowakischen Republik immerhin bald eine halbe Milliarde Dollar angelockt – über ein Viertel dieser Auslandsinvestitionen stammen aus Österreich, 18 Prozent aus Deutschland, 15 Prozent aus den USA und etwa 10 Prozent aus der Tschechischen Republik. Ohne Kreditoperationen des Internationalen Währungsfonds stünde Bratislava im Wettbewerb um Auslandskapital, dessen Härte seinesgleichen sucht, noch bescheidener da.

Jedenfalls konnten ausländische Investoren die schwere Anpassungsrezession mildern, jedoch nicht abfangen. Das Bruttonationalprodukt schrumpft seit Jahren, während es in der Nachbarschaft steigt. Die Industrieproduktion geht im Gegensatz zu den anderen Reformstaaten nach wie vor zurück. In der Produktivität hinkt die Slowakische Republik (mit fast minus 9 Prozent im Jahr 1993 gegenüber einem »Nullwachstum« in der Tschechischen Republik, plus 14 Prozent in Ungarn, plus 11 Prozent in Polen und plus 4 Prozent in Slowenien) hinten nach. Die monatlichen Privateinkommen weisen in keinem anderen Reformland so deutlich nach unten. Nur das Defizit im Staatsbudget hält sich im Rahmen der anderen Ex-Ostblockstaaten.

Banker, schließlich an Umsatz, Geschäft und zukünftigen Kunden interessiert, helfen sich im Fall der Slowakischen Republik mit dieser Formel: Kurzfristig stecke das Land in einem unabdingbaren Strukturwandel auf betrieblicher und Branchenebene, was das Wirtschaftswachstum noch auf einige Jahre hinaus einbremse, langfristig jedoch winken bessere Zeiten durch Fleiß, Ehrgeiz, zunehmende marktwirtschaftliche Mentalität und ein niedriges Lohnniveau. Wesentlich dramatischer wäre der Umstellungsschock geraten, würde nicht die Privatwirtschaft überdurchschnittliche Leistungen erbringen. Mit knapp 40 Prozent Anteil am Nationaleinkommen – allerdings deutlich weniger als in den Nachbarstaaten – sorgt der private Sektor für Belebung. Mit Dienstleistungen, Bauwirtschaft und Klein- und Mittelbetrieben des Handels und des Handwerks entlastet er den Arbeitsmarkt ebenso wie die Staatsfinanzen.

Besonders auffallend ist die gute Zahlungsmoral der Klein- und Mittelbetriebe. Sie brauchen keinen Räuberhauptmann Janosik. Was Marktwirtschaft bedeutet und wie sich Privatinitiative durchsetzt, sorgt zwischen Bratislava und Kosice für solide Überlebensstrategien. Politiker müssen sich gefallen lassen, von der Unternehmerwirtschaft massiv kritisiert und wegen ihrer »ewigen Streiterei« beiseite geschoben zu werden. Freilich hemmen die innenpolitischen Positionskämpfe weitere Klärungen, die wie in Slowenien auch für die Slowakische Republik zwischen Entkommunisierung, Demokratie, Marktwirtschaft und Selbständigkeit dringend nötig wären. Parteipolitikern in Bratislava wird immer wieder vorgerechnet, eigentlich könnte es dem Land – immerhin größer als Dänemark – bessergehen, wenn der Anteil des Privatsektors an der Industrieproduktion (kaum mehr als 10 Prozent) höher läge. Versäumte Strukturreformen, vor allem in der ehemaligen Rüstungsindustrie, und Überlebensstrategien im Wettbewerb um ausländisches Kapital drohen Bratislava – obwohl dort bereits vier (allerdings umsatzschwache) Börsen für Aktien und Rohstoffe werken – zum Schlußlicht werden zu lassen.

## Ungarn: Jahrzehnte am Image poliert

Ungarn bleibt für ausländisches Kapital die Nummer eins im Osten – und dies, obwohl auch seine Wirtschaftsdaten Flaute signalisieren. Kapitale Sympathien aus dem Westen zeigen, daß es sich für das kleine Land gelohnt hat, in der großen Welt über zwei Jahrzehnte lang an seinem Image poliert zu haben. Arbeiteten doch zielstrebige Strategen in Budapest beispielsweise auf Konvertibilität des Forint hin, als die Sowjetunion noch an einem Aufbau des sogenannten Transferrubels mit seinen engen Verrechnungspreisen bastelte. Es war die ungarische Nationalbank, die sich an ihrem Budapester Sitz, einem seriösen Rahmen aus der Doppelmonarchie, nicht davon abhalten ließ, währungspolitisch eine Doppelstrategie gegenüber Ost und West zu verfolgen – bei aller gebotenen Vorsicht, versteht sich. Während Blockbildner in Moskau den Zugzwang der Westöffnung eines RGW-Mitgliedsstaates entweder nicht erkannten oder nicht verstanden, galten Urteil und Flexibilität ungarischer Banker im Westen allezeit einiges, bis hinauf zur Weltbank.

Der Begriff »Gulasch-Kommunismus« machte noch gar nicht die Runde, als Reformer, etwa in den Universitätsstuben zu Budapest, darüber zu philosophieren begannen, wie sie ihr Land aus den Fängen des Ostblocks wirtschaftlich – möglichst unauffällig – lösen könnten. Nach außen übte sich das amtliche Budapest in der Rolle des loyalen Partners in und mit dem Rat für gegenseitige Wirtschaftshilfe, RGW, nach innen wurde Los-von-Moskau geprobt.

Längst bevor in den achtziger Jahren die Zeichen der Reform über den großen politischen Horizont heraufzuziehen begannen, entstanden gründliche Gutachten, was geschehen könne und müsse, um das Land von den ostlastigen Problemen zu befreien und auf den Tag X der Freizügigkeit vorzubereiten. Westorientierung bot sich damals schon als die einzig denkbare Rückkehrmethode nach dem freien Europa an. Liebeswerben um Westkontakte, wie es trotz real existierendem Sozialismus augenzwinkernd veranstaltet wurde, blieb nicht unerwidert. Im Gegenteil. Ungarn wurde zu einer Anlaufadresse, als der Ostblock noch fest geschnürt erschien. Zu den stillen Hausarbeiten an einer Westöffnung zählte, von 1960 bis 1980 die Beiträge von Industrie und Landwirtschaft am Bruttonationalprodukt systematisch zu halbieren und den Dienstleistungssektor zu favorisieren. Aufspielende Zigeunerkapellen auf dem Burgberg von Budapest – mehr als tourismusfördernder Vorgriff auf die große Wende.

## Die lange Geschichte der Bonität

Ungarns Bonität hat jedenfalls eine lange Vorgeschichte. Sie spielt nicht nur in den ehrwürdigen Räumen der Notenbank oder in den eleganten Büros der Weltbank, sondern in den Direktionsetagen internationaler Industrieunternehmen wie in Handwerksstuben nebenan. Mehr als in irgendein anderes osteuropäisches Land wurde nach dem Tag X, nach 1989, ausländisches Kapital geschleust. In der ersten Hälfte der neunziger Jahre gingen damit annähernd 7 Milliarden US-Dollar, fast die Hälfte des gesamten westlichen Engagements in Osteuropa, nach Ungarn. Oder anders gerechnet: Das Pußtaland verzeichnet doppelt so viele ausländische Direktinvestitionen, wie sie bis 1994 in der Tschechischen und in der Slowakischen Republik zustande kamen. Im Vergleich zu Polen war es dreimal mehr. Den Wettbewerb um Kapital, nicht zuletzt ausgedrückt in internationaler Kreditwürdigkeit, hat Ungarn aber nicht nur in der ersten Reformphase zu Hause gewonnen. Auch international bildet Auslandskapital mit über 5 Prozent des ungarischen Bruttoinlandsproduktes einsame Spitze. Mit diesem Kapitalimport kann es Ungarn weltweit mit jedem anderen Land aufnehmen.

Zum Beispiel Siemens. Von der Wende bis 1994 hat der Münchner Multi in Ungarn effektiv 210 Millionen Mark investiert; weitere 90 Millionen sind fix geplant. Mit einem Vorgriff auf bessere Zeiten möchte Siemens die gesamte Breite seines Angebotes in Ungarn und von dort aus in benachbarten Märkten anbieten können: Elektrotechnik, Elektronik, Turbinen, Kraftwerksaggregate, elektrische oder leittechnische Ausrüstungen oder Verkehrstechnik. 5000 Mitarbeiter haben das Geschäftsvolumen von Siemens-Ungarn innerhalb von vier Jahren mehr als verdreifacht – Siemens steuert auf eine halbe Milliarde Mark Jahresumsatz zu. Tochterunternehmen, die bisher selbständig tätig waren, sollen zusammengefügt werden, um einem Zukunftsmarkt gerecht zu werden. In der relativ bescheidenen Zentrale auf der Buda-Seite der ungarischen Hauptstadt ist Dynamik angesagt. Generaldirektor Laszlo Haklar bringt ein, was für einen Konzernbau nötig ist – das theoretische Rüstzeug als Universitätsprofessor, Erfahrungen im Umgang mit der Bürokratie, für viele ausländische Investoren ein Hemmschuh. Haklar war früher, in der kommunistischen Zeit, für Investitionsfragen im Finanzministerium zuständig.

## Eine Harley-Davidson in Kecskemet

Die Pußta nebenan, verlassene russische Kasernen am Stadtrand, die Zoltan-Kodaly-Schule vis-à-vis (wo in der Heimatstadt des Komponisten und Pädagogen mit nationalungarischen Rhythmen Schülern aus aller Welt moderne Musikerziehung geboten wird) und in der Mitten ein Rathaus. Zuckerbäckerstil der Jahrhundertwende. Samstag ist. Hochzeitszeit. Ein Grüppchen Hochzeitsgäste und – der Zufall will's – eine Gruppe von Nobeltouristen warten auf das Brautpaar. Es kommt angebrummt – auf einer Harley-Davidson. Vorn der Bräutigam, hinten die schicke Braut im Mini. Bürgermeister Peter Derszenji, ein relativ junger Mann, Typ Techniker, begrüßt routiniert. Man spürt, er kommt seinen Pflichten als Stadtoberhaupt gern nach. Er, der überparteiliche Verwaltungschef – »Bei uns haben die Parteien nur ein paar Dutzend Mitglieder« –, stellt mehr dar als ein gehobener Standesbeamter. In perfektem Deutsch – er hat in Magdeburg Ingenieurwissenschaften studiert – erläutert er kommunalpolitisch, wie er aus der Pußtastadt, fast vier Jahrzehnte Garnisonstadt der Sowjettruppen mit umweltverseuchender Hinterlassenschaft, ein modernes Industriezentrum machen will. Voll Stolz über ungarnweite Erfolge bei der Industrieansiedlung verweist der Kecskemeter Bürgermeister auf seine Kooperation mit seinem Großinvestor Knorr-Bremsen.

## Die harte Schule des Kostenmanagements

Frühzeitig hat Knorr als internationales Unternehmen seine langjährigen Export- und Markterfahrungen in Ungarn genützt. Vor den Toren von Kecskement ist es bei einem ungarischen Bremsenfabrikanten groß eingestiegen. Hans Georg Ruckriegl, ein handfester Managertyp mit internationalen Erfahrungen, ging systematisch ans Werk. Bestandsaufnahme, Eröffnungsbilanz, Marktanalyse, Kostenkalkulation, Controlling und Marketing – für die Führungsetage des ungarischen Bremsenherstellers etwas Neues. Sie haben technisch altmodisch, jedoch qualitativ hochwertig produziert und verteilt, beides, so gut es ging. Vor Übernahme durch Knorr war keine Rede von kontinuierlicher Produktion, verläßlichen Zulieferungen, Produktivitätserfordernissen, innovativer Technik und kundenorientertem Verkauf. Aus 500 tüchtigen ungarischen Facharbeitern wurden durch harte Schulung bald verläßliche Knorr-Mitarbeiter. Motivieren ließen sich freilich nicht alle. Sie wollten sich an Zeitdruck und Ablieferungstermine ebensowenig gewöhnen, wie andere keinerlei Eigeninitiative entwickelten – Verantwortungsscheu steckte in den Werkshallen. Man war gewohnt, alles laufen zu lassen. Und mancher empfand das Leistungsverlangen des deutschen Managements als mentalitätsfremd. Nicht wenige quittierten. Tüchtige rücken nach.

Neue Kräfte hinzuzugewinnen, die gut ausgebildet und vor allem lernbereit sind, fällt nicht leicht. Dennoch baut der Konzern aus. Unter strammer Betriebsführung lassen sich die Erfolge systematisch steigern. Vor allem Kostenvorteile, allen voran beim Lohn, wollen genutzt sein. Zunächst geht es um den ungarischen Markt, später um Nachbargebiete. Je stärker der Kostendruck in der deutschen Produktion, desto mehr Verlagerung nach Kecskemet. Auf lange Frist überwiegen die Vorteile bei weitem die Nachteile.

Die Erfahrungen von Knorr-Ungarn decken sich mit jenen anderer ausländischer Großinvestoren wie Siemens, General Motors, General Electric, der französischen Sanofi-Gruppe, Unilever, Electrolux und Ford. Nahezu alle kamen nach Ungarn, um den Absatzmarkt zu beackern, zunächst den ungarischen und dann möglichst andere Ostmärkte. Ungarn empfahl sich als Sprungbrett, weil es die marktwirtschaftlichen Reformen früh- und rechtzeitig vorwärtsgetrieben, die Produktionskosten niedrig gehalten und die Kooperation mit internationalen Gesellschaften gepflegt hatte. Steuervorteile, Investitionsförderungen oder großzügigere Umweltauflagen rangieren in der Motivation ebenso unter »ferner liefen« wie die Überlegung, im Westen abgeschriebene und abgenutzte Anlagen und technische Verfahren im Osten noch einige Zeit gewinn- oder marktbringend verwenden zu können.

## Bürokraten als Wachstumsbremse

Knorr in Ungarn unterscheidet sich in einem gewichtigen Bereich von anderen Auslandsinvestoren. Unter Bürgermeister Derszenji in Kecskemet gab es weniger Ärger mit den Verwaltungsbehörden. Wie in anderen Reformstaaten erweist sich auch in Ungarn die Bürokratie im allgemeinen als Investitions- und Wachstumsbremse – verfilzt, ausgeufert, fernab vom Leistungsdenken und als integraler Bestandteil der sogenannten Seilschaften tätig: Genehmigungen werden verzögert oder verschlampt, verbindliche Antworten auf Anfragen gemieden, Auflagen willkürlich erteilt oder zurückgezogen, Finanzierungen blockiert, der Eigentumserwerb sabotiert. Einem attraktiven Investitionsklima bekommen diese und andere Rechtsunsicherheiten nicht. Obwohl in der postkommunistischen Zeit der institutionelle und rechtliche Rahmen erstaunlich zügig verbessert wurde ( Investitionsschutz, Steuern, Gesellschaftsrecht, Aktienrecht, zweistufiges Bankensystem usw.), fehlen noch immer rechtliche Normen und vor allem ihre durchsichtige Anwendung. Ausländischen Investoren gemeinsam ist wieder die Suche nach qualifizierten Mitarbeitern auf der Führungsebene und darunter.

Großunternehmen tasten sich deshalb langsam an die Märkte heran. Das verbreitetste Mittel heißt Joint-venture. Etwa ein Drittel der westlichen Unternehmen versuchen es zunächst mit einer Kapitalbeteiligung unter 50 Prozent. Ein weiteres Drittel geht aufs Ganze und übernimmt zwischen 50 und 100 Prozent des Kapitals. 50 zu 50 ist ebenfalls ein weitverbreitetes Beteilungsverhältnis. Nach der Aufbruchstimmung, die der großen Wende folgte, der sich auch Konzernherren nicht entziehen konnten (die Hälfte der wirtschaftlichen Entscheidungen ist psychologischer Art), geht Ernüchterung um. In Budapest wie in Prag oder Warschau macht den ausländischen Investoren weitverbreitete Trägheit das Leben schwer. Überall könnte mehr und Besseres geschehen, wenn die Entscheidungen und Verwaltungsverfahren modernisiert würden. Manchem Mulitmanager reißt da schon einmal der Geduldsfaden.

## Verärgerte Multis beim Staatspräsidenten

Der ungarische Staatspräsident Arpád Göncz, ein Homme de lettre vom Scheitel bis zur Sohle, an weichen Umgang mit seinesgleichen aus der Kulturszene gewöhnt, kam aus dem Staunen nicht heraus. Aus ihrem Frust über die Wirtschafts- und Arbeitsbedingungen in Ungarn, bisher des Auslandskapitals liebstes Kind, machten die Manager der internationalen Gesellschaften kein Hehl. Die weitgereisten Wirtschaftskapitäne benutzten die Gelegenheit, dem vorprogrammierten Lob des Staatspräsidenten Klagen folgen zu lassen. Wer an die 6 Milliarden Dollar investiert, fast 40 000 Mitarbeiter beschäftigt und an die 2 Milliarden Dollar Umsatz macht, traut sich auch in Budapest etwas. Es sei »Mangel an strategischem Denken in der Wirtschaftsführung«, der das ungarische Investitionsklima verderbe. Für Philips oder General Electric, für Suzuki oder Ford schlagen sich ihre ungarischen Dependancen mehr mit der Bürokratie als mit dem Personal herum.

Entscheidungsunlust und mangelnde Flexibilität im Gesellschafts-, Arbeits- und Steuerrecht wiegt für die Multis in Ungarn also schwerer, als den eigenen Leuten Leistungs-, Kosten- und Kundendienstdenken beizubringen. Im ewigen und ermüdenden Kampf mit der altmodischen Verwaltung haben sich die Multis organisiert. Mit Einigkeit frustrierter Spitzenmanagern gegen Rechtsunsicherheit und Bürokratenschikane im Stil des untergegangenen Ostblocks. Mehr als zwei Dutzend prominente Mitgliedsfirmen der Vereinigung boten dem verwirrten Staatspräsidenten so etwas wie einen unternehmenspolitischen Hammer – ohne Abbau der Hemmnisse weniger Auslandskapital. Was die Multis im Herbst 1993 unverblümt ankündigten, war schon wenige Monate später in der Kapitalbilanz abzulesen. Dollar, Mark, Schilling und Franc machten sich zum erstenmal seit der Wende rar.

## Ein Hans Sachs für die Pußta

Eines von bald 15 000 ausländischen Unternehmen, die in Ungarn vertreten sind, schert die hochkommende Unzufriedenheit der Multis in Budapest wenig. In der Provinz nahe der österreichischen Grenze läßt sich mühelos arbeiten – stetige Aufträge, niedrige Kosten, hohe Gewinne, eine konziliante Steuer- und Zollverwaltung. Die neue Welt ist noch heil zwischen Wiener Neustadt und Sopron, das zur Zeit der Doppelmonarchie Ödenburg hieß. Die Grenze ist hier durchlässig. Ungarische Grenzbeamte geben sich normalerweise umgänglicher als Wiener Verkehrspolizisten. Ungarn und Österreicher sind aufeinander angewiesen – sie wissen und sie nutzen es.

Der Schmiedemeister aus Wöllersdorf, eine imponierende Gestalt wie aus Wagners »Meistersinger«, betreibt seit der sanften Revolution einen kleinen Grenzverkehr auf eigene Rechnung. Fünfzig Mann im österreichischen Stammhaus und fünf Mann auf der ungarischen Seite liefern anspruchsvolle Schmiedearbeiten. Mit den Ungarn gab es nur am Anfang Probleme. Tempo, Verläßlichkeit und Eigeninitiative – alles hatten sie nicht gelernt, auch nicht aus dem österreichischen Fernsehen. Was diese Ungarn an Deutsch gelernt oder aufgefrischt haben, stammt aus dem österreichischen Fernsehen. Man versteht sich. Mentalität zu Mentalität. Einschulung, Seminare, Vorbild, dies und das der Konkurrenz abschauen und Leistung bringen. Gute Geschäfte machen es möglich, das Lohngefälle etwas einzuebnen. Die Österreicher mäßigen sich bei manchen Lohnwünschen, weil sie um die Konkurrenz der Ungarn wissen. Volle Auftragsbücher diesseits und jenseits der Grenze geben all dem recht. Und geschickter Umgang mit billigen Einkaufsmöglichkeiten hier und dort und preisgünstigen Zulieferungen drücken die eigenen Kosten. Die Schmiede ist wettbewerbsfähig. In der gleichen und in benachbarten Branchen tun es dem Hans-Sachs-Typ viele gleich. Die Verflechtung der Mittel- und Kleinbetriebe Österreichs mit ihresgleichen in Ungarn war noch nie so dicht wie jetzt, nicht einmal zu Kaisers Zeiten.

Kapitel 7

# Das oft schwierige Geschäft mit Eigentum und Kapital

Der alte Herr ist gerührt. Schon in der Kirche spürte er die Sympathie. Die Begrüßungsworte des Pfarrers beglücken ihn, den Banker. An aufrechte Haltung gewöhnt, wurde seine Selbstdisziplin auf eine harte Probe gestellt. Das Orgelspiel, mächtig und befreiend, ist noch nicht verklungen. Weit öffnet sich das Haupttor der Kirche, das normalerweise verschlossen und nur für die Fronleichnamsprozession geöffnet ist. Der Alte tritt in den strahlenden Sonnenschein. Ihm gegenüber Tausende. Viele fallen vor ihm in die Knie, Frauen küssen seine Hände. Andächtiges Schweigen für einige Sekunden, dann ein jubelndes »Hoch, Hoch, Hoch«. Der Mann aus Brüssel kann sich kaum mehr fassen, Tränen in den Augen.

Die Rückkehr des Fürsten Lobkowicz in seine Heimat. Sommer 1990. Der Bankier aus Brüssel, Chef jenes Hauses, das seit dem 15. Jahrhundert dem Kaiser und der böhmisch-mährischen Heimat anhängt, kehrt zum erstenmal nach der kommunistischen Machtergreifung 1948 in seine allezeit geliebte tschechische Heimat zurück – dorthin, wo seine Vorfahren und auch noch seine Familie riesige Ländereien besaßen, sechzehn Schlösser und anderen Besitz mit heute kaum erneuerbarem Reichtum. Eigentlich hatte er alles abgeschrieben, wie seinesgleichen eine Rückkehr, nicht einmal einen kurzen Besuch für möglich angesehen. Und nun dieser Empfang wie für einen regierenden Fürsten, einen Heilsbringer, einen Namensträger, dem Vergangenes mit seinen Härten, mit seinen Ungerechtigkeiten, aber auch mit seinem Schutz nicht mehr angerechnet wird. Großgrundbesitzer, der er nicht mehr war noch wieder werden wollte – dieser Begriff des Klassenkampfes, des Vorwurfs der Ausbeutung und des »arbeitslosen Einkommens« –, hat nach vier Jahrzehnten der kommunistischen Schmarotzerei und schikanösen Bonzentums seinen ätzenden Klang so gut wie verloren.

Begrüßungsworte geraten fast etwas unterwürfig. Die Hoffnung kommt auf, der reiche Herr aus dem Westen werde einfach alles wiedergutmachen, was die vergangene Mißwirtschaft hinterlassen hat: zerfallene Schlösser, heruntergekommene Dörfer, verwahrloste Betriebe, überdüngte Felder, verwilderte Wälder. Der Fürst, normalerweise selbst in Bankgeschäften wortkarg, zögert. Soll er die Wahrheit sagen? Daß er überglücklich wäre, als Tscheche, als der er sich allezeit gefühlt hat, zurückzukehren, daß er weder Mittel noch Möglichkeiten habe zu helfen. Es bleibe ihm nur zu bleiben, wo und was er ist. Gebietet es nicht die Fairneß, den Menschen, die von weit her gekommen waren, um ihn zu begrüßen, reinen Wein einzuschenken? Der Fürst war sich seiner Grenzen bewußt. Freundliche Worte, herzlicher Dank. Alles andere läßt er offen. Tschechen erscheint er als begüterter Mann. In seiner Wahlheimat Brüssel weiß er als Chef einer Bank zu rechnen und zu disponieren. Selbst wenn die Rückgabe juristisch geklärt werden könnte, fehlt ihm das Geld, um das große, das ganze Erbe der Lobkowicz' anzutreten. Der Fürst dankt. Der Fürst reist ab.

Prinz Jiri Lobkowicz kommt und bleibt. Dem umtriebigen Verwandten des alten Fürsten hat eine geborene Schweizerin in ihrer Eigenschaft als Ehefrau den nötigen Mut zur Rückkehr eingeflößt. Aus dem erfolgreichen Frankreich-Manager der Chase Manhattan Bank in Paris und Monte Carlo, George Lobkowicz, wurde der Schloßherr auf Melnik. Wo Moldau und Elbe nördlich von Prag zusammenfließen, will es der Banker wagen. Der 37jährige empfindet die Restitution keineswegs als Last, sondern als Herausforderung. Mit westlichem Manager-Know-how will er beweisen, daß das, was die Vorfahren geschaffen und die Kommunisten übriggelassen haben, wirtschaftlich zu betreiben ist: das altehrwürdige Schloß, aus dem der in der Schweiz geborene Lobkowiczsproß – sein Vater war vor den Kommunisten geflohen – eine Tourismusattraktion machen will.

Zwei Dutzend Busse aus dem nahen Prag sollen für die nötige Liquidität sorgen. Wein, der am Schloßberg gedeiht, und eine eigene Kellerei betreut die Prinzessin mit eidgenössischer Akkuratesse. Zeitgemäßes Management, Qualität und Marketing wollen die Lobkowicz' ins Böhmische implantieren. Mit einer agrarischen Aktiengesellschaft, an der sich ein halbes Hundert andere Landbesitzer beteiligen, soll – trotz geringer Arbeitsproduktivität – aus einem verwahrlosten Staatsgut ein prosperierender Musterbetrieb werden. Mit Sekt Marke »Chateau Melnik« und Spezialitäten bei Obst und Gemüse steht der große Marktdurchbruch noch bevor.

## Entschädigen, nicht zurückgeben

Optimismus amerikanischen Zuschnitts glaubt sich der junge Prinz im Vergleich zum alten Fürsten leisten zu können. Kaum war der Seniorbanker nach Brüssel zurückgekehrt, gab sich doch das tschechoslowakische Parlament im Herbst 1990 in einer seiner ersten Handlungen wiedergewonnener Eigenständigkeit überraschend generös. Was von den Kommunisten nach der Machtergreifung am 28. Februar 1948 entschädigungslos enteignet wurde, soll zurückgegeben werden. Voraussetzung, die ehemaligen Besitzer oder deren Nachfahren besitzen die tschechoslowakische Staatsbürgerschaft oder nehmen sie wieder an. Dieses Prager Gesetz, das sich von den Restitutionsregeln der anderen Reformstaaten merklich unterscheidet, entstand gegen den ausdrücklichen Willen der ersten nachkommunistischen demokratischen Regierung. Sie wollte nur entschädigen und nicht zurückgeben.

Der Blick auf die verworrenen Eigentumsverhältnisse in der ehemaligen DDR bestärkt die tschechoslowakische Regierung. Sie fürchtete »ewige Auseinandersetzungen« um Eigentum, um Besitz und um Verfügbarkeiten. Nach dem Willen des Parlaments geschah es anders. Mit der kleinen und teilweise größeren Restitution sind über 2000 Burgen, Schlösser und ähnliche Immobilien als Teil des Altbesitzes zurückgegeben worden. Von dieser Reprivatisierung begünstigt sind etwa ein halbes Tausend frühere Eigentümer. Im Fall der Familie Lobkowicz handelt es sich um sechzehn Schlösser mit über 14000 Hektar Land. Prinz Jiri disponiert seitdem über vier Schlösser und ein Townhouse in Prag sowie über 500 Hektar Acker- und Weideland, 130 Hektar Rebflächen und zusätzlich 2500 Hektar landwirtschaftliche Nutzfläche.

Nicht so gut ergeht es der katholischen Kirche. Sie wartet bis Mitte der neunziger Jahre vergeblich auf die volle Rückgabe ihres von den Kommunisten enteigneten Besitzes. Von 200 000 Hektar will die bürgerliche Regierung Klaus nur kleine Teile zurückgeben. Der Kirche, was die Kirche braucht, um ihre religiösen Aufgaben zu erfüllen. Von Fall zu Fall soll die Restitution für einzelne Gebäude oder Grundstücke stattfinden, mehr nicht. Aus prinzipiellen Gründen will die Regierung Klaus Alteigentümer entschädigen, jedenfalls nicht in ursprüngliche Eigentumsrechte wieder einrücken lassen. Gegen den erklärten Willen der Kirche und trotz mancher Schlichtungsbemühungen vor und hinter den Kulissen wogt in Prag schon wieder so etwas wie ein Kirchenstreit. Er droht alte Wunden wieder aufzureißen, indem das Verhältnis zwischen Kirche und Staat, zwischen Protestantismus und Katholizismus gegensätzlich aktualisiert wird – und dies in einer materiellen Frage.

Historisch freilich schwingt mehr mit als ein gewiß nicht unbeträchtlicher Teil Landbesitz in Böhmen und Mähren. Klaus, als Ministerpräsident jahrelang von einer Woge der Popularität getragen, weckt durch sein Verhalten uralte hussitische Gefühle: Religionsfreiheit, tschechisch-slawisches Selbstbewußtsein gegen Autoritäten anderer Länder oder Systeme und das Bestreben, den tschechischen Nationalcharakter als hussitisches Teilerbe wachzuhalten. Eigenwillen zu demonstrieren ist regierenden Protestanten in Prag im Jahre währenden Rückgabekampf mit der katholischen Kirche wichtiger, als dieser Religionsgemeinschaft zu einer breiteren materiellen Basis zu verhelfen. Während Kirchen, Klöster und Gebäude für karitative Zwecke mangels Restaurierung verkommen, wird der Prager Kirchenstreit zu einem Zeichen an der Wand.

In Ungarn und in Polen, wo die nämliche Rückgabeproblematik an die Religionsgemeinschaften besteht, werden auch diese Prager Verhältnisse aufmerksam verfolgt. Polen, in nahezu allen Lebensfragen mit der katholischen Kirche auf Tuchfühlung, hat schon vor Abschluß eines neuen Konkordats die Tür zur Rückgabe geöffnet. In Ungarn wogt der Restitutionsstreit der Kirchen hin und her. Allen Ländern gemeinsam ist das Bedürfnis und infolgedessen das Drängen der Kirchen, vom Staat Besitz zumindest teilweise zurückzuerhalten oder durch Fonds wirtschaftlich nutzbar zu machen. Anders lassen sich religiöse und karitative Aufgaben wohl kaum erfüllen. Regierende Demokraten müssen sich im Falle von Ungarn immerhin vorhalten lassen, selbst die Kommunisten hätten eine Handvoll Konfessionsschulen am Leben erhalten, die sich – wie das Piaristen-Gymnasium in Budapest – als Eliteschmieden bewährt haben.

## Unrecht ohne Wiedergutmachung

Prag hält an den Modalitäten der Restitution über die Jahre fest. Tschechische (und zur Zeit der Tschechoslowakei auch slowakische) Staatsbürger mit Wohnsitz in der Tschechoslowakei, die nach der kommunistischen Machtergreifung am 25. Februar 1948 enteignet wurden, bleiben zwar entschädigungsberechtigt. In der Praxis aber werden nur Privathäuser und kleine Betriebe zurückgegeben. Am Grundsatz soll nichts geändert werden. Die Antragsfrist ist im Prinzip bereits Ende 1991 abgelaufen, und die Bearbeitung der Fälle dauert Jahre. An der 48er-Grenze jedoch scheitern alle anderen Ansprüche, auch jene der Sudetendeutschen. Für Enteignungen in den Jahren 1945 bis 1948 hält sich die erneuerte Prager Demokratie für nicht zuständig. Begründung, eher fadenscheinig: Die damalige Enteignung von Banken und Großbetrieben erfolgte von einer demokratisch gewählten Regierung. Unberücksichtigt bleibt, daß diese Regierung kommunistisch gemanagt wurde. Noch weiter zurück soll die Unzuständigkeit erst recht gelten. Juden und andere Verfolgte im »Generalgouvernement Böhmen und Mähren«, die von Nazi-Deutschland entschädigungslos enteignet wurden, gehen bisher ebenfalls leer aus. Doch ist ein Umdenken noch möglich. Schatten der Vergangenheit, die nicht weichen wollen.

## Solange Wiedergutmachung unterbleibt

Auch die ungarische Regierung lehnt die uneingeschränkte Restitution an Alteigentümer ab. Anders als in Prag gewährt Budapest jedoch Teilentschädigungen für Enteignungs- und andere Schadensfälle für die Zeit nach dem 1. Mai 1939 bzw. dem 8. Juni 1949. Entschädigungsscheine, die nach einer 1991 bereits abgelaufenen Meldefrist an Geschädigte ausgegeben wurden, verzinsen sich inzwischen und sind handelbar. Obwohl nur bescheiden entschädigt wird, reicht es gelegentlich doch, daß Enteignete Jahrzehnte später eine kleine Eigentumswohnung kaufen können.

Ähnlich verfährt Polen. Eine allgemeine Naturalrestitution findet nicht statt. Die polnische Regierung gibt Kapitalgutscheine aus. Sie berechtigen zum Kauf von Beteiligungspapieren an privaten Unternehmen oder an Privatisierungsfonds. Mehr nicht. Jedoch besser als gar nichts.

So unterschiedlich die Restitution rechtlich angelegt und praktisch vollzogen wurde – eines ist ihr in allen Reformstaaten gemeinsam: Unter die Vergangenheit soll ein Schlußstrich gezogen werden. Man möchte ewige Streitereien verhindern und den Auf- und Ausbau nicht durch eine überzogene materielle Vergangenheitsbewältigung belasten. Mancherlei Ungereimtheit und Härte wird dabei in Kauf genommen.

Allen Regierungen ist geläufig, daß diese oder jene Entschädigung mehr einer symbolischen Handlung als einer echten Wiedergutmachung entspricht.

Sowohl in Budapest als auch in Prag und Warschau spielt freilich auch die gesellschaftspolitische Überlegung mit, den unvermeidlichen makroökonomischen Schock nicht zusätzlich zu belasten. Wohnungen, Häuser, Grundbesitz – dem kleinen Mann sollen sie zurückgegeben werden. Keine Regierung, welcher parteilichen und ideologischen Ausrichtung auch immer, möchte die Aufbauphase mit gesellschaftspolitischen Diskussionen über Monopol und alten Reichtum belasten. Die neuen Reichen und die Neureichen bescheren Mitte-Rechts- wie Mitte-Links-Regierungen gesellschaftspolitisch genug Scherereien.

## Armut gegen Wohlstand?

Im politischen Alltag heißt die Rechtfertigungsformel für zurückhaltende Restitution »soziale Gerechtigkeit«. In Wahrheit scheut jede Regierung alte Rechnungen. Sie betreffen nicht nur materielle Außenstände, sondern auch moralische und damit politische Größenordnungen. Zumindest auf der Eigentumsseite möchten sich die Regierungen in den Reformstaaten den Rücken nur allzugern freihalten. Fraglich bleibt, ob diese Art der relativ eigentumsfeindlichen Vergangenheitsbewältigung durchzuhalten ist. Allein schon im Innenverhältnis häufen sich Beschwerden, Klagen und – auch nach Ablauf kurzfristig festgesetzter Antragstermine – handfeste Wünsche, das Gesamtproblem noch einmal aufzurollen. Gewünscht wird dies nicht nur innerhalb der Länder. Auch von außen, wenn es um gewerblichen oder landwirtschaftlichen Besitz, um Warenzeichen oder andere alte Rechte geht, wird seit Jahr und Tag darauf gedrängt, die schmale Restitution, wie sie in der Eile nach der Stunde Null zu Gesetzen erhoben wurde, zu revidieren.

Dem westlichen Eigentumsbegriff soll mehr Respekt gezollt werden. Der Zeitfaktor betrifft nicht nur ältere Herrschaften. Ihnen entgeht der Zynismus nicht, daß durch sattsam bekannte Bürokratenmanier Probleme so lange auf die lange Bank geschoben werden, bis und daß die Anspruchsberechtigten verstorben sind. Im gewerblichen Bereich sind nicht nur Erinnerungen vererbbar, sondern auch Ansprüche. Mangels Großzügigkeit in Restitutionsfragen tut sich mancher Investor aus dem Westen schwer, an die Bonität der jungen Demokratien zu glauben und auf sie zu setzen. Erfahrungen mit der Rückkehr des Adels in die Tschechische Republik sprechen trotz einiger Sonderfälle in Ungarn und Polen Bände: Mit oder ohne klingenden Familiennamen bringen adelige und bürgerliche Rückkehrer nicht nur erhalten gebliebene Identitäten mit, sondern Geld, Kapital, Know-how und Verbindungen zu Ländern im Westen – dort, wo sie sich unter schwierigsten Lebens- und Arbeitsbedingungen behauptet, durchgesetzt und Reputation verschafft haben. Finanzkapital und Vertrauenskapital werden in den Reformstaaten Mangelerscheinung bleiben, solange diese nicht bereit sind, den Weg der Demokratie auch in der Eigentumsfrage konsequenter und geregelter zu Ende zu gehen.

## Vis-à-vis des jüdischen Friedhofs

Gert H. Rienmüller hat Vergangenheit, Gegenwart und Zukunft im Blick. Der Prager Direktor der Wiener Creditanstalt braucht nur aus dem Fenster zu schauen und sieht auf eine der ehrwürdigsten jüdischen Begräbnisstätten der Welt, auf die 12000 Grabsteine des alten jüdischen Friedhofs von Prag. Sie künden von Integration und Desintegration, von Verfolgung und Akzeptanz jener Prager Bürgerschaft, die über Jahrhunderte zur Bedeutung der Stadt Erhebliches beigetragen hat.

Vom alten Friedhof in der Neustadt waren gotische Grabsteine zwischen U starého hrbitova und siroka hierhergebracht und von Generation zu Generation alte Gräber durch neue Erde bedeckt und Grabstein neben oder über Grabstein gesetzt worden. Von den alten Büros der Kreditanstalt, gemietet von der jüdischen Kultusgemeinde Prags, konnte man hinübersehen zu dem neoromanischen Zeremoniensaal. Dort halten Kinderzeichnungen aus dem Konzentrationslager Terezin (Theresienstadt) die Erinnerung an die vorletzte Diktatur wach. Unter Hitler kamen von etwa 120 000 Juden in Böhmen und Mähren fast 80 000 in den Konzentrationslagern und im Krieg um.

## Umbauprojekt Privatisierung

In seinem modisch eingerichteten Büro hat der Bankdirektor mehr als einmal erfahren: Wenn es um rasche Hilfe oder auch langfristiges Engagement geht, schaut tschechisches Management ganz gern nach Wien. Jenseits der großen Politik um Atomkraftwerke und fairen Umgang der Regierungen untereinander bahnen sich Geld und Kapital eigene Wege. Das Wiener Bankhaus spielt bei der Privatisierung über Fonds in der ersten Reihe seriöser Verwalter eine herausragende Rolle. Daß österreichische Unternehmen mit der Creditanstalt zusammenarbeiten, ist in Prag ebenso selbstverständlich wie in Wien. Einzelhandel, Großhandel, Außenhandel, Stahlverarbeitung, Baumaterialien und immer wieder Joint-ventures von Klein- und Mittelbetrieben. Der österreichische Anteil an dem jährlichen Zufluß von Auslandskapital in der Größenordnung von einer Milliarde US-Dollar ist mit 20 bis 25 Prozent ansehnlich. Und mancher Prager bevorzugt eine österreichische Bank vor einer deutschen. »Österreicher sind uns in der Mentalität näher«, meint ein Prager Geschäftsmann und fügt mit verschmitztem Lächeln an: »Schließlich waren wir ja einmal beieinander. Oder?«

Mit den Folgen der letzten Diktatur, der kommunistischen, fertig zu werden, zählt zu den Daueraufgaben der Kreditwirtschaft in den neuen Demokratien. Je mehr sich der Staat aus der Wirtschaft zurückzieht, desto mehr sind auch private und/oder marktwirtschaftlich orientierte Banken gefragt. Das Stichwort für eines der gewaltigsten Umbauprojekte moderner Gesellschaften und zukunftsträchtiger Volkswirtschaften heißt »Privatisierung«. So unterschiedlich die Ausgangspositionen, so verschiedenartig die Lösungsansätze.

In der Tschechoslowakei deckte der sogenannte private Sektor nach der sanften Revolution knapp 4 Prozent des Bruttoinlandsproduktes ab. In Polen waren es etwa 10 Prozent, vor allem durch die private Besitzstruktur in der Landwirtschaft. Ungarn, schon seit den sechziger Jahren auf marktwirtschaftlichem Suchkurs, lag mit über 12 Prozent schon in der Ausgangsposition dreimal höher als die Tschechoslowakei. Durch die Tätigkeit der Banken, Börsen und Finanzinstitutionen haben sich die Verhältnisse geradezu explosionsartig verändert.

## Underground-Economy sei Dank

Der Beitrag Privater zum Bruttoinlandsprodukt liegt Mitte der neunziger Jahre in Ungarn über 60 Prozent, in Polen, der Tschechischen Republik und der Republik Slowenien über 50 Prozent und in der Slowakischen Republik schätzungsweise bei knapp 40 Prozent. Alles nach amtlichen oder zumindest offiziellen Angaben gerechnet.

Eine andere, eindrucksvollere Bilanz läßt sich aufmachen, wenn man die sogenannte Schattenwirtschaft einrechnet. Ohne Steuern oder Sozialabgaben zu zahlen, ohne Lizenzen, Genehmigungen oder auch nur statistische Meldungen wuchert auch in der Mitte Europas eine stattliche Underground-Economy. Sind es beispielsweise in den USA 10 bis 15 Prozent, die dem Staat, der Allgemeinheit und damit auch der Fairneß von Bürger zu Bürger entgehen, so liegen die Sätze in Europa merklich höher. Als Spitzenreiter betätigt sich ohne Zweifel Italien mit einem gesamtwirtschaftlichen Anteil von 40 bis 50 Prozent der Schattenwirtschaft an der gesamten Wertschöpfung. Um die 30 Prozent werden in Griechenland veranschlagt. Unter 30 Prozent rangieren die meisten der Reformstaaten. In Ungarn wird die Schattenwirtschaft auf ein Drittel der Wertschöpfung hochgerechnet, in der Slowakischen Republik auf ein Viertel, in der Tschechischen Republik und in Polen auf ein Fünftel und in Slowenien auf ein Siebtel.

Im Umkehrschluß bedeutet diese doppelbödige Rechnung, bei der Zweifachnennungen in der einen oder anderen Richtung naturgegeben nicht auszuschließen sind: Der Staatsanteil liegt in der Slowakischen Republik und in Slowenien noch verhältnismäßig hoch, in der Tschechischen Republik und in Polen macht er immerhin noch fast ein Drittel aus. Lediglich Ungarn sticht mit einem Staatsanteil von kaum mehr als 10 Prozent heraus. Es liegt rechnerisch sogar niedriger als mehrere westeuropäische Länder, darunter auch Österreich. An diesen erstaunlichen Beispielen ändert sich auch durch die Tatsache nichts, daß die Verschiebung des Eigentums in weniger als einem halben Jahrzehnt vor allem durch Kapitalspritzen aus dem Westen möglich wurde.

## Wohlstandsskala: Ungarn vorn, Slowakische Republik hinten

Jedenfalls stellen amtliche Wirtschaftsdaten – in ihrer Systematik und daher Verläßlichkeit ohnedies fragwürdig – keine absolut verläßlichen Wegweiser zu den wahren Verhältnisse in den jungen Demokratien dar. Vorsicht ist nicht nur bei makro- oder mikroökonomischen Angaben geboten (zumal die einzelnen Staaten ihre meist defizitären gemeinwirtschaftlichen oder staatlichen Unternehmen mit allerlei Tricks, unter anderem indirekter Arbeitslosenunterstützung, zu Lasten der Allgemeinheit über Wasser halten), sondern auch beim Gewichten der sozialen Standards. Allgemein reflektieren die Leistungszahlen privater Wirtschaftsaktivitäten zugleich auch den eigentlichen Lebensstandard. Zahlen allein sind hier wiederum lediglich bedingt aussagekräftig. Kann doch kein Zweifel darüber bestehen, daß das Pro-Kopf-Ein-

kommen und der tatsächliche Lebensstandard in Slowenien wesentlich höher ist als in der Slowakischen Republik und die anderen Reformstaaten wie Ungarn, Tschechische Republik und Polen markante Unterschiede der tatsächlichen Einkommens- und Lebensverhältnisse aufweisen. Mit dem Fall Ungarn freilich schließt sich der Kreis. Der Lebensstandard der ungarischen Bevölkerung liegt alles in allem noch immer am höchsten, vor jenem in der Tschechischen Republik und in Slowenien. Es folgt Polen. Abgeschlagen landet die Slowakische Republik auf dem letzten Platz.
Über den Strukturwandel sagen pauschale Zahlen freilich nicht genügend aus. Fest steht, daß Klein- und Mittelbetriebe den Großteil des privaten Sektors abdecken. Nicht überraschend kam, daß sich Konjunkturpolitiker erstaunt die Augen reiben, wenn es um die Wirkungen dieses Eigentums- und Besitzwechsels geht. Klein- und Mittelbetriebe tragen die Konjunktur der neuen Demokratien wesentlich deutlicher als etwa in Westeuropa oder in den USA. Ohne Privatisierung, ohne raschen Zugriff von wagnisbereiten Unternehmertypen steckten die Reformstaaten in einer ernsten Existenzkrise. Ihre staatliche Wirtschaftspolitik humpelt jedenfalls hinterher.

## Verarmte Staaten ohne Bürgerservice

Was nach dem Wandel an Schwierigkeiten entstand oder besteht, läßt sich überwiegend darauf zurückführen, daß Altlasten – von Umweltschäden bis zu uneinbringlichen Kreditschulden, von unfinanzierbarer Sozialversicherung bis zum Subventionswirrwarr – unbeweglich herumliegen. Staatseigene Großbetriebe hängen am Tropf der Staatsfinanzen, ohne entsprechende Leistungen zu erbringen. Die ebenfalls staatlich gelenkte Infrastruktur – von den Bildungseinrichtungen bis zur medizinischen Versorgung, vom Telefon bis zur Bahn – erwies sich als Wachstumsbranche. Hier schließt sich der Kreis: Schattenwirtschaft trocknet die Staatsfinanzen aus, verarmte Staaten können sich einen modernen Bürgerservice einfach nicht leisten.

Hohes Lob auf den neuen Mittelstand in den fünf Reformstaaten hat wohlerwogene Gründe. Nach übereinstimmendem Urteil wird von Handwerkern, Einzelhändlern, der Gastronomie, Computerfirmen und anderen Dienstleistungsgewerben unverzagt einiges gewagt. Unternehmerischer Einsatz und Phantasie halten bereits vielfach Vergleiche mit dem Westen aus. Hier wie dort schafft Mittelstand Arbeitsplätze, fördert die Arbeitsmoral, achtet auf die Kosten, bietet seriöse Preise, hat eine hohe Zahlungsmoral und bleibt den Banken nichts schuldig – alles cum grano salis. Welche Veränderung.

## Der lange Weg in die Sanierung

1968. Kurz vor dem »Prager Frühling« glaubten Bankexperten in Budapest, ein Schlupfloch für etwas mehr Marktwirtschaft im Kreditwesen auszumachen, kam doch aus Moskau unversehens das Stichwort »Sozialistische Marktwirtschaft«. Ein bißchen weniger Zentralisierung und etwas mehr Marktbewußtsein. Konkurrenz auf der einen Seite und kostenorientierte Preissysteme auf der anderen. Behende ließ Budapest die Kontrolleinen der Banken bei Devisengeschäften etwas locker. Es sollte sich lohnen. Im Lauf der Jahre kassierte das damals einstufige Bankensystem im Devisengeschäft beachtliche, von anderen Ostblockstrategen geneidete Erlöse. Was noch mehr wog, war die Möglichkeit ungarischer Banken, Führungskräfte in Devisen- und später auch Kapitalmärkten trainieren zu lassen. Recht bunte Erfahrungen konnten von ungarischen Bankern etwa in Luxemburg oder auf den Cayman Islands seit 1979 gesammelt werden. Einem halben Dutzend internationalen Instituten war erlaubt worden, von Budapest aus zu operieren, allerdings ausschließlich im sogenannten Off-shore-Geschäft.

Freilich sollte es bis 1991 dauern, um den Spalt Freizügigkeit zur vollen Liberalisierung auszudehnen. Ein Notenbankgesetz nach deutschem Muster und ein Privatbankengesetz nach amerikanischem Vorbild, Selbständigkeit für die Zentralbank und strikte Trennung des kommerziellen Bankgeschäftes vom Wertpapiergeschäft. Erst in einer zweiten Stufe konnten an die vierzig Geschäftsbanken, darunter fast die Hälfte ausländische, dazu übergehen, ihre Dienste als Universalbanken oder Spezialinstitute anzubieten.

Nach der Stunde Null im Jahr 1989 erwies sich der gigantische Berg von 120 Milliarden Forint zweifelhafter Kredite – unter den Kommunisten befohlen und nicht kommerziell gestaltet – als zunächst unüberwindliches Hindernis für eine normale Kreditwirtschaft. Schritt für Schritt konnten sie jedoch durch Übertragung und Verzinsung über Staatsanleihen aus dem Weg geräumt werden. Es sollte noch Jahre dauern, bis sich selbst die marktwirtschaftlich vorbereitete Kreditwirtschaft Ungarns voll in den nationalen und internationalen Geschäftsgang einzuschalten vermochte.

## Banken-Souveränität, Banken-Rentabilität, Banken-Chancen

Kreditwürdigkeit, Liquidität, Finanzplanung, Controlling und Ertragsdenken rissen den Schleier der kreditwirtschaftlichen Scheinwelt von der parteilich dirigierten Staatsallmacht in der Tschechischen Republik. Nach der Wende begannen Wettbewerb und Leistungskraft zu wirken, verstärkt durch die vollcomputerisierte Prager Börse, einem Joint-venture mit der Lyoner Börse. Zum behinderten Geschäftsgang trugen auch hier die uneinbringlichen Altkredite bei. Zunächst wurden notleidend gewordene Ausleihungen einfach von einer Bank auf die andere übertragen – später schaltete sich ein Spezialinstitut ein. Kredite, die nicht mehr regulär bewirtschaftet werden konnten, wurden übernommen. Bis zu einer Generalsanierung war es weit, zumal gesetzlich vorgeschrieben ist, daß die Marktanteile eines einzelnen Instituts im Einlagen- bzw. Kreditgeschäft nicht über 30 Prozent reichen darf. Zum Grundproblem Altkredite kam die Daueraufgabe, den neuen Anforderungen personell und sachlich gewachsen zu sein. Es erwies sich als eine verfrühte Hoffnung, daß der Nachholbedarf beim banktechnischen Know-how durch Auslandsbanken befriedigt werden kann.

In Polen wickelte die Nationalbank bis 1989 fast zu zwei Drittel des gesamten Zahlungsverkehrs ab, getreu den volkswirtschaftlichen Gesamtplänen des Regimes. Nach der großen Wende wurde auch die polnische Notenbank auf Selbständigkeit, Geldwertstabilität, Wechselkurstreue und Verzicht auf Finanzierung des Staatbudgets umfunktioniert. Mit der großen Bankenreform von 1989 führte die Selbständigkeit ausgegliederter Kreditinstitute zu den »großen Neuen« des polnischen Bankenwesens. Von den sprießenden Universalbanken gerieten trotz Devisenlizenz Mitte der neunziger Jahre einige Private in Finanzklemmen. Konkurse ramponierten das Bankerimage, zumal der Großteil der Kreditoperationen nach wie vor von staatseigenen Instituten, freilich nach Regeln der Marktwirtschaft, abgewickelt werden. In Slowenien plagte die Bankenpolitik ähnliche Umstellungssorgen An die Arbeiterselbstverwaltung gewöhnt, bildete sich ein zweistufiges System zwischen Noten- und Geschäftsbanken nur allmählich heraus. Jugoslawiens Verfall traf das »relativ reiche« nördlichste Föderationsland mit seinen engen Westbindungen zwar weniger als den armen Süden, doch mußte die slowenische Bankenwelt erfahren, daß Verantwortung, Selbständigkeit und veränderte Kontrollverhältnisse nicht über Nacht hergestellt werden können. Zur Altlast von 40 Prozent aller Bad loans, Forderungen, die separiert wurden, kamen direkte und indirekte Folgen des Bürgerkrieges.

## Gesucht: Erste Adressen

Allen Ostblockbanken war bereits vor 1989 der banktechnische Vorsprung der Ungarn im Know-how wohl bewußt. Gewußt wo und gewußt wie – die Ungarn verstanden es, mit einer wachsenden Zahl erstklassiger Experten nicht nur Vorteile im Tagesgeschäft zu wahren. Auf lange Sicht waren sie imstande, über Jahre, teilweise Jahrzehnte Erfahrungen zu sammeln und personalpolitisch umzusetzen. Hier liegt eines der Geheimnisse des Schnellstarts von Ungarn bei der Akquisition und Behandlung ausländischen Kapitals. Man kannte sich, man vertraute einander, und man verstand sich in Ost wie in West zumindest in einem: schnelles Geld zu machen.

Nach der sanften Revolution bemühten sich die Tschechoslowakei und Polen um so intensiver, ihre Nationalbanken von dem Odium zu befreien, sie seien unterwürfige Handlanger kommunistischer Planwirtschaft. Mit dem Blick nach Westen war den Vordenkern des Regimewechsels die Brisanz nicht entgangen, die wirtschaftspolitisch in der Frage der Unabhängigkeit der Notenbank steckt. Hinter Organisationsschemata verbarg sich auch im Westen seit langem ein fundamentaler Unterschied. Im real existierenden Kapitalismus hatten ganze

Bankergenerationen mit der Spannung zu leben gelernt, die in dieser Frage steckt: Ausführungsorgan der jeweiligen Regierung im Stil mittelbarer Bundesverwaltung oder gesetzlich vorgeschriebene und gelebte Unabhängigkeit?

Zwischen beiden Extremfällen steckt das Loyalitätserfordernis jeder Notenbank. Weitgespannte Unabhängigkeit der Notenbank im Fall der Deutschen Bundesbank (die manchen Bundeskanzler gelegentlich zur Verzweiflung trieb) und gesetzliche Unterordnung der Banque de France (was manchem Staatspräsidenten Wahlerfolge bescherte) dienen als Extrembeispiele. Wie auch sie Jahrzehnte überdauern, zeigt die europäische Integration. Mit der Europäischen Union, genauer der Wirtschafts- und Währungsunion, steht der Westen mit der ungeklärten, hintergründigen Frage nach den Inhalten der Notenbankensouveränitäten vor einer Nagelprobe. Wenn sich die immerhin eingespielte Integrationsmaschine des Westens über Wirtschaftswachstum, Inflation, oder Wechselkursaggregate nicht, teilweise oder nur zögerlich einigen kann, überrascht die Lage im Osten nicht.

Notenbanken den gesetzlichen und geschäftlichen Rahmen von selbständigen und selbsttätigen Einrichtungen zu verschaffen empfahl nicht nur die neue Optik der Marktwirtschaft. Ein neues System für die Notenbanken erlaubte auch, sich behende von der Milliardenlast notleidend gewordener Kredite loszusagen. Während in Ungarn der relativ souverän gewordenen Nationalbank erstaunlich zügig selbsttätig wirkende Geschäftsbanken kreditpolitisch beigegeben wurden und auch in Polen große Regionalbanken in das Kreditgeschäft einstiegen, waren es in der Tschechoslowakei die Sparkassen, die den Wandel, vor allem im Privatkundengeschäft, begleiteten. Von Anfang an konzentrierten sich die neuen demokratiegemäßen Nationalbanken auf jene klassischen Funktionen, wie sie auch im Westen (wenn auch in der Frage der Unabhängigkeit mit unterschiedlicher Ausprägung) üblich sind: Steuerung des Geldumlaufes, Sicherung der Währung, Verwaltung der Währungs- und Goldreserven, aktive Geld- und Wechselkurspolitik. Der sündigen Finanzierung der Staatshaushalte durch die Notenbanken folgten puritanischere Sitten. Vor allem unter dem Einfluß von Weltbank und Währungsfonds wurden für die Notenbanken in allen fünf Staaten auf dem Geldmarkt westliche Sitten eingeführt. Vor Existenz eines funktionierenden Geldmarktes konnten sich die Geschäftsbanken bei den Notenbanken ausreichend direkt refinanzieren. Später wurde die Rediskontierung von Wechseln und Offenmarktgeschäften eingeführt. Auf einer zweiten Schiene kam die Kontrolle der Geschäftsbanken durch die Notenbank allmählich vorwärts. In der Tschechischen Republik zügiger als in Ungarn, Slowenien oder Polen.

## Ausländer raus – auch beim Kapital

Wie weit können einst kommunistische Länder und ihre Verantwortlichen aus den Schatten der Vergangenheit treten? Im hellen Licht der Demokratie schüren Vorgänge mangelnder Vertragstreue den ohnedies schwelenden Verdacht, in Staaten wie Slowenien halte sich der Sozialismus alten Stils subkutan. Tatsächlich bleibt zu fragen, ob hier wie in den anderen Reformstaaten eine »Revolution von oben« mit begrenzter Breitenwirkung stattgefunden hat. International tätige Rechtsanwälte stellen jedenfalls fest, daß es die Ungarn und die Tschechen mit Vertragstreue, Eigentum und allgemeinem Rechtsempfinden westlichen Zuschnitts ernster nehmen als andere junge Demokratien.

An Kreditwürdigkeit als Meßstation führt kein Weg vorbei. Dieser Wert, für zivilisatorischen Umgang miteinander unentbehrlich, gerät zunehmend unter politisch-psychologischen Druck. »Ausländer-raus«-Parolen sind nicht auf Wände mit wilden Plakaten oder Zusammenkünfte extremer Zirkel beschränkt. Im Geleitzug europaweiten Neonationalismus finden Abschottungsideologen auch in der Mitte Europas Zulauf. In Warschau sind es die (normalen) Geld- und Kapitalmarktoperationen amerikanischer Banken, die weltfremde Gemüter erregen, in Prag das Krisenmanagement deutscher Autobauer, in Budapest die Absatzstrategie österreichischer Lebensmittelhändler und Bekleidungsfirmen, und in Slowenien fürchten manche gar einen »Ausverkauf der Heimat« an österreichische Industrielle. Würden kaufkräftige deutsche Grundstücksinteressenten (nördlich der Alpen durch österreichische Abwehrgesetze) nicht zum Zuge kommen, so drohe die gleiche »Kaufwut« südlich der Alpen. In diesen und ähnlichen Fällen müssen Strategen der Banken und der Industrie im Westen, die schließlich mit fremdem Geld aus ihren Heimatländern arbeiten, zuerst nachdenklich und dann investitorisch zurückhaltend werden. Der Privatisierung in den Reformstaaten, dem Zentralelement des Umstellungsprozesses, droht damit eine unentbehrliche Quelle verstopft zu werden.

## Privatisierung auf slowenisch: Für jeden etwas, für alle nichts

Nach 700 Jahren habsburgischer Herrschaft zeigt das Privatisierungsgesetz Sloweniens zumindest das stilistische Erbe Österreichs, den Kompromiß. Mit dem letzten Umwandlungsgesetz ehemals kommunistischer Länder – Ungarn, die Tschechoslowakei und Polen gingen beim Privatisieren mutiger und konsequenter ans Werk – versuchen die Gesetzgeber von Ljubljana, zwei grundverschiedene Konzepte unter einen Hut zu bringen. Sie brauchten, quer durch alle Parteien über die »Philosophie« zerstritten, bis Ende 1993, um einen gesetzlichen Privatisierungsrahmen zustande zu bringen.

Einerseits folgt Slowenien der zentralisierten indirekten Eigentumsübertragung über Fonds zugunsten der Gesamtbevölkerung, andererseits soll eine beschränkte Privatisierung zugunsten der Belegschaften mittels Vorzugsaktien, Management-Buyouts und anderen Formen der Firmeninitiative möglich sein. Gesellschaftliches Eigentum soll also durch Verkauf und kostenlose Verteilung weitergereicht werden. Bei einem Bilanzwert von geschätzten 25 Milliarden Mark (175 Millionen Schilling) sollen zunächst 40 Prozent des Nettobuchkapitals durch Direktverkauf, öffentliche Ausschreibungen und ähnliche Verfahren veräußert werden. 40 Prozent davon sind durch sogenannte »Internal Buyouts« für Beschäftigte reserviert (die 50 Prozent Preisnachlaß erhalten). Weitere 20 Prozent sollen den öffentlichen Investitionsfonds und den Mitarbeitern zugute kommen. Als Mittel dienen Eigentumszertifikate. Wie bei der Couponfinanzierung in Rußland oder ähnlich jener in Polen erhält jeder erwachsene slowenische Staatsbürger einen solchen Titel. Arbeitnehmern in Unternehmen der Arbeiterselbstverwaltung wird das Recht eingeräumt, ihre Zertifikate in Aktien umzutauschen. Alle anderen Bürger können mit ihren Zertifikaten Anteilscheine der staatlichen Investitionsfonds kaufen. Nach einer zweijährigen Sperrfrist sind diese Anteilscheine frei handelbar. Von jenen 40 Prozent des Kapitals, die dem freien Verkauf zugeführt werden sollen, liegt es bei den Unternehmern selbst und vor allem ihrem Arbeiterrat, unter welchen Modalitäten sich der Eigentumswechsel vollzieht. Um das reichlich komplizierte Verfahren noch undurchsichtiger zu machen, liegt es schließlich an der staatlichen Privatisierungsagentur, die Eigentumspläne der einzelnen Unternehmen zu genehmigen. Ausgenommen von der Privatisierung sind Betriebe der Infrastruktur, des Verkehrs sowie der Energie- und Wassernutzung.

## Weiter am Tropf der Staatsfinanzen

Eigenwillig geht Slowenien in der Privatisierung andere Wege als die anderen Reformstaaten. 20 Prozent des Buchwertes den Beschäftigten gesetzlich vorzubehalten und weitere 20 Prozent der slowenischen Allgemeinheit über Investmentfonds zuzuführen bleibt auch nach der späten Gesetzgebung umstritten. Obwohl der Staat formal zunächst auf Mehrheitsbeteiligungen verzichtet, droht auf die Dauer eine Vergesellschaftung neuer Art. Betriebe mit geringer oder gar keiner Rentabilität – verursacht etwa durch relativ hohe produktivitätsferne Löhne als Folge der Arbeiterselbstverwaltung – drohen am Tropf der Staatsfinanzen hängen zu bleiben. Gesellschaftspolitisch geistert hier das sozialistische Erbe des sogenannten dritten Weges zwischen Kommunismus und Sozialismus durch die Reihen. Was die Slowenen Boris Kidric und Edvard Kardelj für ganz Jugoslawien als Planer lehrerhaft als räterepublikanische Patentlösung ausgeheckt haben, behindert nun die Selbstbefreiung Sloweniens. Vergesellschaftete Betriebe werden zum Klotz am Bein auf dem Weg in eine wettbewerbsfähige Marktwirtschaft.

Bei Klein- und Mittelbetrieben schließlich wirkt das äußerst komplizierte Privatisierungsverfahren investitions- und damit leistungshemmend. Von den Privatisierungskandidaten haben fast tausend weniger als hundert Beschäftigte. Wie es das Gesetz befiehlt, setzt eine moderne Eigentums- und Betriebsstruktur eine »gesellschaftliche« Einigung zwischen Belegschaft und Kapitalgeber voraus. Gelingt sie nicht, so droht der Absturz. Vergangenheitsbewältigung in der Wirtschaft schreckt nicht nur inländische, sondern vermehrt ausländische Investoren. Initiativen wenden sich daher mehr und mehr Grüne-Wiese-Möglichkeiten zu, Neugründungen ohne Altlasten. Slowenien erwartet gewaltige Umschichtungen, existierten doch schon Mitte der achtziger Jahre fast 40 000 private Unternehmen mit 15 Prozent Anteil am Sozialprodukt – allerdings ein weit geringerer Anteil als etwa in Ungarn oder der Tschechischen Republik. Zahl, Größe, Branchenstruktur, Investitionskraft sowie Marktleistungen der Neugründungen werden Zuzug erhalten, während es von der Privatisierung heißt, sie könne noch ganze Generationen beschäftigen, wenn kein Wunder geschieht.

## Ungarn: Marktwirtschaftliche Privatisierung

Im Umgang mit privaten Unternehmen des Westens am meisten erfahren, hat Ungarn als erstes Land des ehemaligen Ostblocks mit der Privatisierung begonnen. Schon Ende der achtziger Jahre entschied sich die bürgerliche Regierung zu einer marktgerechten Privatisierungstechnik. Nationales Vermögen an die Bevölkerung zu verteilen wurde in einem Land, in dem noch unter den Kommunisten über 10 Prozent des Bruttoinlandsproduktes privatwirtschaftlich erwirtschaftet wurde, rundweg abgelehnt. Den »alten Verwandten« Österreich vor Augen und in Erinnerung an die gesellschaftlich positiven Seiten der Doppelmonarchie, benötigen verantwortliche Ungarn bis heute keinen Nachhilfeunterricht in Eigentumsfragen.

Auf Auktionen konnten erste Erfahrungen mit der sogenannten Vorprivatisierung gesammelt werden. Immerhin wurden 5300 Unternehmen des Einzelhandels, der Gaststätten und anderer Dienstleistungsbereiche erfaßt. Oft wurden nur Mietrechte versteigert, nicht Eigentum. Bevor noch ein staatlicher Organisationsrahmen geschaffen wurde, machten sich findige Unternehmen – im doppelten Sinn des Wortes – selbständig. 275 Unternehmen, einige davon mit Weltruf, wechselten fast wie über Nacht den Eigentümer. Der Staat stieg aus, Leute mit Verbindungen stiegen ein.

Vielfach griffen alte, also kommunistische Unternehmensführungen zu, nicht immer zur Begeisterung der Allgemeinheit. Bis heute hält sich der doppelte Verdacht, daß Leute mit Spezialkontakten schneller und billiger an Grundstücke, Betriebe und dann auch an verbilligte, zinsgünstige Kredite herankamen. Außerdem spielten sich in der Tat Mitglieder der alten Seilschaften über Informationen Einfluß, Macht und Besitzverhältnisse zu. Mitglieder der kommunistischen Nomenklatura entwickelten jedenfalls chamäleonhafte Begabungen. Gleichsam über Nacht wurden aus (enttäuschten) Kommunisten (unternehmungslustige) Kapitalisten.

Seit 1992 brachte das Gesetz über den Verkauf, die Verwertung und den Schutz von Staatsbetrieben eine relativ durchsichtige Systematik. Die State Property Agency (SPA), die seit 1990 besteht, wurde eingeschaltet. In Privatisierungsfragen überwacht sie, wickelt ab und verwaltet ähnlich der deutschen Treuhand. Für Betriebe, die im Staatsbesitz bleiben, wurde eine gewinnorientierte Aktiengesellschaft gegründet – sie soll staatliche Unternehmen sanieren und nach betriebswirtschaftlichen Prinzipien leiten. Um die Privatisierung zu erleichtern, werden außerdem zahlreiche Unternehmen, die aus der kommunistischen Zeit noch Ministerien unterstehen, in privatrechtliche Einheiten umgewandelt und verkaufsfähig gemacht. Dem Staatsbesitz vorbehalten bleiben ca. 150 Unternehmen der Infrastruktur, der Energie, der Stahl-, Aluminium- und Chemieindustrie sowie der Banken.

Für die »aktive Finanzierung« bietet Ungarn, wie seine Spitzenstellung beim Import von Auslandskapital unter den Reformstaaten zeigt, reichlich Betätigungsmöglichkeiten. Zu staatlichen Privatisierungsprogrammen, teilweise für ganze Branchen wie die Bauwirtschaft oder die Landwirtschaft, kommen ideenreiche Formen der Selbstprivatisierung. Hauptsächlich mit Auslandskapital und mit Hilfe ausländischer Banken wechseln mittlere und größere Unternehmen in Privatbesitz. Erfolgreiche Klein- und Mittelbetriebe nutzen zahlreiche Vergünstigungen und Finanzhilfen, um sich aus dem Staatsbesitz selbst zu befreien. Ohne Scheu vor Überfremdung hat Ungarn Anfang der neunziger Jahre auch Nichtungarn den Erwerb von Grund und Boden ermöglicht.

Die Budapester Marktwirtschaftler, unbeirrt auf dem Eigentumstrip, unterschätzten freilich den eigenen Zeitgeist, denn der verdächtigt

Ausländer pauschal: Sie behandelten Ungarn wie ein Land der Dritten Welt; sie unterschätzten das eigene Leistungsvermögen; sie wollten schnelles Geld machen; sie betrachteten Ungarn als eine Art Kolonie. Vorurteile und neumodische Ausländer-raus-Ideologie überlagern auch im Fall Ungarn die überwiegend positiven Erfahrungen gegenseitigen Kapitaltransfers. So ist den meisten Ungarn nicht bewußt, daß ungarische Firmen ihrerseits im Ausland munter tätig sind und dabei auch zunehmend investieren.

Daß Nähe auch trennend wirken kann, spielt sich seit Mitte der neunziger Jahre an der österreichisch-ungarischen Grenze ab. Österreichische Bauern hatten nach 1989 auf ungarischer Seite Grundstücke günstig erworben und nach westlichen Methoden bearbeitet. Höhere Erträge dank moderner Maschinen, Düngemethoden und besseren Saatguts ärgerte die ungarische Konkurrenz. Plötzlich waren einige Grenzübergänge oder auch inoffizielle Passagen gesperrt, kontrolliert. Die Österreicher wurden von den Ungarn zu kilometerlangen Umwegen gezwungen, was Zeit und Geld kostete.

## 3000 Betriebe sind entstaatlicht

Im Großen wurden in Ungarn bisher etwa 3000 Betriebe, die sich vorher im Staatsbesitz befanden, privatisiert. Annähernd 5 Milliarden Mark (35 Milliarden Schilling) erzielte der Staat Ungarn aus der Veräußerung von Mittel- und Großbetrieben, vornehmlich der Konsumgüterindustrie. Bei Nahrungs- und Genußmitteln, Metallverarbeitung, Textil und Bauwesen stiegen Amerikaner, Österreicher, Deutsche, Briten, Holländer und Schweizer ein. Attraktive Unternehmen, Marken und eingespielte Geschäftsbeziehungen sind im ungarischen Fall schon weitgehend vergeben. Als zäher erweist sich die Selbstfinanzierung von Mittelbetrieben. Staatliche Vergünstigungen sollen helfen, während es die Kleinbetriebe von Dienstleistungen und Handwerk waren, die günstige Ausgangspositionen auszubauen verstanden. In kaum mehr als einem halben Jahrzehnt gelang es Ungarn, den Privatanteil am Bruttoinlandsprodukt von 10 auf über 50 Prozent zu steigern. Ein triumphaler Erfolg.

## Eigentumsprobleme hemmen den Ehrgeiz

Ehrgeizig wie keine anderen glaubten frühberufene Privatisierer Polens an ein Eigentumswunder. Innerhalb von fünf Jahren sollte es für 38 Millionen Polen Eigentumsverhältnisse wie in Westeuropa geben. Sie glaubten ernsthaft an eine große industrielle Wende, vergleichbar dem Umbruch in der polnischen Landwirtschaft. Ihr Anteil am Bruttoinlandsprodukt hatte sich in kaum mehr als einem Jahrzehnt halbiert. Die Privatisierer irrten.

Das Privatisierungsprogramm Polens, dem Wachstumsriesen zwischen Ost und West, ist zwar im Kleinen imponierend verwirklicht worden. Im Großen jedoch Eigentumsrechte zu übertragen, darauf darf weiterhin gewartet werden. Der Anfangsschwung industrieller Privatisierung konnte nicht durchgehalten werden. Über 130 000 Polen kauften Aktien von fünf Paradefirmen, nämlich von dem Anlagenbauer Exbud, dem Kabelhersteller Kable, der Glasfabrik Krosno, dem Textilunternehmen Prochnik und von dem Lautsprecherfabrikanten Tonsil. Drei Dutzend weitere Firmen folgten. Große Staatsbetriebe jedoch verharren in der Grauzone zwischen kollektivem und individuellem Eigentum.

Wie in Slowenien stecken auch in Polen »staatseigene Betriebe« in einer Art Selbstverwaltung. Mitbestimmende Arbeiterräte haben bei den Arbeitnehmern seit langem das Gefühl entstehen lassen, für »ihren« Betrieb zu arbeiten – eigentlich »gehöre« er ja auch ihnen. Aus politischer und sozialer Rücksichtnahme hat es bisher noch keine polnische Regierung gewagt, konsequent zu privatisieren. Was sich bewegte, geschah freiwillig. Auch gelang es nicht, staatseigene Betriebe zentral zusammenzufassen. Eigentumsrechte und/oder Kontrolle öffentlich verwalteter Betriebe sind regional und kommunal dezentralisiert. Ministerien, Bezirksverwaltungen und Gemeinden unterhalten mehr als ein halbes Hundert Gründungsorgane. Diese unterstehen zwar dem Privatisierungsministerium, doch ist in der Praxis diese Verwaltung nur koordinierend, also ohne zentrale Durchschlagskraft tätig.

Dennoch sollen etwa 2000 Unternehmen aus Besitz des Staates in (nominalen) Privatbesitz transferiert werden. Wie in den anderen Reformstaaten sind öffentliche Versorgungsbetriebe – Energie, Bahn und

Wasser – von der Privatisierung ausgenommen. Obwohl das Ministerium gesetzlich das Recht der Anordnung besitzt, praktiziert Polen ein mehrstufiges Privatisierungssystem: für Kleinbetriebe die kleine Privatisierung, dann die Kapitalprivatisierung und schließlich die Privatisierung durch Liquidation.

Die kleine Privatisierung ist seit der Wiedereinführung der lokalen Selbstverwaltung (1990) mehrheitlich von den Kommunen praktiziert worden. Über 90 Prozent des Handels und fast ebenso viele Baufirmen haben den öffentlichen Bereich verlassen. Den Weg der Privatisierung beschreiten auch viele polnische Unternehmen durch Liquidation der alten Firmenmäntel. Gutgehende Unternehmen gründen eine neue Firma, indem sie entweder die Vermögenswerte versteigern, Aktiva und Passiva in die neue Gesellschaft einbringen oder mit Management-Buyout sowie Employee-Buyout das Betriebsvermögen übernehmen. An die tausend Unternehmen haben sich auf diese Weise eigentumsrechtlich neu organisiert.

Für die Kapitalprivatisierung in Polen ist ein zweistufiges Verfahren vorgesehen. Liquide Unternehmen werden für eine Übergangszeit in eine staatliche Kapitalgesellschaft umgewandelt. In einem zweiten Schritt kann diese Gesellschaft dann innerhalb von zwei Jahren Unternehmensanteile an Dritte durch öffentliche Auktionen oder Verkauf abstoßen. Für Ausländer gibt es keine Beschränkungen. Diese »Kommerzialisierung« unterliegt jedoch der Aufsicht des Privatisierungsministeriums. Vorgeschrieben ist, daß ein Fünftel der Anteile Belegschaftsmitgliedern vorbehalten sind, die zu Sonderbedingungen erworben werden können.

Massenprivatisierungen über Investmentfonds kommen erst allmählich in Gang. Allzu lange wurde darüber in Warschau gestritten. Von 600 vorgesehenen Gesellschaften werden zunächst 200 in Aktiengesellschaften umgewandelt. Investmentfonds sollen jeweils dreißig Unternehmen betreuen. Den Belegschaften dieser Betriebe sind 15 Prozent der Unternehmensaktien kostenlos zu übertragen. Unabhängig davon erhält jeder polnische Bürger einen Berechtigungsschein, mit dem er später Aktien der Investmentfonds kaufen kann. Die Gebühr dafür beträgt 10 Prozent des durchschnittlichen Monatseinkommens. Die Investmentfonds sollen eng mit ausländischen Beratern, aber auch Investoren zusammenarbeiten. Von vornherein ist die mehrgeteilte Privatisierung auf eine aktive und breite Beteiligung von Auslandskapital abgestellt.

Polnische Wachstumserfolge werden vornehmlich auf die durchgängige Privatisierung der Klein- und Mittelbetriebe zurückgeführt: Dienstleistungsgewerbe, Einzelhandel, Großhandel, Restaurants, Hotels, Export, Import, Computer- und Beratungsfirmen. Vergleichbare marktwirtschaftliche Verhältnisse in der Industrie durchzusetzen bereitet jedoch weiterhin Kopfzerbrechen. Die politischen Parteien sind in sich gespalten, und soziale Rücksichtnahmen auf Großbetriebe lassen sich nicht so leicht überwinden.

Private Interessenten zucken immer wieder zurück, wenn sie erkennen müssen, daß 30 und mehr Prozent der Beschäftigten von staatseigenen Großbetrieben aus dem alten Schlendrian geringer Produktivität nicht herauszuholen und als überflüssig zu betrachten sind. Manche Privatisierungsaktion blieb auch im innenpolitischen Dickicht stecken, bestehend aus Interessen der Parteien, der Gemeinden, der Regionen, der Warschauer Zentralregierung, der alten Seilschaften und der sich neu formierenden Kartelle.

Auf der grünen Wiese neu zu beginnen erweist sich auch für Polen oft als die effektivere Methode. Ausländische Investoren freilich sind auf rechtliche Rahmenbedingungen angewiesen, etwa beim Erwerb von Grundstücken, Zugang zu Infrastrukturen und auf einen langen Marsch durch die Verwaltungsinstitutionen, wo die überlieferten Bürokratien herrschen. Um Polen einen attraktiven Zukunftsmarkt zu erschließen, Know-how, Technologie und Marketing gewinnversprechend einzubringen, bleibt ausländischen Investoren schließlich oft doch nur der Weg über die Privatisierung übrig. Anders ist nicht heranzukommen an attraktive Standorte (etwa im luxuriösen Einzelhandel), an kostengünstige Produktionen (Textil, Möbel, Metallverarbeitung) und an zukunftsträchtige Innovationen (etwa ist Zusammenarbeit mit Universitäten) sowie an attraktive Marken und eingeführte Firmennamen.

## Prag: Der forcierte Rückzug des Staates

»Schmutziges Geld kenne ich nicht, nur Geld.« Václav Klaus, der gradlinige Marktwirtschaftler ohne Wenn und Aber, hat schon als Finanzminister die Privatisierung energisch betrieben. Premier geworden, wollte er auf seinem Land nicht sitzen lassen, daß der Anteil der Privatwirtschaft am Bruttoinlandsprodukt im Vergleich zu anderen mittelosteuropäischen Staaten mehr als die Hälfte niedriger war. Polen und vor allem Ungarn starteten anno 1989 mit einem höheren Privatanteil. Was Stalinismus und Vasallentreue der tschechischen Kommunisten in einem einst führenden Industrieland Europas an wirtschaftlichem Flurschaden hinterlassen hatten, ließ die Prager Wirtschaftpoliker nicht ruhen. Privatisierung war für sie mehr gesellschaftspolitischer Ansporn als anderswo in den Satellitenstaaten.

Den Staat und seine verfilzte Bürokratie zum Rückzug aus der Wirtschaft blasen zu lassen wurde zur Maxime, Eigentum zum Dogma. Im Oktober 1990 kam das Gesetz über die kleine Privatisierung zustande, im Februar 1991 jenes über die große Privatisierung. Wie in Polen und Ungarn wurden ein Privatisierungsministerium sowie der genannte National Property Fund eingerichtet. Dem Fonds ist aufgetragen, bisher staatlich beherrschte Großunternehmen in privatwirtschaftlich taugliche Aktiengesellschaften umzuwandeln. Verlangt werden Privatisierungspläne für ganze Betriebe oder Betriebsteile und ein möglichst durchsichtiges Abwicklungsverfahren. Für die kleine wie die große Privatisierung sieht noch das tschechoslowakische Recht (das nach der Teilung auch in der Slowakischen Republik weitergilt) die üblichen Instrumentarien vor: Direktverkäufe, Joint-ventures, Management- oder Employee-Buyout, Auktionen – und immer wieder Coupon-Privatisierung. Phantasievolle Kombinationen der einen oder der anderen Methode sind erwünscht – und in die Tat umgesetzt worden.

Mit dem Verkauf von über 25 000 Firmen konnte die kleine Privatisierung zügig abgewickelt werden. Einzelhandelsgeschäfte, Export- und Importbetriebe, Restaurants, Hotels und andere Dienstleister wechselten in private Hand. Aktiv und erfolgreich sind freilich nicht alle tätig. Annähernd die Hälfte der Teilnehmer an der kleinen Privatisierung blieben unaktiv oder sind ausgeschieden, nicht alle durch Konkurs.

## Tausend Kronen fürs große Glück

Die zweiphasige große Privatisierung über Coupons startete auch in Prag zögerlich. In der Bevölkerung von Böhmen, Mähren und der Slowakei herrschte Mißtrauen, Unkenntnis über die Möglichkeiten und Gefahren der neuen Marktwirtschaft und mancher Vorbehalt gegenüber Glücksrittern. Schließlich machten über sechs Millionen Tschechen und mehr als zwei Millionen Slowaken (bei 11,5 Millionen Berechtigten) von dem Angebot der ehemaligen Tschechoslowakei Gebrauch, für je tausend Kronen einen Anteil am staatlichen Eigentum in Form von Coupons zu erwerben. Ein durchschnittlicher Wochenverdienst machte Millionen zu Kapitalisten. Auf sehr unterschiedliche Weise nutzen sie inzwischen die zunächst ungewohnten Möglichkeiten: behalten, verkaufen, selber an der Börse mittun oder sich einem der 400 Investmentfonds anvertrauen. Jeder Fonds kann zunächst nur 20 Prozent des Kapitals eines Unternehmens direkt erwerben. Über den Fortgang der Privatisierung wurde in Einzelfällen jahrelang gestritten. Nötige Umstrukturierungen wurden aufgeschoben oder unterblieben. Erst allmählich klärt sich die Eigentümerfrage. Von der ersten Welle der großen Privatisierung wurden immerhin 1000 tschechische und 500 slowakische Unternehmen erfaßt. Veranschlagt wird der Buchwert der Unternehmen in Böhmen und Mähren auf knapp 8 Milliarden US-Dollar und der slowakischen Betriebe auf 3,8 Milliarden US-Dollar. Die zweite Welle der großen Privatisierung gilt über 2000 tschechischen Unternehmen mit einem Buchwert von mehr als 18 Milliarden US-Dollar.

## Zwei Staaten, zwei Politiken

In der Slowakischen Republik sind im Rahmen der großen Privatisierung von 1800 Unternehmen etwa die Hälfte nominal privatisiert. Offen ist allerdings das Eigentumsschicksal prominenter Großbetriebe, vor allem der Rüstungsindustrie. So liegt der Anteil des privaten Sektors in der Slowakischen Republik Mitte der neunziger Jahre mit weniger als 40 Prozent deutlich unter den Ergebnissen der Tschechischen Republik mit über 50 Prozent.

Unübersehbar ist auch, daß die tschechische Wirtschaftspolitik mit ihren Neugründungen von mittleren und auch größeren Betrieben, einschließlich Auslandsbeteiligungen, inzwischen besser fährt als die Slowakische Republik mit ihrem Schlingerkurs.

Das Ende des tschechoslowakischen Bundesstaates hat auch die Privatisierung eingebremst. Geraume Zeit wurde zwischen Prag und Bratislava gestritten, wie Vermögen und Verpflichtungen zwischen den beiden Staaten aufzuteilen seien. Damit war auch die Übertragung von Eigentum an tschechischen Firmen auf slowakische Bürger vorübergehend blockiert. Erst nach einigem Zögern hat die Tschechische Republik die zunächst verhängte Sperre für Couponanteile slowakischer Bürger weggeräumt. Ein Schlaglicht auf die unterschiedliche Wirtschaftskraft werfen auch die Zeichnungsergebnisse. Tschechen hatten für knapp fünf Millionen Aktien slowakische Firmen gezeichnet, hingegen Slowaken für über zwanzig Millionen Aktien tschechische Firmen.

Mitte der neunziger Jahre blieb in allen Reformstaaten die Frage offen, inwieweit die Privatisierung wirklich zu einer breiten Streuung des Eigentums beiträgt. Zweifel sind angebracht, denn (noch) zu schwach ist das echte Verhältnis zum eigenen Besitz. Unbestritten ist hingegen, daß die Privatisierung ohne erhebliches Engagement ausländischen Kapitals in allen Staaten nicht zügig hätte über die Bühne gebracht werden können. Wirtschaftlichkeit, Effektivität und Zukunftschancen ergaben schon nach kurzer Zeit ein Ausleseverfahren, das jeden Vergleich mit westlichen Staaten aushält. Wie in Ländern mit einer gemischten Eigentumsstruktur (Österreich, Italien, Frankreich, Spanien usw.) stellt es sich bei allem Privatisierungseifer heraus: Hochverschuldete Betriebe bleiben beim Staat hängen. Der Entstaatlichung sind hier wie dort Grenzen der Wirtschaftlichkeit einerseits und andererseits der politischen und sozialen Rücksichtnahme gesetzt. Politiker, die wiedergewählt werden wollen, belieben auch in Privatisierungsfragen Rücksicht auf Volksstimmungen zu nehmen. Diese Grenzen wirken um so einschneidender, wie in Zeiten einer weltweiten Rezession frei erwirtschaftetes Kapital knapp und entsprechend begehrt ist. Im Wettbewerb um Dauerengagements, der weltweit mit unverminderter Schärfe im Gang ist, müssen sich die Reformstaaten erst noch die richtigen Startlöcher schaffen.

# Geldrausch im Zentralkomitee

Wo zum »Kampf gegen den Kapitalismus« geblasen, wo der Warschauer Pakt, das Militärbündnis des Ostblocks, verabredet, wo ein Überholen des Westens innerhalb von zwanzig Jahren versprochen und wo an neuen ökonomischen Politiken gebastelt wurde, wo man der friedlichen Koexistenz und einem »eigenen Weg zum Sozialismus« das Wort redete, dort findet dreimal in der Woche eine Art Geldrausch statt: »Geld«, »Brief«, »Wer zahlt mehr«, »New York ruft«, »Frankfurt schließt freundlicher«. Telefone wollen zwei Stunden lang nicht schweigen. Die Aktienbörse in voller Aktion. Vierzig Broker basteln im Gebäude des ehemaligen Zentralkomitees der Kommunistischen Partei Polens am Ansehen des Urbegriffes kapitalistischer Betätigung, der Aktie.

Eine Hundertschaft interessierter Bürger ist in den Börsenraum zugelassen. Ein paar hundert warten draußen vor der Tür. Andrang statt Zurückweisung. Die neuen Börsianer scheren sich um die Vergangenheit des ZK-Gebäudes wenig. Wer hierher kommt, möchte Geld machen, schnell, unkonventionell und ohne Skrupel. Im Vertrauen darauf, daß es aufwärts geht mit Polen, fließen erstaunliche Sparbeträge in die Aktienbörse. Was in Kopfkissen, unter der Matratze oder sonstwo privat versteckt wurde, schafft Nachfrage in geradezu gewaltigem Ausmaß. Vier Fünftel aller Umsätze an der Warschauer Börse gehen auf private Konten. Innerhalb eines Quartals verdoppelt sich die Zahl der Anleger. Sie stecken fast eine Milliarde Mark in Aktien. Obligationen werden an der Börse eingeführt. Besitztitel einer Bank, wie der Schlesischen Bank, sind gefragt. So wollen 800000 Polen kaufen – es existieren aber nur 180000 Depots. Aktien müssen gleichsam rationiert werden. »Das kennen wir von früher«, meint ein abgewiesener Zukunftsaktionär halb zynisch, halb scherzhaft. Der Kundenandrang ist selbst der Creditanstalt Securities unheimlich. Diese Tochtergesellschaft des österreichischen Creditanstalt-Bankvereins schrauben die Mindestsummenzeichnungen auf 50000 Mark je Depot hinauf. Noch herrscht in der Wiener Zentrale eitel Wonne. In Warschau wie in den anderen Reformstaaten hat sich jedenfalls für die österreichischen Großbanken ihr überdurchschnittliches Engagement gelohnt.

Die anhaltende Nachfrage treibt das Kursniveau in Warschau über den Normalstand hinaus. Budapest quittiert die Börse gelassen. Selbstsicher sorgt der Wissensvorsprung, den sich ungarische Banker schon in der kommunistischen Zeit gesichert haben, für Stetigkeit. Das Kursbild von Danubius Hotels, Dunaholding, Fotex, Ibusz, Zwack-Unicum, Martü oder Novotrade zeigt es. Seit fast einem Jahrzehnt werden in Ungarn Anleihen gegeben. Noch vor Eröffnung der Budapester Börse im Sommer 1990 wurden ungarische Werte in Wien und Budapest betreut. Bald werden dreißig Aktien gehandelt, gut ein Dutzend regelmäßig. Im Gegensatz zu Warschau, wo die Inlandsnachfrage kräftige Impulse verursacht, bestreitet in Budapest das Ausland bis zu vier Fünftel des Gesamtumsatzes. Der Index der Budapester Börse ist nach der Forint-Berechnung beispielsweise 1993 um 40 Prozent gestiegen, 1994 um weitere 50 Prozent. Diese Zuwachsraten lassen westliche Banken nicht ruhen. Sie steigen ein, groß. Und sie liefern sich ihrerseits muntere Konkurrenz um Marktanteile auf diesen Hoffnungsmärkten.

## Für 800 000 das Zehnfache

Sie stehen wieder Schlange, wie in alten Zeiten. Geduldig, diszipliniert, voll Vertrauen, daß sich das Warten im Kapitalismus mehr lohnt als im Kommunismus. Sie wollen zu jenen Couponinhabern zählen, die ein Jahr nach einer Werbeaktion der Investmentgesellschaft Harvard Capital & Consulting das Zehnfache ihres Einsatzes ausgezahlt erhalten. Scharlatanerie? Berechtigtes Vertrauen in die Wachstumskraft der tschechischen Wirtschaft? Volkskapitalismus? Über 800 000 Tschechen vertrauten ihre Coupons dem vielversprechenden Harvard-Fonds an. Aus 1000 Kronen (ca. 50 DM oder 350 Schilling) wollen sie ein »arbeitsloses Einkommen« von 10 000 Kronen machen, aus diesen Coupons der ersten Privatisierungsaktion echte Papiere. Aus ihnen sollen also nach der Papierform echte Beteiligungen werden. Der Harvard-Fonds, ebenso populär, schillernd wie umstritten, ist nur einer von 250 tschechischen Investmentfonds. Den Wert seiner Beteiligungspapiere an drei Dutzend Schlüsselunternehmen in der Tschechischen Republik beläuft sich nach Selbsteinschätzung des Fonds auf über eine Milliarde Dollar. Selbst Skeptiker, die der Gewinngarantie ebenso mißtrauen wie dem jungen Fonds-Manager, reihen Harvard an die dritte Stelle der tschechischen Fonds.

Viktor Kozeny, ein dreißigjähriger, im Westen trainierter Investmentbanker, kehrte nach der sanften Revolution in seine Heimat zurück, einer Legende folgend mit 3000 Dollar Betriebskapital. Er gründete einen Fonds und drehte die Werbung mit Profitprognosen groß auf. Originalton Kozeny: »Wer bei mir vor zwei Jahren mit tausend Kronen eingestiegen ist, verfügt heute über einen Wert von vierunddreißigtausend Kronen.« Die Branche, nicht weniger jung als ihr glamouröser Wachstumsfanatiker, wirft ihm, Kozeny, je nach Temperament Übertreibung, Irreführung oder gar Scharlatanerie vor. Tatsache ist, daß es nicht nur bei der Werbebegabung Kozeny blieb. In Schlüsselfirmen der Tschechischen Republik, wie Zementwerken, Papierfabriken, Brauereien und vor allem Nahrungsmittelherstellern, zählt sein Harvard-Fonds bereits zu den größten Aktionären. Im Gegensatz zu Fonds-Managern, die in der Anfangsphase der Privatisierung zusammengekauft haben, was sich ihnen ohne Prüfung der Substanz und der Marktchancen anbot, ging Kozeny streng betriebswirtschaftlich vor. »Seine« Fondsteilnehmer sind bisher tatsächlich besser gefahren als über fünf Millionen andere Tschechen.

Für gediegene Banker umgibt den medienbegabten Harvard-Fonds-Boß noch immer das Odium des Glücksritters. An der Prager Börse findet nur ein Teil des Geschäftes in dem eleganten, mit Telefonkojen übersäten Saal statt. Vielerlei geschieht nebenbörslich, vornehmlich in Kaffeehäusern. Dank 1300 Unternehmen, die amtlich notiert werden, sowie mit den Direktgeschäften rechnen sich Prager Börsianer schon ein halbes Jahr nach Beginn (Herbst 1993) aus, die Wiener Börse überrundet zu haben. Tatsächlich legten die Kurse der am meisten gehandelten Aktien in der tschechischen Hauptstadt um durchschnittlich 83 Prozent zu. Und dies, obwohl es dem Prager Kapitalmarkt an Übersicht ermangelt, ist doch die Privatisierung des »Volksvermögens« auch in der Tschechischen Republik rechtlich kompliziert angelegt und verwaltungstechnisch für den Couponinhaber alles andere als transparent.

Entstaatlichung, in allen Reformstaaten mit Hypotheken in der Vergangenheit und unscharfen Zukunftsperspektiven befrachtet, verwirrt auch in Prag. Glücksritter auf der einen und bedächtige Betriebswirte auf der anderen Seite, ist das anhaltende Börsenfieber erstaunlich – und es ist gewiß nicht nur auf mangelnde Kenntnis wirtschaftlicher Zusammenhänge zurückzuführen. In Prag hält sich eine ansehnliche Portion Aufbruchstimmung. Das bekommt jeder Börse.

Ausländische Finanzinstitute, nicht zuletzt Banken aus Deutschland und Österreich, bemühen sich redlich um börsentechnische Gradlinigkeit und um nüchterne Bewertungen. Solide Zukunftswerte haben es unter diesen verwirrenden Verhältnissen nicht leicht, wie Elektronik-, Chemie- und Maschinenbauspezialwerte. An Irritationen durch Pleitiers, Fehlkonstruktionen und unsaubere Geschäfts- oder Verwaltungsmethoden ist ebenfalls kein Mangel. So bleibt den Börsen der Reformstaaten ein Hauch von Gründerzeit.

Kapitel 8

# Das wenig hoffnungsstimmende Erbe einer Mißwirtschaft

Das gepflegte Hotel erwartet besondere Gäste. Über 200. In Zweier- und Dreierzimmern. Die Fernseher sind vorsichtshalber weggeräumt, ein großes Gerät im Gemeinschaftsraum genügt für die Zwölf- bis Vierzehnjährigen. Sie kommen aus Nordböhmen mit ihren Lehrern in diesen ansehnlichen Gastronomiebetrieb im Besitz der Gewerkschaften. Wie jedes Jahr flieht eine Gruppe von Schülern aus der vergifteten Welt von Ostrava nach Tatranska-Komnica in der Hohen Tatra.

Doch 1993 hat sich einiges geändert, zumindest äußerlich. Vom nordböhmischen Industriegebiet in die saubere Umwelt von Tatranska-Komnica – das ist plötzlich eine Auslandsreise. Eine weitere Folge der Scheidung auf tschechoslowakisch. Für die Generation dieser jungen Leute ein kleiner, ein politischer Zusatz zu ihrer ungewöhnlichen Reise. Weil der Gehalt von Schwefeldioxyd 30 Prozent und mehr über den zulässigen Normen liegt, die die Weltgesundheitsbehörde eigentlich akzeptiert, gibt es seit einem Jahrzehnt für die jungen Nordböhmer im Oktober und November vier Wochen »Arbeitsferien«. Sie kommen mit Lehrern, haben regelmäßig Unterricht. Wegen der Luftverschmutzung müßten sie zu Hause Gesichtsmasken tragen. In der guten Tatraluft können sie sich austoben und die Annehmlichkeiten des Gewerkschaftshotels – für ihresgleichen der pure Luxus – konsumieren. Tischtennis, Sporthalle, Sauna und das große Hallenbad in Olympiamaßen, geheizt durch modernste Sonnenkollektoren.

Für den Grund ihrer ungewöhnlichen Reise liefert die Umwelt Anschauungsmaterial. Zu Hause in Nordböhmen sind 53 Prozent der Wälder stark geschädigt (schlechtere Werte in Westeuropa weist lediglich Großbritannien mit 57 Prozent auf). In der Hohen Tatra sind die Prozentzahlen entscheidend geringer. Noch. Hätten sich die Regionalplaner der zentralistischen Kommandowirtschaft am Beginn des Kalten Krieges nicht das nahe Poprad als (strategisch etwas abgelegenen) Standort eines großen Chemiekombinates ausgedacht, wäre die Luft in Tatranska-Komnica besser.

Junge Leute aus Nordböhmen verdanken ihre Umweltreise der Charta 77. Diese Gruppe tschechischer Dissidenten, unter ihr der spätere Präsident Václav Havel, beließen es 1983 nicht bei allgemeinen und philosophischen Schutzwünschen für die Menschenrechte. Charta 77 publizierte eine Umweltstudie der Tschechischen Akademie der Wissenschaften. Als gelernte und mehrfach betroffene Bürger eines Landes in stalinistischer Diktatur nutzte die Havel-Gruppe damals einen kleinen Spalt Freizügigkeit. Generös war er von Geheimdienst und Partei gewährt worden. Beim Thema Umwelt sollte Volkes Meinung ähnlich getestet werden, wie es die Hitler-Diktatur unter Reichspropagandaminister Goebbels mit der Aktion »Kohlenklau« trieb (an jedem Lichtschalter, an jeder Maschine, in öffentlichen Verkehrsmitteln und sonst, wo Strom verbraucht oder eingespart werden konnte, tauchte der schwarze Scherenschnitt auf, ein Mann mit einem Sack auf dem Rücken, in diebischer Absicht).

## Umwelt als Oppositionsschlager

Versäumnisse, Mangel und Loyalität zum allmächtigen Parteistaat sollten in eine kontrollierende Beziehung gesetzt werden. Dissidenten, nicht erst seit der Charta 77 von den Schergen des kommunistischen Geheimdienstes beobachtet, verfolgt und gepeinigt, hatten aus dem unfreiwilligen Nahverhältnis mit den Mächtigen herausgefunden: Im Thema Umwelt liegt eine – tolerierte – Oppositionschance. Im internen Machtkampf der Nomenklatura benutzten Geheimdienst und Militär im Bedarfsfall umweltpolitische Ignoranz der Regierung, um zu punkten. Charta-77-Anhänger waren sich zwar bewußt, in diesen Auseinandersetzungen als »nützliche Idioten« eingesetzt zu werden, nahmen jedoch unbefangen die Chance wahr, um sich überhaupt in einem (sensibler gewordenen) Bereich – wenn auch nur millimeterweise – bewegen zu können.

Zum erstenmal im damaligen Ostblock gab es Mitte der achtziger Jahre Umweltalarm. Und heute? In Prag und Umgebung liegt das Gesundheitsrisiko um mindestens ein Fünftel über den Verträglichkeitsnormen der Weltgesundheitsorganisation. Fast die Hälfte der Abwässer Prags laufen ungefiltert in die Moldau. Giftiger Schlamm der Industrie wird einfach in die Flüsse gekippt, vor allem in die Elbe – eine der Ursachen, warum die Nordsee so verschmutzt ist. Die Verfeuerung von Braunkohle ließ die Kindersterblichkeit in der Tschechoslowakei mehr als zweimal so hoch schnellen wie in Schweden. In kaum mehr als zwanzig Jahren hat sich die Kindersterblichkeit im tschechoslowakischen Vergleich um 65 Prozent erhöht. Zwei Drittel der Wälder des Landes leiden unter saurem Regen, teilweise aus den Nachbarländern stammend.

## Die schlechteste Umwelt in Europa

»Wir haben den Boden, die Flüsse und die Wälder verwüstet, die uns unsere Vorfahren überlassen haben, und wir haben die schlechteste Umwelt im heutigen Europa.« Václav Havel, inzwischen als Staatspräsident Mahner Nummer eins im Land, nutzt sein hohes Amt, um sein eigenes Umweltbewußtsein mit dieser drastischen Wertung politisch umzusetzen. Bei seiner Neujahransprache 1990 drängt er, einer der Väter der sanften Revolution, auf eine dramatische Umweltrevolution: Erwachsene in unserem Land sterben früher als in den meisten anderen europäischen Ländern. Wie schwer sich ein Reformstaat mitten in seiner Umweltkatastrophe tut, zeigen die Zahlen: Auch nach der Wende gelingt es lediglich, 0,3 Prozent des Nationaleinkommens für die Umwelt bereitzustellen. In Norwegen ist es doppelt soviel, in Deutschland fünfmal und in Österreich sechsmal soviel.

Zahlen allein freilich reichen kaum, um das Bewußtsein des Durchschnittsbürgers zu erreichen – und sein Verhalten zu verändern. Noch immer sind ›Trabis‹ reichlich im Verkehr der Reformstaaten – jenes Fahrzeug, das sich zwar aus der tristen sozialistischen Nostalgie herübergerettet hat, das jedoch, wie andere Fahrzeuge auch, nach wie vor wesentlich zur Luftverschmutzung beiträgt. Ein einziger ›Trabi‹ vergiftet die Umwelt bis zu hundertmal mehr als selbst Luxuskarossen (allerdings mit Katalysator). Selbst drastische Vergleiche sind nur allmählich in der Lage, im ehemaligen Ostblock das Problembewußtsein in Umweltfragen zu schärfen. Allzu lange lief Umwelt unter geheim. Aus naheliegenden Gründen verschwieg oder verdrängte die kommunistische Nomenklatura Ursachen und Wirkungen.

Immer noch arbeiten alte, meistens überalterte Anlagen mit überfälligen Technologien. So erreicht der Ausstoß von Schwefeldioxyd osteuropäischer Kraftwerke die sechs- bis zehnfache Umweltbelastung im Vergleich zu westlichen Kapazitäten. Hauptsächlich Rüstungsbetriebe und ihre Zulieferanten, die auch unter zentralgelenkten Kommandowirtschaften auf Produktivität zu achten hatten, wurden seinerzeit begünstigt. Schutz der Bevölkerung spielte bei der Energieplanung so gut wie keine Rolle. Das galt auch für Kernkraftwerke und ihre Sicherheitsstandards. Gleichgültigkeit oder Verdrängung wissenschaftlich-technischer Erkenntnisse fand noch unter der kommunistischen Regentschaft statt. Kernkraftwerke wurden in jedem Fall als umweltneutral betrachtet. Diese Betrachtung hat sich auch nach der Katastrophe von Tschernobyl gehalten. Bis heute wogt der Streit der Experten und der Politiker hin und her, was verläßliche und tolerable Umweltstandards anbelangt. Luftverschmutzung aus Kraftwerken und Industrieanlagen verraten in der Zeit vor der sanften Revolution die ganze Ignoranz der Verantwortlichen.

## Temelin – Spaltbares Politmaterial

Der Kampf um das Kernkraftwerk Temelin bei Budweis zeigt vielfältige Verflechtungen eines Grundproblems: Wie lassen sich die Energiebedürfnisse der wachsenden Wirtschaft vernünftigerweise, also auch unter Umweltgesichtspunkten, befriedigen? Jahrzehntelang hat man sich die Antwort in West und Ost leicht gemacht – durch Bau von Kraftwerken, welcher Art auch immer. Als die kommunistischen Planer in den sechziger und siebziger Jahren darangingen, ein großes Kernkraftwerk, Standort Temelin bei Budweis, zu projektieren, schien die Energiewelt noch heil. Bedenken gegen atomar gespeiste Kraftwerke, wie sie seit dem Unfall von Tschernobyl weltweit bestehen, waren die Ausnahme, nicht die Regel. Im Westen wie im Osten lief Kernkraft unter fortschrittlich, sauber, rentabel, jedenfalls modern. Als immer mehr Kampagnen Mitte der siebziger Jahre sich des Themas Kernkraftwerke annahmen, waren in Prag die Weichen bereits gestellt. Das Kernkraftwerk Temelin galt gar als umweltfreundlich, jedenfalls im Vergleich zu der fortschreitenden Verseuchung in Nordmähren. Kalorische Kraftwerke auf Braunkohlenbasis, ausgestattet mit rückständiger Technologie, hatten ihr Vergiftungswerk bereits begonnen. Temelin versprach Entlastung, und es entsprach den Gebräuchen des Ostblocks, dieses Atomkraftwerk mit der sowjetrussischen Standardtechnologie (wie sie auch in Tschernobyl verwandt wurde) auszustatten. Wegen der Sicherheitsmängel der sowjetrussischen Systeme weiteten sich die Zweifel im Westen zur technologischen Verweigerung. Dem moskautreuen Satellitenstaat Tschechoslowakei blieb freilich gar nichts anderes übrig, als in der Sowjetunion zu ordern – dort, wo selbst unter sowjetrussischen Experten Sicherheitsbedenken grassierten. Parteifunktionäre hingegen waren voll des (Eigen-)Lobes über die Fortschrittlichkeit sowjetrussischer Atomtechnik.

In Prag wurden Zweifel regierungsamtlich zur Verschlußsache erklärt. Bis sich Dissidenten über die Sicherheitsproblematik von Temelin kundig machen konnten, dauerte es einige Zeit. Zur Tragik der tschechischen Energiepolitik zählt, daß der gleiche Havel, der sich seinerzeit als Dissident der Umweltproblematik verschrieb und als Staatspräsident für ein waches Umweltbewußtsein eintritt, politisch mit der Fertigstellung von Temelin zu leben hat. Die Regierung Klaus zeigt weniger Umweltsensibilität als der eigene Staatspräsident. Sie läßt Temelin, Mitte der neunziger Jahre in der letzten Ausbaustufe, mit der sowjetrussischen Grundtechnologie und westlichen Kontrollmechanismen fertigstellen. Die amerikanische Firma Westinghouse, weltweit führend im Kraftwerksbau, traut sich zu, die zwei technischen Systeme verläßlich zu kombinieren, also den russischen Reaktor mit der US-Steuerung. Zweifel an Machbarkeit und Verläßlichkeit wischt nicht nur der US-Lieferant beiseite, sondern auch die Export-Import-Bank in Washington. Nach österreichischen Dauereinwänden, zuletzt im amerikanischen Kongreß vorgetragen, wird zwar in Washington nicht bestritten, daß eine Kombination von zweierlei Technik mit amerikanischen Sicherheitsstandards unvereinbar ist – von dem Temelin-Auftrag, dem weitere Umstellungsgeschäfte folgen sollen, wollten die

Amerikaner jedoch nicht lassen. Das amtliche Washington hat auch nicht die Erkenntnis beeindruckt, die auch von der österreichischen Regierung aufgegriffen worden war, nämlich daß Kernkraftwerke des Typs Tschernobyl auf Gasbetrieb umgestellt und damit die Umweltgefahren durch Radioaktivität verhindert werden können.

## Das katastrophalste Erbe der Mißwirtschaft

In Industriegebieten von Ostdeutschland, Polen und der Tschechoslowakei sorgte die Luftverschmutzung für derartig schlechte Sicht, daß Autos fallweise auch bei Tageslicht mit Scheinwerfern fahren mußten. Dies geschah vor allem, wenn sich Warmluft über erdnahe Kaltluft schob und dadurch die Luftbewegung gering wurde. Smog, ein Neuwort aus Smoke für Rauch und Fog für Nebel, war natürlich von Moskau bis Prag und von Warschau bis Budapest längst ein Begriff. Aber die Unfähigkeit, umzuplanen und verantwortungsbewußtere Rang- und Reihenfolgen festzusetzen, führten zu dem katastrophalsten Erbe kommunistischer Mißwirtschaft.

Umweltpolitik ermöglicht einen Einblick in die Entscheidungsprozeduren regierender Kommunisten. Umweltbelastungen waren den zuständigen Behörden und Ministerien auch vor der großen Wende geläufig. Alle Erkenntnisse wurden jedoch unter Verschluß gehalten, unterlag doch alles, was Umwelt, einschließlich Folgen unterlassener Modernisierungen und Schadstoffvermeidungen, betraf, der absoluten Geheimhaltung. Umweltministerien wurden praktisch als Teil des Geheimdienstes be- und gehandelt – ein ungeschriebenes Gesetz aller Ostblockstaaten. Lagen systematische Erkenntnisse vor – manche, freilich nicht alle sind auf das Fragebedürfnis internationaler Organisationen zurückzuführen –, wurde geheimdienstlich gehandelt. Detaillierte Berichte über Kindersterblichkeit, Krankheitssymptome bei Erwachsenen, Luftverschmutzung, Wassergefahren, Waldsterben, Risiken und auch Unglücke bei Kernkraftwerken – all das wurde von den Geheimdiensten fein säuberlich registriert, notiert und analysiert. Eine ausführliche Fassung ging dann an das jeweilige Zentralkomitee. Dort wurde eine Kurzfassung für das Politbüro gefertigt. Verbindliche Beschlüsse des Politbüros hatten dann die jeweiligen Regierungen auszuführen. Sowjetische Prozeduren, die von den Satellitenregimen mit sklavischer Pedanterie nachgeahmt wurden.

Geschehen ist freilich so gut wie nichts. In der Gesamtstrategie konnte man sich zu den notwendigen Umplanungen nicht durchringen. Wissenschaftliche Erkenntnisse blieben hängen. Innovation hatte in der Befehlsstruktur so gut wie keine Chance. Rüstung und Militärerfordernisse behielten unumstößlichen Vorrang vor Modernisierung, Produktivität und umweltfreundlicherer Effektivität. Es fehlte an Geld, und es mangelte vor allem an Mut, den Absturz in die Katastrophe zu verhindern.

## Umwelt versauen, Umwelt schützen

Das Jahr 1973 liefert Beispiele für zweierlei Umweltstrategien, die noch nach Jahrzehnten nachwirken. Im Glauben daran, daß Technik so gut wie alles machbar umgestalten kann, greift Moskau selbstherrlich gleich zweimal ein. Es beschließt, mit Milliarden ein Kanalsystem zwischen Ural und Wolga zu errichten. Für den Anbau von Getreide sollen mehr als 200 000 Quadratkilometer nutzbar gemacht werden (um der »ewigen« Versorgungsschwierigkeiten, die eigentlich im Transport und nicht in der Produktion begründet sind, Herr zu werden). Mit den ökologischen Spätfolgen hat Rußland heute noch zu kämpfen, hat doch allein dieser Eingriff dazu beigetragen, daß etwa die Hälfte aller Russen in mehr oder weniger verseuchten oder verdorbenen Gebieten leben müssen. Wassermangel, Überdüngung und bedenkenloser Umgang mit vergifteten Materialien – von Abfällen aller Art bis Radioaktivität – lieferten und liefern negative Beispiele. Natürlich war den Planern in den Satellitenstaaten das Sündenregister sowjetischen Raubbaus bewußt. Vertrauliche Berichte, die nach der Demokratisierung erstmals zugänglich werden, ergeben, daß durch Bodenerosion, Kahlschlag und Waldsterben im heutigen Rußland mehr Bäume ausfallen als im gesamten Regenwald Brasiliens. Eine Teilursache: Zwischen 500 000 und 700 000 Hektar Wald werden jährlich allein in Sibirien gefällt. Neupflanzungen machen nur einen Bruchteil aus, unterbleiben neuerdings aus Geldmangel.

Aus ihrer Abhängigkeit von russischen Rohstofflieferungen konnten sich die Satellitenstaaten Anfang der siebziger Jahre nicht freimachen. Erst recht nachdem die sibirischen Lager von Erdgas und Erdöl mit einer Pipeline von mehr als 2000 Kilometern für den Westteil des Ostblocks (und für den Export nach Westeuropa) zugänglich gemacht wurden. Zum ökologischen Schlendrian kam jene Energieabhängigkeit, die zwecks Planerfüllung in Polen, der Tschechoslowakei und Ungarn nur mit Eigenleistung aus kalorischen Kernkraftwerken kompensiert werden konnte. Moskau verlangte immer höhere Planerfüllungen, als es dafür Rohstoffe und Energie zu liefern bereit war. Ein ökologischer Teufelskreis setzte ein. Allen Einwänden zum Trotz bestand die Planungsbürokratie von Moskau auf absoluter Erfüllung – und dies zu willkürlich festgesetzten Preisen. Vergeblich wurden die Wirtschaftskommandeure des Ostblocks davor gewarnt, die natürlichen Ressourcen kurzfristig zu überfordern und langfristig zu ruinieren.

## Das Menetekel von Tschernobyl

Es bedurfte nicht erst der Katastrophe von Tschernobyl, um auf tragische Weise auch den Apparatschiks östlicher Prägung die eigentlichen Gefahren vor Augen zu führen. Umwelt macht an Grenzen nicht halt, jedenfalls nicht im Katastrophenfall. Menschliches Versagen im Kernkraftwerk Tschernobyl wird wegen seiner Dauerwirkungen zum ökologischen Menetekel. Dutzende, die sich zum Teil bewußt opferten, starben sofort, Hunderte kurz danach, Zehntausende sind für den Rest des Lebens gezeichnet. Über 300000 Menschen mußten evakuiert werden, mindestens 500000 bedürfen ständiger medizinischer Betreuung, mindestens vier Millionen leben in einem verseuchten Umfeld. Halb Europa wurde von dem Unfall von Tschernobyl ge- und betroffen. Daß es sich nicht um die einzige Katastrophe sowjetrussischer Kernenergie handelt, wurde erst Anfang der neunziger Jahre evident. Mindestens zwei Fälle – einer davon hinter dem Ural, ein anderer in einer militärischen Geheimanlage – setzten ebenfalls existenzbedrohende Radioaktivität frei. So geschehen etwa 1960 durch den Kernkraftunfall in Kyshtym im Frühstadium der Nutzung der Kernkraft für die Energiegewinnung. Auch dieser Unfall wurde zum Staatsgeheimnis gestempelt.

Die Satellitenstaaten wurden gezwungen, die problemreiche Kernkrafttechnologie der Sowjetunion abzunehmen. Umweltschützer hatten es zu Lebzeiten des jugoslawischen Bundesstaates schwerer als ihre Freunde in der Tschechoslowakei, mit berechtigten Bedenken energiepolitisch tätig zu werden. Nach der Selbstauflösung fiel Krzko zu gleichen Teilen an die selbständig gewordenen Staaten Slowenien und Kroatien. In Ljubljana machten sich Demokraten, Verantwortliche aller Parteien, an den Ausstieg aus der Kernenergie. In Zagreb, geographisch etwas weiter entfernt, werden weniger Bedenken gegen Strom aus Kernkraftwerken gehegt. Interne Meinungsunterschiede der Betreiberstaaten ließen manche Krzko-Einwände aus Österreich zunächst abblitzen, dann ins Leere dampfen. In Slowenien und Kroatien wisse man schon selber um atomare Gefahren. Gelegentlich wird bis heute die gemeinsame Geschichte des cisleithanischen Slowenien und – als Teil Ungarns – des tranleithanischen Kroatien bemüht: Belehrungen Österreichs oder gar Druck aus Wien sollten doch wohl der Vergangenheit angehören. Alte Empfindlichkeiten am Beispiel eines neuen, eines brisanten Themas. Dennoch pendelt sich grenzüberschreitende Zusammenarbeit ein. Slowenien will für den Fall von Zwischenfällen in Krzko, was sich als recht störanfällig erwiesen hat, zunächst einen »heißen« Draht zwischen Ljubljana und Graz installieren. Langfristig jedoch will Slowenien aus der Kernenergie aussteigen.

## Planungsarroganz gegen Ökologievernunft

Ein schwacher Trost war für die kommunistische Schickeria, daß – Gnadenerweis der Moskauer Planbürokraten – für Zulieferungen dieser oder jener Auftrag abfiel: Maschinenteile aus der DDR, Elektronik aus der Tschechoslowakei, Steuerungselemente aus Ungarn. Vom Lieferzwang abgesehen, war den Verantwortlichen im westlichen Ostblock das Sicherheitsrisiko vor und nach Tschernobyl gegenwärtig. Erstklassige Wissenschaftler, die sie waren, mußte ihnen und ihren sowjetischen Auftraggebern die Anfälligkeit der Ostblocktechnologie wohl bewußt sein. Sie alle, die zu den (von Apparatschiks sich mehr oder weniger abhängig fühlenden) Privilegierten zählten, hatten von der Möglichkeit reichlich Gebrauch gemacht, im Westen, vor allem den USA, zu studieren, vorübergehend zu arbeiten und zu vergleichen. Was auf normalen wissenschaftlichen Kanälen nicht zu beschaffen war, organisierten dann die Geheimdienste – und sei es durch Überläufer. Ausgewertet wurde dieser Informationsfluß ausschließlich für Rüstungszwecke, nicht für schonende Umweltpolitik.

Ökologische Erkenntnis beschränkte sich so auf Ostblockeliten. Sie konnten sich damals, Anfang der siebziger Jahre, das Ausmaß der Katastrophe konkret ausrechnen, die dann Mitte der neunziger Jahre eintrat. Prof. Boris Porfiriew, führendes Mitglied der Sowjetischen Akademie der Wissenschaften, schätzt, daß in den verseuchten Gebieten der damaligen Sowjetunion durchschnittlich jeder dritte Mann an akutem Krebs erkrankt ist. Und weiter: Die Lebenserwartung in Teilen Rußlands liegt um vier bis acht Jahre niedriger als im Westen.

Planungsarroganz im Osten und ökologische Vernunft im Westen. Ein Beispiel dafür bietet die Geschichte des Katalysators. Die amerikanischen Automobilhersteller General Motors und Chrysler vollzogen 1973, nach jahrelangen Experimenten, fast gleichzeitig einen großen Umweltschritt. Im Abgasteil von Benzinmotoren wurde ein Gerät mit katalytischer Wirkung eingebaut. Der sogenannte Katalysator war als serienreifer Zusatz in der Lage, bestimmte Metalle wie Rhodium oder Platin auszuscheiden. Mit dieser umweltfreundlichen Technologie folgten die US-Autobauer, wenn auch knurrend, scharfen Abgasnormen, wie sie zuerst in Kalifornien unter dem damaligen Gouverneur Ronald Reagan und später vom Kongreß in Washington per Gesetz verbindlich vorgeschrieben worden waren. Ökologisch bewußte Parlamentarier im »kapitalistischen Amerika« stießen sich auch nicht an dem Argument der betroffenen Industrie, mit hergebrachten Verfahren seien die niedrigen Abgasnormen nicht zu erreichen.

## $SO_2$ in Polen als Umweltbombe

Sie wollten es nicht glauben – die tatsächliche und künftige Umweltbelastung in Polen rechnet sich zur schwerwiegendsten in Europa hoch. Über ein Drittel der Bevölkerung ist schädlichen Dauerbelastungen ausgesetzt. Auch ein halbes Dutzend Jahre nach der großen Wende gelingt es Polen nicht, die 27 Regionen, die ökologisch verseucht sind, zu verringern. Zu ihnen zählen die Danziger Bucht, der Raum Liegnitz, Krakau, Oberschlesien und zeitweise auch Warschau. Hauptvergifter ist nach wie vor Oberschlesien. Auf diese Region entfallen an die 60 Prozent der industriellen Abfälle Polens, 40 Prozent der Staubemissionen und 30 Prozent der Abgase. In Warschau beobachtet man die Verbesserung der Umweltverhältnisse im östlichen Deutschland mit gemischten Gefühlen. Daß der Ausstoß von Staub und Schwefeldioxyd in besonders belasteten Regionen der ehemaligen DDR fast um die Hälfte und in anderen Gebieten immerhin noch um ein Drittel verringert werden konnte, entlastet die polnische Nachbarschaft. »Der Westwind bringt weniger Umweltbelastung, aber auch weniger Geld nach Polen«, lautet der resignierte Kommentar. Die Polen müßten selber schaffen, was die Ostdeutschen teilweise von den »Wessis« an Hilfe erhalten. 150 Milliarden Mark jährlich an Transferzahlungen von West- nach Ostdeutschland lassen die Zuständigen in Warschau erblassen.

Heilere, weil reinere Umwelt rückt als Fernziel der polnischen Umweltpolitik zumindest so weit weg wie die vergleichbaren Engagements in der Tschechischen Republik, Ungarn oder Slowenien. Im Vergleich mit Deutschland wirkt der Rückstand in den Reformstaaten bedrückend. Während der Lebensstandard in Polen bis in die Hälfte der neunziger Jahre für große Teile der Bevölkerung sinkt, machen sich im östlichen Deutschland erste Anpassungserfolge bemerkbar. Nicht zuletzt im Umweltbereich. Für Energieeinsparungen und Luftreinhaltung haben die privaten Haushalte in den neuen Bundesländern von 1989 bis einschließlich 1993 über 15 Milliarden Mark aufgewandt. Polnischer Kommentar: »Von solchen Zahlen können wir nur träumen.«

Experten der ECE und der UN-Wirtschaftskommission für Europa wissen sich im Fall Polens keinen Rat. Bestenfalls kann die Zunahme der $SO_2$-Produktion Polens eingebremst werden. Da das Land über vier Fünftel seiner Stromerzeugung aus Braunkohle gewinnt, ist selbst im Rhythmus der Jahrzehnte mit einer nachhaltigen Umweltentlastung nicht zu rechnen. Schwefeldioxyd aus Kraftwerken bildet nicht nur ein polnisches Problem. Je nach Windrichtung werden Weißrußland, Litauen, die Tschechische Republik oder Deutschland beeinträchtigt. Zusätzliche Belastungen ergeben sich zwischen Krakau und

Oppeln. Nicht nur in diesem polnischen Teil mit seinen überalterten Industrieanlagen herrscht ökologischer Notstand. Böhmen und Sachsen sind ebenfalls unmittelbar von jenen hohen Vergiftungsnormen aus Zink, Arsen, Cadmium und Blei betroffen. In der Umgebung von Krakau beispielsweise sind bis zu zwei Drittel der landwirtschaftlichen Erzeugnisse – eigentlich für den menschlichen Verzehr bestimmt – ungeeignet, weil vergiftet. Kein Wunder, daß unter der Bevölkerung des alten Bischofssitzes die großzügige Finanzhilfe amerikanischer Organisationen für den Erhalt und die Renovierung des ehrwürdigen Stadtkerns mit gemischten Gefühlen aufgenommen wird. »Sie sollten lieber etwas für moderne Filter spendieren«, meinen manche Krakauer. Ihnen mag nicht bewußt sein, daß es mit Gift im Boden oder in der Luft nicht sein Bewenden hat. Mit Warschau fehlt über der Hälfte aller polnischen Städte eine Abwasserkläranlage. Zwei Drittel aller Abwässer werden ohne Filter und ohne Reinigung in die Flüsse abgelassen. Mit vier Milliarden Kubikmeter unbearbeiteten Abwässern verzeichnet Polen einen traurigen Rekord.

Fast die Hälfte aller Fabriken und Betriebe vertrauen ihre Abwässer einfach den Flüssen an. So ist die Weichsel schon in ihrem oberen Teil seit Jahren ökologisch tot. Bei der Oder sind es Salzwasserabflüsse aus den Kohlegruben, die hauptsächlich belasten. Die Ostsee ist dadurch kilometerweit umgekippt. Zum Alptraum wird, daß bald jedes vierte Kind in Polen Geburtsfehler aufweist, die auf Umweltbelastungen zurückgeführt werden können. Dies bestätigten nordmährische und böhmische Erkenntnisse. Umwelt kennt auch in dieser tragischen Verkettung keine Grenzen.

## Ungarn übt Smogalarm

Budapester wissen, was Smogalarm heißt. Schon in der kommunistischen Zeit war ihnen vergönnt, mit ›Trabis‹ und ›Skodas‹ westliche Vorsorge gegen Luftverschmutzung kennenzulernen. Verhindert oder verringert werden konnte die Luftverschmutzung auch in diesem Reformstaat bisher nicht. Fast die Hälfte der Bevölkerung beklagt sich über Beschwerden durch die schlechte Luft. In Ballungsgebieten läßt die Modernisierung der Industrie ebenso auf sich warten wie die Gestaltung eines umweltfreundlicheren Individualverkehrs. Ausgeleierte Busse in Budapest entwickeln regelmäßig Abgasfahnen. Ihre Menge macht diese Fahrzeuge Lokomotiven vergleichbar. Zum Hauptproblem wird die Wasserversorgung Ungarns, weil der größte Teil des Brauch- und Trinkwassers aus dem Ausland stammt – und schon dort mehr oder weniger vergiftet wird. Mit dem Wasser der Flüsse kommen die üblichen Industriegifte ins Land. Der Wasserkreislauf ist zusätzlich gestört, weil fast die Hälfte der ungarischen Bevölkerung nicht an moderne Kanalisation angeschlossen ist. Saurer Regen verursacht auch ungarisches Waldsterben, obwohl die starken Schäden mit 20 Prozent »nur« etwa ein Drittel gegenüber dem Waldsterben in der Tschechischen Republik und die Hälfte gegenüber dem Waldsterben in Polen ausmachen.

Kapitel 9

# Ein Hauch von Habsburg?

Ein Hauch von Habsburg? Um diese Frage zu beantworten, empfiehlt es sich, es sorgfältigen Restauratoren gleichzutun, Schicht für Schicht abzunehmen, die Grundstrukturen freizulegen, die Fragen zu neuem Leben zu erwecken und derart die Details sichtbar und das Gesamtwerk verständlich zu machen. Was wert ist, herausgeholt zu werden, was übermalt, vergessen, verdrängt oder bewußt unsichtbar gemacht wurde, wird herausgearbeitet. Ohne Vorurteile und ohne Voreingenommenheiten am Werk, führen schon die Fußspuren der Geschichte zu neuen oder bisher verdeckten Erkenntnissen. In Ungarn, in Böhmen und Mähren, in der Slowakei, in Polen und in Slowenien wie in anderen ehemaligen Kronländern hat das Reich der Habsburger Spuren unterschiedlicher Prägnanz, Aussagekraft und Brauchbarkeit hinterlassen: Rechtsnormen ohne opportunistische Abweichungen; politisch geübte Toleranz gegenüber »Andersgläubigen« und Minderheiten, gegenüber der Mehrheit eine faire, jedenfalls überschaubare Verwaltungspraxis; der Staat als Dienstleister für Bildung und für erste Ansätze eines sozialen Netzes; Rücksichtnahme auf ethnische, religiöse und nationale Eigenarten von Österreich-Ungarn, des Dreizehn-Völker-Imperiums; dazu ein sauberes Rechtswesen. Mancherlei ging gründlich schief, überlebte sich im System und in seiner Nutzanwendung. An Ignoranz war allerorten kein Mangel. Anderes verklärt sich in oft romantisierenden Erzählungen über die Habsburgerzeit.

Je länger die Selbstbefreiung der mitteleuropäischen Staaten von der Diktatur kommunistisch-stalinistischer Machart dauert, desto deutlicher werden Grundelemente der Generationenfolge. Kenntnisreich oder kenntnisarm, bewußt oder unbewußt verbinden diese Elemente Vergangenheit und Zukunft. Und wieder einmal kann es sich nur in der Gegenwart beweisen, ob unsere Generation erkennt, was es geschlagen hat, ob sie lernfähig ist oder – besser als vorausgegangene – zuläßt, daß sich die alten Fehler wiederholen.

Haben jene, die die Reform in der Mitte Europas betrieben oder auch zugelassen haben, Illusionen angehangen? Hat es sich der Westen mit dem wortreichen Export von Demokratie und Marktwirtschaft allzuleicht gemacht? Liegt eine Verwechslung von Ursachen und Wirkung vor? Wenn ein Rückfall in einen altmodischen Kommunismus droht, erweist sich der Nationalismus ein weiteres Mal als eine Droge, die bei Überdosis lebensgefährlich werden kann. Haben Aufbruchstimmung und Routine des politischen Betriebes vergessen gemacht, daß es Interessen, nichts als Interessen sind, die seit den Zeiten der Habsburger Völker und Staaten beeinflussen? Sind es schließlich geraubte Hoffnungen oder voreilige Versprechen, die in den Reformstaaten die Resignation umgehen lassen? Wenden sich Westbewohner vielleicht wieder verwirrt ab und ihren verfetteten Wohlstandsproblemen vielleicht wieder mehr zu? Schließt die Geschichte gar das »Fenster der Möglichkeiten«, ohne daß der frische Luftzug überhaupt genutzt wurde?

## Die Lemberger Bibliothek in Breslau

Im Kampf um Einflußsphären, seit Jahrhunderten eine europäische Spezialität, fehlt es nicht an Mustern. Sie erleichtern die eine oder andere Antwort und fördern das Verständnis. Zum Beispiel die Geschichte der Universitätsbibliothek von Lemberg. Wo festgehalten wurde, daß Leo I. von Przemysl Ende des 13. Jahrhunderts der Ansiedlung an der Peltew ihren Namen gab, wo verbrieft ist, daß seit 1300 in der Stadt deutsches Recht galt, wo nachzulesen ist, wie die Stadt zum kulturellen und wirtschaftlichen Mittelpunkt dieses europäischen Kernlandes wurde, wo nachvollzogen werden kann, wie das polnische Element an Einfluß gewann, die Schweden die Stadt eroberten und diese dann verarmte, wo im Detail nachzuvollziehen ist, was in Lemberg zwischen 1792 und 1918 unter österreichischer Verwaltung, Zivilisation und Politik geschah – diese stolze Bibliothek ist heute in Breslau zu Hause. Von kenntnisreichen Ukrainern wurde sie, bevor die sowjetrussische Herrschaft über Lemberg begann, rechtzeitig auf den Weg nach Westen verbracht. Geschichte, auch österreichische, sollte in jedem Fall belegbar bleiben. Mit der zwangsweisen Umsiedlung von Polen und anderen Lembergern nach Westen kam diese Bibliothek nach Breslau, an einen anderen Ort österreichischer Geschichte. Opfer der kriegerischen Auseinandersetzungen zwischen Kaiserin Maria Theresia und Friedrich II. fiel Breslau 1742 mit Schlesien an Preußen. Die Stadt verlor damit ihre Selbständigkeit und ein Gutteil ihrer Brückenfunktion zwischen Ost und West sowie Nord und Süd. Noch heute verrät das Telefonbuch der österreichischen Hauptstadt die Namen schlesischer Familien, die sich lieber nach Wien als nach Berlin orientieren.

Wie die Russen und die Ukrainer sich der altösterreichischen Atmosphäre von Lemberg nicht entziehen konnten oder wollten, verhielt es sich auch in Wroclaw. Dieses Breslau nahm die neuen Bewohner, mehr als eine halbe Million Polen, bei deren Westverschiebung auf – zunächst, als es um das bloße Überleben ging. Heute zählt dort, von Breslau bis Krakau, wo sich immerhin fast eine halbe Million als »deutsch« bezeichnet, zum selbstverständlichen Besitzstand, habsburgische Traditionen nicht mehr wegzuwischen, sondern lebendig zu erhalten – und sei es auch nur in der Pflege und Nutzung der Lemberger Bibliothek in Breslau. Seit der großen Wende von 1989 nehmen die Ausleihungen zu. Dies entspricht der allgemeinen Beobachtung, die besagt: Das demokratische Polen geht unbefangener daran, die eigene Vergangenheit aufzuarbeiten als die Kommunisten. Jenseits von Nachdenken, Rechthaberei und Indolenz begeben sich mehr und mehr Polen auf die Suche nach Schuld und Sühne, nach Ursache und Wirkung und nach der Eigenverantwortlichkeit. Bei historisierenden Betrachtungen und Korrekturen, etwa der Vertreibung von Millionen von Deutschen, bleibt es dabei nicht. In Polen verstärkt sich die Überzeugung, daß eine solide Identität gegenüber den Russen auf der einen und den Deutschen auf der anderen Seite für die Zukunft eine saubere Vergangenheitsbewältigung voraussetzt.

Zu den unsichtbaren Strömungen zählt dabei, daß Polen, die in die ehemaligen deutschen Ostgebiete nachgerückt sind, in ihrem Lebensstil und in ihrer Arbeitsweise nachweisbar einen höheren Leistungsstand erreichen als Ostpolen. Mit diesem Gefälle, das auch gesellschaftspolitisch relevant ist, werden bedächtige Zeitgenossen ein weiteres Mal an die Vergangenheit, auch die österreichische, erinnert. Verwaltungsmethoden, wie sie seit Maria Theresias Zeiten – etwa in und um Krakau – angewandt (und in Österreich heute als verstaubt abgeschafft) werden, zählen zur bedenkenswerten Hinterlassenschaft.

## Die Illusion von der großen Freiheit

Was die Welt anno 1989 auf zunächst sanfte Weise erschüttert und verändert hat, erweist sich in der Rückschau als ein Vorgang voll von Illusionen. Als der Eiserne Vorhang verschwand, der erdachte Wandel begann und die Revolution von oben griff, da zeigte sich: In Ost und in West hat man sich vielerlei vorgemacht. Wie Gefangene von Propaganda und Gegenpropaganda kamen die Akteure aus den vorgegebenen Denkschemata, mit denen Diktaturen jahrzehntelang zu arbeiten verstanden, nicht heraus. Im Osten glaubten viele, es genüge, das ungeliebte Regime zum Teufel zu jagen, Grenzen und Begrenzungen wegzuschaffen, frei reisen zu können, Autos rasch zu erstehen, beliebig einkaufen zu können, statt der Staatspartei und ihren Schergen nur sich selbst verantwortlich zu sein, ohne Druck zu leben und den Westen beim Wort von »Freiheit«, »Demokratie« und »Marktwirtschaft« zu nehmen.

Der Westen, von einer Art Wohlstandslähmung (zufällig?) erfaßt und durch eine beginnende Weltwirtschaftskrise erst recht mit sich selbst beschäftigt, verdrängte und vergaß alle guten Vorsätze: der Idee von One World in Europa zu huldigen, die Mitte und den Osten der Alten Welt nicht einfach abgeschrieben zu haben, aus der zivilisatorischen Vergangenheit der europäischen Mitte ein Zukunftsprogramm von Gleichheit, Einheit in der Vielfalt, materieller und immaterieller Gerechtigkeit, Wohlstand und gesamteuropäischem Selbstbewußtsein zu entwickeln. Nichts dergleichen geschah.

Wie nach einer durchzechten Nacht rieben sich die Wohlstandsbürger die Augen, als die kommunistische Welt zusammenbrach. Diesseits und jenseits des Eisernen Vorhangs hatte man Zeichen und Symptome übersehen, unterschätzt oder falsch gedeutet. Blasiert, gelangweilt, arrogant, irritiert und mit Spätzündung, bleibt der Westen eigentlich die Antwort auf die Geschichte nach der europäischen Zukunft schuldig. »Die Revolution löst nichts«, meinte einmal der schwedische Querdenker und Sozialdemokrat Olof Palme. »Am Morgen nach der Revolution beginnt wieder der mühselige Alltag der Probleme.«

## Akazien für die Pußta

Sie sind es überdrüssig. Sie wollen von den Befehlen der Zentrale nichts mehr hören und nichts mehr sehen. Für »fremde Bürokratien« bezahlen? Kommt nicht mehr in Frage. Sich den Interessen einer fernen Macht unterordnen? Vergangenheit? Zusammenhalten, was zusammengehört? Wozu – die anderen haben davon einseitig profitiert. Jetzt geht es darum, den Nachteilen den Garaus zu machen, eigene Vorteile herauszuholen und trotzig zu wahren. Schutz vor den anderen und vor anderem ist gefragt. Aus Selbstbestimmung endlich Selbstverwirklichung machen, eigenständig bleiben um jeden Preis. Den Gesetzen der Größe ist der Kampf angesagt. Es leben die überschaubare Einheit, wo jeder dem Gefühl frönen kann, Herr im eigenen Haus zu sein und die Realitäten dieser Welt draußen vor der Tür zu wissen.

Europäische Integrationsdebatte am Ende des 20. Jahrhunderts? Keineswegs. Präzise die Argumentation konsequenter Nationalstaatlichkeit vom Anfang dieses Jahrhunderts. Damals ging es um Erhalt oder Auflösung des größten kontinentaleuropäischen Binnenmarktes – des Kaiserreiches Österreich-Ungarn. Acht Jahrzehnte später quälen sich erschlaffte Republikaner um Integration im Westen und um irgendeine Form europäischer Zusammenarbeit. Als ob alles vergessen und nichts dazugelernt worden wäre, spielen die alten Emotionen und Realitäten in kaum verändertem Gewande auf der Szene Europa wieder auf. Ganz ungeniert.

Die Zwangsauflösung von Österreich-Ungarn und die Selbstauflösung des Ostblocks weisen dabei beklemmende Parallelen auf. Nach dem Zerfall der Doppelmonarchie stellt es sich etwa im Falle von Ungarn heraus, daß Holzlieferungen aus Böhmen, Mähren und der Slowakei – dem früheren Oberungarn – nicht oder nur gegen teure Devisen erhältlich sind. Daraufhin wurde die ungarische Pußta in großem

Stil mit Akazien aufgeforstet: mit hohen Devisenkosten und langfristiger Versorgung statt kurzfristiger Verfügbarkeit. Die neue Tschechoslowakei verlor auf der anderen Seite einen eingespielten Binnenmarkt. Erschöpfte Volkswirtschaften erwiesen sich 1918 wie 1989 als total überfordert, mit den Folgen politischer und ökonomischer Scheidungen von großräumigen Einheiten fertig zu werden. Unter den eilfertigen Slogans von »Identität« und »Souveränität« folgten Ungarn wie Tschechen, Slowaken wie Polen dem Nachfolgerkomplex. Alles, was das vorangegangene Regime unternommen, unterlassen, ertrotzt oder auch erduldet hat, wurde in den Papierkorb der Geschichte verfrachtet. Ohne zu überprüfen, was von den überkommenen Strukturen, Konzepten, Gewohnheiten oder auch Möglichkeiten realistischerweise in eine neue Zeit übernommen, übertragen oder adaptiert werden könnte. Man verschrieb sich der Tabula-rasa-Methode.

Was Wien nach dem Ende des Ersten Weltkrieges, wurde Moskau in der Stunde des Umbruchs von 1989. Ketten wurden gesprengt, und um das Versprechen der grenzenlosen Freiheit ernst zu nehmen, erschien jedes Risiko recht. Der Neubeginn entsprach nicht zeitgemäßer Systematik, sondern archaischen Gefühlen. Was bedrängten Mehrheiten als Heilsversprechen erschien, ein allumfassender Neubeginn, hatten entschlossene Minderheiten freilich ideologisch eingefädelt oder als Konsequenzen des Scheiterns kalkuliert. 1918/19 endete ein heißer Krieg als Akt der Selbstzerstörung einer alten Ordnung; 1989 erlahmte ein kalter Krieg im Wettkampf der Systeme. Historisch freilich endet hier der Vergleich. Ging es doch nach dem Ersten Weltkrieg nicht nur um den Untergang eines Reiches, das keiner mehr wollte, sondern auch um den tödlichen Schwächeanfall von großräumigen multinationalen Monarchien: Österreich-Ungarn, Deutschland und Rußland.

## Die Überlebensfähigkeit der kommunistischen Idee

Eine Ideologie wie die kommunistische, kaum mehr als eineinhalb Jahrhunderte alt, schien Selbstmord zu begehen. Ohne Widerstand zu leisten, wie in vorangegangenen Gegenrevolutionen geschehen – 1953 in Ostberlin, 1956 in Ungarn, 1968 in Prag, seit 1971 in Polen und 1989 quer durch den damals noch vorhandenen Ostblock –, räumten regierende Kommunisten das Feld. Zunächst glaubte alle Welt daran, was jahrzehntelang behauptet und verbreitet wurde: Der Kommunismus werde eines Tages wie im Spuk verschwinden und Demokratie sowie Marktwirtschaft als junge Glücksgötter auftauchen.

Wiederholt sich Geschichte auch am Beispiel kommunistischer Überlebensstrategien? Kaum ein halbes Jahrzehnt nach dem so generös wirkenden Triumph von Demokratie und Marktwirtschaft westlichen Zuschnitts über gleichschaltende Polizeistaatlichkeit, zentral verwaltetes Block- und Tonnendenken und militärisch abgestützte Ostphalanx zeigt sich: Der Drache Kommunismus ist noch keineswegs besiegt, weder ideologisch noch politisch. »Humaner Sozialismus« wird als erneuertes Denkmodell aus der Kulisse geschoben. Mitte der neunziger Jahre stellt sich heraus, wie selbsttäuschend und damit gefährlich es war, den Zusammenbruch des Ostblocks mit dem Untergang einer Ideologie gleichzusetzen.

»Kommunisten« und »Kapitalisten« vermögen sich in folgender Diagnose zu begegnen: Der Rat für gegenseitige Wirtschaftshilfe, der Warschauer Pakt und die Moskauer Zentralgewalt sind über Fehlentwicklungen gestolpert. Gestolpert wohlgemerkt, nicht gefallen, denn der harte Kern kommunistischer Ideologie existiert weiter. Manche Reformer, etwa vom Schlage eines Michail Gorbatschow, werden ihre Änderungskonzepte wie Glasnost und Perestroijka wohl eher als Renovierung alter Ideale und nicht als Ersatz angelegt haben. Demokraten und andere vom Wohlstand verwöhnte Strategen im Westen haben sich jedenfalls jahrelang der Selbsttäuschung hingegeben, der ideologische Widerpart sei verschwunden. Auf eine eigentliche inhaltliche Auseinandersetzung über die Zugkraft der Ideen, über die Rolle des Staates sei ebenso zu verzichten wie über die Kraft des Rechts, die Notwendigkeiten der Menschenwürde, die Erfordernisse des Eigentums oder das Prinzip der Nichtdiskriminierung, der Souveränität der Subsidiarität.

## Revolution oder Regierungswechsel?

Fast schien es, daß selbst ehrenwerte Vorsätze wie jene der Menschenrechte, festgeschrieben in der Konferenz über Sicherheit und Zusammenarbeit in Europa (KSZE), nach 1989 nicht mehr offensiver und erneuerungsfähiger Verteidigung und Rechtfertigung bedürften, waren doch im Osten die einst selbstherrlich auftretenden Verfechter einer kommunistischen Weltrevolution abgetreten. Der eine oder andere flüchtete ins »gegnerische Lager« des Kapitalismus, machte sich fürs erste ans möglichst große Geldverdienen. Einige verstanden es, den Wechsel etwa vom Geheimdienstler zum Unternehmer mit jener trotzigen Rechthaberei zu verbinden, das Volk habe die Demokratie gewünscht, nun nehme man für sich demokratische Rechte in Anspruch. Mancher, der Sozialismus à la Ostblock auch nach 1989 für ein erstrebenswertes Ziel und ein redliches Unterfangen ansah, verkroch sich in wissenschaftliche Institute oder ließ sich pensionieren. In der Nomenklatura, dem Millionenheer aus Beamten, Militärs, Geheimdienstlern und Parteifunktionären, begann sich – wiederum quer durch den Ostblock – schon bald nach der großen Wende eine These zu verbreiten, die einer Lebenslüge nahekommt.

Es habe sich eigentlich nur um einen Regierungswechsel gehandelt. Man habe das Feld im Sinne einer erlaubten Alternative nun einmal den anderen, den Widersachern (probeweise?) überlassen. Nun seien sie in der Lage zu zeigen, was sie können, schließlich sei man jetzt Demokrat, auf Machtwechsel eingestellt. In Politzirkeln und unter Akademikern, in den Chefetagen der staatlichen und privaten Unternehmen und auch unter Intellektuellen zeichnen sich in Prag und Budapest, in Warschau und Preßburg vergleichbare Verhaltensmuster dieser Art ab. Man will nicht mehr Gefangener eigener Denkweisen und früherer Propaganda sein. Locker und – wie man glaubt – westlich ist Freiheit, wie sie meinen, ein interessantes Experiment. Nicht mehr und nicht weniger. In Budapest geht die Formulierung um, man habe die Türken überstanden, die Habsburger, die Kommunisten – und so werde es auch bei den Demokraten sein.

## Die Bringschuld des Westens

»Die Demokratie ist die Organisation der Gesellschaft, welche auf Arbeit beruht; in ihr gibt es keine Individuen und Klassen, welche die Arbeit der anderen ausbeuten; der demokratische Staat ist ohne Militarismus, ohne geheime Diplomatie; die Außen- und Innenpolitik unterliegt der Kritik und der Verwaltung des Parlaments. Demokratie bedeutet Diskussion: Die Menschen fangen an, Argumenten, nicht der Willkür oder gar der Gewalttätigkeit zu folgen. Demokratie ist heute ohne Wissenschaft nicht möglich. Demokratie ist die Organisation des Fortschritts auf allen Gebieten menschlicher Tätigkeit.«

Tomàš Garrigue Masaryk, Sohn eines slowakischen Kutschers und einer Deutschen, stand ein Leben lang zu diesen Aussagen. 1879 Dozent in Wien, seit 1882 Professor für Philosophie in Prag, war er Verfechter einer gemäßigten Selbstbestimmung ohne überzogenen tschechischen Nationalismus. Von 1907 bis 1914 im Reichsrats der Doppelmonarchie, im Ersten Weltkrieg auf die Seite der Westalliierten wechselnd, wurde er zu einem der Gründerväter jenes Staates, der sich aus der Konkursmasse von Österreich-Ungarn mit Böhmen, Mähren und der Slowakei mitteleuropäische Paradestücke sicherte. Jahrzehnte später ist es ein ideologisch verunsicherter Westen, der durch eigene Versäumnisse, Unzulänglichkeiten und Widersprüche jeden einzelnen Satz des Masaryk-Zitates in Frage stellt. Von idealistischer Organisation weit entfernt, erhält Arbeit einen dissonanten Doppelklang – verwöhnte Wohlstandsbürger meiden jenes Wort. Gleichzeitig markiert Arbeitslosigkeit die Grenzen einer technisierten Wohlstandsgesellschaft. Ausbeutung findet zwar nicht mehr im hergebrachten Sinn statt, aber es ist eine Leistungsgesellschaft, die zumindest überfordern kann. Auf Militarismus verstehen sich hauptsächlich Diktaturen. Masaryk wird schon durch seinen eigenen Sohn Jan (seit 1940 im Exil und danach in Prag bis zur kommunistischen Machtergreifung 1948 Außenminister) widerlegt – geheime Diplomatie wucherte damals wie heute, und die Kontrolle der Außen- und Innenpolitik durch das Parlament läßt allerorten zu wünschen übrig. Zutreffend und dauerhaft ist immerhin, daß Demokratien argumentativ vorgehen.

Für viele findet der »Untergang des Abendlandes« im Spenglerschen Sinn schon seit Jahrzehnten statt. Die Betroffenen wissen es nur noch nicht. Wie nach dem Ersten Weltkrieg ist es Europäern auch nach der zweiten Katastrophe schwergefallen, dem dekadenten Schlendrian aus Selbstmitleid, Minderwertigkeitskomplexen und Elitenarroganz zu entrinnen. »Der« Westen sieht sich in der Vielfalt seiner gesellschaftlichen Systeme immer wieder auf der Anklagebank, meistens durch

Selbstanzeigen. So wird der Zerfall von Österreich-Ungarn als ein Beweis für die Brüchigkeit des Kapitalismus herangezogen. Behende Propagandisten belieben gar einen zeitgeschichtlichen Zusammenhang herzustellen zwischen dem Untergang der Monarchie in Rußland und dem Ende des österreichischen Kaisertums. Bemerkenswerterweise sind es die Internationalisten, die den Absturz der europäischen Monarchien vornehmlich auf wirtschaftliche und gesellschaftspolitische Ursachen zurückführen. Es habe sich nicht bewährt, mit imperialer Gestik Wirtschaftsgebiete nach außen abzuschließen und auf ein hohes Maß innerer Verflechtung zu setzen. Ein gefährlicher, ein tragischer Denkfehler, begünstigt er doch einen überzogenen »Kapitalismus«, ungezügeltes laissez-faire und die Vernachlässigung der sozialen Komponente. Alles geschehen in den »Goldenen Zwanzigern« mit der heraufziehenden Katastrophe, die dann in den dreißiger Jahren ihren Niederschlag fand.

## Basteln am gesamteuropäischen Interessenausgleich

Um so ideenreicher traten die Reformer nach dem Zweiten Weltkrieg an. Rache, Reparationen, totaler Freihandel einerseits. Und andererseits? Rücksichtsloser Protektionismus sollte es jedenfalls nicht mehr sein. Während des Krieges und in den Jahren danach entstand – in mehreren Ländern wie den USA, Großbritannien, Frankreich, Deutschland und Italien gleichzeitig – ein neuartiges Denkgebäude für die Rolle des Staates. Alle wollten Liberalisierung, Nichtdiskriminierung, Soziale Marktwirtschaft, und alle drehten sich ideologisch um die Beschränkung politischer und wirtschaftlicher Macht. Walter Eucken, als Nationalökonom Begründer der Freiburger Schule, schrieb 1948, »die neue soziale Frage« sei gekennzeichnet durch »die drückende Abhängigkeit vom Staat, die außerordentliche Gefährdung der menschlichen Freiheit, die Umwandlung des Menschen in das Teilstück einer großen Maschine und die wirtschaftliche und soziale Unsicherheit, die aus dieser Abhängigkeit entspringt«.

Gepaart mit der amerikanisch-europäischen Idee des Marshall Planes – Hilfe zur Selbsthilfe und Finanzierung durch nationalstaatliche Eigenleistung –, vollzog sich eine zunächst wirtschaftliche und dann politische Rückkehr Europas von ungeahntem Ausmaß. Die Idee der europäischen Integration soll eine moderne Organisation Europas vervollständigen – nationale Souveränitätsrechte an eine übergeordnete Instanz zu übertragen, ohne die eigene Identität preiszugeben und damit einen machtpolitisch kanalisierten gesamteuropäischen Interessenausgleich zu ermöglichen.

## Die bunte Gesellschaft des Westens

Utopie oder Wirklichkeit – seit Jahrzehnten schwankt die Alte Welt zwischen diesen Extremen. Die Europäer verleugneten ihre Denkgeschichte, würden sie ihre Erfolge oder zumindest Behauptungen nicht in Zweifel ziehen. Hinter der Fassade des Wohlstandes spielen sich – wen wundert es – ideologische Auseinandersetzungen ab, die es in sich haben. Von modischen Strömungen schon im Sprachlichen durchsetzt, geht es seit Jahr und Tag um Grundwerte wie »Freiheit«, »Gerechtigkeit«, »Fairneß«, »Toleranz«, »Glaubensfähigkeit«, gepaart mit Lehren aus der Vergangenheit und Selbstzweifeln in der Gegenwart. Selbst in den Zeiten des Kalten Krieges war der Westen ideologisch und damit politisch weitgehend mit sich selbst beschäftigt.

Meisterschaften in Selbstbeschäftigung wurden veranstaltet. Man glaubte allen Ernstes, es sich diesseits des Eisernen Vorhangs leisten zu können, von der Spaltung Europas zu profitieren und aus besagtem Vorhang gleichsam eine Rückendeckung zu machen. Was jenseits geschah, wurde einfach zu Feindbildern erklärt – undifferenziert, einfarbig und, zwecks Selbstmobilisierung, in jedem Fall negativ. Nuancierungen von Land zu Land innerhalb der mittel- und osteuropäischen Gesellschaften und deren Rang- und Reihenfolgen beliebte man ebenso zu ignorieren wie das latente Spannungsverhältnis zwischen Moskau und seinen Satelliten. Westliche Experten, die auf Unterschiede nationaler, gesellschaftlicher, politischer oder wirtschaftlicher Art verwiesen, wurden zu »Kreml-Astrologen« gestempelt – Kenner, die auf eine individuelle Einstellung drängten, entweder als »Trittbrettfahrer«, Agents provocateurs, Geheimdienstler oder Wichtigtuer abgetan. Eruptive Ereignisse wie der Volksaufstand in Ostberlin im Jahre 1953, die ungarische Erhebung von 1956, der Prager Frühling von 1968, das gewerkschaftliche Aufbegehren in Polen seit 1971 wurden schnell schubladisiert – wie die diversen Kräfteverschiebungen in Moskau. Übersehen wurde auch, daß innerhalb der kommunistischen Welt, national gefärbt, erhebliche Nuancen gegeben waren, selbst bei der ideologischen Verläßlichkeit, und merkliche Unterschiede zwischen reinen Apparatschiks, Karrieristen, Mitläufern oder Eigenbrötlern bestanden.

Der Funke, der Ideen gelegentlich übersprang, etwa im Sinne von Liberalisierung, Öffnung, aber auch Abschottung und Aggression, paßte nicht in die zementierten Denkschemata. Auf beiden Seiten des Eisernen Vorhangs war man von der jeweils eigenen Propaganda intellektuell zu Geiseln geworden. Typische Fehleinschätzungen folgten. Auch grobe Markierungen, die zeitweise in die Irre führten. Grundidelogien von linken bis rechten Extremen spielten dabei subkutan oft unterschätzte Rollen. Was im Osten der militärisch-industrielle Komplex, war (und ist) im Westen die Abhängigkeit von Konjunkturschwankungen. Schließlich begann sich heraufziehender Nationalismus beidseits des Eisernen Vorhangs zu verbreiten. Zunächst übersehen und unterschätzt, wurde er auf der Rechten wie auf der Linken zu einem Treibsatz.

## Wackelkontakt statt Eisernem Vorhang

Ein scheinbar unaufhaltsamer Aufschwung mit immer neuen Rekorden beim Wirtschaftswachstum, mit steigenden Löhnen und Gewinnen, mit zunehmendem Lebensstandard und schrumpfender Arbeit bei expandierender Freizeit machte die westliche Gesellschaft tumb. Weil es allen – scheinbar – gut und immer besser ging, wurden unbequeme Warner überhört und, im Bedarfsfall, politisch verunglimpft. Man war sich im Westen seiner Sache derart sicher, daß eine systematische Vorbereitung für die Zeit nach dem Verfall des Kommunismus unterblieb.

Ein zweigeteiltes Verhaltensschema galt im Westen jahrzehntelang. These Nummer eins: Die eigene Gesellschaftsordnung impliziert das Siegesrezept über Stalinismus und Kommunismus. Bis es, stärker dosiert, wirkt, läßt man es sich gutgehen und dreht der Mitte und dem Osten Europas den Rücken zu – als ideologische Feuerwehr, die

Brände östlicher Aggression und die Menschenrechtsverletzungen schaumgebremst notfalls löschen kann, wirkt vorsichtshalber die KSZE. These Nummer zwei: Einparteiendiktatur, Zentralverwaltungswirtschaft, Blockloyalität und der Export von Stalinismus und Kommunismus funktionieren nicht. Der Westen braucht seine andersartige Ordnung nur halbwegs aufrechtzuerhalten – und der Kollaps des anderen Systems, das »Reich des Bösen« (US-Präsident Ronald Reagan), ist entweder vorprogrammiert, oder Teile des kommunistischen Imperiums verfallen in den Dämmerzustand der Ungefährlichkeit.

1989, beim dritten Umbruch dieses Jahrhunderts, zeigt sich, wie fahrlässig der Wandel vorbereitet und wie nachlässig seitdem verfahren wird. Der Westen, zum Sieg über die Hitler-Diktatur und eine ideologische Abwehrschlacht gegen den Kommunismus absolut fähig, läßt nun Führungskraft vermissen. Er betreibt Selbstbespiegelung. Der Konjunkturverfall und die dahintersteckende Strukturkrise verstärkt die Unfähigkeit zum Handeln. Neue Wellen der Gesellschaftskritik beeinträchtigen seine politisch-ideologische Schlagkraft. Selbstzweifel gehen um über das, was Recht und Unrecht, was sozial gerecht und wirtschaftlich vernünftig ist. Mangels eigener Standortbestimmung muß die Partnerschaft mit den jungen Demokratien Mitteleuropas halbherzig, inkonsequent und mit einem hohen Überzeugungsdefizit ausfallen.

Der Eiserne Vorhang ist durch einen Wackelkontakt ersetzt worden. Konzepte und Visionen sind Mangelware und im übrigen durch die westlichen Untergangsphilosophen bereits verdächtig, bevor sie durchdacht und/oder erprobt werden. Mit Worten statt mit Taten hat sich »der« Westen – von wenigen rühmenswerten Ausnahmen abgesehen – verhalten, als ob sich Europa, als ob sich die ganze Alte Welt wie mit einem Automatikgetriebe, also ohne Schaltbedürfnis, gemächlich fortbewegen lasse. »Demokratie« und »Marktwirtschaft« als Koppelprodukte anzubieten – das ist alles. Dem »Käufer« im Osten sollte es nach den Regeln des klassischen Liberalismus überlassen bleiben, was er damit anfängt. Dem Westen ermangelt es jedenfalls an brauchbaren Ideen und Konzepten für eine gemeinsame Zukunft. Er verhält sich so, als ob Europa nicht durch die soziale Frage des 19. Jahrhunderts gelitten hätte, als ob die Scheinblüte der zwanziger Jahre nicht eingetreten sei und als ob der totale Interventionismus der Nationalsozialisten und Kommunisten bis zur Katastrophe Europa nicht in den Abgrund geführt hätte. Was morgen geschehen soll, läßt sich heute nicht einfach mit Geld einkaufen.

An den Europäern selbst liegt es, einiges zuzulegen. Etwa den Oberbegriff »Freiheit« auszugestalten, ist doch »nichts auf der Welt so mächtig wie eine Idee, deren Zeit gekommen ist«. Victor Hugo hat vorweggenommen, was heute den Hintergrund bildet. Alle wollen frei, alle wollen gleich sein – der mündige Bürger wie der souveräne Staat. Gleichzeitig stehen alle im Geflecht der Abhängigkeiten. Der Mißbrauch jener Abhängigkeiten hat im Osten den kommunistischen Block zusammenbrechen lassen. Und der Gebrauch jener Abhängigkeiten ergibt im Westen die Grundspannung der Demokratie zwischen Freiheit und Gleichheit. Individuelle Freiheiten gegenüber einem Kollektiv, gleich welcher Art, zu verteidigen zählt ohnedies zu den Daueraufgaben einer modernen, einer bewußten Gesellschaft.

Im blinden Vertrauen auf wirtschaftliches Wachstum und im Wissen um einen Schutzwall gegenüber jenem gesellschaftspolitischen Rahmen, in dem sich der real existierende Sozialismus bewertet, begann die Demontage der westlichen Grundwerte, auch der Freiheit. Geraume Zeit schien es überflüssig, etwas leisten zu müssen, damit man sich etwas leisten kann. Ein Einschläferungsprozeß ungeahnten Ausmaßes breitete sich aus. Ruhe und Wohlstandsautomatik wurde mit Sicherheit und Verantwortung verwechselt. Utopien gingen im Westen um. Sicherheit in Freiheit verstehe sich von selbst. Die kritische Grenze eines Verfallsprozesses zu erkennen scheiterte an dem demokratischen Mut einer Selbstbedienungsgesellschaft. Massive Rückentwicklungen im Westen machten die ideologischen Rivalen in Moskau beim Vergleich der Systeme zeitweise übermütig, später zu Gefangenen ihrer eigenen Propaganda, die da hersagte, der Westen werde sich schon selbst seine Grube graben. Übersättigte Wohlstandsbürger seien, so die Moskauer Spekulation, nicht oder nicht mehr bereit, für Freiheit zu bezahlen, seien vielmehr mit den Fehlern und Gefährdungen ihres demokratisch-marktwirtschaftlichen Systems vollauf beschäftigt. Über Jahre konnte in der kommunistischen Welt das Gefühl aufrechterhalten werden, in der Konkurrenz der Utopien sei der Westen systemimmanent unterlegen.

Die Selbstbeschäftigung im Westen und die Verwirrung im Osten verstärkt die Gefahr, aneinander vorbeizureden, Inhalte zu denunzieren, bevor sie überhaupt politisch ausgestaltet werden konnten, oder die Glaubwürdigkeit der Demokratiebemühungen zu unterminieren. Nicht wenigen in den Reformstaaten, die es mit dem Wandel ehrlich meinen, erscheint es wie eine Perversion, wenn Landsleute, die unter den regierenden Kommunisten Karriere und auch Geld gemacht haben, nun mit der gleichen Intensität »Demokratie« vor sich hertragen, wie sie seinerzeit Stalinismus und Kommunismus auf die Fahnen schrieben. Auf ihren Farbenwechsel angesprochen, erwidern die einfacheren Gemüter, sich nicht schuldig gemacht zu haben und nun als freie Bürger unterwegs zu sein. Höhere Chargen von damals zitieren gelegentlich Konrad Adenauer, der, auf einen Positionswechsel angesprochen, meinte, niemand könne ihn davon abhalten, über Nacht klüger geworden zu sein.

Moskaus Handschrift zeigt in keinem Bereich derartige Spätfolgen wie in der Bildung. Vom Kindergarten bis zur Akademie der Wissenschaften sehen sich die neuen Demokratien der Hinterlassenschaft eines Systems gegenüber, die nicht über Nacht weggeräumt werden kann. Eine Gesamtstruktur ist umzukrempeln. Leicht fällt es nicht, an gute alte Traditionen anzuknüpfen: Die Prager Karlsuniversität, 1348 gegründet, ist die älteste ihrer Art in Mitteleuropa überhaupt – zwölf Jahre später folgte die Universität Krakau.

Es fehlt an wissenschaftlicher Kontinuität, an modernen Schulplänen, an Bildungskonzepten und an Geld. Um so schmerzvoller gestaltet sich der pädagogisch-wissenschaftliche Anschluß an den Westen. Einzelnen Spitzenkräften wird das Leben nicht leicht gemacht. Manche, freilich nicht alle unter der kommunistischen Herrschaft abgewanderten Wissenschaftler sind bereit, die reichen Pfründen im Westen zu verlassen und sich in der alten Heimat der Kärrnerarbeit in einem neuen, finanziell beengten Bildungssystem zu widmen. Unter den Jüngeren dagegen widerstehen nicht alle den Verlockungen im Westen. Insoweit unterscheiden sich die Reformstaaten kaum. Ungarn und Polen halten bildungspolitisch die Nase vorn, oft unterstützt von kontaktfreudigen Immigrantenorganisationen in Westeuropa und vor allem in den USA.

## Devisenspekulant und Mäzen

Eine Sonderrolle spielt im Bildungsbereich George Soros. Der mehr als einfallsreiche Ungar setzt von seinem Milliardenvermögen, das er von New York aus im internationalen Devisengeschäft angehäuft hat, seine Zins- und Zinseszinsen bildungspolitisch ein: Der Schreck der Notenbanken rund um die Welt finanziert über spezielle Stiftungen, Universitäten und Künstler in den Reformstaaten. Soros verbindet auf ebenso originelle wie umstrittene Weise zwei Welten – jene der Devisenspekulation mit jener der Bildung und Kultur. Alarmglocken schrillen, wenn Soros, dessen verfügbarer Einsatz auf 3 bis 4 Milliarden Dollar veranschlagt wird, für Devisenspekulanten als »Leithammel« wirkt – innerhalb Stunden oder Tagen vermag er mit seinesgleichen Währungen in die Knie zu zwingen oder auch Millionenbeträge zu verlieren. Einmal zwingt er mit anderen den französischen Franc (fast) in die Knie, ein anderes Mal scheitert er am japanischen Yen oder an der Abwehrkraft des österreichischen Schilling. Daß den amtlichen Währungshütern die Devisenstrategien eines Soros zuerst unheimlich und dann verdammenswert erscheinen, stört den Mäzen nicht. In klassischer Kapitalistenmanier fördert er als privater Geldgeber Zehntausende von Studenten und Künstlern. Allein in Budapest sollen einige hundert Maler, Literaten und andere Künstler von dem Monatsscheck aus dem Kreis der Soros-Stiftungen leben. Für die harsche Kritik der Währungspolitiker haben daher viele in der Mitte Europas wenig Verständnis.

Älteren Semestern unter dem Lehrpersonal fällt der Abschied von den sowjetrussisch vorgegebenen »sozialistischen« Bildungsidealen nicht immer leicht. Jahrzehntelang an kommandierte Bildung gewöhnt, wissen sie mit neuen pädagogischen Freiheiten oft wenig anzufangen. Jüngere Lehrkräfte dagegen schießen manchmal über das Ziel einer behutsamen Umstellung hinaus. Verwaltungen der Schulen und Führungen der Universitäten lassen es an dem fehlen, was bei einer Reform des gesamten Bildungswesens diese Bezeichnung rechtfertigt, nämlich moderne Ideale, brauchbare Strukturen, durchführbare Pläne, international vergleichbare Standards. Dabei gehört nicht alles, was zur kommunistischen Hinterlassenschaft zählt, zum bildungspolitischen Gerümpel. In Ungarn beispielsweise wollen fast 5000 Kindergärten durchgehalten werden, die über 400 000 Kinder betreuen. Jenseits von religiösen und auch gesellschaftspolitischen Fragestellungen, wie es sich künftig mit der idealen Familie verhalten soll, drückt in Budapest wie in Prag und in Warschau die soziale Realität. Mütter, die bisher schon gearbeitet haben, um selbst einen bescheidenen Lebensstandard durchzuhalten, werden arbeitslos, und inflationär schrumpfende Familieneinkommen drängen Frauen – offiziell oder schwarz –, im In- oder Ausland die Familienbudgets aufzubessern.

## Die gestohlene Zukunft

Prompt bereinigt wurde im Bildungsbereich die ärgste Überpolitisierung. »Sozialistische Verläßlichkeit«, im Ostblock wie in der Sowjetunion vielfach das entscheidende Zutrittskriterium zur Universität oder zu anderen Bildungseinrichtungen, ging mit dem alten Regime unter. Dennoch rieben sich viele Polen, Tschechoslowaken und Ungarn die Augen, als sich die Archive der Parteizentralen und der Geheimdienste öffneten. Entlarvt wurde dabei die spießige Brutalität, das, was alles an Druck, Erpressung, Nötigung und Schikane Generation für Generation zugemutet wurde, wenn es um die Ausbildung und die Berufschancen der Jugend ging. Parteiallmacht dirigierte die Elitenbildung in die Richtung kalkulierbarer Unterwürfigkeit – es war eine falsche Richtung – oder würgte das Elitäre überhaupt ab. Dazu kamen Korruption, Opportunismus und Qualitätsverfall in den Bildungseinrichtungen samt ihren Pädagogen. Ganze Generationen wurden intellektuell vergiftet. Erstaunlich, daß sich dennoch in einzelnen Bereichen, vor allem in den Naturwissenschaften, der Technik und der Medizin, Spitzenleistungen einstellten.

Kleinkarierte Umstände wirken in allen Reformstaaten nach. Hinzu gesellt sich die alte Fixierung von Forschung und Innovation auf einseitige Strukturbedürfnisse. Forscher mußten es sich seinerzeit gefallen lassen, unqualifizierte (und daher mißtrauische) Apparatschiks als Chefs zugeteilt zu erhalten. Unfähigkeit und Unkenntnis führten damals nicht nur zu unzumutbaren Arbeitsbedingungen und unprofessionellen Rang- und Reihenfolgen. Noch Jahre nach Auflösung dieser »Think Tanks« leiden Wissenschaft und Wirtschaft in all diesen Staaten unter Forschungsrückstand. Verstärkt durch den akuten Geldmangel und die Neigung ausländischer Investoren, die Reformstaaten lediglich als »verlängerte Werkbank« zu behandeln, stellt sich eine späte Rache des untergegangenen Systems ein: Qualifizierte Kräfte, unter dem Kommunismus kontrolliert, behindert und vom Fluß internationaler Information abgehalten, wandern ab. Für wissenschaftliche Eigenleistungen fehlen vielfach die materiellen Voraussetzungen. Alte Abhängigkeiten von der Moskauer Zentralverwaltungswirtschaft werden jetzt durch neue von westlichen Investoren und Institutionen abgelöst. Während der Bildungsgrad bis zum universitären Niveau relativ stabil gehalten und inzwischen bereits erhöht werden konnte, fehlt es den Hochschulen am Nötigsten. Wieder eine Spätfolge der Ostblockmanieren. Systematisch wurde von Moskau dafür gesorgt, daß es fast ausnahmslos sowjetrussische Experten waren, die ins Ausland geschleust wurden. Verläßlichen, begabten – und oft durch Familienbande rückkehrsicheren – Experten die nötigen Devisen in den USA zur Verfügung zu stellen verstand die sowjetrussische Planungsbürokratie allemal. Da wurde Mittel und Wege entwickelt für Studien bei MIT oder Harvard, in Columbia oder Stanford, in London oder einer deutschen bzw. österreichischen Hochschule. Im Generationenwechsel müssen die Reformstaaten nun bildungspolitisch dafür sorgen, rasch aufzuholen. Das gelingt in Einzelfällen zwar oft auf sensationelle Weise, doch in der ganzen Breite dauert es wohl mehrere Jahre, um Bildung auf hohem und höchstem Niveau zu demokratisieren. Ungarn, schon seit den siebziger Jahren partiell geöffnet, verzeichnet hier zumindest einen zeitlichen Vorsprung vor Prag, Warschau und Bratislava.

Einen Begriff von dem Nachholbedarf verschafft das slowakische Kosice. Als eine der fünf Universitäten der ehemaligen Tschechoslowakei (insgesamt 36 Hochschulen) mit ca. 150 000 Studenten in Böhmen und Mähren und 80 000 in der Slowakei beginnt die ostslowakische Universität mit ihren rund 20 000 Studenten in ihrer Bibliothek bei Null. Ein kommunistisch eingesetzter Bibliothekar hatte so gut wie ausschließlich Parteiliteratur gesammelt – akademisch absolut unbrauchbar. Auf Auslandsspenden angewiesen, hat die Universität Kosice mit einer soliden Bücherspende Österreichs neu angefangen.

# Pressefreiheit auf dem Prüfstand

Wenn Reporter verprügelt werden, mag das manchen Spießer klammheimlich freuen. Dennoch ist dann ein Stück Pressefreiheit in Gefahr. Wenn Regierungen Fernsehen und/oder Radio personell säubern und regierungsamtlich gleichschalten, ist Demokratie in Gefahr. Erst recht ist die äußere und die innere Pressefreiheit gefährdet, wenn unliebsame Zeitungen oder Zeitschriften über politisch bedingte Manipulationen an die Leine genommen werden – etwa bei der Privatisierung, der Kreditgewährung, etwa beim Zugang zum Auslandskapital oder bei der Verwirklichung erfolgsträchtiger Unternehmenskonstellationen. Genehme Verlagshäuser steuerlich oder sonstwie zu begünstigen schränkt die Pressefreiheit ebenso ein wie »Liebesentzug« der Mächtigen gegenüber aufmüpfigen Publikationen oder Einzeljournalisten.

In nahezu allen Reformstaaten wird der demokratische Wert der Pressefreiheit als ein unentbehrliches Grundrecht funktionierender Machtkontrolle unterschätzt. Als Teil der Meinungsfreiheit stehen freilich nicht nur die Reformstaaten auf dem Demokratietest, wenn es darum geht, der Verbreitung von Nachrichten, Meinungen und allgemeinem Gedankengut die nötigen Freiräume zu verschaffen. Zu diesem in aller Welt nicht leicht zu definierenden Bewegungsspielraum der Medien zählt auch der ungehinderte Zugang zu Quellen aller Art. Was ist ein Staatsgeheimnis? Wo beginnt und endet der Persönlichkeitsschutz? Welcher Schutz ist andererseits vor staatlichen Eingriffen geboten? Das gewährte und verbriefte Maß äußerer Pressefreiheit offenbart die demokratische Substanz eines Landes. Ist dieses schon manchen Akteuren in den Reformstaaten weder verständlich noch geläufig, so sind es erst recht die Definition und der Schutz der inneren Pressefreiheit. Immer wieder werden eklatante Verstöße gegenüber Journalisten registriert, etwa dann, wenn für sie – auch in der Begrenzung oder Kleinheit eines Landes oder einer Hauptstadt – kein professioneller Spielraum geschaffen oder wenn vorhandener Freiraum nicht erhalten wird. Da wird manchmal recht willkürlich gefördert, entlassen oder eingeschüchtert – alles möglichst ohne Beleg. Erst allmählich spricht sich herum, daß Defizite in der Pressefreiheit Defizite in Demokratie offenlegen – freilich immer vorausgesetzt, daß sich die Medien ihrerseits an geschriebene und ungeschriebene Regeln der zivilisatorischen Umgangs halten. Ohne ein ausgewogenes System der Pressefreiheit jedenfalls droht Instabilität – dann werden die Medien entweder davon abgehalten oder berauben sich selbst der Möglichkeit, im Staat neben Justiz, Verwaltung und Parlament als vierte Gewalt zu wirken.

## Unterwegs zum Rechtsstaat

Demokratischer Rechtsstaat, Mehrparteiensystem, Verfassungsgericht, Rolle des Parlaments, Funktion der Regierung, föderale Organisation des Staates und freie Marktwirtschaft werden fürs erste zu Merkposten in der postkommunistischen Zeit. Also ist Geschichte geworden, daß Ungarn, die Tschechoslowakei oder Polen zu sozialistischen Staaten erklärt wurden, basierend auf dem »Bündnis der Arbeiterklasse, der Bauern und der arbeitenden Intelligenz«, zentral und stramm organisiert durch die »Führung der Kommunistischen Partei«. Heute mögen Ziele einer bügernahen Demokratisierung unbestritten sein. Mühselig gestaltet sich der Alltag. Allen fünf Reformstaaten fällt es schwer, juristisch durchgängig dafür Sorge zu tragen, daß die Rechte auf Freiheit vom staatlichen Zwang nicht nur in der Theorie als unantastbar und unveräußerlich erklärt werden, sondern auch in der Praxis gelebt werden können. Noch bleibt durchzusetzen, daß »Freiheit« in des Wortes umfassendster Bedeutung nicht vom Staat verliehen wird, sondern jedem Bürger aufgrund seiner menschlichen Eigenschaften zusteht. Staaten, die diesem Grundrechtsprinzip zuwiderhandeln oder seine Mißachtung dulden, müssen daher in einer demokratischen Staatengemeinschaft zur Verantwortung gezogen werden können. Was auch geschieht.

Manches westeuropäische Land, nach außen auf seinen demokratischen Ruf bedacht, sieht sich wegen Menschenrechtsverletzungen – etwa Verletzung der Meinungsfreiheit, ungleiche Behandlung bzw. Bezahlung von Mann und Frau, Übergriffe durch Polizei- oder Steuergewalt – vor dem Kadi. Urteile der Straßburger Menschenrechtskommission des Europarates oder des Europäischen Gerichtshofes der Europäischen Union in Luxemburg werden zur Nachhilfe in Demokratie. Klärende Verfahren in Zweifelsfragen der Reformstaaten werden erwartet und sind willkommen.

## Wildwest im Osten

Es zählt zur politischen Kultur eines Landes, seinem Rechtswesen Glaubwürdigkeit und Respekt zu verschaffen. Nach Jahrzehnten sogenannter Volksdemokratie fällt es mündig gewordenen Bürgern verständlicherweise nicht leicht, als frei gewordenes Volk auf die neue Demokratie und ihre Rechtsordnung zu vertrauen – zumal an alten »Seilschaften« in Verwaltung, Gerichtswesen und allgemeiner Juristerei kein Mangel ist.

In nahezu allen Reformstaaten besteht jedoch Mangel an unbelasteter Rechtspflege, auch an Rechtsanwälten. Selbst die Aufklärung über Rechte und Pflichten des Bürgers läßt zu wünschen übrig. Oft drängen sich Querulanten vor, beschäftigen Spekulanten die Gerichte. Erst allmählich stellt sich ein Gefühl dafür ein, was das Kräftegleichgewicht zwischen Gesetzgeber und Verwaltung, zwischen Verwaltung und Justiz bedeutet und welchen Schutz der einzelne Bürger zu gewärtigen hat. Solange das Rechtswesen für den einzelnen derartige Lücken von Kenntnis, Verständnis und Nutzanwendungen aufweist, kann es für Ausländer und ihre Investitionen auch nur Annäherungswerte an einen funktionierenden Rechtsstaat geben.

Ein westlicher Unternehmer investiert in der ersten Aufbruchstimmung gute 25 Millionen Mark und muß vier Jahre später um sein Geld zittern. Einer Angestellten wird für eine Eigentumswohnung von 55 Quadratmetern eine zusätzliche Abstandszahlung von fast 10000 Dollar abverlangt. Was diese beiden Vorgänge miteinander verbindet? Rechtsunsicherheit. Das gegebene Wort wird nicht gehalten, Verträge werden gebrochen, mit dem Wechsel der Regierungen oder der Personen ändert sich die Geschäftsgrundlage. Die allgemeine Geldentwertung wirft Kalkulationen über den Haufen. Finanzierungszusagen werden widerrufen. Rücksichtslosen Geschäftemachern, Spekulanten und Betrügern fehlt jede Furcht vor Law and Order. Wildwest im Osten. Oder die Wiederholung der Verhältnisse nach dem Ersten oder dem Zweiten Weltkrieg, als ein chaotischer Wechsel das Bürgertum – nicht selten zweimal – um Vermögen, Besitz und Einfluß brachte.

In den einzelnen Reformstaaten mag die Rechtsunsicherheit verschiedenerlei Ursachen haben. Allen gemeinsam ist ein gerüttelt Maß an Selbstgefälligkeit der neuen Herren und ein entsprechendes Maß der Unzufriedenheit in der Bevölkerung. Dem Durchschnittsbürger der Reformstaaten fehlen verläßliche Bezugspunkte. Er überschätzt Lebensstandard und Lebensart im Westen, und es fehlt ihm immer noch ein realistischer Begriff für die katastrophale Hinterlassenschaft des alten Regimes. Seine Zwänge, Ungereimtheiten und Fehler hat er längst vergessen, seinem scheinbaren Schutz – niedrige Preise, Mieten, Tarife, Reisekosten usw. – trauert er nach. Leere Regale bei viel Geld und volle Regale bei wenig Geld – in der Jammerkapazität bleibt es sich (fast) gleich. Von Wohlstand und Freizügigkeit fühlen sich die Massen gleichsam ausgesperrt. Sie vergessen oder wollen nicht wahrhaben, daß die Armut im real existierenden Sozialismus zwar verdeckt, aber wohlweislich vergleichbar vorhanden war. Im Bewußtsein der Durchschnittsbürger findet wenig Platz, daß die kommunistische Herrschaft jedwede Eigeninitiative unterdrückte und verfolgte, so daß jenseits von Leistungskriterien nur die damals regierenden Eliten und ihre Trittbrettfahrer persönliche Vorteile erzielten – jedenfalls in der Tschechoslowakei und in Polen.

Hinter amtlichen Statistiken über Produktion, Absatz und vor allem Einkommensverhältnisse sind Fragezeichen zu setzen. Underground-Economy ist landauf, landab zum eigentlichen Wirtschaftsmotor geworden. Großbetriebe, mehrheitlich auch noch Jahre nach den groß angekündigten Privatisierungsgesetzen, verharren ebenso im Staatsbesitz wie in Österreich, Italien oder Frankreich. Wer die Verhältnisse in der Mitte Europas – behutsam, versteht sich – kritisiert, bekommt – aggressiv, versteht sich – Vergleiche mit »italienischen Verhältnissen« serviert. Man habe es in kurzer Zeit weiter gebracht als die Südeuropäer, oder? Mafia existiere hier wie dort, ebenso Korruption, Schattenwirtschaft, Reichtum, Armut und eine chaotische Demokratie. Fast jedes Gespräch in Prag, Budapest oder Warschau über Ländervergleiche, naturgegeben oberflächlich, endet mit dem selbstbewußten Hinweis, man habe sich auf der östlichen Seite des Eisernen Vorhangs mit Stalinismus und Kommunismus herumgeplagt, während die Südeuropäer unter die Haube der europäischen Integration gebracht worden seien.

## Lenins Transmissionsriemen

Für Gewerkschaften müßte das befreite Mitteleuropa ein ideales Betätigungsfeld sein: Ein politisches System ist zusammengebrochen und hat wirtschaftlich und sozial einen Trümmerhaufen hinterlassen. Neuanfang ist gefragt, nicht zuletzt gesellschaftspolitisch und sozial. Mit dem Aufbau stellen sich auch die Arbeitnehmerinteressen neu, jedenfalls anders. Gewerkschaften könnten zu »Transmissionsriemen« einer neuen Gesellschaftsordnung werden. Es funktioniert aber nicht, was Lenin anno 1922 für einen ZK-Entscheid formulierte. Heute spielen Gewerkschaften in den Reformstaaten eine Nebenrolle. Sie vermochten jedenfalls den Umstrukturierungsprozeß nicht nachhaltig zu beeinflussen – und sie beklagen dies. Transformation von Staatsgewerkschaften zu freien Gewerkschaften bereitet allerorten Kopfzerbrechen. Wenn Arbeiter und Angestellte in Osteuropa auf das Thema Gewerkschaften angesprochen werden, verdüstern sich die Mienen. Sie erinnern sich an kommunistische Gewerkschaften als verlängerten Arm im Einparteienstaat. Mobilisierung, Disziplinierung, Postenvergabe, Gnadenerweise in Ferienheimen und Mitsprache bei der Erziehung, der Berufswahl und der Karriere junger Leute trugen zu einem unentrinnbaren Geflecht von Abhängigkeiten bei. Selbst die Sozialversicherung wurde in den meisten Reformstaaten von den Gewerkschaften kontrolliert.

Eine zementiert wirkende Funktionärsschicht regierte und schikanierte auf der mittleren und unteren Ebene. Diese selbstgefälligen Apparatschiks verstanden es sogar, Rechtsansprüche beiseite zu schieben, wie etwa die Mitbestimmungsrechte im ungarischen Arbeitsgesetzbuch.

Nur in Polen sorgt die Solidarność für besondere Verhältnisse. Aus der Wahrnehmung von Arbeitnehmerinteressen auf der Lenin-Werft von Danzig wurde eine zeitweise mächtige Organisation, die selbst ein kommunistisches Regime das Fürchten lehrte und daraufhin prompt verboten und in den Untergrund gedrängt wurde. Solidarność ist der Ausflug in die Parteipolitik schlecht bekommen. Als reine Arbeitnehmervertretung hätte sie wohl mehr zu sagen als jene abgeschlagene Organisation, die sie heute ist.

Intellektuelle, Dissidenten und mutige Einzelkämpfer waren es, die auf die große Wende von 1989 hinarbeiteten. Sie agierten vielfach am Bewußtsein der Arbeitnehmermasse vorbei, gingen auch losgelöst von ihr gegen die Einparteiendiktatur vor. Der »normale« Arbeitnehmer hatte davon selten Kenntnis, und wenn, dann dafür wenig Verständnis. Nachträglich erkennen zwar viele Gewerkschafter den Menschenrechtscharakter des Wandels, doch da die alten Funktionäre selten genug abgetreten und neue weder eingearbeitet noch akzeptiert sind, fehlt weitgehend das organisatorisch-intellektuelle Rüstzeug für eine aktive Gewerkschaftsbewegung. Marktwirtschaft, Privatisierung, Schattenwirtschaft und parlamentarische Demokratie haben noch keine verläßlichen Strukturen auf der Arbeitnehmerseite entstehen lassen.

Gewerkschaftliche Interessen lassen sich unter geänderten Umständen nur mühsam durchsetzen. Betriebsräte fehlen oft, werden manchmal von den Unternehmen selbst organisiert. In Ungarn und in der Tschechischen Republik haben die Gewerkschaften inzwischen das Tal der Entpolitisierung durchschritten. Soziale Dimension ist kein Fremdwort mehr. Mehr und mehr werden Kollektivverträge abgeschlossen. Von der Sozialpartnerschaft, etwa nach österreichischem Vorbild, ist man noch weit entfernt, ebenso von einer gesellschaftspolitischen Auseinandersetzung mit dem reinen Wirtschaftsliberalismus einer Leistungs- und Konsumgesellschaft. Bezeichnend für den schwierigen Start ist, daß Gewerkschaften noch immer unter dem Verdacht stehen, mit der Regierung Hand in Hand zu arbeiten. Mancher Funktionär scheut sich gar, das Wort »sozial« auszusprechen, weil ihn dann viele für einen Kryptokommunisten halten würden. Für neue ideologische Auseinandersetzungen ist freilich wenig Zeit. Arbeitslosigkeit und sozialer Abstieg ehemals Privilegierter oder die blanke Not der Alten macht in Europas Mitte soziale Auffangnetze ebenso nötig wie im Westen.

## Ein Fremder in Budweis

Sie mögen ihn nicht so recht in Budweis, den Mann aus Brüssel. Er redet zwar gern und viel von finanzieller und technischer Hilfe. Im gleichen Atemzug meint er aber, für eine gesamtwirtschaftliche Stabilisierung nicht verantwortlich zu sein. Er biete weder ein Deckungskapital für private Investitionen noch ein Garantiesystem für Ausfuhren von West nach Ost. Er, festangestellter EU-Beamter, vertritt PHARE, das Hilfsprogramm der Europäischen Union zugunsten Mittel- und Osteuropas. Die Abkürzung steht für Pologne-Hongrie-Action pour la Reconversion Economique. Diese Bezeichnung hinkt wie so vieles in der europäischen Politik hinter der Realität her. PHARE umfaßt heute unter anderem auch die Tschechische und die Slowakische Republik.

Für viele in Budweis schmeckt PHARE süßsauer. Finanzielle und technische Hilfe »bei der Umgestaltung zur Marktwirtschaft« ist natürlicherweise willkommen. Manches Brüsseler Programm gar wird begierig aufgenommen. Säuerlich wird registriert, daß es sich um Transaktionen von Regierung zu Regierung handelt. So locker PHARE im einzelnen operiert – im Prinzip erinnert jene Westhilfe an so mancherlei im früheren Ostblock. Da will PHARE die Voraussetzungen schaffen, »daß in Recht und Verwaltung, Industrie und Handel, der gesamten Infrastruktur und im Finanzwesen« Rahmenbedingungen geschaffen werden, »ohne die ein freier Markt nicht funktioniert und private Investitionen, weil ohne Erfolgsaussichten, unterbleiben«.

## Wie die Schweiz in Europas Mitte

Unbeeindruckt von Empfindlichkeiten im Osten bestehen die westlichen PHARE-Geber auf Richtprogramme und Durchführungspläne, alles nach den Vorstellungen der Empfängerländer. Sie sollen selber die politischen Schwerpunkte setzen sowie Rang- und Reihenfolgen und Zeitpläne für die Umwandlung ihrer Wirtschaft festlegen. Prag und Preßburg, Warschau und Budapest fühlen sich jedoch nicht so frei, wie es die Verordnung Nr. 3906/89 der damaligen EG verspricht. Die Brüsseler Aufpasser sind streng, lassen von ihren budgetären Gewohnheiten nicht ab und verfolgen den Brüsseler Geldfluß bis ins Detail: Ausschreibungsverfahren, Zuschlagserteilung und Zahlungen werden bis in alle Einzelheiten überwacht und penibel geprüft. »Wir sind doch keine Bananenrepublik«, heißt es trotzig. Werden PHARE-Delegierte allzu aufdringlich, so geschieht es nicht nur einmal, daß ihnen entgegengehalten wird, die Europäische Union habe von Beginn an versprochen, die letzte Verantwortung und die Entscheidungsbefugnis beim Empfängerland zu belassen.

Von Brüssel gelobt werden abgerundete Programme, vor allem in Ungarn und der Tschechischen Republik. Getadelt werden verzögerte, umgeleitete oder gar in dunkle Kanäle reichende Finanzoperationen, vor allem in Polen und der Slowakischen Republik. Lob oder Tadel – alle, die mit PHARE auf der Geber- oder Nehmerseite zu tun haben, klopfen sich in den Reformstaaten auf die Schulter, wenn es um Vergleiche mit den Verhältnissen in der früheren Sowjetunion geht. Dort versickert Milliarde um Milliarde an Westhilfe. Die Reformstaaten fühlen sich dagegen als eine Schweiz in der Mitte Europas.

Im Beschwerdefall berufen sich PHARE-Programmatiker auf die gestrengen Auflagen der (geldgebenden) zwölf Mitgliedsstaaten der Europäischen Union. Das jährlich eine Milliarde ECU umfassende PHARE-Programm (2 Milliarden Mark, rund 14 Milliarden Schilling) läuft zwar als verlorener Zuschuß zu den einzelnen Wiederaufbauprogrammen, doch länderweise sollen nicht nur politische Strategien und wirtschaftspolitische Prioritäten im wirtschaftlichen und sozialen Alltag gefördert werden. Längst sind die PHARE-Koordinatoren länderweise eingebunden in die Privatisierung, die Umwelt sowie in die Förderung von Klein- und Mittelbetrieben und in die Modernisierung des Finanzsektors und des Bankwesens. »Entmonopolisierung« oder »Betriebsumstrukturierung« stehen im Mittelpunkt von PHARE und seiner Beratertätigkeit. Gemeinsam mit den G-24-Aktionen, der überstaatlichen Hilfsorganisation der wichtigsten Industrieländer, pumpt der Westen jährlich Milliarden in die Restrukturierung des Ostens.

Vorbehalte, Beschwerden oder Klagen, was PHARE betrifft, halten sich im Verhältnis zu der lautstarken Kritik am Internationalen Währungsfonds (IWF) in Grenzen. Selbst Länder wie die Tschechische Republik, die den Kreditrahmen des IWF nicht voll ausschöpfen, empfinden die kühle Rechenhaftigkeit der Washingtoner Währungshüter über Inflation, Budgetsanierung und andere Stabilitätserfordernisse als rüde – zumindest in der Form. Von Streicheleinheiten haben die Abgesandten des IWF kaum je etwas gehört. Freiheit, kaum gewonnen, läßt man sich nicht gern von außen, von internationalen Einrichtungen gleich wieder beschneiden. Vor allem in Warschau und Bratislava fühlen sich Verantwortliche in die Rolle untertäniger Entwicklungsländer gedrängt. Die Gläubigkeit des IWF an Statistiken, Zahlen und absolute Stabilität vernachlässigt in der Sicht der meisten Reformstaaten ihre ökonomische Sonderlage und vor allem die sozialen Wirkungen eines radikal durchgehaltenen Schocks.

## Keine Hilfe zur Selbsthilfe

Geht es hart auf hart zu bei der »Hilfe zur Selbsthilfe«, fehlt es nicht an wechselseitigen Schuldzuweisungen. Die Reformstaaten beklagen die restriktive, fallweise protektionistische Handelspolitik des Westens. Von Getreide bis Zement, von Obst und Gemüse bis zu Metallwaren versperrten Westeuropäer wie Amerikaner mit amtlichen oder auch privatwirtschaftlichen Schikanen ihre Märkte, kaum daß die Mitteleuropäer dort Fuß faßten. Für viele im Westen ist das, was im demokratischen Osten bei Kosten – von Löhnen über Energie und Transport bis Kreditfinanzierungen – geschieht, schlicht Dumping.

Barsch wird angefügt, die Reformstaaten sollten vor der eigenen Haustür kehren, den Wirtschaftsaustausch untereinander pflegen. Tatsächlich wirkt es befremdlich, wenn Nachbarstaaten, etwa Ungarn und Polen, untereinander kaum mehr als ein Prozent Außenhandel bestreiten. Mit Westeuropa hingegen wird von ihnen ein Vielfaches und mit den USA immerhin ein Mehrfaches bewältigt. Als mildernder Umstand wirkt, daß multinationale Unternehmen von der sogenannten Ostöffnung ebenso überproportional profitieren wie vom Europäischen Wirtschaftsraum, dem EWR. Größere Märkte als größere Aufgabe – das erfassen und lösen die Großen schneller als die Kleinen.

## Dämonen des Fehlschlags

Aufbruchstimmung hat es Mitte der neunziger Jahre in den Reformstaaten schwer. Ernüchterung geht um. »Werden wir es schaffen?« – »Wie lange dauert der Umstellungsprozeß wirtschaftlich und sozial?« –

»Besteht Demokratie nur aus Parteienstreit, Postenschacher und Korruption?« – »Warum müssen wir diese Rechtsunsicherheit ertragen?« – »Im Westen reden sie von der Zwei-Drittel-Gesellschaft, in der es zwei Dritteln schlechtgeht und in der ein Drittel abkassiert – wir in der Mitte Europas sehen uns vor einer Neun-zu-eins-Gesellschaft.« – »Während die einen mit rasch erworbenem Reichtum protzen, laboriert die große Mehrheit an der Armutsgrenze.« – »Was hilft uns die ganze Freiheit, wenn sie von der Mehrheit nicht genutzt werden kann?« – »Unsere Leidensfähigkeit hat Grenzen.« – »Im Westen sollen sie nicht mit unserer Geduld spekulieren.« – »Wir leben zwar etwas besser, als es nach außen scheint, aber man hat uns die große Hoffnung geraubt.«

Diese Zitate spiegeln ein neues Potential des Zweifels. In Polen, in Ungarn und in der Slowakischen Republik werden diese Fragen erstaunlich gleichförmig gestellt. Die Tschechische Republik hingegen bildet die große Ausnahme. In Prag hat zwar auch die Aufbruchstimmung an Schwung verloren, doch keimt dort Hoffnung. Das Gefühl unter den Tschechen hält sich, daß es sich auf die Dauer lohnt, anzuspannen und durchzuziehen. »Wir«, so heißt es in den Bierkneipen der Prager Innenstadt, »haben zwar seit Kaisers Zeiten das Jammern gelernt und werden das Klischee vom braven Soldaten Schwejk nicht los.« Man habe aber weniger Grund zur Klage als anderswo. Der Lebensstandard steige, wenn auch nur leicht und sozial ungleichmäßig. Die Regierung habe das Heft fest in der Hand. Die Trennung von der Slowakei – ein weiteres Experiment – ist unter Tschechen gar populär, weil es Geld spart. Umgekehrt proportional verhält es sich bei den Slowaken. Sie fürchten, das Armenhaus Europas zu werden, und viele schämen sich für den Parteienhader (samt Korruptionsverdacht gegen ausscheidende Politiker im Zusammenhang mit der schleppenden Privatisierung).

In Budapest und Warschau ist zwar gedrosselter Stolz anzutreffen. Die Ungarn fühlen sich als Meister ausländischer Investitionen und die Polen als Musterknaben beim Wirtschaftswachstum. Allerdings: Der Blick auf ihre gesellschaftlichen Verhältnisse verdüstert sich. Da sehen nicht wenige einen Pendelschlag der Geschichte, die Rückkehr der alten Garden und verschwommene Trennlinien zwischen Kollektivismus und Individualismus, zwischen westlichen oder östlichen Formen der Demokratie. Noch ist der Wandel wirtschaftlich und gesellschaftlich nicht vollzogen und konsolidiert – und schon stellen sich die Dämonen des Fehlschlages ein. Die Liste potentieller Krisenherde ist lang, und die tragischen Verwicklungen im ehemaligen Jugoslawien schrecken. Zaghafte Zeitgenossen sprechen sowohl in Budapest als auch in Warschau von einer postrevolutionären Situation – soziale Unrast, Spannungen im Inneren, die Versuchung, diese durch äußere Aktivitäten zu kompensieren. Alte und neue Rechnungen werden präsentiert. Ungarn fragt nach den Landsleuten ringsum in der Slowakei, in Rumänien und in Serbien. Die Slowakische Republik macht neue Teilungsrechnungen gegenüber der Tschechischen Republik auf. Polen fühlt sich vom Osten verunsichert und vermißt enge Kooperationen mit Deutschland. Schließlich bleibt zwischen Polen und Litauen noch einiges zu bereinigen, und Slowenien kommt mit Kroatien nicht ins reine, wenn es um die Liquidationsmasse des ehemaligen Jugoslawien in politischer, militärischer und wirtschaftlicher Hinsicht geht.

Den Vorwurf aus dem Westen, wenn es so weitergehe, führe der Nationalismus in der Mitte Europas zu mehr und anderer Instabilität als der Kommunismus, wollen Reformstaatler nicht auf sich sitzen lassen. Der Westen sei säumig, er habe Stalinismus und Kommunismus zuerst verkannt, unterschätzt und nach der Bildung des Ostblocks mit Moskau zu Lasten seiner Satellitenstaaten paktiert. Nach der Selbstbefreiung fehle es westlichen Kritikern an Geschichtsbewußtsein, Information und Perspektive. Also denkt und redet man aneinander vorbei. Hinter politischer Schönrederei und Geschäftemacherei tut sich ein Vakuum auf. Und niemand hat ein umfassendes Konzept, was geschehen müsse, um Abhilfe zu schaffen. Einzelne Erfolge in einzelnen Ländern genügen jedenfalls nicht, um das Gesamtproblem zu lösen, das eine historische Dimension darstellt.

## Europa den Europäern

Ein verlorenes Jahrhundert? Wenn diese selbstkritische Frage zu guter Letzt doch verneint werden soll, braucht es mehr als Kurzzeitaktivismus. Auf lange Sicht bietet Europa der Integration Gleichgesinnter eine Chance. Jenseits des Europas der Grenzen und Quoten, der Diskriminierungen und Subventionen, der Kontingente und Kartelle bleibt Raum für eine Friedensordnung Gleichberechtigter. Daß Westeuropa durch die Integration – von der Montanunion bis zur Europäischen Union – die längste Friedensperiode seit Menschengedenken erlebt, zählt zwar zu den Gemeinplätzen, doch entspricht dies der Wirklichkeit. Ist es also ebenfalls wahr, daß es nicht nur der mobilisierende Antikommunismus eines Adenauer, de Gaulle, Monnet oder De Gasperi war, der, als Stalin in Osteuropa seinen Block organisierte, Westeuropäer integrieren ließ? Bejahend führt die Antwort zum Veränderungspotential Europas.

Nach zwei Weltkriegen mit millionenfachem Leid und der Vernichtung ganzer Gesellschaftsschichten macht sich die Alte Welt auf zu neuen Ufern. Ein Irrweg hieß Nationalsozialismus, ein anderer Kommunismus. Freiheit, für gelernte Euroskeptiker ohnedies ein verschwommener Begriff, reicht selbst für Europa-Optimisten nicht mehr aus, um zeitgemäßer Sinngebung für Europa und die Europäer gerecht zu werden. Integration ist bei aller Mechanik und blassen Bürokratie zumindest ein Vehikel, mit dem vorwärtszukommen ist. Das Bedürfnis der Reformstaaten, einzusteigen und mitzureisen, ist eine natürliche Folge der Selbstbefreiung von einem ungeliebten Block. Was jedoch allen fehlt, ist ein verbindliches Ziel. Es mag zu viel verlangt sein, im ständig gewordenen Wandel den Alltag zu meistern und für morgen oder übermorgen Fixpunkte vorzugeben, die sich zu einem Ganzen fügen. So bleibt nur, den Bedarf auszumachen, den Bedarf an Methoden, Dinge zu verhindern, die Ursachen von Spannungen zu beseitigen, ein System von Rechten und Pflichten zu erreichen und innerhalb einer allgemein akzeptierten Ordnung Diskriminierung zu verhindern, Fairneß zu ermöglichen und aus Gerechtigkeit mehr zu machen als eine leere Hülse.

Europäischer Optimismus ohne Realitätsbezug? Keineswegs. Die Europäer waren immer besser als ihr Ruf. Das zeigt sich mit der sanften Revolution und der sogenannten Ostöffnung, allen Mängeln zum Trotz. Wer hätte es der Alten Welt zugetraut, daß sie sich in ihrer Mitte aufrafft und selbst befreit? Also sind mehr Kräfte vorhanden, als ein Oswald Spengler mit dem »Untergang des Abendlandes« dräuend prophezeit hat.

# Nichts für Kassandras vom Dienst

»Wir sind Europa.« Solcher Streicheleinheiten für müde gewordene Zeitgenossen bedarf es gar nicht. Der Westen Europas hat seine ansehnliche Friedensordnung genutzt, um eine breite, freilich nicht vollständige Wohlstandszone aufzubauern, die jeden Vergleich aushält, bisher jedenfalls. Vorbei und vergessen sind die hektischen zwanziger und dreißiger Jahre mit Staaten, die keiner wollte. Im Osten hat der Westen den Wettkampf der Systeme dank einer standfesten Bevölkerung gegenüber Stalinismus und Kommunismus gewonnen, und das wiedervereinigte Europa braucht die große Auseinandersetzung mit den andersartigen Blöcken in Amerika und Asien wahrlich nicht zu scheuen. Die Selbstbestimmung, die in kontinentalen Ausmaßen – wenn auch, typisch europäisch, mit prozessualer Mühsal – um sich greift, hat bereits erstaunliche Erfolge zu verzeichnen: Im Westen ist der Point of no return mit der Europäischen Union, der Integration im Aufbau, überschritten, im Osten gelingt der Systemwechsel – vielen Unzulänglichkeiten zum Trotz – schneller und gründlicher, als die Kassandras vom Dienst eingestehen wollen. Ein Merkmal, das bald die Bezeichnung »historisch« verdienen kann, bildet das neue Abkommensgeflecht zwischen Brüssel und den Reformstaaten, zwischen der Europäischen Union und Ungarn, der Tschechischen Republik und der Slowakischen Republik, Polen und auch Rumänien und Bulgarien.

Die Berufseuropäer von Brüssel sprechen von Abkommen der zweiten Generation und meinen Assoziationsverträge. Freier Warenverkehr und die Errichtung einer Freihandelszone bilden das Kernstück. Wegen des verschiedenartigen Entwicklungsstandes der Vertragsparteien findet ein asymmetrischer Abbau von Handelsschranken statt. Die Europäische Union öffnet sich wirtschaftlich für einen Großteil der Erzeugnisse durch Abbau der Zölle und mengenmäßigen Beschränkungen schneller, als vernünftigerweise den schonungsbedürftigen Märkten der Reformstaaten zuzumuten ist. Aber auch auf der Westseite hakt es mit Zumutbarkeiten. Textilien, Eisen und Stahl, Kohle und landwirtschaftliche Verarbeitungserzeugnisse bleiben geschützt – beredte und verständliche Klagen aus Europas Mitte sind die Folge.

Die Reformstaaten fühlen sich diskriminiert, jedenfalls in ihren Chancen eingeengt, auf den Westmärkten schnell Fuß zu fassen. Andererseits läßt die Wirtschaftskrise im Westen Schonungsbedürfnisse entstehen, die nicht von der Hand zu weisen sind, bestehen doch bei Kosten und bei Löhnen erhebliche Unterschiede. Wer mit Schutz anfängt, weiß nicht, wo es aufhört. Ursprungsregeln begünstigen zwar die Reformstaaten, diskriminieren aber andere westliche Länder wie Österreich und Skandinavien. Das kostet Tausende Arbeitsplätze. Politisch relevant bleibt jedoch, daß und wie die Reformstaaten in den europäischen Integrationsprozeß eingebunden werden. Ihnen wird mit diesen sogenannten Europaabkommen die Option der Vollmitgliedschaft gewährt. Offen bleibt freilich, ob dies gleichsam einklagbar ist.

Bezeichnend für das politische Gefälle innerhalb der Reformstaaten ist, wie sie sich Brüssel annähern. Ungarn und Polen drängen auf Vollmitgliedschaft. Noch vor der Jahrtausendwende möchten sie gleichberechtigt in der Europäischen Union vertreten sein. Sie setzen auf den Mechanismus der Integration, der ihr Land politisch und wirtschaftlich endgültig europareif machen soll. Die Tschechische Republik, ihrer industriellen Kraft bewußt, will eher gebeten sein, als daß sie in Brüssel Klinken putzt. Prag weiß um sein europäisches Gewicht. In Bratislava hingegen bleibt die volle Integration ein Wunschtraum. So wird die EU auch für die politische Ordnung und wirtschaftliche Leistungskraft der Reformstaaten zum großen, zum entscheidenden Test. Selbstquälerische Entwicklungsphasen der EU, ebenso reich an marktwirtschaftlichen Fortschritten wie nationalstaatlichen Rückschlägen, macht ohnedies den Umgang mit »Brüssel« nicht leicht. Im oft kleinlichen Hader der Interessen scheint unterzugehen, was selbst die Großen dieser Welt bestimmt, daß nämlich alle Anstrengungen es wert sind, Europa den Europäern zu sichern.

Auf was es ankommt, nennt sich neumodisch Motivation. Gemeint ist die Fähigkeit, aus sich etwas zu machen. Wie für jeden einzelnen kommt es auch für Europa darauf an, mit einer gehörigen Portion Selbstbewußtsein zu beweisen, daß der wiedervereinigte Kontinent seine Zukunft nicht hinter sich hat, sondern vor sich.

# Personen- und Ortsregister